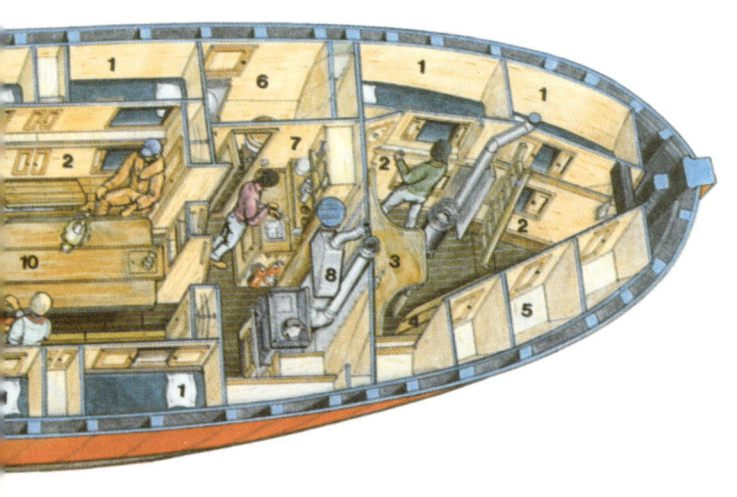

Bernhard-Michael Domberg
Arved Fuchs

Bernhard-Michael Domberg

ARVED FUCHS

Ein Leben für Abenteuer & Umwelt

Autorisierte Biographie

UNIVERSITAS

Bildnachweis

Seite 7 Rüdiger Nehberg

Seiten Titelbild, 15, 21, 22, 35, 39, 48, 63, 70, 74, 81, 88, 99, 105, 108, 111, 116, 119, 127, 131, 142, 145, 165, 183, 191, 196, 222, 257, 259, 277, 287, 291, 317, 323, 339, 341, 344, 347, 349, 351, 361, 369, 379, 411, Klappe Archiv Arved Fuchs

Seite 175 Karte: Brigitte Ellerbrock aus: »Arved Fuchs: Von Pol zu Pol«, Delius Klasing Verlag, 2003

Seite 337 Karte: Hamburger Abendblatt

Seiten 381, 385, 412 Bernhard-Michael Domberg

Seite 397 Rainer Kant

Vorsatz: Einrichtungsdeckplan der »Dagmar Aaen«: Zeichnung Robbert Das aus: »Abenteuer russische Arktis«, Delius Klasing-Verlag, 1999

Das Buch möchte ich gerne meinem Kollegen,
dem Journalisten Uwe Straehler-Pohl, widmen,
der mir jederzeit beim Redigieren geholfen hat.

Besuchen Sie uns im Internet unter
www.universitas-verlag.de

© 2013 by Amalthea Signum Verlag GmbH, Wien
Alle Rechte vorbehalten
Schutzumschlag: g@wiescher-design.de
Satz: VerlagsService Dr. Helmut Neuberger
& Karl Schaumann GmbH, Heimstetten
Gesetzt aus der 10,75/14 pt Minion
Druck und Binden: Gorenjski Tisk, Kranj
Printed in the EU
ISBN 978-3-8004-1507-6

Inhalt

Vorwort von Rüdiger Nehberg,
Abenteurer und Menschenrechtler 7

Prolog 11

1 Kindheit und Jugend – Beruf und Berufung 13

2 Frühes Reisen – erste Expeditionen 38

3 Die Arktis ist seine Bestimmung – kein Weg ist zu schwer 68

4 Vom magnetischen Nordpol bis Kap Hoorn 100

5 Zu Fuß zum Nordpol – ein Schiff muss her 128

6 Zwei »Alphatiere« durchqueren die Antarktis 146

7 ICESAIL: Rund um den Nordpol auf eigenem Kiel –
Anspruch und Wirklichkeit 176

8 Die Nordwestpassage gelingt – dafür ist die
Nordostpassage wieder nicht zu knacken 223

9 SEA, ICE, & MOUNTAINS plus ARCTIC PASSAGES 249

10 Mit der »James Caird II« auf den Spuren von Shackleton 283

11 Beharrlichkeit zahlt sich aus – Vollendung der
Nordpolumrundung mit erstem Segelschiff 301

12 Zwischen Atlantik und Nordpolarmeer 339

13 Arved Fuchs, Mahner in Sachen Klimaschutz –
Schulterschluss mit der Wissenschaft 362

14 Einbeziehung der Jugend aus aller Welt –
nur sie kann nachhaltig etwas verändern 375

15 Resümee – es hat sich gelohnt 384

Quellen 399

Arved Fuchs' Expeditionen von 1977 bis 2013 410

Crewmitglieder 414

Danksagungen 415

Vorwort von Rüdiger Nehberg, Abenteurer und Menschenrechtler

© Nehberg

ARVED FUCHS WAR KEIN Unbekannter, als er mich 1978 anschrieb. Ich hatte von seinen Expeditionen nach Borneo und Kanada gehört, kannte ihn aber noch nicht persönlich. Ich lud ihn zu mir nach Hamburg ein und zeigte ihm mein Troparium. Im Souterrain hatte ich einen Dschungel nachempfunden, wo sich fünf monströse Pythons und Boas frei bewegen und wohl fühlen sollten. Eine schenkeldicke und sechs Meter lange Anakonda zum Beispiel oder ein fünf Meter langer Felsenpython aus Afrika. Und mitten im Raum eine Hängematte. Mein Refugium, wenn ich abschalten und entspannen wollte. Das Kontrastprogramm zu meinem Beruf als selbstständiger Konditor. Mein Leben zwischen Torten und Torturen.

Der Zündfunke unserer Freundschaft, die bis heute anhält, war wohl seine spontane Reaktion. Kein »Igitt« oder »Ich schaue mir die Reptilien lieber durch die Glastür an«. Arved fragte nur: »Hält die Hängematte mich?« – und schwupp lag er dort. Obwohl die Schlangen ihn neugierig beäugten, blieb er ruhig und zeigte nicht die geringste Furcht. Es war wohl nicht ihre Futterzeit. Oder Arved war nicht ihr Futtertyp.

Es war nicht nur Arveds Respekt vor der Kreatur. Das war nur *ein* Aspekt unserer Gemeinsamkeiten. Es waren seine sachliche und fundierte Art zu erzählen, sein Humor, seine Neugier und das Besondere seiner Reisen. Als Individualist ist Arved genau wie ich nie auf touristischen Pfaden gewandelt, sondern suchte sich Ziele, die nicht schon hundertmal erprobt waren und die den Prickel des Neuen, Unkalkulierbaren und des reizvollen Restrisikos bargen. Seine spätere Kajaktour um Kap Hoorn und die Märsche zum Nord- und Südpol innerhalb des Jahres 1989 seien nur zwei Beispiele. Nach seinen Erfahrungen in Labrador und auf Borneo hatte sich Arved bereits 1978 für die Polregionen entschieden, er wollte im Jahre 1979 nach Grönland. Dazu musste er wissen, wie man sich im vereisten Gebirge bewegt und wie sich extreme Kälte anfühlt. So kam uns dann auch die Idee, gemeinsam das Eisklettern zu erlernen. Zwar wollte ich immer noch nicht mit in die Polarregionen. Meine Welt war und bleiben der tropische Urwald und die Wüste. Dort, wo man nur eine Badehose und ein Hemd benötigt, und nicht die Arktis, wo allein die Garderobe mehr wiegt als die gesamte Ausrüstung. Ich brachte Arved mit dem Bergsteiger Peter Lechhart, dem Mitbegründer von »Globetrotter«, zusammen, der uns beide in die Techniken des Eiskletterns in den Gletscherspalten des Montblanc einweihte.

Ein Lieferant aus Bad Bramstedt, der meine Konditorei mit frischen Eiern versorgte, zeigte sich bereit, Arved und seine Freunde in seinem Tiefkühlraum testweise frieren zu lassen. In dem Gefrierraum hingen Schweinehälften bei 20 Grad minus. Für einen Inuit wären das sicher Sommertemperaturen. Er würde sich nackt ausziehen und entspannen. Aber wenn der Lieferant die Ventilatoren auf Orkanstärke schaltete, dann war es gut und gerne doppelt so kalt, nämlich 40 gefühlte Grade. Arctic Survival Training pur. Bei solchen Temperaturen würde sogar ein Inuit in sein Eisbärfell schlüpfen. Und er würde sehr schnell merken, wenn irgendwo auch nur ein mausezahnkleines Loch wäre, weil die Kälte wie eine Nadel ins Fleisch stechen würde. Und genau dort unter den schweren Gebläsen machte Arved dann sein Kältetraining. Klaus Denart, mein Freund und Reisegefährte durch die äthiopische Danakilwüste, inspirierte das später, solche Kältekammern auch in seinen zahlreichen Filialen der Firma »Globetrotter« zu installieren. Einen besseren Test für Schlafsäcke gibt es nicht.

Arved Fuchs erwarb Jahre später seinen Haikutter »Dagmar Aaen«, mit dem er als erster Segler den amerikanischen Kontinent und später nach mehreren Anläufen den Nordpol umrundete. Mit dem Nachbau des Rettungsbootes »James Caird II« durchsegelte Fuchs die Eishölle Südgeorgiens und empfand damit eine der Shackleton-Expeditionen nach. Mit diesen und vielen anderen Expeditionen hat sich Fuchs in den Geschichtsbüchern des polaren Reisens verewigt.

Während es mir bei meinen früheren Projekten um die Menschenrechte der verfolgten Yanomami-Indianer im brasilianischen Regenwald ging und ich mich seit 20 Jahren gegen das monströse Verbrechen der weiblichen Genitalverstümmelung einsetze, wurde Fuchs Zeuge einer rasanten Klimaveränderung, die sich besonders in der Arktis abzeichnet. Er sieht sich zugleich als Anwalt von Bewohnern und Tieren dieser Regionen, die unter den Folgen des Global Warming besonders leiden.

Ich konnte die höchsten Würdenträger des Islam davon überzeugen, dass die Beschneidung Sünde ist. Das geschah auf einer von uns in der Azhar (vergleichbar mit dem Vatikan der Katholiken) organisierten Konferenz unter der Schirmherrschaft des Großmuftis von Ägypten, Prof. Dr. Ali Gom'a. Hier wurde die Beschneidung geächtet als »ein Verbrechen, das gegen höchste Werte des Islam verstößt«. Jetzt arbeiten meine Frau Annette und ich an der Verbreitung dieser »goldenen Botschaft«.

Arved Fuchs seinerseits arbeitet seit vielen Jahren mit der Wissenschaft zusammen und hat sich vom Abenteurer zum Mahner in Sachen Klimaschutz entwickelt.

An Arved Fuchs schätze ich besonders seine Geradlinigkeit, sein Organisationstalent, seine Bodenständigkeit, die Bescheidenheit und seine absolute Zuverlässigkeit. Ich spüre mit ihm eine große Seelenverwandtschaft.

Das vorliegende Buch von Bernhard-Michael Domberg ist mehr als eine Biografie. Es soll die Leserschaft nicht nur unterhalten und informieren. Es soll zeigen, dass viel mehr möglich ist, als man sich üblicherweise zutraut. Es soll inspirieren und ermutigen zu eigenem Engagement. Zu tun gibt es genug. Es müssen gar nicht die großen Veränderungen sein. Es nutzt schon viel, im persönlichen Umfeld verantwortungsbewusst zu handeln.

Domberg hat zudem das Kunststück vollbracht, den Mammutstoff von 30 Expeditionen und den Erlebnissen vor und zwischen diesen Reisen aufs Wesentliche zu reduzieren. Er hat so manche heitere Episode aus Arved herausgekitzelt, die dem Werk noch eine weitere Lesequalität gibt.

Wären die abschließenden Worte nicht von dem großen Planetenschützer Jakob von Uexküll (Gründer des Alternativen Nobelpreises und des World Future Council), könnten sie auch Arveds Lebensphilosophie entsprechen. Und deshalb seien sie hier zitiert: »Die Menschheit ist auf Kollisionskurs mit ihrer eigenen Zukunft. Wir brauchen eine fundamentale Kursänderung, um zukünftigen Generationen einen intakten Planeten übergeben zu können.«

Rausdorf, im Oktober 2012

Rüdiger Nehberg

Prolog

Was haben der Popstar Udo Lindenberg, die jüngste Weltumseglerin Laura Dekker und Arved Fuchs gemeinsam? Sie machen ihr Ding, egal, was die anderen sagen.

ICH KENNE ARVED FUCHS seit über zehn Jahren. Wie jeder an weltbewegenden Ereignissen interessierte Mensch hatte ich ihn wohl zum ersten Mal im Herbst/Winter 1989 wahrgenommen, als er zusammen mit Reinhold Messner zum Südpol marschierte. Dabei zeichnete sich Fuchs besonders dadurch aus, dass er als erster Mensch beide Erdpole in einem Jahr »erwanderte«. Und es gab wohl einen Konflikt zwischen den beiden Abenteurern, den ich damals aber nur am Rande mitbekam. Ich arbeitete zu dieser Zeit noch als Manager im öffentlichen Personennahverkehr. Seit 2001 betätige ich mich als freier Journalist.

Arved Fuchs begegnete ich zum ersten Mal bei einem Pressegespräch in Begleitung einer Redakteurin. Es war der mediale Auftakt zur Umsegelung des Nordpols durch die Nordostpassage mit seinem Haikutter »Dagmar Aaen«, die Fuchs bis dato dreimal missglückt war. Da diese Passage durch russische Hoheitsgewässer führt, war der Bundestagsabgeordnete Franz Thönnes zugegen, mit dem Fuchs befreundet ist. Thönnes ist Mitglied der Deutsch-Skandinavischen Parlamentariergruppe und sollte Fuchs in dieser Eigenschaft im Kampf mit der russischen Bürokratie behilflich sein. Fuchs und der Politiker saßen bei dem Interview auf einem Sofa in Fuchs' Bad Bramstedter Wohnung.

Die Redakteurin und ich saßen den beiden gegenüber, sie schrieb, ich sollte fotografieren. Eigentlich *durfte* ich fotografieren, so empfand ich es damals. Ich hatte Herzklopfen und hohen Respekt vor Fuchs, obwohl ich während meines langjährigen Berufslebens mit mancher hochrangigen Persönlichkeit zu tun hatte.

Als Fotograf konnte ich mich – mehr als meine Redakteurin – voll auf die Beobachterrolle konzentrieren. An Fuchs fiel mir seine Natürlichkeit und sein unkapriziöses Verhalten auf. Der Mann, der ja durch zahlreiche spektakuläre Expeditionen weltweite Berühmtheit erlangte, wies keinerlei Starallüren auf. Fuchs gehört wohl zu den wenigen Zeitgenossen, die bei den meisten Menschen auf Anhieb Sympathie erzeugen.

Doch war das alles? Was macht diesen Mann in seinem Kern aus? War das nur Fassade, die ich da wahrnahm? Meine Neugierde war geweckt, ich hatte »Blut geleckt«, wollte mehr über diesen Mann und sein Leben als »Abenteurer« erfahren. Ich hatte Glück. Da Fuchs am Ort unserer Redaktion wohnt, ergaben sich alleine aufgrund des Lokalbezugs noch zahlreiche Gelegenheiten zu Pressegesprächen und Interviews. Ich habe viele Male über ihn geschrieben, war zugegen, wenn Fuchs auf »großer Bühne« von den Medien »ins Eis« verabschiedet oder nach längeren Expeditionen mit oder ohne seinen Haikutter »Dagmar Aaen« in nordischen Häfen empfangen wurde.

Doch ich habe Fuchs nicht nur journalistisch begleitet, sondern ihn auch als aktiven Mitstreiter in einem gemeinnützigen Projekt zugunsten Jugendlicher erlebt. Als Team coachten wir benachteiligte Hauptschulabgänger für ihren Start ins Berufsleben. Dabei erlebte ich seine natürliche Autorität, die er auch auf Jugendliche ausstrahlt, die seine Kinder sein könnten.

Obwohl Fuchs bisher 17 Bücher über sich und seine Expeditionen geschrieben hat, ist von dem Bad Bramstedter »Abenteurer« noch lange nicht alles erzählt ...

Bad Bramstedt, im März 2013

Bernhard-Michael Domberg

1 Kindheit und Jugend – Beruf und Berufung

Gisela und Walter Fuchs sind in ihrer Erziehung immer darum bemüht, sich mit ihren Kindern argumentativ auseinanderzusetzen. »Auch wenn das nicht immer leicht war, haben wir unseren Kinder schon recht früh das Gefühl vermitteln wollen, dass wir sie in jeder Hinsicht ernst nehmen«, sagt die heute 87-jährige Gisela Fuchs rückblickend.

Der verlorene Sohn

Die Luft flimmert vor Hitze an jenem Sonntag im August des Sommers 1962 am Rande des Kurparks von Bad Bramstedt. Dr. Walter Fuchs, seine Frau Gisela, die beiden Töchter Maren und Petra sowie die Nichte Gaby sitzen um den gedeckten Mittagstisch und warten auf den neunjährigen Sohn Arved, der seit einer halben Stunde überfällig ist. Es ist einer der seltenen Tage, an denen Walter Fuchs zusammen mit seiner Familie gemeinsam zu Tisch sitzen kann. Der 41-jährige Mediziner arbeitet als Abteilungsarzt der Inneren Abteilung in der hiesigen Rheumaheilstätte und hat werktags sehr viel um die Ohren. Er möchte wenigstens einmal in der Woche die ganze Familie beisammenhaben und ist verärgert über die Unpünktlichkeit seines Jüngsten. »Wo bleibt denn nur dieser Bengel?«, fragt er mehrfach in die Runde, von der er eigentlich keine Antwort erwartet. Nach einer Dreiviertelstunde des Wartens wächst die Unruhe, und die Familie fängt an, sich ernsthaft Sorgen zu machen. »Wo habt ihr ihn denn zuletzt gesehen?«, fragt Mutter Gisela die drei Mädchen. Maren und ihre Cousine Gaby sind bereits 15, Schwester Petra ist 14 Jahre alt. Eigentlich interessiert es die heranwachsenden Teenager nicht so sehr, was das Bübchen, wie er genannt wird, gerade so treibt. Aber jetzt fängt es an, ungemütlich zu werden, und man erinnert sich, dass das Bübchen zuletzt im nahe gelegenen Wald gesehen wurde. Flugs springen Gisela und ihr Mann Walter auf und eilen in das beschriebene Waldstück, um den verlorenen Sohn zu suchen. Damit der in einem Gebüsch vermutete Sohnemann den Ernst der Lage begreift, rufen sie ihn bei seinem richtigen Namen, was sonst äußerst selten vorkommt. Doch alles Suchen hilft nichts, der Junge ist wie vom Erdboden verschluckt, und nachdem alle Nachbarn abgeklappert sind und niemand den Jungen gesehen haben will, beschließen Gisela und Walter Fuchs, die Polizei einzuschalten. Das wird den drei Mädchen, die sich zwischenzeitlich ebenfalls an der Suche beteiligen, dann doch zu heiß, und sie gestehen ihren verdutzten Eltern, dass man das Bübchen wohl in seiner Höhle vermutet. »Wie Höhle? Ich höre wohl nicht recht«, schimpft Vater Fuchs. »Ja«, meint Maren, »wir haben ihm bei unserem Ehrenwort versprechen müssen, ihn nicht zu verpetzen, aber bevor ihr die Polizei ruft, müssen wir's wohl doch sagen.«

Die drei Teenager führen Walter und Gisela in eine Tannenschonung, die für die Erwachsenen nur auf Knien zu erreichen ist. Inmitten des Gestrüpps ist ein mit Zweigen sorgfältig abgedeckter senkrechter Gang, der nach etwa einem Meter waagerecht abknickt und in einer etwa zwei Kubikmeter großen Höhle mündet. Direkt sehen können die Eltern den Höhlenraum nicht, da sie sich als Erwachsene dort nicht hineinzwängen können. Petra, die am schmalsten ist, kriecht in den Erdbau und holt das zerknirschte Bübchen ans Tageslicht.

Am schlimmsten ist für Vater Fuchs, der im Krieg manchen Schützengraben ausgehoben hat, die mangelnde Abstützung des Baus. Unmissverständlich tadelt er seinen Sohn und erklärt ihm, dass ein Einstürzen der ungesicherten Höhle unweigerlich zum Tode durch Ersticken geführt hätte.

1 Kindheit und Jugend – Beruf und Berufung

Sonntagsspaziergang auf der Strandpromenade Westerland (Sylt) um 1960. Dr. Walter Fuchs, Sohn Arved, Tochter Petra, Ehefrau Gisela und Tochter Maren (von links)

An Ort und Stelle befiehlt Fuchs seinem Filius, die Höhle eigenhändig zuzuschütten. »Wo soll ich denn die Erde her bekommen?«, fragt Arved seinen Erzeuger. »Das ist mir so etwas von egal, du kannst ja den Waldboden abtragen«, antwortet ihm sein Vater.

»Und du, meine liebe Maren, die du ja von dem Treiben deines dummen Bruders wusstest, hättest das schon verhindern müssen, schließlich bekommst du ja eine Mark Taschengeld mehr als deine Geschwister. Ich möchte, dass das nicht mehr vorkommt. Hast du mich verstanden?!« »Ja Vati, habe ich«, antwortet das älteste Mädchen betreten. Zwischen den Eltern und Maren gibt es seit Jahren ein Abkommen, dass die Älteste dafür, dass sie auf ihren kleinen Bruder aufpasst und auf die anderen beiden Mädchen ein Auge hält, ein erhöhtes Taschengeld quasi als »Gefahrenzulage« erhält. Auch muss Maren oftmals die »Kastanien aus dem Feuer holen« und wird als »Vernünftigste« zur Rechenschaft gezogen. So neidet ihr am Ende niemand das etwas höhere Taschengeld, das sie sich sauer dazuverdient.

Gesagt, getan, mithilfe seiner Geschwister schüttet Arved die Höhle zu. »Wenn meine Eltern gewusst hätten, dass meine Kumpels und ich noch zwei weitere Höhlen hatten«, bekennt Fuchs heute. »Wir hatten ja den ›Trampeltest‹ gemacht und dachten, die Erdlöcher seien sicher. Mir wird noch heute übel, wenn ich an unseren Leichtsinn zurückdenke …«

Maren erinnert sich, dass es nicht immer einfach war, auf Arved aufzupassen. »Mal warf er ein Tintenfass gegen die Wand, um uns Mädchen bei den Schularbeiten zu stören. Ein anderes Mal ließ er unseren Wellensittich fliegen.«

Die Familie Fuchs bewohnt in einer für Kinder idealen Gegend am Rande des Kurparks ein Zweifamilienhaus. »Für uns Kinder waren die ausgedehnten Wälder um Bad Bramstedt Prärie und Wildnis zugleich, wir konnten früh auf Abenteuer gehen«, erinnert sich Arved Fuchs.

Das Elternhaus

Eine zentrale Rolle für die spätere Entwicklung von Arved Fuchs spielen seine Eltern, insbesondere seine Mutter Gisela. Als Tochter des Mechanikers Alfred Koch wird sie 1925 in Hamburg geboren. Koch, der in den 1920er-Jahren von Thüringen nach Hamburg übersiedelt, arbeitet zunächst beim Tabakkonzern Reemtsma, für den er auch in Berlin Auto- und Motorbootrennen fährt.

1930 siedelt die Familie mit den beiden Kindern Gisela und Manfred nach Bad Bramstedt über, wo Koch eine Anstellung als Meister beim örtlichen Busunternehmen Ruy Prahl findet. Als Prahl 1954 zur Nordseeinsel Sylt geht, um dort die Inselbahn zu übernehmen, folgt ihm Koch und wird dort Betriebsleiter. Auch für Arved Fuchs sollen sein Opa und Sylt noch eine wichtige Rolle spielen.

Gisela Koch besucht in den 1930er-Jahren die Volksschule in Bad Bramstedt und schließt diese mit Prädikat ab. Sie darf per Ausnahmegenehmigung eine mehrjährige Ausbildung zur Volksschullehrerin absolvieren, die sie 1945 bei Kriegsende mit dem Examen abschließt. Parallel ist sie Pflichtmitglied im Bund Deutscher Mädel (BDM), wo sie bald Führungsaufgaben übernimmt.

Allerdings hat der BDM bei den Nationalsozialisten nicht annähernd die Bedeutung der Hitlerjugend (HJ), bei der die Jungen organisiert sind. Schon auf ihre weltanschauliche Unterweisung wird weniger Wert gelegt. So steht die 1939 in Braunschweig eröffnete Jugendführungsakademie den Mädchen nur während einer kurzen Zeit offen, in der nicht genügend geeignete Jungen für die Kursteilnahme zur Verfügung stehen. Die strenge Trennung der Zuständigkeiten bewirkt, dass selbst eine höhere BDM-Führerin einem einfachen Hitlerjungen keinen Befehl erteilen kann.

Aufgrund ihrer BDM-Führungsmitgliedschaft soll Gisela Koch »entnazifiziert« werden. Grundlage für die so genannte Entnazifizierung nach dem Zweiten Weltkrieg bilden die Kontrollratsgesetze der Alliierten, die zur Überwindung von Nationalsozialismus und Militarismus und zur Demokratisierung der Deutschen beitragen sollen. Koch hat als so genannte Mitläuferin, es ist die schwächste Form der Teilhabe am Naziregime, die Wahl, zur Buße entweder ins Moor zu gehen oder als Putzfrau zu arbeiten. Gisela Koch entscheidet sich für Letzteres und wird als Putzfrau der Rheumaheilstätte Bad Bramstedt zugewiesen, die während und nach dem Krieg als Lazarett dient. Das Lazarett ist überfüllt mit zum Teil schwerstverwundeten und -verbrannten ehemaligen Soldaten und Flüchtlingen aus dem Osten Deutschlands. Gisela Koch fällt die körperliche Arbeit schwer.

Ende 1945 wird sie dem Ärztekasino zugewiesen, wo sie dem jungen Assistenzarzt Walter Fuchs begegnet. An die erste Begegnung des dreisten Mediziners erinnert sich Gisela Fuchs genau. »Als der Fuchs zur Tür hereinkam und mich erblickte, stutzte er, machte Meldung, ›Donnerwetter, Herr Oberstabsarzt, hat die aber Schlafzimmeraugen‹. Ich fand das überhaupt nicht lustig, bekam einen roten Kopf und musste mir obendrein das wiehernde Gelächter der anwesenden Ärzte anhören.«

Doch im Laufe der nächsten Monate lernt Gisela Koch den jungen Arzt näher kennen und beginnt ihn nicht nur wegen seines Humors, sondern auch wegen seiner Gradlinigkeit zu schätzen. Auch Walter Fuchs findet Gefallen an der jungen Frau, die, wie er nach einer Weile herausfindet, ihren eigentlichen Beruf als Lehrerin nicht ausüben darf. Zudem braucht er dringend eine Sekretärin. In der Rheumaheilstätte war es damals üblich, dass jeder Arzt über eine Bürokraft verfügen konnte. Nach langem administrativem Hin und Her – schließlich soll die ehemalige BDM-Führerin Koch durch »niedere Arbeiten« ordentlich Buße ableisten – gelingt es Dr. Fuchs, die gelernte Lehrerin in sein Vorzimmer zu holen.

Walter Fuchs ist Jahrgang 1921, stammt aus Trier und ist mit seinen 24 Jahren bereits ein gestandener Mann. Hatten die Nazis ihn unmittelbar nach dem Abitur mit 18 Jahren zum Arbeitsdienst verpflichtet, wurde er nach seinem Medizinstudium in den letzten beiden Kriegsjahren als Offizier im Kaukasus und Frankreich eingesetzt. Wie viele seiner Altersgenossen hatte er die Schrecken und unsäglichen Grausamkeiten des Krieges miterleben müssen und war daran vorzeitig gereift.

Als Mediziner hasste er die menschenverachtende Art und Weise, wie die Nazis mit so genannten »Nichtariern« umgingen. Auch im Feld fühlte er sich allen Menschen, die seiner Hilfe bedurften, verpflichtet, egal welcher Religion oder ethnischen Zugehörigkeit sie entstammten. Gegenüber seinem Sohn Arved beklagt er immer wieder dieses Klima der Intoleranz, in dem er aufwuchs. Der Krieg und das Dritte Reich hätten ihm seine Jugend genommen.

Damit es seinen Kindern anders ergeht, wird er seinen Sohn Arved bereits mit 13 und 16 Jahren zu Familien in die Sommerferien nach Frankreich schicken. »Das war für mich prägend«, sagt Fuchs rückblickend, »ich musste mich in einer fremden Sprache bewegen und tolerantes Verhalten gegenüber Menschen üben, die meine Ansichten nicht immer teilten und Vorurteile hatten.«

In der Rheumaheilstätte Bad Bramstedts indes kommen sich Walter Fuchs und seine Sekretärin Gisela bei ihrer Arbeit immer näher und verlieben sich. Schließlich wird im Februar 1947 geheiratet, und bereits Ende Juli 1947 kommt Tochter Maren zur Welt. »Wir mussten halt heirateten, haben das aber nie bereut«, erzählt Gisela. Und auch die zweite Tochter Petra lässt nicht lange auf sich warten, sie erblickt im Oktober 1948 das Licht der Welt.

Es ist doch ein Junge

Am Sonntag, dem 26. April 1953 – Walter Fuchs ist inzwischen Abteilungsarzt der Inneren Abteilung – wird Sohn Arved geboren Das Kind kommt dem Mediziner »teuer zu stehen«; denn er muss seinen Kollegen und dem Krankenhauspersonal kistenweise Sekt spendieren, da er leichtsinnigerweise gewettet hat, dass es wieder ein Mädchen werde. »Doch das tat er gerne«, erinnert sich Gisela Fuchs. »Es war wirklich unser Wunschkind, von Anfang an ein Strahlemann, der seine Umwelt mit wachen Augen wahrnahm und mit einem unbändigen Willen.«

Dieser unbändige Wille, gepaart mit Fernweh, zeigt sich bereits im zarten Alter von vier Jahren. Wenn ihn seine beiden Schwestern und die Cousine Gaby zu sehr ärgern, was bei dem Altersunterschied der Kinder nicht selten vorkommt, zieht sich der kleine Arved seine Kamelhaarpuschen an, greift sich sein Kopfkissen und seinen Osterhasen »Haselmann« und »wandert aus«. Allerdings nur mehrere hundert Meter bis zu einer Auenbrücke, die für das Kind die Grenze zu einem anderen Land markiert. In dieses Land möchte er gehen und den Ärger mit seinen Schwestern hinter sich lassen.

Doch Mutter Gisela kennt ihren Jüngsten nur zu gut und folgt ihm unauffällig. »Ich habe ihn bis zur Brücke wandern lassen, ihn dort abgefangen und gefragt, ob es nicht doch besser sei, wieder nach Hause zu kommen. Schließlich wisse er ja nicht wirklich, was ihn auf der anderen Seite des Flusses erwarten würde. Es könnten ja auch fremde Mädchen sein, mit denen er sich auseinandersetzen müsste. Dann doch lieber die eigenen Schwestern, die es ja gar nicht so gemeint hätten. Das sah er dann schließlich ein und stampfte mit Muttern, Kissen und Haselmann wieder nach Hause.

Gisela und Walter Fuchs sind in ihrer Erziehung immer darum bemüht, sich mit ihren Kindern argumentativ auseinanderzusetzen.»Auch wenn das nicht immer leicht war, haben wir unseren Kinder schon recht früh das Gefühl vermitteln wollen, dass wir sie in jeder Hinsicht ernst nehmen«, sagt die heute 87-Jährige Gisela Fuchs rückblickend.

Bei den Großeltern auf Sylt

Doch soll Arweds Fernweh noch auf ganz andere Weise befriedigt werden. Im Sommer geht's regelmäßig für mehrere Monate nach Westerland auf Sylt, wo Opa Alfred Koch seinem spannenden Beruf nachgeht. Er ist als Betriebsleiter der »Herrscher« über die Sylter Inselbahn und Arved sein Lieblingsenkel, der nahezu alles darf. Er fährt mit auf den Dampf- und Dieselloks, hilft Opa in der Werkstatt und assistiert bei den Kontrollgängen. Am interessantesten ist es für den kleinen Arved immer dann, wenn wieder mal ein Zug entgleist oder in den Dünen hängen bleibt. Dann ist volle »Action« angesagt, wenn die Männer mit Kränen und Hebeböcken anrücken, um die Eisenbahn wieder flottzumachen.

Den vielen neugierigen Touristen, die sich das Schauspiel ansehen, entgeht natürlich nicht, dass Arved der Enkel dieses bedeutenden Mannes ist, der hier das Kommando führt. Opa Alfred seinerseits freut sich natürlich über das technische Interesse seines Enkels und erklärt ihm alles detailliert. Auf Sylt erlebt Arved so ziemlich alles, was sein späteres Leben bestimmen soll. Der Umgang mit

Menschen, die Technik und der Blick auf das weite Meer von Sylts Westseite.

Doch wo Licht ist, ist auch Schatten. Oma Erna, die sich nicht die Bohne für Werkstadt und Technik der Inselbahn interessiert, flaniert gerne im schicken Outfit über die Friedrichstraße, Westerlands Einkaufs- und Cafémeile. Dabei genießt sie es, wenn ihre Enkelkinder herausgeputzt, händchenhaltend mit ihr gehen. Während Arveds ältere Schwestern das bis zu einem gewissen Alter auch schick finden, ist es für den kleinen Arved ein Graus in weißem Hemd, beiger Hose und unbequemen Schuhen mit Oma die Friedrichstraße rauf- und runterzulaufen. Hier muss er sich dauernd »anständig« benehmen und darf sich weder schmutzig machen noch herumtollen.

Wenn Oma ihm wenigstens das schicke Segelboot kaufen würde, das er immer am Ende der Friedrichstraße im Fenster des Spielzeugladens sieht, würde er ja noch die Zähne zusammenbeißen. Aber das sei viel zu teuer, meint Oma, und hier kann ihm auch der Opa nicht helfen. Nach unendlichen Quengeleien, es kommt auch zu Trotzanfällen, in deren Verlauf sich das Kind hinwirft und wie am Spieß schreit, kaufen die Großeltern ihrem Enkel schließlich als Ersatz ein rotes Schlauchboot, mit dem er bei auflaufendem Wasser und unter strenger Aufsicht am Ufer der Nordsee schippern darf. In seinen Träumen ist es dann das Segelboot, mit dem er über das weite Meer fährt …

Die Schule ist nicht Arveds Ding

Mit knapp sieben Jahren wird Arved Fuchs in die Bad Bramstedter Maienbeeck-Schule eingeschult. Der Junge, der es gewohnt ist, durch Wiesen und Wälder zu streifen, fühlt sich in einem Klassenzimmer beengt. Lieber läuft er durch seine »Prärie« und mimt den großen Winnetou. Er kennt die Helden aus seinen Karl-May-Büchern in- und auswendig. Ob den großherzigen Winnetou, den starken Old Shatterhand, den Meisterschützen Old Firehand oder Kara Ben Nemsi, den Kämpfer für Frieden und Gerechtigkeit.

Stillsitzen und den Lehrern folgen ist nichts für den kleinen Freigeist. Fuchs erinnert sich, dass er damals extrem faul war. Schließlich kommt es zwischen Mutter und Sohn zu ernsten Konflikten.

Gisela Fuchs beschwert sich bei ihrem Mann: »Der macht nie Schularbeiten, was soll ich nur machen?« »Lass ihn doch«, wiegelt Walter Fuchs ab, »was er jetzt erlebt, kann ihm keiner mehr nehmen.« Wenn der Vater, dem selbst im Klinikum nichts geschenkt wird, seinen Filius als Indianer verkleidet über die Wiesen laufen sieht, ist er glücklich. Folgerichtig scheut sich Walter Fuchs auch nicht, den »Kampf« mit den Lehrern aufzunehmen, wenn es für Arved wieder mal ernst wird.

Obwohl Arved während seiner Grundschulzeit gerade mal so viel lernt, dass er über die Runden kommt, reicht es dennoch für den Übergang auf das örtliche Gymnasium, das den Namen des Bramstedter Fleckensbefreiers des 17. Jahrhunderts »Jürgen-Fuhlendorf-Schule« (JFS) trägt. Zwar beklagen Grundschullehrer und Eltern Arveds Faulheit, erkennen aber dessen Intelligenz.

Auch Fuchs' sechs Jahre ältere Schwester Maren erinnert sich noch sehr genau, dass der Bruder nichts so sehr hasste als die Ausübung von Druck jedweder Art. Fast bewundernd stellt sie heute fest, dass Arved sich meist erfolgreich dem widersetzen konnte.

So nimmt das Drama mit dem aufmüpfigen Jungen auch am Gymnasium seinen weiteren Lauf. Er geht ausgesprochen ungern zur Schule und verkracht sich mit den meisten Lehrern, ist immer auf Opposition getrimmt. Zwar schätzt er sein soziales Umfeld, gewinnt einen großen Freundeskreis, aber das Gymnasium hält er für nichts wirklich Wichtiges im Leben.

Er überwirft sich auch deshalb mit den Lehrern, da er diese als ausgesprochen autoritär empfindet. In den 1960er-Jahren ist der alte pädagogische Ansatz nach wie vor verankert: Man muss den Willen der Kinder erst einmal brechen, um sie dann wieder aufzubauen beziehungsweise neu zu formen. Noch mehr als auf der Grundschule beschließt der heranwachsende Junge: »Ihr könnt alles tun, aber brechen werdet ihr mich nicht.« Irgendwie beginnt es ihm sogar Spaß zu machen, sich mit den Lehrern zu zoffen.

Bei seinen Mitschülern, denen dieser Mut zur Auflehnung noch fehlt, ist Fuchs hoch angesehen. Zudem sieht er gut aus, lässt sich eine Beatlefrisur wachsen und wird »Paul McCartney« genannt wegen der bestechenden Ähnlichkeit zu dem Liverpooler Musiker. Die Mädchen reißen sich um ihn. Er ist der Typ Junge, der sich in dieser Hinsicht nicht anzustrengen braucht. »Er hat diesen Vorzug weidlich genutzt und wirklich nichts ausgelassen«, bescheinigt ihm ein früherer Schulfreund.

Ein anderer Schulfreund, der zugibt, ihn immer um diesen Vorzug beneidet zu haben, führt das »talentierte Umgehen mit Frauen« auf Fuchs' große Schwestern zurück. Von und mit denen habe er von Kindheit an gelernt, sich besser gegenüber dem anderen Geschlecht in Szene zu setzen, die richtigen Worte zu finden. »Er war immer im Dunstkreis der hübschesten Mädchen«, erinnert sich der Freund.

Kein Wunder, schließlich wählen ihn seiner Mitschülerinnen und Mitschüler zum Klassensprecher und stellvertretenden Schulsprecher. Diese offizielle Funktion, die er nun gegenüber der Schulleitung ausübt, ändert zwar nichts an seinem schlechten Image im Lehrerkollegium, aber Arved wird auch bei manchem Pädagogen durchaus differenziert wahrgenommen. So bei seinem Mathematik- und Sportlehrer, den Fuchs auch im Nachhinein als einen guten Pädagogen beschreibt. Am Fach Sport hat er Lust, was der Lehrer mit der Note »Eins« honoriert. Mathematik interessierte ihn weniger, hierfür gibt's folgerichtig eine »Fünf«.

Erdkunde erweist sich wiederum als sein Lieblingsfach, er verschlingt alles, was er über fremde Länder und Kulturen in die Hände bekommt. Doch auch in diesem Fach werden seine Verweigerungshaltung und sein mangelnder Fleiß verdientermaßen mit einer »Vier« quittiert.

Der promovierten Chemielehrerin verweigert sich Fuchs total, da er eine Zensur für völlig unangemessen hält. Er erklärt ihr unmissverständlich, dass er ihrem Unterricht nicht mehr beiwohnen werde. Überraschenderweise solidarisiert sich die gesamte Klasse mit Fuchs gegen die Pädagogin. Die Lehrerein ist überhaupt nicht »amüsiert« und will Fuchs vor Gericht zerren und verklagen.

Der besorgte Vater fragt den Heranwachsenden, ob er fest davon überzeugt sei, dass es richtig sei, was er da mache, und er für die Folgen geradestehen werde. Als Fuchs mit einem festen »Ja« antwortet, entgegnet Walter Fuchs: »Gut, dann soll sie dich verklagen«, wovon die Lehrerin allerdings Abstand nimmt. Dieser Erfolg über eine allseits ungeliebte Lehrerin bringt Fuchs weitere Sympathien bei seinen Mitschülern ein.

Der Solidarisierungseffekt entsteht allerdings auch bei der Lehrerschaft – gegen Fuchs. Der Geschichtslehrer prognostiziert gar: »Du wirst einmal Steine klopfen, da bin ich mir ganz sicher.« Ganz Unrecht sollte der Mann nicht bekommen, denn Arved Fuchs hat während seiner Expeditionen so manchen festgefrorenen Stein aus dem arktischen Frostboden geklopft, um an die historischen Hinterlassenschaften früherer Forscher zu gelangen. Heute stellt Arved Fuchs selbstkritisch fest, dass er als Schüler sicherlich ein »Kotzbrocken« war, der mit seiner Konfliktbereitschaft oftmals an die Grenzen ging.

Nachdem Fuchs auf dem Gymnasium eine »Ehrenrunde« dreht, sieht er ein, dass es für ihn auf dieser Schule keine Perspektive geben wird. Im Sommer 1972, mit Abschluss der zehnten Klasse, kommt er mit seinen verständnisvollen Eltern überein, die Jürgen-Fuhlendorf-Schule zu verlassen. Er findet einen Platz beim Albert-Schweitzer-Gymnasium in Hamburg, wo man ihn trotz seiner schulischen Vergangenheit mit offenen Armen aufnimmt. »Ich fühlte mich hoch motiviert, und zum ersten Mal in meinem Leben machte mir das Lernen richtig Spaß«, erinnert er sich.

Erste Fahrt nach Frankreich und Abbruch durch Tod des Vaters

Als in Hamburg die Sommerferien beginnen, packt Arved wieder einmal das große Fernweh, das ihn seit seiner frühesten Kindheit umtreibt. Mit seinem Freund Peter Hasenjäger soll es dieses Mal mit einem Kleinbus rund um Frankreich gehen.

Walter Fuchs, der glücklich ist, dass Arved auf der Hamburger Schule eine neue Chance erhält, spendiert seinem Jüngsten 500 Mark, von denen sich dieser einen alten VW-Bus kauft. Mithilfe seines Freundes und seines Großvaters Alfred Koch wird das klapprige Fahrzeug instand gesetzt und zu einem Wohnmobil umgebaut.

Mitte Juli 1972 endlich geht es los, die erste größere Station ist Paris. »Es war einfach fantastisch«, erinnert sich Hasenjäger. »Wir ernährten uns von Baguette, Käse und Rotwein.« Einmal parken sie direkt unter dem Eiffelturm, setzen sich auf das Dach ihres Busses und intonieren laut grölend die Marseillaise, die französische Nationalhymne. Als Hasenjäger kurzzeitig das Heimweh übermannt, versteht Fuchs es, seinen Freund zu trösten. Hasenjäger kommt aus einem kleinen Dorf nahe Bad Bramstedts und hat seine bäuerliche Umgebung selten verlassen.

Doch Arved kann auch ein Filou sein. Als sie sich über die köstliche Marmelade von Arveds Großmutter hermachen und nur noch ein Baguette im Korb liegt, teilt Arved zunächst das Weißbrot in zwei gleiche Teile, um flugs darauf Peters Teil noch einmal zu teilen und unversehens mitzuverschlingen. Peter ist stinksauer …

Nach gut zwei Wochen und rund 1700 Kilometern erreichen die beiden Biarritz an der Atlantikküste. Da bekommt Fuchs, der sich zwischenzeitlich immer telefonisch zu Hause meldet, die Nachricht, dass Vater Walter Fuchs schwer erkrankt sei und mit dem Tode ringe.

Fuchs hatte sich 1969, also drei Jahre zuvor, als selbstständiger Internist niedergelassen und betreibt seine Praxis im Kurgebiet in der Nähe der Rheumaheilstätte. Obwohl der Mediziner seit Jahren an Diabetes leidet, nimmt er die Krankheit nicht sonderlich ernst und stellt sich auch in seinen Ernährungsgewohnheiten nicht auf die Krankheit ein. »Was sollte ihm als Arzt schon passieren? Er hat die Krankheit ja im Griff.« Jedenfalls vermittelt er in seiner näheren Umgebung diesen Eindruck des »Laisser-faire-Umgangs« mit der Zuckerkrankheit. Dieses Verhalten soll sich jedoch bitter rächen.

Arved Fuchs und sein Freund fahren im Eiltempo nach Hause zurück. Obwohl Hasenjäger noch keinen Führerschein besitzt, wechseln sich beide Freunde beim Fahren ab. Als Arved das Krankenbett seines Vater in einem Klinikum in Neumünster erreicht, an dem bereits seine Mutter und seine Geschwister wachen, steht es sehr schlecht um Walter Fuchs.

Die Familienmitglieder wechseln einander am Krankenbett ab und hoffen noch auf ein Wunder. Doch am 14. August 1972 stirbt der Mediziner im Alter von nur 50 Jahren an Nierenversagen.

Der Tod des Familienoberhaupts und Ernährers trifft die Familie auch in materieller Hinsicht sehr hart. Zwar stehen Petra und Maren bereits auf eigenen Füßen, doch auf der Praxis lasten noch hohe Kredite, die abgelöst werden müssen. Damit Arved hinsichtlich des Erbes gleichberechtigt neben seiner Mutter und den Schwestern steht, beschließt der Familienrat, den 19-jährigen Arved vorzeitig für volljährig erklären zu lassen. In der Bundesrepublik Deutschland wurde man bis zum Jahre 1975 erst mit 21 Jahren volljährig.

Die Familie ist sich zunächst nicht sicher, ob die Volljährigkeitserklärung einfach sein wird, da der junge Mann mit seiner langen Mähne auf den ersten Blick beim Amtsgericht nicht sonderlich vertrauenserweckend wirkt. Doch nach einem längeren Gespräch mit Arved ist die zuständige Rechtspflegerin überzeugt, dass der Heranwachsende wohl über die notwendige »sittliche Reife« eines Erwachsenen verfügt. Sie stimmt dem Antrag der Familie zu und erklärt Arved für volljährig.

Die Praxis des Vaters wird zunächst verpachtet und mit dem alten Patientenstand weitergeführt. Arveds Schwestern Maren und Petra helfen nach besten Kräften mit. Mehrere Ärzte wechseln einander ab, doch die Praxis läuft nicht sonderlich gut, sodass die Familie schließlich den Verkauf beschließt.

Aufs Gymnasium nach Neumünster

Arved indes muss sich vom Wunsch, das geliebte Albert-Schweitzer-Gymnasium in Hamburg zu besuchen, verabschieden. Das tägliche Pendeln zwischen Bad Bramstedt in die fast 50 Kilometer entfernte Hafenmetropole ist zu teuer und aufwendig. Er wechselt zur Immanuel-Kant-Schule, einem neusprachlichen Gymnasium in Neumünster, 20 Kilometer von Bad Bramstedt entfernt.

Großes Glück für den jungen Rebellen: Seine Klassenlehrerin (Deutsch und Geschichte) Utta Rudershausen ist eine weltoffene und verständnisvolle Pädagogin, die mit »Individualisten«, von denen sie eine ganze Reihe in ihrer 15-köpfigen Klasse hat, gut fertig wird. Die 31-jährige blonde, hochgewachsene und außerordentlich attraktive Studienrätin wird von ihren männlichen Schülern mehr oder weniger offen verehrt. »Ja, ich war in sie unsterblich verliebt«, gesteht ein ehemaliger Schüler, der heute in der Lüneburger Heide lebt.

Rudershausen erinnert sich genau an Arved Fuchs, der zu einer kleinen Clique von vier Jugendlichen gehörte, die nur so viel tat, wie sie unbedingt musste.»Arved saß in der letzten Reihe, beteiligte sich wenig am Unterricht, und ich wusste selten, was er gerade machte«, erinnert sich die pensionierte Pädagogin.

»Sie wusste mich trotz meiner Faulheit und meinen Flausen zu nehmen«, sagt Fuchs heute. »Sie war als Pädagogin außerordentlich engagiert und konnte sich, wenn es nottat, gut durchsetzen. Ich kenne keine Lehrkraft, die so akzeptiert war von uns allen. Mit den anderen Lehrern in Neumünster habe ich mich auch gezofft, dass die Fetzen flogen, mir war die Schule einfach scheißegal.«

Dass sich hinter den Kulissen Dramatisches abspielt, ahnt Fuchs nicht. Der Englischlehrer findet Arveds suboptimale Unterrichtsbeteiligung nicht witzig, nennt ihn in der Schulkonferenz »einen Schwächling, der keinen Mumm hat« und plädiert dafür, ihn nicht zu versetzen. Das hätte möglicherweise das absolute Ende von Fuchs' Schulkarriere bedeutet. Mit großer Vehemenz setzt sich Lehrerin Rudershausen für ihren Schützling ein und verhindert sein Scheitern.

Fuchs' Interesse gilt den Polarforschern

Fuchs' Interessen konzentrieren sich indes auf ein ganz anderes Gebiet. Hat er als Kind noch sämtliche Karl-May-Bände verschlungen, die Weltumsegelung des portugiesischen Seefahrers Ferdinand Magellan nachempfunden oder den britischen Entdecker James Cook bei seinen Pazifikreisen gedanklich begleitet, haben es ihm als Heranwachsenden sämtliche Polarforscher des 19. und 20. Jahrhunderts angetan. Intensiv studiert er Robert Edwin Peary, der 1909 als erster Mensch den Nordpol bezwingt, ebenso Roald Amundsen, der am 14. Dezember 1911 als Erster auf dem geografischen Südpol steht. Gleichermaßen spannend findet Fuchs Amundsens Kontrahenten Robert Falcon Scott, der nur einen Monat später am Südpol ankommt und seine unprofessionell geplante und durchgeführte Expedition mit dem Leben bezahlen muss – 18 Kilometer vor dem rettenden Basislager.

Statt sich intensiv des Unterrichts zu widmen, saugt Fuchs alles auf, was ihm über Forscher und deren Expeditionen in die Hände fällt. Ihn interessieren aber nicht nur die Helden unter den Forschern. Was hat der amerikanische Polarforscher Adolphus Greely bei seiner Expedition (1881–1884) beim Erforschen der kanadischen Insel Ellesmere Island falsch gemacht, dass von 25 Leuten nur sechs überlebten? Was führte 1845/1847 zur größten Expeditionskatastrophe des 19. Jahrhunderts, bei der der britische Polarforscher John Franklin auf der Suche nach der Nordwestpassage mit all seinen 129 Männern auf zwei Schiffen wie vom Erdboden verschwand?

Arved Fuchs studiert sie alle und stellt dabei fest, dass man aus den zahlreichen Polarexpeditionen der letzten 200 Jahre, besonders aus den Fehlern und Fehleinschätzungen, auch heute noch eine Menge lernen kann. Manches bleibt bis heute unbeantwortet, und auch im 20. Jahrhundert gibt es in den polaren Regionen noch weiße Flecken auf diesem Planeten.

Am nachhaltigsten beeindrucken Fuchs der norwegische Polarforscher und Friedensnobelpreisträger Fridtjof Nansen und der britische Polarforscher Sir Ernest Henry Shackleton. Nansen durchquerte als erster Mensch Grönland über das Inlandeis und konnte die Theorie seines Landsmannes Henrik Mohn über die Eisdrift im Arktischen Ozean durch seine Nordpolexpedition beweisen. Der Beweis gelang dem Polarforscher mit seinem Spezialschiff »Fram«, mit dem er sich vor der sibirischen Küste einfrieren ließ und der Jahre später das 2000 Kilometer entfernte Spitzbergen erreichte.

Der umtriebige Nansen revolutionierte die Techniken des polaren Reisens und beeinflusste damit alle nachfolgenden Expeditionen in der Arktis und Antarktis. Außerdem trug er zur politischen Unabhängigkeit Norwegens bei und diente nach dem Ersten Weltkrieg als Hochkommissar für Flüchtlingsfragen beim Völkerbund. Für seine Verdienste um die internationale Flüchtlingshilfe erhielt er 1922 den Friedensnobelpreis.

Shackleton verehrt Fuchs nicht so sehr wegen seiner Erfolge, etwa dem Südpol als erster Mensch auf 180 Kilometer am nächsten gekommen zu sein oder die Erstbesteigung des Antarktisvulkans Mount Erebus. Auch Shackletons Teilhabe an wissenschaftlichen Erkenntnissen während seiner Expeditionen, wie die erste umfassende Studie zu den antarktischen Süßwasserprotozoen (tierische Einzeller) und niederen Mehrzellern, sind es nicht. Ebenso dass Shackleton im Jahre 1902 von einem Ballon aus die ersten Luftaufnahmen der Antarktis gelingen, beeindruckten Fuchs nicht so sehr wie die Fähigkeit des Forschers, Unternehmungen abzubrechen, wenn sie für ihn und seine Mannschaft lebensbedrohlich werden.

Wäre Shackleton nicht im Januar 1909 vor Erreichen des Südpols umgekehrt, wären er und seine Männer umgekommen. Schlechte Wetterverhältnisse, schwindende Vorräte, mangelhafte Ausrüstung und zunehmende Erschöpfung machten ein weiteres Vorankommen zum tödlichen Risiko. Von ihm stammt der Spruch: »Better a live donkey than a dead lion.« (Besser ein lebender Esel als ein toter Löwe.)

Legendär die Shackleton-Fahrt mit dem sieben Meter langen Rettungsboot »James Caird« von der Antarktisinsel Elephant Island nach Südgeorgien durch die Eishölle des Südatlantiks. Nachdem sein Expeditionsschiff »Endurance« im November 1915 vom Antarktiseis zerquetscht wird und sinkt, lässt Shackleton 22 Männer auf Elephant Island zurück und macht sich zur Rettung der Schiffsbesatzung mit fünf seiner Getreuen im April 1916 auf eine 1500 Kilometer lange Reise. Nach vier Wochen und unendlichen Entbehrungen erreicht er eine Walfangstation auf Südgeorgien. Mithilfe der chilenischen Regierung gelingt es Shackleton schließlich, einen Schlepper zu ordern, der alle 22 zurückgelassenen Expeditionsteilnehmer Ende August 1916 wohlbehalten rettet.

Es ist aber nicht nur die Weitsicht des britischen Forschers, die den Gymnasiasten Fuchs beeindruckt, sondern die herausragenden Führungsqualitäten Shackletons. Dieser Forscher aus vergangenen Tagen wird zu einem der großen Vorbilder des jungen Bramstedters.

Club 19

Doch trotz dieser »einsamen Forschungen«, die nicht gerade zum schulischen Erfolg des aufsässigen Oberschülers beitragen, ist Fuchs kein Einzelgänger. Am 1. März 1973 geschieht etwas Denkwürdiges, das nicht ohne Einfluss auf Arved Fuchs' späteres Leben sein wird und den späteren Abenteurer und Expeditionsleiter in seinem Wesen charakterisiert. Mit drei Schulfreunden, die teilweise einige Monate jünger oder älter sind als Fuchs, wird ein Lebenspakt geschlossen. Alle vier sind an diesem Tag noch oder erst 19 Jahre alt, so nennen sie ihre Vereinigung »Club 19«. Es wird eine schriftliche Satzung ausgearbeitet. Diese legt im Kern fest, dass die vier ihr ganzes Leben lang verbunden sein werden. Dass sie sich umeinander kümmern, wenn es notwendig ist, untereinander helfen, wenn einer Hilfe benötigt. Die Vereinbarung bezieht sich auch auf zukünftige Partner und Familien der Freunde. Neben Fuchs setzt sich der Club aus folgenden Mitschülern zusammen: Volker Gaese, Johann Baptista von Salis und Carsten Wesselmann.

Der »Club 19« macht in der Schule bald die Runde, und es gibt nicht nur positive Reaktionen seitens der Lehrer und Mitschüler. Die Lehrer, außer Utta Rudershausen, sehen sich einer Gruppe von Individualisten »ausgesetzt«, mit denen man einzeln schon seine Probleme hat. Nicht anders geht es den Mitschülern, die neidvoll auf die Clique schauen, die wie Pech und Schwefel zusammenhält.

Wenn auch die Satzung mittlerweile verloren ging, ist die »Viererbande« nach wie vor füreinander da und trifft sich regelmäßig.

Arved Fuchs, der während der Schulzeit bereits den Vorderen Orient und Nordamerika mit Freunden bereist hat, hält es auf dem Gymnasium nicht mehr aus. Es drängt ihn in die Ferne, er möchte unbedingt Seemann werden. Im Sommer 1974 verlässt er das Gymnasium mit der Fachhochschulreife, dem so genannten Vorabitur, bewirbt sich bei der Schiffsjungenschule in Finkenwerder und wird zum 1. November angenommen.

Der Weg ist nicht vorgezeichnet:
Abenteurer ist kein Beruf

Doch bis November ist noch viel Zeit. Zu Hause sitzen ist nicht Fuchs' Ding. Bei der Orientfahrt im Jahr 1973 hatte er bereits »Blut geleckt« für Reisen in ferne Länder. Jetzt soll es mit vier Freunden nach Nordamerika gehen, mit allem, was möglich ist. Doch davon später mehr.

Welchen Beruf Arved Fuchs ergreifen soll, ist ursprünglich nicht eindeutig. Als Kind wollte er, wie viele Jungen in seinem Alter, Lokführer werden. Beim Opa auf Sylt hatte er nicht nur die Sylter Inselbahn erleben dürfen, die Bundesbahner des DB-Bahnhofs Westerland ließen den aufgeweckten Jungen regelmäßig auf den großen Dampfloks im Rangierbetrieb mitfahren. »Daraus resultiert auch heute noch meine tiefe Verbundenheit zu den schnaufenden Stahlrössern aus vergangenen Tagen«, bekennt Fuchs.

Auch der Beruf des Mediziners, für den sich der Junge, angeregt durch seinen Vater Walter, eine Zeit lang interessierte, war zeitweise eine ernsthafte Option für Arved. Für den Arztberuf hätte der Junge nicht nur das Abitur machen müssen, auch der Notendurchschnitt hätte erheblich über dem liegen müssen, was Arved so zu bieten hatte.

Doch langfristige Berufsplanungen sind auch nicht Arveds Ding. Ihm ist lediglich klar, dass er nicht bis ins hohe Rentenalter in einem Büro, in einem Lehrerzimmer oder in einer Arztpraxis verbringen möchte. Ihn zieht es hinaus in die Fremde, aufs Meer, er möchte ferne Länder, exotische Kulturen, unbekanntes Terrain kennenlernen. »Ich fragte mich damals nicht, was ich werden wollte, sondern hatte Vorstellungen, was ich machen wollte. Zwar nicht klar umrissen und formuliert, doch wusste ich eines genau: Ich wollte die Welt entdecken«, erinnert er sich heute.

Auch wenn es kein eingetragener Beruf ist, die Bezeichnung »Abenteurer« trifft es wohl am ehesten, was dem Heranwachsenden so vorschwebt. Um diese Visionen eines Tages verwirklichen zu können, muss Arved den Beruf des Seemanns erlernen, dessen ist er sich sicher.

Am 1. November 1974 beginnt Arved Fuchs seine Ausbildung auf der Schiffsjungenschule in Finkenwerder. In diesem Trainingscenter, dessen Abschluss die Voraussetzung bildet, um auf einem Schiff anheuern zu dürfen, wird der seemännische Nachwuchs geschult. Hier wird nichts dem Zufall überlassen, denn auf See kommt es auf jeden Handgriff an, der gerade in Extremsituationen beherrscht werden muss.

In einem Grundkurs geht es zunächst einmal um die elementaren Kenntnisse der christlichen Seefahrt. Arved weiß, dass er hier nicht negativ auffallen darf, eine zweite Chance wird es für ihn nicht geben. Es werden alle denkbaren Arten von Seemannsknoten gelernt, der Umgang mit Tauen und Tampen geübt, auf der Elbe wird bis zur Erschöpfung gepullt. Die Prüfungen zum Rettungsboot- und der Feuerschutzschein werden abgelegt.

Die angehenden Schiffsjungen pauken die Seeschifffahrtsregeln und -zeichen, lernen, wie man einen Kompass liest und wie mit Sicht auf einen Bezugspunkt navigiert wird. Die Bergungsübung »Mann über Bord« wird so lange wiederholt, bis die Auszubildenden sie im Schlaf beherrschen, um einen ins Wasser gefallenen Menschen innerhalb kürzester Zeit retten zu können.

Doch hier werden nicht nur Regeln gelernt, hier geht es auch um Teamgeist und Kameradschaft. Arved erweist sich hier als Kumpel, der anderen hilft, wenn sie nicht mehr weiterkönnen. Gleichermaßen erfährt er fast täglich, dass Lehrjahre keine Herrenjahre sind.

Endlich aufs Meer

Es ist Montag, der 6. Januar 1975, ein drückend schwüler Tag mit Temperaturen von über 38 Grad. Im Hafen von Colombo, dem damaligen Ceylon, liegt der beladene Stückgutfrachter »Sternenfels« der Hansa-Reederei mit Ziel Hamburg. Das Schiff ist ein Stückgutfrachter der ST-Klasse (Steinfelsklasse) mit 53 Mann Besatzung und zehn »Auszubildenden«. Einer davon ist der Technische Offizierbewerber Arved Fuchs, der hier für sechs Monate den ersten Teil seiner Ausbildung auf See absolvieren wird.

Der kürzeste Weg nach Deutschland geht durch den Persischen Golf, weiter durch den Suezkanal. Doch der ist seit dem Sechstagekrieg von 1967 und dem Jom-Kippur-Krieg von 1973 geschlagene acht Jahre bis Juni 1975 gesperrt, sodass die Fahrt um den afrikanischen Kontinent, das Kap der Guten Hoffnung, herum gehen muss.
Der Reederei ist das nicht recht, dem Technischen Offizierbewerber Fuchs schon eher, da dieser möglichst lange auf hoher See verbringen möchte, um das maritime Handwerk von der Pike auf zu lernen. Dabei ist das afrikanische Kap mit seinen Klippen und den unberechenbaren Strömungen immer noch eine seemännische Herausforderung. Hier geht der kalte Atlantik in den wärmeren Indischen Ozean über.

Unter Deck befindet sich die Lehrwerkstatt mit einem technischen Ausbilder. Hier lernen die angehenden Schiffsbetriebstechniker Sägen, Feilen, Schweißen, Schmieden, Drehen sowie alles, was mit der Feinmechanik und der Metallverarbeitung im weitesten Sinne zu tun hat. Oftmals bei 40 Grad Außentemperatur unter der Back bei einer offenen Schmiede. Hinzu kommt der theoretische Unterricht, wo die jungen Leute mit allen technischen Anforderungen des Schiffsmaschinenbetriebs vertraut gemacht werden.
Zur Ausbildung zählen auch das Zeichnen von Rohrleitungsplänen, die Prüfung des Verlaufs einzelner Leitungen in der Bilge. Außerdem werden die Auszubildenden mit den Funktionen des Ballastwassersystems vertraut gemacht und lernen gleichermaßen, mit den Schmiersystemen eines Schiffes, mit den Systemen des Düsen-, Kolben- und Zylinderkühlwassers sowie den Wärmepumpen umzugehen.

Der Stückgutfrachter »Hohenfels«, auf dem Arved Fuchs als Assistent sechs Monate ausgebildet wird.

Trotz dieses anspruchsvollen und umfangreichen Programms interessiert sich Arved Fuchs auch für die Tätigkeiten auf der Brücke, zum Beispiel die Navigation. Nach einer gewissen Zeit darf er mit den so genannten Assis auf Wache gehen. Als »Nebeneffekt« lernt er das Wetter auf See zu beobachten und zu interpretieren.

Fremde Kulturen reizen ihn

Im August 1975 beendet Fuchs die Ausbildung zum Technischen Offizierbewerber erfolgreich. Er fährt zunächst als Technischer Offiziersassistent und wird nach zehn Monaten als so genannter Oberassistent eingesetzt. Schließlich erfolgt sein Einsatz als diensttuender 4. Ing., da er sich für Ingenieuraufgaben qualifiziert hat. Auf der einen Seite sparen die Reeder mit dieser Funktionsbezeichnung einen Ingenieur, auf der anderen Seite wollen sie fähige Leute langfristig an ihr Unternehmen binden.

Auf verschiedenen Schiffen der Reederei führen Fuchs' Fahrten ins Mittelmeer, nach Ceylon, Indien, ins Rote Meer, zum Persischen Golf, an die Ostküste Nordamerikas und nach Südafrika.

Im Gegensatz zu seinen Kameraden, die sich in den Häfen oftmals langweilen, interessiert sich Fuchs brennend für die fremden Kulturen. Da sind die arabischen Länder mit ihren konträren Entwicklungsstufen. Ein Land wie der Oman mit Stadtmauern, die abends abgeschlossen werden, mit Basarwachen, die Vorderladergewehre tragen. Eine Atmosphäre wie in Tausendundeiner Nacht. Ein Sultan, der sein Land abschottet und von seinem Neffen, der in England studiert hat, gestürzt wird.

Dagegen Kuwait, Abu Dhabi, Dubai und Bahrain, die bereits sehr weltlich und mondän erscheinen. Im Iran der Schah von Persien, der zwar das Kaisertum pflegt, andererseits aber pro westlich orientiert ist und moderne Industrien aufbaut, die von den Hansa-Schiffen mit technischen Geräten und Maschinen beliefert werden. Arved Fuchs ist angetan von diesen unterschiedlichen Staats- und Lebensformen, die es auf der Welt gibt.

Auch die arabische Damenwelt nimmt den gut aussehenden Seemann aus Germany wahr. Doch die Kameraden, die schon Jahrzehnte unterwegs sind, warnen die Unerfahrenen, dass Frauen in der arabischen Welt für Seeleute tabu sind, andernfalls kann es zu großen Konflikten mit weiterreichenden persönlichen Konsequenzen nach Landesrecht kommen.

Das Studium an der FH Flensburg

Nach fast zwei Jahren auf großer Fahrt glaubt Fuchs sich die Basis für ein Studium erarbeitet zu haben. Er möchte gerne die Offizierslaufbahn einschlagen und selbst als Chief Engineer fungieren.

Im Oktober 1976 beginnt er mit dem Studium der Fachrichtung Schiffsbetriebstechnik an der Fachhochschule Flensburg (FH). »Hier lernte ich noch einmal ausgiebig die Funktionen der Thermodynamik, die Regelungstechnik, die Motorenkunde, die Elektrotechnik und alle Zusammenhänge, welche die Funktion eines Schiffes im Ganzen ausmachen. Es hat mich sehr interessiert, und ich profitiere noch heute davon«, sagt Fuchs in der Rückschau. Um sich das Geld für sein Studium zu verdienen, fährt Fuchs in vorlesungsfreien Zeiten immer wieder Einsätze bei seiner alten Hansa-Reederei und auf Schiffen der Bugsierreederei Schuchmann.

Eigentlich möchte Fuchs das Studium, das mit der Prüfung zum graduierten Ingenieur abschließt, zu Ende führen. Doch ein Arved Fuchs entscheidet regelmäßig selbst, wann er genug hat. Er sieht die ungünstige Entwicklung im Reedereigeschäft. Hansa und manch andere etablierte Reederei gehen Pleite. Der Container erobert die Seefahrt. Immer größere Tanker werden auf Kiel gelegt. So hat sich der inzwischen 25-Jährige die Seefahrt und seine Zukunft nicht vorgestellt. Er möchte weder auf einem Containerschiff noch auf einem Tanker sein Dasein fristen.

Er ist während seines Studiums bereits auf einigen Traditionsschiffen unterwegs gewesen, hat den Sportboothochseeschifferschein (SHS) gemacht und die Zusatzbefähigungen zum Führen von Traditionsschiffen (Traditionsschifferschein) absolviert. Dieser Befähigungsnachweis ist gültig für Traditionsschiffe mit einer Länge über 25 und unter 55 Metern. Die Besatzung darf 25 Personen nicht übersteigen.

Kurz und gut: Fuchs macht im Juli 1978 auf der FH noch die Zwischenprüfung. Er strebt danach die Selbstständigkeit an. Er glaubt zu wissen, worauf er sich einlässt, denn auf zwei längeren Reisen mit Freunden und einer ersten Expedition hat er ja reichlich Erfahrungen gesammelt.

2 Frühes Reisen – erste Expeditionen

Wie aus dem Nichts erscheinen sie, die ersten Dayaks. Beide Parteien sind derart schockiert, dass für kurze Zeit »Funkstille« herrscht. Tausend Gedanken gehen dem Quartett durch den Kopf. Wenn die Kopfjäger sie für feindliche Eindringlinge halten, wär's das gewesen. Niemand könnte ihnen helfen, niemand würde sie je finden.

Der Orient lockt – mit Hindernissen

Die Reise im Jahre 1972, die eigentlich mit einem alten VW-Bus rund um Frankreich bis nach Marseille führen sollte, wurde aufgrund des Todes von Arveds Vater jäh abgebrochen. Doch Arved und sein Freund Peter Hasenjäger wollten es noch einmal versuchen. Dieses Mal soll es Bagdad sein, zu Deutsch »Geschenk Gottes«, die Hauptstadt des Irak. Mit seinen Flüssen Euphrat und Tigris ist es das Gebiet des alten Zweistromlandes, wo sich ab dem vierten Jahrtausend die ersten Hochkulturen der Menschheit entwickelten. Deshalb wird die Region auch als Wiege der Zivilisation gesehen. Bagdad ist für Fuchs und Hasenjäger der Inbegriff orientalischer Lebensart, mit seinen Basaren, fremdartigen Klängen und Gerüchen. So haben sie es jedenfalls gelesen und gehört.

Das notwendige Visum für den Irak bekommen die beiden zwar nicht, aber »kommt Zeit, kommt Rat, man wird sie schon in das Land hineinlassen«, glauben sie in ihrer Naivität.

Wie ein Jahr zuvor soll die Reise wieder per VW-Bus stattfinden, das alte Vehikel ist noch ganz gut in Schuss. Zu Beginn der Sommerferien startet das Duo in Bad Bramstedt, wählt den Autoput, die legendäre Strecke durch Jugoslawien, Bulgarien, Griechenland bis in die Türkei. Die beiden kommen recht gut voran, fahren durch die Türkei, schnurstracks Richtung Irak. Die Türkei ist touristisch noch

Viele tausend Kilometer haben Arved Fuchs und sein Freund Peter Hasenjäger (Foto) mit dem klapprigen VW-Bus zurückgelegt. Hier 1973 in den Voralpen auf dem Weg in den Vorderen Orient

nicht erschlossen, in Anatolien kommen sich die Deutschen wie im Mittelalter vor. Staubige Lehmstraßen, Bauern, die ihre Felder mit einfachsten Gerätschaften bestellen. Allerdings sind die Menschen ausgesprochen gastfreundlich. Zu jeder Zeit wird ihnen geholfen. Ob es das ausgehende Benzin ist, das fehlende Wasser, zu reparierende Reifen. Ganz gleich, was die Abenteurer brauchen, die Menschen, die offensichtlich selbst nicht viel haben, teilen das Wenige mit den Fremden.

»Mich haben diese Erfahrungen genauso stark geprägt wie damals als Schüler in Frankreich«, berichtet Fuchs. Gastfreundschaft scheint in vielen Ländern ein hohes Gut zu sein.

Nach vielen tausend Kilometern kommen sie an die irakische Grenze. Doch die Hoffnung der Deutschen, auch ohne Visum in das Land hineingelassen zu werden, erweist sich als »frommer Wunsch« und als nicht realisierbar. Was die beiden nicht wissen, im Irak sind die politischen Verhältnisse nicht sonderlich stabil. Es regiert Staatspräsident Ahmad Hasan al-Bakr, der durch einen Putsch an die Macht gekommen ist. Ausländer, die als Globetrotter um die Welt reisen, sind nicht sonderlich willkommen, schon gar nicht ohne Visum.

Wenn schon nicht Bagdad, so wollen die beiden dann wenigstens nach Damaskus. Die Hauptstadt Syriens gilt als eine der ältesten kontinuierlich bewohnten Städte der Welt und ist ein kulturelles und religiöses Zentrum des Orients. In Syrien regiert der Despot Hafiz al-Assad als Staatspräsident. Es ist eine trostlose Stimmung an der Grenzstation, da hängt ein halb zerlegtes Schaf, umgeben von einem Schwarm Fliegen. Und Deutsche will man definitiv nicht haben, denn vor wenigen Wochen hat Bundeskanzler Willy Brandt Israel besucht.

Was die beiden und auch sonst kaum jemand ahnen kann, in wenigen Monaten werden Syrien und Ägypten Israel angreifen; es kommt zum so genannten Jom-Kippur-Krieg. Es wird die vierte arabisch-israelische Auseinandersetzung seit 1948. Die Araber werden, wie in den Kriegen zuvor, den Erzfeinden unterliegen.

Doch es ist vor allem Arved Fuchs, der sich nicht beirren lässt und von unendlicher Neugier getrieben ist: »Dann fahren wir halt die türkische Küste ab«, schlägt er vor. Antalya, einst Reisestation des Apostels Paulus und in byzantinischer Zeit wichtiges Zentrum des Christentums, ist 1973 noch ein verschlafenes Städtchen. Nichts, aber auch gar nichts, deutet darauf hin, dass dieser Ort einmal zu einem touristischen Zentrum der Türkei aufsteigen wird.

»Dass wir unterwegs in unserer Unbedarftheit auch viel Glück hatten, ist unbestritten«, sagt Peter Hasenjäger heute. »Man muss bestimmte Dinge einfach wagen, obwohl sie einem in dem Moment gar nicht als Wagnis bewusst sind.« Nachdem die beiden nach sechs Wochen wieder in die Zivilisation zurückgekehrt sind, soll es an der österreichischen Grenze noch einmal unangenehm werden. Der Zöllner regt sich über die fürchterlich abgefahrenen Reifen derartig auf, dass er den Bus auf der Stelle stilllegen lassen will. Da führt Arved den Beamten wie ein windiger Pferdehändler immer in Richtung Dach, wo ein einigermaßen guter Reifen befestigt ist. Irgendwann gibt der Zöllner entnervt auf, winkt ab und befiehlt: »Fahrt durch, haut ab, ich will euch nicht mehr sehen.« Bevor das Duo Bad Bramstedt erreicht, machen die beiden Rast bei Hasenjägers Verwandten in Wolfenbüttel bei Braunschweig. Von den Abenteurern geht ein derart penetranter Geruch aus, dass sie schleunigst in die Badewanne gesteckt werden.

Auf nach Amerika

Frühjahr 1974: Peter Hasenjäger hat sein Abitur bestanden. Arved Fuchs geht mit der Fachhochschulreife, dem so genannten Vorabitur, von der Schule ab. Ihr Fernweh ist noch lange nicht gestillt. Die Frankreichfahrt musste ja leider abgebrochen werden, der Vordere Orient war schon spannender, auch wenn Bagdad und Damaskus sie nicht haben wollten. »Das kann es ja noch lange nicht gewesen sein«, sind sich die jungen Männer sicher. Jetzt soll es etwas Größeres werden, jenseits des Atlantiks, für drei Monate. Amerika – das ist der Traum.

In den USA spielt sich gerade ein politisches Erdbeben ab. Der 37. Präsident der Vereinigten Staaten ist der Republikaner Richard Milhous Nixon, der ein Jahr zuvor den Vietnamkrieg durch Kapitulation beendete. Im Jahre 1972 hatte es einen Einbruch im Washingtoner Hauptquartier der Demokratischen Partei gegeben, der der Nixon-Administration angelastet wird. Da sich die Zentrale der Partei im Watergate-Gebäudekomplex befindet, wird der Skandal »Watergate-Affäre« genannt. Im Juni belegt der Abschlussbericht einer Untersuchungskommission die Verwicklungen der Regierung in die Geschehnisse. Am 9. August muss Präsident Nixon schließlich seinen Hut nehmen. Obwohl sich Fuchs und Hasenjäger durchaus für Politik interessieren, tangiert sie die Politikaffäre nicht sonderlich bei ihren Planungen.

Bedeutsamer für sie ist, dass sie noch ein paar Freunde mitnehmen werden. Drei, die sie fragen, stimmen freudig zu. Der »Orientbus« aus dem Vorjahr ist jedoch verschlissen. Hasenjäger, der im Hochbau jobbt, bekommt einen stabileren VW-Bus, den Fuchs zum Wohnmobil umbaut. Für einen Kasten Bier erhält das Vehikel von einem Bramstedter Mühlenbesitzer einen »Dachgarten«. Die mit heutigen Erfahrungen verbundenen Vorstellungen von »Wohnmobil« treffen auf das Reisegefährt allerdings nicht mal im Ansatz zu. Nicht die Bequemlichkeit und der Komfort stehen im Vordergrund. Hier kommt es einzig und allein auf Zweckmäßigkeit und Stauraum an. Fuchs und seine vier Kameraden sind allesamt Männer »aus Schrot und Korn«, denen eine Holzbank zum Schlafen ausreicht.

Der Bus wird drei Wochen vor dem Abflug von Emden nach New York verschifft. Es ist die Reederei, die auch neue VW-Autos nach Amerika transportiert. Von Hamburg-Fuhlsbüttel starten die fünf mit einer älteren Douglas DC-8 in die neue Welt. Es gibt reichlich Flugturbulenzen, Hasenjäger wird es speiübel, er glaubt den Flug nicht zu überleben. Nach einer unruhigen Nacht in einer New Yorker Absteige geht's in das fast nagelneue World Trade Center, das erst im Vorjahr eröffnet wurde.

In einem der noch nicht vollständig bezogenen Hochhäuser residiert der Reisevermittler John Paul Hobelman, bei dem die Freunde ihre Papiere für die Amerikatour abholen. Schwer beeindruckt sind die Schleswig-Holsteiner von den über 400 Meter hohen Zwillingstürmen mit ihren 110 Stockwerken. In Bad Bramstedt hat das höchste Wohnhaus mal gerade sechs, in der Nachbarstadt Neumünster nicht mehr als zehn Stockwerke.

Start mit Hindernissen – Amerika im Sauseschritt

Doch allzu lange Bewunderung können sie sich nicht leisten. Sie wollen und müssen weiter und holen ihren Bus im Hafen von Newark, 16 Kilometer westlich von New York, ab. Erste Hiobsbotschaft im »Land der unbegrenzten Möglichkeiten«: Das Fahrzeug ist gefleddert, alles, was nicht niet- und nagelfest ist, wurde geklaut. Die Jungs sind hart im Nehmen. »Was uns nicht umhaut, macht uns stärker« ist Fuchs' Devise.

Und es geht los gen Nordwesten, Richtung Kanada. Zuerst zu den Niagarafällen, dann um die großen Seen herum. Sie fahren quer durch den mittleren Westen, besuchen den Yellowstone-Nationalpark, den ältesten Nationalpark der Welt. Genießen die geothermischen Quellen und Schlammtöpfe, bestaunen die Geysire und den »Grand Canyon of the Yellowstone«. Sie machen Rast in Salt Lake City, an der Küste des Großen Salzsees. Ihnen ist wichtig, die bedeutsamen Orte aus den amerikanischen Filmen zu sehen, von einer echten Bildungsreise kann keine Rede sein.

Als Heldentat empfinden sie ein exzessives Saufgelage auf einem Campingplatz, wo sie zu dritt 57 Dosen Bier verputzen und sich den Nachschub mit dem Bus direkt von der Rezeption eines Hotels abholen. Sie haben Glück, dass man sie wegen der Alkoholfahrt nicht einsperrt. Hasenjäger jedenfalls ist am nächsten Tag speiübel.

Wenn es schon große Filmorte sein sollen, dann auf jeden Fall San Francisco mit seinen 42 Hügeln, den steilen Straßen und seinen berühmten Cable-Cars – Straßenbahnen. Es ist der 28. Juli, Peter Hasenjäger feiert seinen 20. Geburtstag. Um fünf Uhr morgens fahren sie bei Sonnenaufgang über die Golden Gate Bridge, vier sitzen auf dem Dach, einer am Steuer. Dem Müller aus Bad Bramstedt sei Dank für die stabile Dachkonstruktion, auf der Fuchs und Hasenjäger oftmals die Nacht in ihren alten Bundeswehrschlafsäcken verbringen.

Zum Abschuss empfiehlt Arved seinen vier Freunden den »kulturell hochwertigen« Film »Deep Throat«. Im Kino merken die Kameraden, dass es ein Pornofilm ist. Na ja, warum nicht.

Bald darauf geht's südwärts nach Los Angeles, vorher wird noch ein Abstecher nach Hollywood gemacht. Filmstars lassen sich zwar nicht blicken, doch auf dem »Walk of Fame« ist es auch ganz schön.

Vor Mexiko liegt Ludlow

Nach heftigsten Diskussionen entscheidet man sich für einen »Abstecher« nach Mexiko. Doch in einem gottverlassenen Nest namens Ludlow im Staate Arizona gibt der Motor plötzlich explosionsartige Geräusche von sich, bevor er seinen Geist aushaucht. Was ist passiert? In Amerika gibt es zu dieser Zeit bereits unverbleites Benzin, das jedoch für einen europäischen VW-Motor keineswegs geeignet ist. Da dieser Sprit um einiges billiger ist als der verbleite Motorsaft, haben die Freunde bisher nichts anderes getankt. Folge des Billigtankens: Die Kolben des Motors weisen fünfmarkstückgroße Löcher auf.

Das hat ihnen gerade noch gefehlt. Zwar haben sie Reservekolben dabei, doch der Ort hat eine Tankstelle und höchstens 15 Häuser, von denen die meisten unbewohnt sind. Es herrschen Temperaturen von 40 Grad im Schatten. Nützt nichts, Arved Fuchs und Volker Stüber, er ist ein ehemaliger Klassenkamerad von Peter Hasenjäger, bauen den Motor aus und hieven ihn sorgfältig auf Zeitungen.

Peter Hasenjäger, Volker Gaese und Baptista von Salis, alle drei technisch eher unbegabt, vertreiben sich die Zeit in der Geisterstadt. Plötzlich taucht eine große Zahl von streunenden Hunden auf, die sich zusammenrotten, große wie kleine. Sie kommen immer näher, die Lage wird immer bedrohlicher. Baptista von Salis, sonst nicht der Mutigste, zischt seinen beiden Freunden zu: »Wenn sie ganz nah dran sind, schnappt sich jeder einen und schleudert ihn in die Meute.« Das müssen die »Bestien« wohl spüren, machen etwa anderthalb Meter vor den Globetrottern halt, kläffen erbärmlich und verdrücken sich schließlich. Der Schweiß auf den Stirnen der jungen Leute hat nicht nur etwas mit der Hitze zu tun!

Nach einer Übernachtung in Ludlow haben Arved und sein Kumpel es tatsächlich geschafft: Die Kolben sind ausgewechselt, der

Motor wieder zusammengesetzt, es kann losgehen nach Mexiko. Das Ziel ist Mexiko City, die Hauptstadt des Landes. Der VW-Bus wird abgestellt, und mit dem Linienbus geht's nach Acapulco, dem Badeort am Pazifik. Baden, Faulenzen, Schlafen am Strand, das Leben kann schön sein.

In Mexiko City wollen die Globetrotter etwa länger verweilen. Dem schönen Geschlecht sind sie alle nicht abgeneigt. Arved und Peter »kümmern« sich um zwei rassige Mädchen, verstehen aber kaum ein Wort Spanisch. Die Mädchen wissen jedoch durchaus, was sie wollen, und haben ein Ziel vor Augen. Und ehe sich die beiden Jungs versehen, sind sie verlobt. Arveds »Braut« nimmt ihn und das andere »Paar« mit nach Hause, um ihn der Familie vorzustellen. Der Opa wird geweckt, und das Ganze soll zünftig begossen werden.

Da bekommen die jungen Männer »kalte Füße« und suchen unter einem Vorwand das Weite. Mexico City ist groß. In einem anderen Stadtteil prahlt ein finster dreinblickender Geselle auf der Herrentoilette einer Kneipe, nachdem sein Kumpel einem anderen das Bierglas auf dem Kopf zerschlug: »We are very bad men, we steal and kill and let steal and let kill.« Es ist nicht ungefährlich in Mexiko ...

In einer Cantina, einer Art Spelunke, erscheint eine rassige Mexikanerin mit ihrem Mann, der offensichtlich dem Alkohol zugeneigt ist. Die Schöne steht nicht auf Alkohol und hat es nach kurzer Zeit auf Arved abgesehen, was sie ihm durch eindeutige Blicke klarmacht. Arveds Kameraden erfassen die Situation und trinken mit dem Fremden Wein um Wein, bis dieser kaum noch stehen kann. Derweil sind Arved und die rassige Frau für ein halbes Stündchen abwesend. So kann es gehen in Mexiko ...

Einreise mit Hindernissen – New Orleans swingt

Um das Schicksal nicht über Gebühr herauszufordern, beschließt man nach zwei Wochen, die Metropole in Richtung Norden zu verlassen. Der Zustand der Straßen ist sehr schlecht, und an der Grenze von Mexiko in die USA kommt es noch einmal ganz dicke. Die fünf Freunde, ihre Kleidung und der Bus wirken nach den Strapazen der letzten Monate nicht sonderlich vertrauenserweckend. Für die amerikanischen Zöllner steht eindeutig fest: »Die Deutschen haben ganz sicher Rauschgift versteckt.«

Der Bus wird auseinandergenommen und Stück für Stück untersucht, ebenso das Gepäck und die Kleidung. Die Freunde verlieren bei dieser Prozedur wertvolle Stunden, und Arved erinnert sich an die Kontrollen der Vopos an der Transitautobahn nach Berlin anlässlich der Besuche seiner Schwestern in der geteilten Stadt.

Trotz intensivster Suche, die Zöllner finden nichts, schließlich gibt es auch nichts zu finden. Die Zöllner können ihre Enttäuschung kaum verbergen. Und obwohl die Jungs wegen der massiven Verzögerung genervt sind, sie können sich ein schadenfrohes Grinsen nicht verbergen.

Über Texas geht's dann nach New Orleans, dem Zentrum des Rhythm and Blues. Sie erleben eine quirlige Stadt, in der es nur so jazzt und swingt, Musik an jeder Ecke. Sie sehen auch die eine oder andere Blueslegende und können sich kaum loseisen. Doch mehr als 2500 Straßenkilometer sind es noch bis New York, und der Bus bereitet wieder mal Probleme. Er verbraucht mächtig Öl. An jeder Tankstelle müssen ein bis zwei Liter nachgefüllt werden. Zu spät dürfen die Männer nicht in der Metropole ankommen. Peter Hasenjäger hat am 1. Oktober seinen Dienst bei der Bundeswehr anzutreten.

Doch am Ende kommen sie sogar eine Woche vor dem gebuchten Rückflug in New York an, besser gesagt am Rande der Riesenstadt, da es nur dort bezahlbare Unterkünfte gibt. Die körperliche Kondition ist einfach zu Ende. »Wir kamen dort wirklich auf dem Zahnfleisch an und hatten nach 20 000 Kilometern auf zum Teil erbärmlichen Pisten die Schnauze gestrichen voll, wollten uns nur noch ausruhen«, erinnert sich Baptista von Salis. Doch einer der

Kameraden hatte noch lange nicht genug, er fuhr in die Innenstadt hinein und »sprang da noch herum«, wie sich einer der Kumpels heute erinnert. Es ist Arved Fuchs, der mit einer nicht enden wollenden Kondition alle vier in den Schatten stellt. Der Gipfel dann: Arved verkauft den heruntergekommenen Bus für 500 Dollar. Das Geld brauchen sie dringend, denn alle Reserven sind aufgebraucht. Ende September geht's dann endlich nach Hause – mit vielen Dias und interessanten Eindrücken von der neuen Welt.

Erste Expeditionen:
Die kanadische Wildnis lockt

Aus heutiger Sicht wird Fuchs' Werdegang immer deutlicher und verständlicher. Ein Mensch, der als Kind und Jugendlicher nicht willens ist, sich in ein im Grunde angestaubtes Schulsystem einzuordnen, der alles und jedes hinterfragt, der seine Lehrer schier zur Verzweiflung treibt und der immer auf sein Inneres hört. Dieser Mensch beginnt seinen Weg zu finden. Bei ihm greift eins ins andere. Es machte Sinn, die Oberschule zu wechseln. Er wäre sonst nicht der verständnisvollen Lehrerin Utta Rudershausen begegnet, nicht seinen drei Kameraden, mit denen er den »Club 19« gründete und mit denen er ein ganzes Leben verbunden sein wird.

Was sich bei ihm mit 20 Jahren bereits abzeichnete, jetzt steht der Entschluss unumkehrbar fest: Er weiß ganz sicher, dass er in keinem klassischen Beruf »enden« wird. Möglicherweise bis zur Rente in seiner schleswig-holsteinischen Kleinstadt morgens pünktlich zur Arbeit gehen und abends ebenso pünktlich wieder heimkommen, die Pantoffel anziehen und vor die Glotze setzen.

Nein, das ist nicht sein Lebensziel. Obwohl ihm die Kleinstadt und seine verständnisvollen Eltern die notwendige Nestwärme gaben, die ihn stark machte. Auch die Freunde, mit denen er sehr viel unternommen hat und noch manches unternehmen wird, all das widerspricht nicht seinem Freiheitsgedanken.

Und auch wenn es den Anschein hat, Arved Fuchs überlässt nichts dem Zufall. Er lernt das Geschäft des Seemanns von der Pike auf, saugt an »Abenteuerliteratur« auf, was er in die Finger bekommt, macht sich kundig und selektiert.

1976: Arved zieht eine erste Bilanz. Viele ausgedehnte Reisen hat er inzwischen unternommen. Als Schüler nach Frankreich und England gereist, als Heranwachsender in den Orient und durch Nordamerika gefahren, als junger Erwachsener und Offizierbewerber auf den Handelsschiffen fast alle Erdteile bereist. Da muss es doch noch etwas anderes geben.

Bisher war es relativ sicher, was er und seine Freunde unternahmen. Man war eigentlich immer mehr oder weniger in der Zivilisation, hatte Rückfallebenen, wenn Proviant und Geld ausgingen. Irgendwie war Hilfe immer in erreichbarer Nähe, falls es ernst wurde.

Wenn man tatsächlich »Abenteurer« werden will, muss man es auch mal außerhalb der Zivilisation ausprobieren. Neben seinen zahlreichen Büchern hatte er auch die Erfahrungsberichte »Da liegt Gold – Verborgene Schätze in aller Welt« des polnischen Historikers Janusz Piekałkiewicz gelesen. In dem Buch kommt auch Kanada vor, wo Goldgräber nicht alles, was sie fanden, »mit nach Hause« nehmen konnten. »Noch ein bisschen vage und theoretisch«, denkt sich Fuchs. Viel anschaulicher und praktischer dagegen die Reisebeschreibungen des Abenteurers und Kanureisenden Elmar Engel, der sich auf reißenden Flüssen in der Wildnis Kanadas wie kein Zweiter auskennt.

Im Frühjahr 1976 entdeckt Fuchs eine Zeitungsnotiz, wonach eine Gruppe von Abenteurern, die in Labrador die Flüsse De Pas und George River mit dem Kanu befuhren und nie wieder auftauchten. Unter den Verschollenen befanden sich auch einige Deutsche. Lediglich Teile eines Paddels wurden von den Indianern gefunden.

»Das ist es«, sagt sich Fuchs, »das reizt mich allein wegen der Schwierigkeiten, die dort zu überwinden sind, da will ich hin.« Er bespricht den Plan mit seinem alten Freund Peter Hasenjäger, der jetzt in Freiburg Sportwissenschaften studiert, und dem Kommilitonen Rainer Neuber, mit dem er gerade die Hörsaalbank der Fachhochschule Flensburg drückt. Beide stimmen begeistert zu.

Doch wie setzt man einen derart verwegenen Plan um? Wenn selbst erfahrene Expeditionsreisende bitterlich scheitern, dann sollen es drei junge Leute im Alter zwischen 22 und 23 Jahren schaffen, von denen zwar zwei zugegebenermaßen einiges von der Welt gesehen haben, aber in Sachen »Expeditionserfahrung« völlig unbedarft sind? Die Gegend, in der sie sich bewegen wollen, ist fern der Zivilisation, nahezu menschenleer. Wenn wirklich etwas passiert, ist mit Hilfe von außen nicht zu rechnen. Das ist den dreien klar. »Es ist alles eine Sache der guten Vorbereitung«, versucht Fuchs die Zweifel zu zerstreuen.

Er hat gelesen, dass sich besonders die Kanadier mit dem Thema »Survival« vertraut gemacht haben. Der Begriff, der zu diesem Zeitpunkt gerade in Europa en vogue ist, bedeutet frei übersetzt so viel wie »die Kunst zu überleben«. Manager und Büroangestellte, die ihres Kontorlebens überdrüssig sind, und Unternehmensberater, die Assessmentcenter zur Auswahl von Führungskräften anbieten, belegen reihenweise Survivalkurse. Diese beschränken sich doch in aller Regel auf die Wälder vor der Haustüre.

Die Kanadier jedoch, »landschaftsbedingt« weit mehr erfahren, haben im Zusammenhang mit notgelandeten Buschpiloten die Thesen von den »Seven Enemies of Survival« aufgestellt. Das sind Schmerz, Kälte, Durst, Hunger, Erschöpfung, Langeweile und Einsamkeit. Wobei die beiden letztgenannten Punkte – man glaubt es kaum – zu den härtesten Feinden zählen. Sie können nämlich in Extremsituationen zu Angstgefühlen führen, die die Handlungsfähigkeit des Menschen lähmen oder sehr stark einschränken.

Testtour nach Finnland

Um ihre Grenzen für die Labradortour auszuloten, will Fuchs mit dem Club-19-Freund Volker Gaese eine vierwöchige Testtour durch die finnische Seen- und Flusslandschaft machen – ganz ohne Zelt und mit minimaler Ausrüstung. Die Freunde sind einverstanden, und Fuchs und Gaese nutzen die Semesterferien, um Teile des südlichen Finnlands mit dem Faltboot zu erkunden. Mit der Fähre geht's zunächst von Travemünde nach Helsinki und dann weiter mit der Bahn nach Lahti, einer Hochburg des internationalen Skisports. Auf der Fähre haben sie noch einmal vorsorglich das Buffet geplündert – sie werden später noch manche Nacht mit leerem Magen von dieser letzten üppigen Mahlzeit träumen. Ohne in Lahti länger zu verweilen, fahren sie mit dem Bus zu einem hübschen Städtchen namens Heinola, das am Rande eines lang gestreckten Sees liegt.

Dort lassen die beiden ihr Faltboot mit den kargen Ausrüstungsgegenständen zu Wasser, und auf geht's in die finnische Wildnis. Hier bekommen sie eine Vorahnung, was sie in Labrador erwarten wird. Das Wetter wird zunehmend schlechter, die Fische wollen nicht anbeißen, Beeren und Pilze füllen zwar den Magen, aber enthalten nicht die Kalorien, die man für körperliche Betätigung braucht. Hinzu kommt, dass die Bundeswehrschlafsäcke für die freie Natur völlig ungeeignet sind. Einerseits ist die äußere Gummibeschichtung, die das Eindringen von Nässe verhindern soll, undicht. Andererseits verhindert sie das Ausdünsten des Körperschweißes, sodass man die Nächte frierend in nasskalten Umhüllungen verbringt.

Dennoch betrachten die beiden die Tour als erfolgreich, denn sie sind um Erfahrungen reicher, was die Nahrungssuche, das Nächtigen unter freiem Himmel und das Einteilen der Kräfte angeht. Von Mücken zerstochen erreichen sie abgemagert, aber recht wohlbehalten Schleswig-Holstein.

Mit dem Kanu durch Labrador

Im September 1976 beginnen Fuchs und die beiden anderen Freunde mit den Vorbereitungen für die Labradorreise. Sie wollen die Flussfahrt durch das unwegsame Gebiet nicht mit modernen glasfaserverstärkten Kunststoff-(GFK)-Kanus machen, sondern mit den traditionell stoffbespannten Kanus der dort lebenden Indianer. In Bimöhlen, einem kleinen Nachbardorf Bad Bramstedts, ist die Osterau durch ein Wehr aufgestaut, was den Schwierigkeitsgrad beim Befahren des sonst eher beschaulichen Flüsschens erhöht. Hier trainiert die Jugend der Umgebung für regionale Wettbewerbe. Hier trainieren auch die drei Freunde, allerdings mangels Zugriff auf ein echtes Indianerboot mit einem GFK-Gefährt. Sie üben das Kentern in eiskaltem Wasser und wie man ein Kajak unter ungünstigen Bedingungen stabil hält. Die so genannte Eskimorolle können sie hier nicht üben. Dazu später.

Als Hauptproblem erweist sich der Mangel an gutem Kartenmaterial. Das Einzige, was Fuchs auftreiben kann, ist eine Karte im Maßstab 1:500 000, also ein Zentimeter auf der Karte entspricht fünf Kilometer in der Natur. Im Prinzip ist diese Karte völlig ungeeignet, aber etwas anderes gibt es nicht. An Proviant wollen sie nur das Notwendigste mitnehmen, sie wollen sich aus dem Land ernähren, was sich später als äußerst schwierig erweisen soll.

Ende Juni 1977 ist es endlich so weit, Fuchs und Neuber sollen die Vorhut bilden, da Hasenjäger noch für zwei Wochen an seiner Universität in Freiburg gebunden ist. Am 30. Juni geht's für die zwei zunächst mit dem Flieger von Hamburg nach Brüssel, von dort nach New York und weiter nach Montreal. Mit einem etwas kleineren Jet fliegen sie schließlich in die 3000 Einwohner zählende Bergarbeiterstadt Schefferville auf der kanadischen Halbinsel Labrador, wo sie am 2. Juli ankommen.

Die Menschen in der Provinzstadt, überwiegend Arbeiterfamilien, die in den Erzgruben ihr Brot verdienen, sind ausgesprochen gastfreundlich. Schnell finden sie Kontakt zu den wichtigen Leuten. Von den Naskapi-Indianern (Volk jenseits des Horizonts) erstehen sie zwei leinwandbespannte Kajaks, deren Holzgerippe sie verstärken und die Außenhaut mit einem neuen Anstrich versehen. Proviant, Angelzeug und ein Jagdgewehr bekommen sie bei der Hudson Bay Companie, bekannt aus zahlreichen Westernfilmen.

Fuchs und Neuber nehmen Kontakt zu den Buschpiloten auf, die sie zum 80 Kilometer entfernten Quellsee des De-Pas-Flusses bringen sollen. Die erfahrenen Flieger glauben, sie hören nicht richtig; De Pas und George River mit filigranen Indianerkajaks? Zu oft waren die Männer an Suchaktionen beteiligt, um verschollene Abenteurer zu finden, in den meisten Fällen jedoch vergeblich. »Ihr seid doch noch viel zu jung, um zu sterben«, beschwören sie die bärtigen Gesellen. Doch es hilft nichts, die Deutschen sind entschlossen, ihren Plan in die Tat umzusetzen.

Am 13. Juli schließlich stößt Peter Hasenjäger dazu und ist geschockt, als er Neubers Kopf erblickt. Der ist übersät von entzündeten Beulen, die von Moskitos und den Black Flies stammen. »O Gott, worauf haben wir uns hier eingelassen?«, ist Peters erste Reaktion. Arved Fuchs, den die Mücken offensichtlich ebenfalls attackiert hatten, wenn auch nicht so intensiv, reagiert gelassen. »Wenn sie satt sind, werden sie schon aufhören« ist sein eher stoischer Kommentar.

Am 14. Juli soll es losgehen, ein letztes Mal versuchen die Piloten, die drei von ihrem Vorhaben abzubringen, vergeblich. Beim Verstauen der beiden Kajaks zeigt sich, dass nur ein Boot in das Wasserflugzeug passt. Kurzerhand wird das zweite Gefährt an einem Schimmer vertäut, eine Vorgehensweise, die in Deutschland unmöglich wäre.

Als die drei auf dem Quellsee abgesetzt sind und das Flugzeug unwiederbringlich am Horizont verschwindet, wird ihnen richtig bewusst, dass es jetzt kein Zurück mehr gibt, sie wollten es so.

2 Frühes Reisen – erste Expeditionen

Nach einer Übernachtung am Ufer des Quellsees geht's am nächsten Morgen los. Der De Pas fließt durch bergige, bewaldete Landschaft und ist von Menschen völlig unberührt. Als sie nach kurzer Zeit den Flusslauf erreichen, wird es schwieriger als gedacht. Die Strömung ist extrem stark, eine Stromschnelle löst die nächste ab. Ach, wie einfach war es dagegen in der Osterau zu Bimöhlen.

Und so kommt es, wie es kommen muss, bereits am ersten Tag kentert eines der Boote. Sie haben sich gründlich verschätzt, indem sie in eine unübersichtliche Schnelle hineinfahren sind.

Der Preis für ihren Leichtsinn ist hoch, sie verlieren den größten und wichtigsten Teil ihrer Ausrüstung. Die Ponchos, Zeltbahnen, einen Teil des knappen Proviants, ihr Werkzeug, eine Menge Foto- und Filmmaterial sowie sehr viele Kleinigkeiten, die das Leben in diesem strapaziösen Land leichter gemacht hätten. Bei vier Grad kaltem Wasser können sie abwechselnd nur wenige Teile ihrer Ausrüstung retten. Dem Tod durch Unterkühlung sind sie gerade von der Schippe gesprungen. Auch das gekenterte Boot hat sehr großen Schaden genommen. Notdürftig setzen sie es instand.

Gewarnt durch diesen Unfall, tragen sie die Boote mühselig, teilweise über mehrere Kilometer, um die gefährlichsten Stromschnellen herum. Dabei gibt es keine Pfade oder Wege. Es muss alles freigeschlagen werden, oder man zwängt sich so durch das dichte Gestrüpp. Der Untergrund besteht aus glitschigem Moos. Sie wissen nur zu gut, was es in dieser Einöde bedeuten würde, sich etwas zu verstauchen oder gar zu brechen; Lebensgefahr! Einmal laufen sie wegen einer einzigen Stromschnelle etwa 15 Kilometer.

Auch das Wetter scheint sich gegen die drei verschworen zu haben, es regnet unentwegt. Sie versuchen, so gut es geht, sich an die Gegebenheit zu gewöhnen. Die Indianerboote sind sehr leicht, nur die Farbe auf der Leinwand verhindert zunächst das Eindringen des Wassers, sie sind nicht zu vergleichen mit Aluminiumbooten oder Polyesterkanus. Sie wollten halt mit Booten fahren, wie sie die Indianer seit Urzeiten benutzen. Das schlechte Wetter hört nicht auf, zudem kommt starker Gegenwind auf, sodass sie kaum vorankommen.

Nachdem sie sich den Gegebenheiten einigermaßen angepasst haben, gelingt es Peter Hasenjäger, eine Wildgans zu erlegen. Die Jagd ist seine Aufgabe, da er bei der Bundeswehr schießen gelernt hat. »Schließlich heißt er ja Hasenjäger, nomen est omen«, flachsen die beiden anderen. Der Restproviant nach dem Kentern besteht nur noch aus wenigen Kilogramm Mehl, einer Angel, etwas Gewürz und Salz. Auf Zelte haben sie verzichtet, die Ponchos und Zeltbahnen, die ihnen notdürftig Schutz vor Regen, Wind und Kälte bieten sollten, sind ja den »Bach herunter gegangen«.

Geblieben sind ihnen lediglich die Moskitonetze, die sie klugerweise mitgenommen haben, und unter denen sie nachts liegen. Sie haben das Gefühl, von den Kanadamücken aufgefressen zu werden, es gibt sie in millionenfacher Anzahl. Zu all diesen Unbilden kommt immer öfter der Hunger, denn das Jagdglück geht auf und ab. Zusätzlich schlägt sich bei dieser Plackerei noch die düstere Landschaft negativ auf ihre Stimmung nieder. Doch wie gesagt, sie wollten es so, zu diesem Zeitpunkt gibt es kein Zurück. Keinesfalls hebt der Gedanke ihre Stimmung, dass ihr Leben von zwei brüchigen Kanus abhängt.

Der Hunger wird zunehmend schlimmer. Bei der Überwindung der schwierigen Flussstrecken fehlt ihnen die Zeit zum Jagen und Fischen. Mit dem übrig gebliebenen Proviant müssen sie streng haushalten. Über die Runden hilft ihnen das Trapperbrot »Bannock«. Es besteht aus Mehl, Wasser, Salz und Backpulver. Nur: Da fast ihr gesamtes Backpulver »den Bach herunterging«, gleichen die Fladen mehr Briketts denn essbaren Broten. Zu Hause würden sie diesen Fraß nicht anrühren, doch hier glauben sie, nie etwas Köstlicheres gegessen zu haben. Sie gewinnen eine total andere Einstellung zum Essen als in der Zivilisation, wo man alle Leckerbissen im Supermarkt bekommt. Das heißt, man muss essen, um zu überleben, und es ist zu keinem Zeitpunkt gewährleistet, dass man wirk-

Nach unendlichen Strapazen und einer gefährlichen Kenterung erreichen sie den Indian House Lake, der durch den George River fließt. Von links: Rainer Neuber, Arved Fuchs und Peter Hasenjäger

lich etwas findet und überleben kann. Deshalb wird die Nahrungssuche zum Problem Nummer eins.

Endlich, am 1. August, erreichen sie den George River. Bereits vor der Einmündung des De Pas in den George River wechselt die Berglandschaft in eine beginnende Tiefebene. An der Einmündung treffen sie auf das Camp des Trappers Charlie, der dort für einige Monate im Jahr Pelztiere, Biber und Füchse jagt.

Der Naturjäger empfängt die drei sehr freundlich und gibt ihnen Farbe und Material zum Reparieren der Boote, die inzwischen die Dichtigkeit eines Siebes besitzen. Zum ersten Mal seit Wochen können die Freunde sich richtig satt essen. Doch lange können sie sich nicht aufhalten. Wenn sie nicht spätestens bis Mitte September ihr Ziel, die Mündung des George River, erreichen, könnte sie der arktische Winter überraschen. Auch dann gäbe ihnen die Natur keine Garantie des Überlebens mehr. Im Jahr zuvor hatte es bereits am 15. August den ersten Schnee gegeben, wie Charlie ihnen versichert.

Nach all den Strapazen gibt es die ersten Lichtblicke in ihrem Abenteurerdasein. Sie erreichen den Indian House Lake, durch den der George River fließt. Das Gewässer hat eine Länge von rund 120 Kilometern und ist ruhig wie ein Ententeich. Der unendliche Regen hat aufgehört, des Öfteren lässt sich die Sonne blicken, kaum Wind und reichlich Fische. Manche Lachse wiegen über 15 Kilogramm. Es gibt Blaubeeren und Pilze, und auch das Jagdglück ist ihnen wieder hold. Hasenjäger schießt Kanadagänse, eine vortreffliche Abwechslung im Speiseplan. »Das Leben kann schön sein«, befinden die drei. In nur vier Tagen schaffen sie den See.

Der George River ist zwar nicht so rau wie der De Pas, aber er hat es in sich. Auch hier müssen die Boote immer wieder getragen werden. Es wird immer kühler, und die Landschaft wird zur baumlosen Einöde. Sträucher gibt es nur an geschützten Berghängen, ansonsten nur Flechten und Moose. Eigentlich müssten ihnen um diese Jahreszeit große Herden von Karibus begegnen, die mit dem finnischen Rentier verwandt sind. Doch kein »Kanadahirsch« weit und breit.

Die Inuit sind überrascht – die Freunde auch

Völlig überraschend stoßen sie nach zwei Wochen auf ein Camp mit Eskimos, die sich hier für einige Wochen zum Jagen von Karibus und Pelztieren aufhalten. Die Inuit, wie sie sich selbst nennen, sind genauso überrascht wie die drei Freunde. Abenteurer, die es bis hier unbeschadet schaffen, genießen gewisse Hochachtung bei den Einheimischen, die sie mit großer Gastfreundlichkeit empfangen und bewirten. Mangels Rentieren jagen die Inuit Bisamratten – sie nehmen halt, was die Natur hergibt. Die drei wundern sich, dass die Tiere genießbar sind. Fern dieser Erkenntnis hatten sie dieses Nagetier links liegen lassen, obwohl sie fast am Verhungern waren.

Nach kurzem Aufenthalt geht's weiter. Und wieder gibt es zahlreiche unbefahrbare Stromschnellen, die Boote müssen bis zu fünf Kilometer geschleppt werden. »Hört das denn nie auf?«, fragen sich die drei und wissen nur zu gut, dass es vor dem Ende der Expedition keine Antwort geben kann. Allmählich zeigt sich ein weiteres Problem. Etwa 60 Kilometer vor der Einmündung des George River in Ungava Bay macht sich der Tidenhub extrem bemerkbar. Der Hub ist an dieser Stelle des Nordatlantiks etwa 16 bis 18 Meter hoch und reicht demzufolge weit in die Flussgebiete hinein. Es ist wohl einer der höchsten Gezeitenhube der Erde. Statt Stromschnellen führt der Fluss bis zu sechs Stunden kaum Wasser, was das Fortkommen im Ergebnis genauso verhindert wie reißendes Wasser.

Endlich, am 30. August, nach fast 800 Kilometern zum Teil beschwerlichster Flussfahrt, erreichen Fuchs, Hasenjäger und Neuber die Inuitsiedlung Port-Nouveau-Québec, rund 25 Kilometer entfernt von der Mündung des Flusses in die Ungava Bay. Es ist die nordöstlichste Inuitsiedlung in der Region Nord-du-Québec und hat im Jahre 1977 etwa 200 Einwohner. Die Siedlungsbezeichnung bedeutet »Sehr große Bucht«. Der Ort liegt zirka 160 Kilometer nordöstlich von Kuujjuaq in einer Akilasakalluq genannten Bucht des Flusses.

Es ist das Ziel ihrer Expedition, zumindest der Teil außerhalb der Zivilisation. Eines der beiden Boote verkaufen sie den Einheimischen, das andere ist derart ramponiert, dass sie es im Ort entsorgen. Von Fort Chimo, das in der Nähe liegt, fliegen sie mit einer Maschine, die einmal wöchentlich verkehrt, nach Montreal.

Hier tut sich ein weiteres Problem auf. Da die Visa von Rainer Neuber und Arved Fuchs abgelaufen sind, trampen sie getrennt zu einem kleinen Grenzübergang, an dem man sie einzeln mit viel Glück in die USA gelangen lässt. Schließlich fahren sie gemeinsam per Autostopp nach New Haven und von dort mit der Fähre nach Long Island, von wo sie ein amerikanischer Freund nach New York bringt.

Über New York geht's wieder heim nach Deutschland. Ihre Erlebnisse publizieren sie in einigen Tageszeitungen. Trotz aller Widrigkeiten hat Rainer Neuber große Teile der Reise auf Super-8-Film festgehalten. Obwohl beim Kentern ihrer Boote wertvolles Filmmaterial verloren gegangen ist, reicht es dem NDR-Fernsehen zu einer Dokumentation in der Reihe »Weltenbummler unterwegs«.

Für die meisten »normalen« Menschen wäre diese Labradorexpedition, die an vielen Stellen tödlich hätte enden können, der Schlusspunkt gewesen. Noch ihren Enkeln hätten sie von diesem besonderen Abenteuer in der kanadischen Wildnis berichten können. Nicht so für Arved Fuchs.

Für ihn war diese Reise eine existenzielle Erfahrung, eine Art Schlüsselerlebnis. Er und seine beiden Freunde hatten wenig Geld, keine gute Ausrüstung, aus dem Land gelebt, etliche gefährliche und unbequeme Situationen überstanden. Bei den vielen Eindrücken und Erfahrungen, die er hat sammeln können, hat er gelernt, dass das Überleben fernab der Zivilisation eine Frage einer noch besseren Vorbereitung ist. Ihm wird immer deutlicher, dass er sich dieses Leben vorstellen, ja damit vielleicht sogar einmal sein Brot verdienen kann. Doch eine Frage hat er für sich noch nicht beantwortet: Sind es eher die arktischen oder tropischen Gefilde, in denen er reisen möchte?

Borneo: Die Kopfjäger sind nicht das Gefährlichste

Warum ausgerechnet Borneo? Das hat im Jahre 1978 für viele Menschen, so auch für Arved Fuchs, noch einen ganz besonderen Klang. Es ist das Land der Kopfjäger mit dichtem Dschungel und einem in weiten Teilen unerschlossenen Gebiet, eine für Europäer rätselhafte Welt. Hier ist es nicht nur die Natur, die es zu bewältigen gilt, sondern archaische Strukturen und Menschen, auf die man sich einlassen muss. In zahlreichen Berichten hatte Fuchs von den Dayaks, den Ureinwohnern Borneos, gelesen. Einige dieser Stämme sollen Kopfjäger geblieben sein. Diese Menschen will Fuchs unbedingt kennenlernen. Er weiß, dass dieses Unterfangen nicht ungefährlich ist, aber mit seinen 25 Jahren besitzt er noch die jugendliche Unbefangenheit,

die man braucht, um sich auf ein derartiges Abenteuer einzulassen.
Wie bei seinen bisherigen Reisen, möchte er nicht alleine fahren. Seine beiden Freunde Peter Hasenjäger und Rainer Neuber, die mit ihm in Labrador durch dick und dünn gegangen sind, stimmen sofort zu. Ein weiterer Begleiter wird Robert Kübel, ein Medizinstudent aus Freiburg, der mit Hasenjäger befreundet ist. »Nicht schlecht«, denkt sich Fuchs, »zwei Seeleute, einen Mann, der mit Waffen umgehen kann, und einen angehenden Mediziner, das minimiert manches Risiko.«

Apropos Risiko: Durch die zum Teil trüben Erfahrungen bei der Labradorexpedition weiß Fuchs, dass eine exakte Vorbereitung von lebenswichtiger Bedeutung ist. Zusammen mit seinen Freunden stellt er ellenlange Checklisten zusammen. Dabei ist er sich der Tatsache bewusst, dass die meisten Ausrüstungsgegenstände vor Ort beschafft werden müssen. Als Reisekasse stehen 3500 Mark zur Verfügung, die sich das Quartett mühsam zusammengespart hat.

Nachdem die jungen Männer ihre Impfungen absolviert und die Visa besorgt haben, geht's am 8. Juli 1978 von Berlin-Schönefeld über Bombay und Singapur nach Jakarta (Indonesien). Auch hier ist noch eine Reihe von Formalitäten zu erledigen, bevor es mit einem Kutter nach Borneo, dem eigentlichen Ziel der Expedition, geht. Ausgangspunkt der Entdeckungsreise ist Banjarmasin, eine Stadt an der Südküste Borneos. Der südliche Teil der Insel heißt Kalimantan und umfasst etwa zwei Drittel der Gesamtfläche dieser drittgrößten Insel der Welt.

Erschlossen sind im Jahre 1978 lediglich die Küstenregionen, das Landesinnere mit seinen undurchdringlichen Wäldern ist urwüchsig wie seit ewigen Zeiten. Das vorhandene Kartenmaterial ist demzufolge recht ungenau und bietet nur grobe Anhaltspunkte. Daher ist eines der wichtigsten Requisiten der Kompass. Anders als in Labrador, wo man dem Flusslauf folgen konnte, wäre man ohne diese Orientierungsmöglichkeit im Dschungel der Insel hoffnungslos verloren.

Doch auch hier geht's zunächst per motorisiertem Kutter auf dem Barito, einem der größten Flüsse Borneos, flussaufwärts ins Innere des Dschungels. Je weiter die vier mit dem »Linienschiff« der Einheimischen vordringen, desto mehr werden sie von den Eingeborenen angestarrt. »Was wollen die weißen Männer hier?«, scheint auf ihren Gesichtern zu stehen. Als hilfreich erweist sich, dass die jungen Männer in Deutschland ein wenig Indonesisch gelernt haben. Wenn auch die Dialekte der Eingeborenen recht unterschiedlich sind, können sie sich mit der Basissprache sowie mit Händen und Füßen leidlich verständigen.

Holzeinschlag und Missionare

Zum ersten Mal sehen sie gewaltige Flöße, bestehend aus Edelhölzern, die ihnen flussabwärts entgegenkommen. Es sind die so genannten Logging Companies, die das Holz im Urwald schlagen, um es an die Küste zu bringen. Die vier Deutschen sind sich in diesen Augenblicken noch nicht bewusst, dass sie Zeugen einer beginnenden Entwicklung werden, die später Dimensionen annehmen wird, die das Klima der Erde ernsthaft gefährden.

Nach einer Woche erreichen sie ein Dorf namens Muaratewe am Oberlauf des Flusses. Bis hierhin müssen sich bisher nur wenige Weiße getraut haben. Ihr Erscheinen löst einen wahren Menschenauflauf aus, unzählige Kinder umschwärmen die ungewöhnlichen Besucher. Allerdings ganz unbeleckt von der Zivilisation sind die Bewohner nicht, ein farbiger Missionar zeugt vom Vordringen der christlichen Religion. Mithilfe des Geistlichen gelingt es Arved Fuchs und seinen Freunden nach langwierigen Verhandlungen, einen Dorfbewohner anzuwerben, der sie mit seinem Kanu in den dichtesten Dschungel bringen soll.

Nun wird es wirklich spannend, denn auch der Missionar bestätigt, dass seines Wissens bisher kein Weißer weiter in den Dschungel vorgedrungen ist. Zu präsent sind die unzähligen Geschichten von den Dayaks, von denen einige Stämme auch heute noch die Kopfjägerei betreiben sollen. Die vier stimmen sich noch einmal ab, ob sie es wirklich wagen sollen, eigentlich nur pro forma, denn Neugier und Abenteuerlust bilden nach wie vor ihren Antrieb.

Mit äußerster Geschicklichkeit verstaut ihr Bootsführer das umfangreiche Gepäck, das im Wesentlichen aus Proviant, Zelten, Moskitonetzen, Angeln, Wasserfilter und Schlangenserum besteht. Hinzu kommen noch kleinere Geschenke, die sie vorsorglich für die Eingeborenen eingepackt haben. Morgens um sechs Uhr geht es los, denn in Äquatorhöhe, auf der sich Borneo befindet, gibt es das Tageslicht nur zwischen sechs Uhr morgens und sechs Uhr abends. Es gilt den Tag optimal zu nutzen.

Je weiter sie kommen, umso dichter wird der Dschungel. Wie eine dichte, undurchdringliche Wand wächst er von den beiden Uferseiten zusammen. Die Baumkronen decken bereits den halben Fluss ab. Bei einer Luftfeuchtigkeit zwischen 80 und 90 Prozent und einer Temperatur von 40 Grad im Schatten wird es immer unerträglicher. Der Fluss wird allmählich immer flacher, sodass ein Fortkommen kaum noch möglich ist. Hinzu kommt, dass ihr Bootsführer, der Tuan, immer schweigsamer wird. Man spürt, dass es ihm nicht geheuer ist, sich in der Gegend der vermuteten Kopfjäger zu bewegen. Er sagt es nicht, aber man sieht es ihm an, dass er wohl mit Schaudern an die Erlebnisse denkt, die ihm seine Vorfahren geschildert haben.

Als ein Befahren des Flusses dann endgültig unmöglich wird, hat der Bootsführer seinen Job erfüllt. Er erhält die zweite vereinbarte Hälfte seines »Honorars« und wird mit Dankesbekundungen der Abenteurer entlassen. So schnell können die vier gar nicht schauen, wie der Mann hinter der nächsten Biegung verschwindet.

Mitten im Urwald sind die Deutschen jetzt endgültig auf sich allein gestellt. Die Walkie-Talkie-Funkgeräte, die sie mitführen, haben seit längerem keine externe Funkverbindung mehr. Sie wären nur noch von Nutzen, wenn sie sich untereinander aus den Augen verlören. Die Mitnahme von Jagdwaffen hatten ihnen die Behörden trotz intensiver Bemühungen verweigert. Letztes Jahr in Kanada war das kein Problem, denn die dortige Administration besteht sogar auf Waffenmitnahme, da die Gefährdung durch Bären in der arktischen Wildnis eine realistische Gefahr darstellt.

Im Dschungel wachsen zwar unzählige Pflanzen, doch drei Viertel davon sind giftig. Falls sie ihren Proviant nicht sorgfältig und ausreichend bemessen haben, können sie verhungern. Auch schwere Verletzungen wie Knochenbrüche oder Verstauchungen würden ihr Überleben ernsthaft gefährden.

Der Urwald lebt – ein Arm tut weh

Vor ihrem Gewaltmarsch durch den Urwald schlagen sie sich einen Lagerplatz frei und versuchen zu übernachten. Niemand, der je in einem Urwald übernachtet hat, kann sich im Entferntesten vorstellen, welche Geräusche es dort nachts gibt. Da schreien Vögel, als würde gerade jemand abgestochen. Papageien zeigen die ganze Bandbreite ihres Könnens. Jeden Augenblick glaubt man, ein wildes Tier schleiche sich an, um aus der Dunkelheit anzugreifen, oder eine mächtige Schlange lasse sich vom Baum fallen. Irgendwann schlafen die vier vor Erschöpfung ein.

Trotz der kurzen Nacht sieht die Welt am nächsten Morgen schon wieder ganz anders aus. Bei einem Frühstück mit deutschem Instantkaffee gilt es sich erst einmal zu stärken, um für den Marsch durch den Urwald einigermaßen fit zu sein. Nach der groben Karte zu urteilen und den Informationen, die sie sich bei den Eingeborenen eingeholt haben, bestimmen sie die Marschrichtung gen Osten. Und zwar so lange, bis sie auf den Mahakam-Fluss stoßen, ein sehr langer und mächtiger Strom, der von Norden nach Süden fließt. In

Mühsam kämpft sich Arved Fuchs mit seinem selbst gebauten Vehikel – einer Mischung aus Faltboot und Kanu – durch den dichten Urwald Borrneos.

diesem Fluss oder einem seiner Seitenarme sollen sie leben, die gefährlichen Buschmänner, von denen sie gehört haben.

Beim Gang durch den Dschungel geht immer ein Mann vor, der den Weg mit dem Buschmesser freischlägt. Ein mühseliges Unterfangen, bei dem man nach kurzer Zeit von Dornen und Geäst völlig zerstochen und zerschunden ist. Oftmals müssen alle vier das Buschmesser anlegen, so dicht ist das Gehölz. Dabei haben sie nicht die geringste Ahnung, welche Entfernungen sie zurücklegen. Es ist nicht der kanadische George River, bei dem man die zurückgelegte Strecke in etwa abschätzen konnte.

Obwohl sich die vier die Trockenzeit für ihre Expedition ausgesucht haben, regnet es zwischendurch immer wieder ausgiebig, sodass der glitschige und matschige Waldboden zur Rutschbahn wird. Dabei ist die Landschaft keineswegs eben. Bergiges Gelände und schwer zu überwindende Schluchten wechseln häufig einander ab.

Doch der Urwald hält noch eine weitere Plage bereit. Es sind die Blutegel. Sie kriechen in die engsten Öffnungen des Körpers und saugen sich sofort fest. Dabei machen sie vor den empfindlichsten Stellen keinen Halt. Sobald sie sich einmal festgebissen haben, bekommt man sie nur mit dem Teer und dem Nikotin aus einem Pfeifenfilter herunter. Wozu doch Rauchen gut sein kann. So können sich die vier des Öfteren gegenseitig beobachten, wie gerade einer mit heruntergelassener Hose dabei ist, sich die Blutegel von den Beinen oder sonstigen Körperteilen abzusammeln.

Nach einigen Tagen passiert dann etwas, wovor man sich die ganze Zeit gefürchtet hat. Arved Fuchs will einen glitschigen Abhang heruntergehen, als er plötzlich ausrutscht und auf dem Hosenboden landet. Während er den Abhang herunterrutscht, löst sich ein Tragegurt von seinem Rucksack und fährt ihm mit einem Metallfuß genau in das durchgesteckte Ellenbogengelenk. Es gibt einen harten Ruck, und schon ist sein rechtes Gelenk ausgekugelt. Zunächst sieht es so aus, als sei der Arm gebrochen. Rasch stellt der »Mediziner« Robert Kübel stellt fest, dass das Gelenk zum Glück »nur« ausgekugelt ist.

Es hilft nichts, schnelle »Therapie« ist vonnöten. Rainer Neuber hält den Oberarm fest, Robert Kübel den Unterarm und zieht so lange, bis der Arm eingerenkt ist. Fuchs schreit wie am Spieß, ist aber froh, dass die Freunde ihm so schnell helfen konnten. Peter Hasenjäger tröstet seinen verletzten Freund mit Wasser und Früchten. Der anfangs mitgeführte Whisky ist bereits ausgetrunken, er hätte Fuchs in dieser Situation besser getan. Das Quartett ist gerade auf der Suche nach einem geeigneten Lagerplatz, um Fuchs eine Ruhepause zu gönnen, da passiert es.

Die »Kopfjäger«

Wie aus dem Nichts erscheinen sie, die Dayaks. Barfuß, halbnackt, nur mit Lendenschurz bekleidet, stehen sie vor ihnen. Auffällig sind die geweiteten Ohren mit langen Ohrringen und die Manado-Schwerter, die sie an geflochtenen Naturgürteln tragen.

Sie sehen in ihrer Wildheit alles andere als vertrauenserweckend aus.

Beide Parteien sind derart schockiert, dass für kurze Zeit »Funkstille« herrscht. Tausend Gedanken gehen dem Quartett durch den Kopf. Wenn die Kopfjäger sie für feindliche Eindringlinge halten, wär's das gewesen. Niemand könnte ihnen helfen, niemand würde sie je finden. Doch von Feindseligkeit keine Spur, die Buschmänner scheinen ihnen freundlich gesonnen zu sein. Scheinbar interessiert nehmen sie zur Kenntnis, was die weißen Eindringlinge ihnen mit Händen und Füßen erklären wollen. Nach einer gewissen Zeit ist der Bann endgültig gebrochen, und die Eingeborenen führen die Deutschen zu ihren Kanus, die sie am Ufer eines kleinen Flusslaufs sorgfältig versteckt haben.

Es dauert noch zwei Stunden, bis sie ihr Dorf erreicht haben. Da sind sie, die Hütten, die auf hohen Pfählen stehen. Nicht die erwarteten Longhouses, wie sie die meisten Stämme der Einheimischen auf Borneo bewohnen, sondern Einzelhütten, für jede Familie eine. Das Haus des Häuptlings, das Kepala Kampung, hebt sich in seiner Ausstattung von den anderen Hütten ab. Dorthin führen die Männer die Fremden, wo sie im Bewusstsein der Bedeutung ihres »Fundes« ihrem Häuptling das bisher Erlebte vortragen.

Auch dieser empfängt die vier mit großer Herzlichkeit und weist ihnen eine besondere Hütte zu. Es gibt Bananen, Kokosnüsse und Früchte, deren Namen sie nicht kennen. »So etwa muss es im Paradies sein«, empfinden es die vier, nachdem sie sich wochenlang von ihrem knapp rationierten »Dosenfutter« ernährt haben. Später werden sie zum regulären Essen eingeladen. Es gibt reichlich Reis und gebratenen Fisch. Dazu wird immer Borrak gereicht, ein Reiswein, der je nach Alter und Behandlung starken Qualitätsunterschieden unterworfen ist. Der gute Borrak hat einen ausgesprochen milden und fruchtigen Geschmack, der weniger gute schmeckt sauer und erzeugt starkes Sodbrennen. Diese Sorte Reiswein hat keine Ähnlichkeit mit denen aus China oder Japan.

Reichlicher Weingenuss auf allen Seiten verfehlt seine Wirkung nicht, und die Dschungelbewohner sind offensichtlich stolz, dass es den Fremden schmeckt und gut geht. Im Laufe der Tage erfahren Fuchs und seine Freunde, dass es noch weitere Dörfer entlang des Flusses gibt. Die wichtigste Erkenntnis, dass der Fluss in den großen Mahakam mündet, bestätigt dem Quartett, dass es sich bei ihrem wochenlangen Marsch durch den Dschungel in die richtige Richtung bewegt hat. Jeden Tag gibt es Neues zu entdecken, und die Dayaks sind offensichtlich glücklich über das Interesse der Gäste an ihrer Kultur.

Die Dayaks jagen das Wild mit dem Blasrohr, einem ein bis zwei Meter langen Edelgehölz, das in mühevoller Arbeit durchbohrt wird. Die Pfeile, die mit dem Sumpit, so heißt das Blasrohr, verschossen werden, sind federleicht und an der Spitze vergiftet. Das Gift ist überaus gefährlich und wirkt ähnlich wie das südamerikanische Curare. Ein Jäger, der sich an einem Pfeil verletzt, stirbt innerhalb von drei Minuten eines qualvollen Todes. Da es ein Gegengift nicht gibt, werden die Pfeile außerordentlich sorgsam gehandhabt. Das Gift wirkt allerdings nur im Blutkreislauf, im Magen ist es unschädlich. Dennoch schneiden die Jäger die Einschussstelle aus dem erlegten Wild heraus.

Mulmig wird den Freunden, als die Eingeborenen darauf bestehen, ihnen auch die Kriegspfeile vorzuführen. Diese sind im Gegensatz zu den Jagdpfeilen mit scharfen Widerhaken besetzt. Erstaunlich, dass die von der Zivilisation relativ abgeschirmten Stämme der Dayaks die Kunst der Eisenerzverhüttung beherrschen. Kunstvoll geschmiedete Schwerter, auch Mandaus genannt, gehören zu den Erzeugnissen.

Die Deutschen werden quasi von Dorf zu Dorf gereicht und lernen auch die berühmten Langhäuser kennen, die bis 150 Meter lang sind und auf drei Meter hohen Pfählen stehen. Der Innenteil besteht aus einem einzigen Raum, in dem die gesamte Dorfgemeinschaft wohnt. Das Privatleben spielt sich im Beisein des ganzen Dorfes ab.

Ausgiebig studieren die Deutschen das Leben der Dayaks, dürfen an allen Zeremonien teilnehmen bis hin zu Totenfeiern, die allesamt in gewisser Beschwingtheit enden. Bei den Abenteurern macht sich die Erkenntnis breit, dass das Adat, das sind die Sitten und Eigenheiten der Stämme, nur Bestand haben, wenn die Zivilisation nicht eingreift.

Am Strom des Mahakam stoßen sie auf einsame Missionsstationen. Von den Missionaren erfahren sie, dass die Einheimischen mehr dem Katholizismus zugewandt sind als dem Islam. Der simple Grund besteht darin, dass der Islam die gern von ihnen gegessenen Schweine verbietet und den Alkohol. Echte Gläubigkeit dürfte sich erst in folgenden Generationen der Getauften einstellen. Die Geschichte der Missionierung aus Lateinamerika und anderen Teilen der Welt wiederholt sich halt auch auf Borneo.

Nach ihren zweimonatigen Abenteuern im Einzugsgebiet des Mahakan sind sie sich sicher, dass es die Kopfjägerei seit vielen Jahren nicht mehr gibt. Inwieweit zwischen den Stämmen gelegentliche Fehden ausgetragen werden, können sie nicht abschließend beurteilen, dafür waren die vier Freunde sicherlich zu kurz auf der Insel.

Zurück geht es schließlich über die Kleinstadt Samarinda an der Südküste Kalimantans per Schiff und dann mit dem Flugzeug nach Berlin-Schönefeld, wo sie am 3. Oktober erschöpft, aber glücklich ankommen. An Körpergewicht sind sie um etliche Kilogramm leichter, aber an Erfahrungen um vieles reicher.

Für Arved Fuchs steht allerdings fest: Die warmen Gegenden sind nichts für ihn. Die kühlen und kalten Regionen liegen ihm mehr.

3 Die Arktis ist seine Bestimmung – kein Weg ist zu schwer

»Im Grunde kann mir nichts passieren, ich habe ein Gewehr und bin dem Tier überlegen«, denkt sich Fuchs. Behutsam legt er an und zielt auf das Eis, wenige Zentimeter vor dem Tier. Er zieht den Abzugshebel durch – und nichts passiert. Kein lauter Knall, kein Rückstoß, kein gar nichts.

Chancen durch Scheitern – das Schicksal meint es gut

Nach der Borneoexpedition entwickelt Fuchs eine Idee, die er zunächst für sich behält. Er hatte gelesen, dass der 37-jährige Japaner Naomi Uemura im Jahre 1978 mit 18 Schlittenhunden zum Nordpol gefahren beziehungsweise gewandert war. Er war der erste Mensch, der die rund 800 Kilometer lange Strecke allein bewältigte und dafür 57 Tage brauchte. Allerdings ließ er sich und seine Hunde von kanadischen Arktisfliegern aus der Luft mit Proviant versorgen. Der amerikanische Polarforscher Robert E. Peary hatte im Jahre 1908 für die gleiche Strecke noch sieben Monate gebraucht. Er wurde seinerzeit unterstützt von sechs US-Gefährten, 17 Inuit und 133 Schlittenhunden.

Schon als Kind hatte Fuchs davon geträumt, einmal zum Nordpol zu wandern. Nach den Survivalerfahrungen der letzten Jahre hält er dieses Unterfangen für nicht ganz unmöglich. Doch bisher fehlen ihm noch die Erfahrungen im arktischen Bereich. Daher sucht er sich Grönland als nächstes Expeditionsziel aus. Um von seiner Umgebung ernst genommen zu werden, verrät er nicht, dass Grönland nur der Test für den Nordpol sein soll.

Aber auch Grönland ist kein einfaches Unterfangen. Fuchs sucht nach Mitstreitern, die ihm bei seinen Vorbereitungen zur Seite stehen. Sehr viel hatte er von dem Abenteurer Rüdiger Nehberg gehört, der bereits dreimal den Nil befahren hatte und durch zahlreiche Expeditionen in Wüsten und Urwäldern bekannt wurde. Zu Nehbergs Freundeskreis zählen der Journalist Klaus Denart und der Extrembergsteiger und Grönlandexperte Peter Lechhart – beide Gründer des Outdoor-Ausstatters »Globetrotter«. Lechhart hatte bereits 1970 Grönland durchquert.

Auf Fuchs' Anschreiben erhält er umgehend eine Einladung nach Hamburg, wo Nehberg noch als selbstständiger Konditor seine Brötchen verdient. Wie im Vorwort beschrieben, finden Nehberg und Fuchs auf Anhieb zueinander.

Test im Kühlhaus

Über einen Lieferanten vermittelt Nehberg dem Bramstedter die Möglichkeit, in Tiefkühlhäusern unter gefrosteten Schweinehälften die Schutzwirkung von Kleidung und Schlafsäcken zu testen. Zunächst sind es »nur« 20 Grad Celsius unter null, die Fuchs aushalten muss. Dann wird das Gebläse angefahren, und 40 Grad stellen sich ein. Bei Windgeschwindigkeiten von 40 Stundenkilometern wie sie in der Arktis üblich sind, entsteht der so genannte Chilleffekt, bei dem der Mensch eine Temperatur von 76 Grad empfindet. Bei dieser Temperatur gefriert ein Stück Fleisch innerhalb von 30 Sekunden. Ob im Kühlhaus oder draußen in der Natur, bereits die kleinste Undichtigkeit der Materialien nimmt der Körper unmittelbar wahr, es fühlt sich an wie Messerstiche. Bei solchen Temperaturen sind die Lungen größter Gefahr ausgesetzt. Um sie vor dem Erfrieren zu schützen, muss das Gesicht völlig abgedeckt sein.

Viele Bad Bramstedter, die Fuchs' Testversuche mitbekommen, schütteln den Kopf über so viel Leichtsinn. »Kann sich der junge Mann nicht mit ernsthafteren Dingen beschäftigen, statt sich im

Tiefkühlhaus in Lebensgefahr zu begeben«, sind die Kommentare mancher Kurstädter. Um nicht alleine frieren zu müssen, nimmt Arved den einen oder anderen Freund mit in die »Tiefkühltruhe«. »Leider ist keiner meiner Freunde ein zweites Mal mitgekommen«, erinnert sich Fuchs schmunzelnd.

Fuchs weiß, dass er seinem Körper viel abverlangen wird. Wenn er noch in diesem Jahr nach Grönland fliegen und im nächsten Jahr den Nordpol bewältigen will, muss er das Jahr 1979 so optimal wie möglich nutzen. Neben der Kälte, die ihm zusetzen wird, muss er sich konditionell steigern. Er schont sich in keinster Weise, absolviert täglich eine Stunde Waldlauf, geht zweimal die Woche ins Fitnessstudio und macht regelmäßig 50-Kilometer-Märsche. Spitzenleistung ist ein 75-Kilometer-Gewaltmarsch von Flensburg nach Neumünster, den er in 21 Stunden bewältigt – mit vollem Rucksack. Eine große Hilfe erhält Fuchs von dem Bad Bramstedter Arzt Dr. Erich Reinhold. Der Mediziner, der in der Rheumaklinik als Internist tätig ist, bringt dem Abenteurer autogenes Training bei, testet an sich selbst verschiedene Verpflegungsvarianten. Nach durchschwitzten Trainingseinheiten darf sich Arved im warmen Solebad des Klinikums regenerieren. Auch sonst unterstützt der väterliche

Freund den jungen Mann mit Tipps aller Art. Von ihm lernt Fuchs, dass die psychische Vorbereitung auf extreme Vorhaben genauso wichtig ist wie die physische. Es gilt Körper und Geist so in Einklang zu bringen, dass der Mensch in lebensbedrohlichen Situationen in der Lage ist, angemessen zu reagieren.

Nicht minder wichtige Problemstellungen sind Schlitten, Ausrüstung und Proviant. In Anlehnung an die Konstruktionspläne seines großen Vorbildes Fridtjof Nansen entwirft Fuchs einen Schlitten Modell Marke »Eigenbau«. Statt der Holzmaterialien, die Nansen damals zur Verfügung standen, wählt der 26-Jährige eine Aluminiumlegierung. Das Gefährt bringt es auf lediglich 17 Kilogramm, denn dieses Gewicht, erhöht um rund 100 Kilogramm Gepäck, will der Mann ja bis zum Nordpol eigenhändig ziehen. Anders als der Japaner, will Fuchs gänzlich auf Schlittenhunde verzichten, was ihm bei Erfolg einen Eintrag in die Geschichtsbücher sichern würde. Er wäre der erste Mensch, der dieses geschafft hätte.

Die Nordpolausrüstung, die etwa die Hälfte des Gesamtgewichts ausmacht, besteht im Wesentlichen aus einem Schlafzelt aus extrem reißfestem Kunststoffgewebe, silberfoliebeschichteten Isoliermatten (die Beschichtung soll die Körperwärme reflektieren) und einem Petroleumkocher mit zehn Litern Brennstoff.

Da er die ersten 150 Kilometer mit Eisbärenbegleitung rechnen muss, die sich über eine Abwechslung in ihrem Speiseplan freuen würden, gehört zur Ausrüstung ein großkalibriges Jagdgewehr. Für den Fall, dass alle Stricke reißen, wird Fuchs auch ein Funkgerät dabei haben, was er aber möglichst nur einmal in Betrieb nehmen möchte. Nämlich dann, wenn er am Pol angelangt ist und ihn der vereinbarte Flieger abholen soll.

Damit er den nördlichsten Punkt der Erde auch findet, braucht er einen Kompass, der allerdings in Polnähe seine Tücken hat, und einen Sextanten. Mit dem Kompass versteht er seit Labrador hervorragend umzugehen, das Bedienen eines Sextanten hat sich der gelernte Seemann selbst beigebracht.

Auf die 50 Prozent Proviantgewicht, die sich naturgemäß kontinuierlich beim Marsch durch die Eiswüste verringern werden und dadurch seinen Kräfteschwund ausgleichen sollen, hat Fuchs ein besonderes Augenmerk gelegt. Von der Annahme ausgehend, dass sein täglicher Körperbrennstoffbedarf 4000 bis 5000 Kalorien beträgt, besteht die Hauptverpflegung aus einem Nahrungskonzentrat nach der Rezeptur kanadischer Indianer. Ein befreundeter Fleischer mixt Fuchs gedörrtes Fleisch, Früchte und tierische Fette zusammen. 100 Gramm dieser nicht unbedingt gourmetfreundlichen Mischung beinhalten stattliche 660 Kilokalorien. Trockengemüse, Knäckebrot und Vitaminpillen sollen den Speisezettel auflockern.

Ein »kleines« Problem besteht allerdings noch: Weder die Finanzierung der teuren Gerätschaften noch der übrigen Ausrüstung sind geklärt, geschweige die nicht ganz billigen Flüge in die Arktis und vom Nordpol. Doch ein »Polarfuchs«, wie er später in den Medien tituliert wird, findet immer eine Lösung.

Noch weiß weder sein Freundeskreis noch die Öffentlichkeit von seinem Nordpolplan. Er will erst einmal im unwirtlichen Grönland marschieren, um zu sehen, ob er für die Arktis geeignet ist. Der einzige Mensch, den er informiert, ist seine Freundin Brigitte Ellerbrock. Er hat die angehende Architektin bereits vor Jahren in der Tanzstunde kennengelernt, aber wieder aus den Augen verloren. Über gemeinsame Freunde trafen sie sich wieder, es ist der Beginn einer lebenslangen Verbundenheit.

Training auf Grönland und im Montblanc-Massiv

Ende August 1979 opfert Fuchs seine letzten Ersparnisse und fliegt nach Kangerlussuaq, früher Söndre Strömfjord, etwa 150 Kilometer von der Westküste Grönlands entfernt. Die Gegend liegt zwar wenige Kilometer nördlich des Polarkreises, aber die eigentliche Arktis ist es noch nicht. Dennoch ist es um diese Jahreszeit bereits frostig kühl. Fuchs hat das Zelt und Teile der Ausrüstung, die er für seinen Gang zum Nordpol benötigt, dabei und begibt sich über einen Gletscherfuß in Richtung Inlandeis. Die 30 Kilometer entfernte Eiskappe erreicht er in nur einem Tag. »Der Anblick, der sich an den Eisabbrüchen der Eiskappe offenbart, übertrifft meine kühnsten Erwartungen«, schreibt er in sein Tagebuch. »Die gesamte Front der Gletscher ist in ständiger Bewegung, pausenlos brechen Eisbrocken von der Größe ganzer Häuser ab. Ich habe meinem ganzen Leben kaum ein vergleichbar beeindruckendes Schauspiel gesehen«, schwärmt er weiter.

Danach fliegt er in das nördlicher gelegene Iluissat, früher Jacobshavn, und wandert auch hier am Rande des Inlandeises. Nach vier Wochen kehrt er nach Deutschland zurück und ist »total begeistert von der Landschaft«, wie er später berichtet. Nach diesen Erfahrungen ändert er noch einige Details seiner Ausrüstung. Er weiß beispielsweise, dass er mit einem einfachen Schlafsack nicht auskommt, Socken und Unterwäsche müssen den Gegebenheiten angepasst werden.

In Bad Bramstedt angekommen, bricht er sein Schweigen, indem der mit einer offensiven Medienkampagne für sein Nordpolprojekt wirbt. Er hofft, dass er darüber Sponsoren findet, um die Finanzierung für sein gewaltiges Vorhaben zu sichern.

Auf Grönland hat er festgestellt, dass er das sichere Eisklettern noch nicht ausreichend beherrscht. Mit seinen Freunden Rüdiger Nehberg und Peter Lechhart fährt Fuchs im Winter 1979/80 nach Chamonix, um im französischen Montblanc-Massiv Erfahrungen im Umgang mit Eispickel und Steigeisen zu sammeln. Lechart, Extrembergsteiger mit Grönlanderfahrung, trainiert mit den beiden Freunden im Bereich des Glacier des Bossons, einem bekannten und gefürchteten Gletscher. Dabei geht es nicht nur um die Techniken des Eiskletterns, die Lechhart den beiden beibringt,

ebenso wichtig sind Verhaltensregeln im Hochgebirge, die auch in der Arktis von Bedeutung sein können.

Bemerkenswert dabei ist, dass Rüdiger Nehberg, der eigentlich weder das Hochgebirge noch polare Regionen bevorzugt, immer vollherzig mitmacht. »Der Rüdiger scheint weder vor Tod noch vor Teufel Angst zu haben«, urteilt Fuchs, der selbst kein Hasenfuß ist. Nehberg liebt es immer aufs Neue, seine Grenzen auszuloten.

Nach diesem Gebirgstraining nimmt die Nordpolexpedition immer konkretere Formen an. Am 27. Februar soll das Flugzeug von Frankfurt am Main starten, erstes Ziel ist Montreal. Von dort soll es nach zweitägigem Aufenthalt weiter nach Resolute Bay auf Cornwallis Island gehen. Dort will sich Fuchs etwa bis zum 9. März akklimatisieren, um sich dann mit einem kleineren, kufenbestückten Flugzeug nach Cape Columbia auf Ellesmere Island, dem nördlichsten Punkt des kanadischen Festlands, fliegen zu lassen. Von dort will Fuchs den Nordpol in etwa zwei Monaten erreichen. Um das zu schaffen, hat er ein durchschnittliches Tagespensum von 13 Kilometern zu absolvieren – seinen 120 Kilogramm schweren Schlitten permanent hinter sich her ziehend. Allerdings können Hindernisse, wie bis zu 20 Meter aufgetürmte Eisschollen und Waken, die Route erheblich verlängern. Waken sind offene Wasserstellen, welche durch die starke Strömung des Arktischen Ozeans entstehen. Die Drift beträgt bis zu drei Kilometer pro Tag. Die Eislöcher erstrecken sich oftmals über viele Kilometer und können eine Breite von 50 bis 100 Metern erreichen. In diesem Falle hieße es abwarten, bis sich die Eisschollen wieder zusammengeschoben haben oder die Wasserstelle wieder zufriert. Bei kleineren Waken von maximal zehn Metern werde Fuchs versuchen, auf einer Eisscholle überzusetzen oder ein kleines Schlauchboot zu nutzen, welches er dabei hat.

Doch wie gesagt, zur Not hat er ja noch sein Funkgerät dabei. Mit der Lufthansa, die täglich den Nordpol überfliegt, hat Fuchs eine Frequenz vereinbart, die von den Piloten jeweils eine Stunde im Bereich des vermuteten Standorts abgehört wird.

Um durch seine Expedition weiteren Nutzen zu stiften, will Fuchs nach einem genauen Plan meteorologische Daten sammeln und neben seinem Tagebuch weitere Daten zu Papier bringen. Fachleute räumen Fuchs jedoch für sein Gelingen eine Chance von 50 zu 50 ein. Fuchs selbst schätzt seinen Erfolg voller Optimismus, »eher 70 zu 30 bis 80 zu 20 ein«, wie er der Bad Bramstedter Lokalpresse anvertraut.

Noch zehn Tage vor der Abreise steht die Finanzierung auf tönernen Füßen. Ihm fehlen noch rund 30 000 Mark für die Ausrüstung. Doch Fuchs baut auf Sachspenden jener Firmen, die die Polarausrüstung vom Funkgerät bis zur Kamera, vom Schlafsack bis zum Sextanten herstellen. Er wird diese Geräte einem Härtetest bei bis zu 40 Grad unter null unterziehen, wie ihn sich die Hersteller besser nicht wünschen können. Jedenfalls ist ein Vertrag mit einem Hamburger Verlag, bei dem nach der Expedition ein Buch erscheinen soll, in trockenen Tüchern. Weitere Mittel erhofft sich Fuchs mit einer Postkartengrußaktion. Gegen eine Überweisung von zehn Mark erhalten Interessierte eine Grußkarte von der nördlichsten Poststation der Welt mit Konterfei und einem speziellen Expeditionsstempel.

Die Airline macht Probleme

»Die beiden Passagiere des Lufthansa-Fluges LH 444 nach Montreal, Herr Roy Black und Herr Arved Fuchs, werden gebeten, sich zum Gate 38 zu begeben«, ertönt es am 27. Februar 1980, gegen 13 Uhr, aus den Lautsprechern des Frankfurter Flughafens. Ein wenig kurios empfindet der Abenteurer es schon, in einem Atemzug mit dem berühmten Sänger genannt zu werden.

Am Gate empfängt ihn ein Abgesandter der Lufthansa-Geschäftsleitung und übermittelt nochmals die besten Wünsche für die Expedition. Im Flugzeug sitzt Roy Black einige Reihen vor ihm. Das Interesse einiger weiblicher Passagiere gilt mehr dem Schlagerstar denn dem Abenteurer. Umso besser, dieser kann sich noch einmal mental auf die Arktis einstellen.

In Montreal, wo Fuchs aufgrund der Zeitverschiebung bereits am späten Nachmittag ankommt, wird er von drei Freunden empfangen, die er vor drei Jahren bei seiner Labradorexpedition kennengelernt hat. Sie helfen ihrem deutschen Freund beim Kauf einer geeigneten Jagdwaffe und bei der administrativen Abwicklung noch zu erledigender Formalien bei den französisch sprechenden Behörden.

Als Fuchs sich sicherheitshalber bei der Fluggesellschaft meldet, die ihn später von Resolute Bay nach Cap Columbia, dem Ausgangspunkt seines Marsches zum Nordpol, bringen soll, ist die Welt noch in Ordnung. Man sagt ihm, dass der Flug etwa 3500 bis 4000 Dollar kosten soll. »Nicht ganz billig«, denkt sich Fuchs, aber er hat diese Größenordnung sicherheitshalber eingeplant.

Nach drei Tagen geht's mit der Nordair-Fluggesellschaft nach Resolute Bay, Flugzeit sechs Stunden. Hier mietet sich Fuchs in das einzige Hotel der 400-Seelen-Gemeinde ein, das den Standard einer Jugendherberge, dafür den Preis eines Viersternehotels hat – nach europäischen Maßstäben. Fuchs ist Schlimmeres gewohnt und will endlich zu seinem Startpunkt geflogen werden. Hier erlebt der Abenteurer, dass man ihn nie ernsthaft dorthin fliegen wollte.

Zunächst erhöht die eine wie die andere Fluggesellschaft den Preis auf stolze 11000 Dollar plus Rückflug 35000 Dollar. Als Fuchs mit bitterer Miene erklärt, dass er die Flugzeuge nicht kaufen, sondern nur mieten will, rücken die Agenten heraus, dass man es für »unmoralisch« halte, ihn in der Arktis auszusetzen, wo er wohl kaum eine Überlebenschance hätte. Dahinter steckte vermutlich die kanadische Regierung, die den Fluggesellschaften nahelegte, den jungen

Mann aus Germany nicht in sein Unglück laufen zu lassen. Die Fluggesellschaften halten sich an diese Vorgabe, um im Ernstfall nicht zur Rechenschaft gezogen zu werden.

Wenn schon nicht Nordpol, dann lernen in der Kälte

Fuchs fühlt sich getäuscht und ist tief enttäuscht. Zurück nach Deutschland will er auf gar keinen Fall. Nahezu philosophisch vermerkt er in seinem Tagebuch: »Der Nordpol war im Grunde für mich nur ein Zielpunkt, der Ort, an dem man seine Anstrengung vorerst beendet. Nicht nur dieser Punkt aber birgt die gesamte Substanz der Reise, er stellt höchstens die Krönung, eine Abrundung des Ganzen, dar. Der eigentliche Wert liegt im Zwischenraum von Start und Ziel verborgen. In der Zeitspanne, in der ich auf das Ziel hinarbeite, in der ich mich selbst, die Natur und das Dasein als solches erfahre. Wäre es wirklich nur der Pol, der mich anzieht«, so Fuchs weiter, »hätte ich eine andere, leichtere Reiseart wählen können, etwa mit den Rundflügen des cleveren Touristikunternehmers, dessen Preise man mir ›irrtümlich‹ für die der Flugcharter übermittelt hatte.«

Dann schreibt er sich aber doch noch von der Seele: »Nein, die Enttäuschung war tiefer verwurzelt. Selbst in einer Region, von der angenommen wird, dass der lange Arm der Bürokratie nicht ausreicht, um einen dort zu dirigieren, ist man vor seinem Zugriff nicht sicher, dies war der eine Grund.« Zum anderen beklagt er seine eigene Unzulänglichkeit, dass er genauer hätte recherchieren und überprüfen müssen. Der Lernprozess sei eben nie abgeschlossen, resümiert er sich selbst tröstend. Noch ahnt er nicht, dass er diese Art von Enttäuschungen trotz intensiverer Recherchen noch öfter wird erleben müssen.

Doch dann überschlagen sich die Ereignisse. Zunächst lernt er den gebürtigen Inder Bezal Jesudason kennen, der in Deutschland Maschinenbau studiert hat und nicht nur das ihm vertraute Hamburgisch, sondern acht weitere Sprachen spricht, wozu auch Inuktitut, die Sprache der Inuit, gehört. Jesudason lebt mit seiner Frau Terry seit zehn Jahren in Resolute Bay, führt hier eine Pension und veranstaltet Arktistouren für zahlungskräftige Touristen. Er lädt Fuchs zu sich ein und verhilft dem verhinderten Nordpolreisenden zu Kontakten mit den Einheimischen. Doch dazu später mehr.

Zunächst zieht es Fuchs hinaus in die Kälte. Wenn schon nicht zum Nordpol, dann soll es wenigstens eine längere Route nördlich von Resolute sein. Das monatelange Training in Europa und auf Grönland soll doch nicht für die Katz gewesen sein. Temperaturen und Wetterverhältnisse in dieser Gegend sind fast identisch mit denen im Nordpolarmeer. Da er sich zudem ganz in der Nähe des magnetischen Nordpols befindet, ist auch die Navigation ähnlich schwierig, man kann statt des Kompasses nur den Sextanten einsetzen. Sein Weg führt ihn von Cornwallis Island über Griffith Island nach Prince of Wales Island, Russel Island und Young Island. Von dort geht es wieder in einem großen Bogen zurück zum Ausgangspunkt Resolute Bay.

Arved Fuchs wird in wenigen Wochen die volle Härte der Natur spüren, wie sie am Nordpol gar nicht schlimmer sein kann. Er erlebt, was es außerhalb einer Kältekammer heißt, 45 Grad minus bei einer Windgeschwindigkeit von 65 Stundenkilometern auszuhalten. Wenn dann der Chillfaktor bei 90 Grad liegt, muss der am Bart festgefrorene Gesichtsschutz 20 Minuten über den Petroleumkocher gehalten werden, um ihn frei zu bekommen – sofern die Bedingungen es zulassen, den Kocher überhaupt in Betrieb zu nehmen. Oder wenn beim Fotografieren der linke Zeigefinger fast erfroren ist. Die Freude hört auch auf, wenn die drei großen Zehen des rechten Fußes so aussehen, als seien sie bereits erfroren. Die mitgeführte Finalgon-Salbe muss aufgetaut werden, sofern möglich – siehe oben. Sie wird eine halbe Stunde mühsam einmassiert. An den Zehen wird gerochen, ob schon der Verwesungsprozess eingetreten ist. In diesem Falle muss das Glied umgehend amputiert werden, um nicht an einer Blutvergiftung zu sterben.

Niemand in gemäßigten Gefilden der Zivilisation kann sich vorstellen, bei diesen Bedingungen seine Notdurft zu verrichten. Selbst beim Urinieren muss man sehr schnell sein und aufpassen, dass einem das Genital nicht abfriert. Denn Fuchs sieht unterwegs immer so merkwürdige kleine Eissäulen stehen. Sie stammen von Schneehasen, die gepinkelt haben. So erhält der Redewendung »eine Stange Wasser lassen«, den die norddeutschen Männer gerne verwenden, eine ganz besondere Bedeutung.

Mitte März zeigt die arktische Natur, dass sie noch steigerungsfähig ist: Er vermerkt in seinem Tagebuch 48 Grad minus bei einer Windgeschwindigkeit von 50 Knoten (92,6 Stundenkilometer). Das treibt den Kühleffekt des Windes auf weit über 100 Grad. Mehrere Tage verharrt er tatenlos in seinem Zelt, um den eisigen Sturm abzuwettern. »Mein Gott, was stürmt es, hoffentlich hält das Zelt«, schreibt er, der Verzweiflung nahe. Über Funk versucht er einen Wetterbericht einzuholen, doch der Akku ist durch die Kälte ziemlich schwach. Er trägt das Gerät nur noch unter der Jacke auf der Brust.

Als er Ende März mit seinem Schlitten wieder in Resolute Bay angehinkt kommt, hat er seine Grenzen ausloten können. Er weiß jetzt mehr denn je, dass der kleinste Fehler, die kleinste Nachlässigkeit im arktischen Klima tödliche Folgen haben kann.

Jagen mit den Inuit ist etwas ganz Besonderes

Nach einer gewissen Erholungsphase bei seinem Freund Bezal vermittelt dieser ihm eine mehrtätige Jagdbegleitung mit den Inuit. Gezogen werden die Schlittengespanne nicht von Hunden, wie es seit tausend Jahren üblich ist, sondern von Motorschlitten, den so genannten Ski-Doos. Was am Ende besser ist, lässt sich nicht so leicht beantworten.

Die Ski-Doos sind wendiger als die Hundegespanne, haben eine größere Reichweite, und man erspart sich die Mitnahme des Hundefutters. Doch da die Ski-Doos nicht gut gewartet werden, kommt es häufig zu Ausfällen, sodass die Bilanz des gesamten Zeitaufwandes nicht immer zugunsten der modernen Fortbewegungsmittel ausfällt. Doch noch (!) ist der Begriff »Zeitaufwand«, wie ihn die westlichen Völker verstehen, bei den Völkern der Polarzonen nicht angekommen. Man hat noch viel, sehr viel Zeit.

Gejagt werden sollen Karibus und Robben. Doch auch mindestens ein Eisbär steht auf der Jagdliste. Arved Fuchs hat sich mit diesem Thema intensiv beschäftigt. Der Nanuk, wie der Eisbär auf Inuktitut genannt wird, gilt als der König der Arktis. Mit einer Schulterhöhe – aufrecht stehend – von bis zu drei Metern und einem Gewicht bis zu 800 Kilogramm ist er das größte Landraubtier der Erde. Für die Inuit als Selbstversorger war der Eisbär bis vor einigen Jahren Fleisch- und Felllieferant, wobei das Fell von zweitrangiger Natur war. Eine Familie kam in der Regel mit zwei Fellen aus.

Das hat sich im Laufe der letzten Jahre gewandelt. Hunger braucht selbst in den abgelegensten Gebieten niemand mehr zu leiden, da er im Notfall immer versorgt werden würde. Daher interessieren sich die Inuit in erster Linie für das Fell, mit dem sie eifrig Handel treiben. Um das arktische Raubtier vor der Ausrottung zu bewahren, hat die kanadische Regierung Abschussquoten festgelegt, die durch ein aufwendiges System kontrolliert werden. Nur den Inuit ist es erlaubt, Eisbären für ihren Eigenbedarf zu schießen.

Dagegen steht keinem Weißen das Recht zu, einen Eisbären zu töten, außer in wirklichen Notfällen, die im Einzelfall sehr genau untersucht werden. Stellt sich heraus, dass der Notfall nur eine Alibifunktion hatte, trifft dem Überführten eine empfindliche Strafe. Darüber hinaus wird das Bärenfell eingezogen, um auf diese Weise Manipulationen bereits im Keim zu ersticken. Problematisch ist jedoch, dass die Inuit ihre Abschussrechte an Weiße verkaufen können und davon auch reichlich Gebrauch machen.

Arved Fuchs ist grundsätzlich gegen das »sportliche« Töten von Tieren, außer es dient der Nahrungsbeschaffung und Existenzsicherung. Die Jagdbegleitung wird für ihn eine Lehrfahrt par excellence. Obwohl er in der Gruppe, die aus zwei Gespannen besteht, offensichtlich nicht sonderlich ernst genommen wird, fügt er sich bescheiden in seine Rolle und hält Augen und Ohren offen. Wie ein Iglu gebaut wird, wusste er bisher aus Büchern. Wie viel handwerkliches Geschick dazu gehört und mit welcher Geschwindigkeit das Schneehaus fertig ist, davon konnte er sich in der Praxis überzeugen. Wie ein Iglu dann wohnlich eingerichtet wird und dass die Gewehre draußen um das Haus postiert werden, damit sie innerhalb der Inuitwohnstätte nicht einfrieren  und beim Eintreffen eines aggressiven Eisbären nach Durchstoßen der Außenwand griffbereit sind, erschließt sich nicht aus dem Lehrbuch.

Auf Young Island schießen die Jäger Karibus und verzehren das Fleisch in rohem Zustand. Sie sind überrascht, als auch Fuchs es im selben Zustand verzehrt, »gern und ohne Widerwillen«, wie er seinem Tagebuch anvertraut.

Nanuk muss sterben

An der Küste von Russel Island passiert es dann. Ruckartig bremsen sie ihre Gespanne. Arved wäre es entgangen, die scharfen Augen der Jäger erblicken frische Prankenabdrücke eines Eisbären. In rasanter Fahrt verfolgen die Eingeborenen die Spur des Tieres. Ohne Rücksicht auf Verluste rasen sie über die Eispressungen, das sind Verwerfungen, die durch aufeinanderdriftende Eisschollen entstanden sind. Nach kurzer Zeit sehen sie ihn stehen. Majestätisch, sich seiner Überlegenheit bewusst, seine Gebärden, denn er hat auf dem Eis und auf dem Land keine natürlichen Feinde – wie er zu glauben scheint.

Arved, der ganz sicher nicht zu den ängstlichen Menschen zählt, bekommt ein beklemmendes Gefühl. Er ist freiwillig mitgekommen und weiß, dass er an dem besiegelten Schicksal des Bären nichts ändern kann. Warum auch? Es ist das verbriefte Recht der Inuit, Eisbären zu jagen. Aber es ist etwas anderes, es jetzt unmittelbar zu erleben. Instinktiv greift Arved zu seiner Leica-Kamera, es ist der einzige Typ Fotoapparat, der die Temperaturen der deutschen Frostkammer unversehrt überstand. Die Kamera hielt auch den ärgsten Temperaturen stand während Arveds Trip, den er vor einigen Wochen allein unternommen hatte.

Nun stehen sie etwa 20 Meter vor dem Tier, das sich langsam auf die Menschengruppe zu bewegt. Die Jäger lassen Arved Zeit, in Ruhe – wenn man das Ruhe nennen kann – seine Fotos zu machen.

Der einzige natürliche Feind, den der Eisbär gelegentlich zu fürchten hat, lebt im Wasser, es ist der Schwert- oder Killerwal. Denn Eisbären halten sich häufig im Wasser auf und können in diesem Element erstaunlich weite Strecken zurücklegen. Die Natur hat sie daher im Laufe der Evolution mit kleinen Schwimmhäuten zwischen ihren Tatzen ausgestattet. Respekt dürfte den großen Tieren vielleicht noch ein aufgebrachter Walrossbulle abnötigen, der es immerhin auf 1,4 Tonnen bringen kann.

Der Bär scheint männlichen Geschlechts zu sein. Der lang gestreckte Kopf, die muskulösen Schulterpartien geben ihm etwas Katzenartiges. Der Knall des Schusses reißt Arved brutal in die Wirklichkeit zurück. Der Bär erstarrt für den Bruchteil einer Sekunde und galoppiert mit einer atemberaubenden Geschwindigkeit davon. Arved und die Inuit springen auf die Schlitten und folgen dem verletzten Tier. Eine immer größer werdende Blutspur markiert, wie das Tier um sein Leben läuft.

»Ich bin betroffen«, schreibt Arved in seinem Tagebuch. »Obwohl der Bär wohl schwer verletzt ist, läuft er noch etwa drei Kilometer. Noch einige Minuten, und wir haben ihn eingeholt. Er flieht jetzt nicht mehr und bleibt vor seinen Peinigern stehen. Koluk, so heißt der Inuk, hebt das Gewehr und schießt noch einmal. Wie vom Blitz getroffen, knickt der Bär in den Vorderbeinen ein, rollt zur Seite und blickt, sein nahes Ende fühlend, seinen Jäger ein letztes Mal an. Dann stirbt er.« Arved, der selbst schon Tiere getötet hat, kann sich eines gewissen Grauens nicht erwehren.

Die Inuit nähern sich vorsichtig dem Kadaver und prüfen, ob das Tier wirklich tot ist. Doch der Bär rührt sich nicht mehr. Sofort beginnen sie mit dem Häuten. Die Zeit drängt, da ein gefrorener Körper nicht mehr zu häuten ist. Arved dokumentiert auch diese Arbeiten mit seiner Kamera. Das Abziehen des Felles dauert ein bis zwei Stunden. Dann wird die Decke zusammengefaltet, die beiden Schinken herausgetrennt und der Schädel abgesägt. Den erhält später gegen Entgelt ein amtlicher Wildhüter, der das Alter des erlegten Bären bestimmen kann. So behalten die Behörden in etwa den Überblick über die Population der Eisbären.

Arved lernt von den Jägern noch eine ganze Menge, etwa über den Tierartenreichtum in der Arktis. Beeindruckend die zotteligen Moschusochsen, die von den kargen Moosen und Flechten leben, die sie unter der Schneedecke finden. Arved erlebt, wie die Tiere sich vor Raubtieren, insbesondere vor Wölfen, schützen. Bei Gefahr bilden sie in Sekunden einen Kreis, gleichsam einer Wagenburg, mit ihren gehörnten Köpfen nach außen, die sie etwas senken. Für einen Gegner höchst gefährlich, diesen »waffenstarrenden« Ring anzugreifen. Fuchs sieht seine Namensvettern, die Blau- und Polarfüchse, weiße Wölfe, Schneehühner und viele andere Lebewesen, die es in dieser vermeintlich toten Natur gibt.

Allerdings, während des etwa zehntägigen Jagdausfluges haben die Inuit kaum mit Fuchs gesprochen, ihn nur niedere Arbeiten verrichten lassen. Außer bei ihrem Entgegenkommen beim Fotografieren – ein bisschen Eitelkeit mag im Spiel sein –, zeigten sie Arved deutlich ihre Missachtung.

Am letzten Tag des Ausfluges, kurz vor dem Aufbruch, sitzen noch einmal alle in einem am Vorabend gebauten Iglu – Arved wie üblich in der Ecke. Da lachen plötzlich alle Jäger laut schallend und lang anhaltend. »Was ist denn jetzt schon wieder?«, denkt sich Arved. Da nimmt der einzig englisch sprechende Jäger Arved in die Mitte der Gruppe und sagt: »Du bist jetzt lange Zeit mit uns gefahren. Wir haben dich missachtet, kaum mit dir gesprochen und dich mit einfachen Arbeiten beschäftigt. Niemals haben wir es erlebt, dass ein Mensch das so lange aushält, schon gar nicht ein Weißer. Sorry, Arved, dass wir das mit dir gemacht haben. Bitte sei uns jederzeit willkommen.« Mühsam unterdrückt Arved seine Rührung und freut sich, dass er auch diese »arktische Prüfung« bestanden hat. In Resolute angekommen, lebt Fuchs noch einige Tage bei seinem Freund Bezal.

Ellesmere Island – eine spannende Erfahrung

Bald darauf erhält der umtriebige Fuchs noch einmal die Gelegenheit, mit einem Privatflugzeug nach Grise Fiord auf Ellesmere Island zu fliegen. Wenn seine Nordpolexpedition schon geplatzt ist, will er wenigstens das Eiland erkunden, das dem Pol am nächsten liegt und von dem er ursprünglich zu seiner Expedition starten sollte. Er möchte auf dieser gebirgigen Insel mindestens einen Berg besteigen und näheren Kontakt mit Tieren bekommen. Grise Fiord ist eine kleine Inuitsiedlung mit etwa 86 Einwohnern, die Anfang der 1950er-Jahre von der kanadischen Regierung aus südlicheren Teilen der Arktis hierher umgesiedelt wurden.

Das war anfänglich mit großen Schwierigkeiten verbunden. Die Menschen waren es nicht gewohnt, dass im Sommer 24 Stunden Tag, dagegen im Winter 24 Stunden Nacht herrscht. Arved geht es nicht anders. Bei 24-stündigem Tageslicht muss er sich zwingen, die

Schlafpausen einzuhalten. Er muss aufpassen, nicht das Zeitgefühl zu verlieren. Es kann vorkommen, dass man einen Tag in der Zeitrechnung verliert. Ein Umstand, der bei früheren Expeditionen häufiger vorkam. Verliert man einen Tag, stimmen sämtliche Standortberechnungen nicht mehr, was fatale Folgen haben kann. Die genaue Uhrzeit sowie das Datum sind bei einer Expedition von größter Wichtigkeit.

Es gibt wieder Strom in der Gemeinde

Fuchs schlägt in Grise Fiord sein Zelt auf, um sich hier zu akklimatisieren. Mit den Inuit hat er zunächst wenig Kontakt. Obwohl die Menschen in dieser abgelegenen Siedlung noch mehr nach den alten Traditionen leben als in den größeren Orten wie Resolute Bay, gibt es auch hier bereits elektrischen Strom, der durch einen Generator für das ganze Dorf erzeugt wird. Kurz nach seiner Ankunft erfährt Fuchs, dass der Dieselmotor, der den Generator antreibt, seinen Dienst versagt hat. Der Ausfall kann für den Ort dramatische Folgen annehmen, da vieles einzufrieren droht, denn es herrschen noch tiefe Minustemperaturen. Das Einfliegen eines Mechanikers vom Festland kann Tage dauern, so viel Zeit hat man nicht mehr.

Da meldet sich Bill Nye, der Leiter des örtlichen Stromversorgungsunternehmens, bei Arved und fragt ihn, ob er denn wohl mal nachschauen könne, was mit dem Dieselmotor los sei. Der gelernte Schiffsbetriebstechniker lässt sich nicht zweimal bitten und schaut sich den Caterpillar-Diesel, wie er ihn auch von den Schiffen her kennt, an und reinigt die verstopften Zuleitungen und den Filter. Und schon läuft der Motor wieder und produziert über den Generator Strom. Die Bevölkerung, bei der sich die »Heldentat« des Deutschen wie ein Lauffeuer herumspricht, ist hoch erfreut, und Bill Nye lässt Arved in einen Wohncontainer einziehen, der sonst Mechanikern als Unterkunft dient.

Doch lange hält er es hier nicht aus, er möchte endlich ins Gebirge. Das erweist sich von Anfang an felsig und vergletschert, sodass ein Vorankommen mit dem Schlitten samt Gepäck doch sehr mühsam ist. Der Aluschlitten, so leicht er von der Konstruktion her auch ist, erweist sich als zu starr. Von den Inuit hat er inzwischen gelernt, dass Holzkonstruktionen, die durch Schnüre zusammengehalten werden, die weder genagelt noch verleimt sind, sich als weitaus elastischer erweisen als ein starrer Metallschlitten. Derartige Schlitten passen sich den Unebenheiten des Untergrundes besser an.

Obwohl er ständig seine Ski angeschnallt hat, sackt er immer wieder in Schneewehen ein, aus denen er sich nur sehr schwer befreien kann. Den Schlitten über Kilometer bergauf zu ziehen, erweist sich trotz der Kälte als schweißtreibend und kräftezehrend. Geht es bergab, hat Fuchs seine liebe Not, den Schlitten zu halten, der ihn oftmals überholt, wobei er kopfüber im Schnee landet. Dass er sich dabei nichts bricht, liegt einerseits an seinen schnellen Reaktionen, andererseits wohl auch am Glück, das ein Abenteurer nun mal braucht.

Etwa 100 Kilometer nördlich von Grise Fiord beschließt er umzukehren, da die Vorräte langsam zur Neige gehen. Doch zuvor besteigt er einen Berg, der sich von den anderen etwas abhebt. Er hat noch etwas zu erledigen. Bramstedts Stadtväter hatten ihm vor Beginn seiner Reise einen Wimpel mit dem Wappen der Kurstadt übergeben. Eigentlich war das Fähnchen für den Nordpol gedacht, doch mangels Gelegenheit soll es nun auf dem Gipfel eines schneebedeckten Berges des nördlichsten Eilands Kanadas wehen. Ein Foto dokumentiert die Ausführung des Versprechens.

Bei seinem Marsch durchs Gebirge kommen Arved immer wieder die Trainingseinheiten mit Peter Lechart im Montblanc-Massiv und die Erfahrungen, die er mit den Inuit sammeln konnte, zugute. Ohne dieses Erfahrungspotenzial wäre er in dieser lebensfeindlichen Umgebung kläglich gescheitert. Auf dem Rückmarsch bieten sich noch zahlreiche Gelegenheiten, mit Tieren in Kontakt zu kommen. Ein weiteres Mal kann er die Moschusochsen studieren, die nicht, wie zu vermuten, mit Rindern, sondern mit Schafen verwandt sind. Mit ihrer Schulterhöhe von bis zu anderthalb Metern und ihrem schwarzen, zotteligen Fell, das bis auf die Erde reicht, ähneln die Tiere den amerikanischen Bisons. Sie sind mit ihren 200 bis 300 Kilogramm nur leichter als die amerikanischen Büffel. Die Moschusochsen waren wegen der starken Bejagung in ihrem Bestand gefährdet. Erst durch die Verschärfung der Jagdbestimmungen haben die Behörden dieser Entwicklung erfolgreich entgegengewirkt. Im Jahre 1980 beträgt ihre Zahl in Kanada und Alaska in etwa 10 000.

Fuchs bekommt noch mehrmals Polarfüchse vor die Linse, die im Winter wegen ihres reinweißen, langhaarigen und flauschigen Pelzes seit Jahrhunderten begehrtes Jagdobjekt der Inuit sind. Sie bilden auch heute noch eine wichtige Grundlage für den Pelzhandel in der nördlichen Hemisphäre.

Larry Audlaluk – arktischer Lehrmeister wird Freund fürs Leben

Zurück in Grise Fiord, lernt Fuchs den Inuk Larry Audlaluk kennen, der ein größeres Hundegespann besitzt und damit regelmäßig auf die Jagd geht. Als Arved ihn fragt, ob er ihn in die »Geheimnisse« des Umganges mit Hundespannen einweisen könne, stimmt Larry freudig zu. Der Inuk hat bisher nur erlebt, dass Touristen gerne das Erlebnis der Gespannfahrten genießen, aber niemals, dass sich jemand für die Einzelheiten seiner Arbeit mit den Hunden interessiert.

Sie machen ausgedehnte Ausflüge, und Larry wird Arveds Lehrmeister in einer arktischen Art der Beförderung, die auszusterben droht. Arved ahnt noch nicht, dass dies der Beginn einer jahrzehntelangen Freundschaft wird. Nach dieser »Lehre«, die einige Wochen dauert, fliegt Arved zurück nach Resolute Bay.

Freundlich, fast überschwenglich, wird Arved bei seiner Rückkehr in Resolute Bay empfangen. Er hat in drei Monaten seines ers-

In Grise Fiord begegnet Arved den Inuk Larry Audlaluk, der ihm das arktische Leben beibringt. Sie werden Freunde.

ten Aufenthaltes in der Arktis ungeheure Strapazen auf sich genommen, hat spannende Erlebnisse gehabt, sich auf eine fremde Kultur eingelassen und in dieser Zeit große Zuwendung empfangen. Er ist sich sicher, ihn hat das »Arktisvirus« erwischt. Diese Art des Reisens wird zukünftig einen bedeutenden Teil seines Lebens ausmachen. Wie es möglich sein wird, damit seinen Lebensunterhalt zu bestreiten, kann er noch nicht abschließend beurteilen.

Seinen Freunden Bezal und Terry und vielen anderen verspricht er bei seiner Abreise: »Ich komme im nächsten Jahr bestimmt wieder.« Die Ernsthaftigkeit seines Versprechens untermauert er damit, dass er einen großen Teil seiner Ausrüstung in Resolute Bay lässt.

Eine Sorge treibt den Abenteurer auf seinem Rückflug nach Deutschland allerdings um: Wie werden die Sponsoren, die Medien, die vielen Freunde und Unterstützer seiner verhinderten Nordpolexpedition sein Scheitern bewerten?

Seine Sorgen erweisen sich als unberechtigt. Seine Unterstützer, seine Freunde und auch die Gazetten erweisen sich als fair. »Er ist wieder da«, »Kanadische Regierung verbot Marsch zum Pol«, »Polarexpedition scheiterte an den Behörden« und »Arved Fuchs marschierte am Traumziel vorbei« lauten die Überschriften nach seiner Rückkehr.

Keine Häme schlägt ihm entgegen, sondern Verständnis allenthalben. Dabei spielen allerdings zwei Merkmale eine entscheidende Rolle: Arved Fuchs wird von seiner Umwelt als authentisch wahrgenommen. Schnörkellos offenbart er die Gründe seines Scheiterns. Das Zweite ist seine sich sehr früh entwickelnde Marketingstrategie. Er arbeitet seine Erlebnisse text- und fototechnisch auf und publiziert sie medienwirksam. Dass dabei manche Geschehnisse auch ein bisschen »in Szene« gesetzt und ausgeschmückt werden müssen, hält er für legitim. Im Prinzip ist es ja so gewesen. Er hat sich »den Hintern« respektive die Zehen und Finger halb abgefroren, hat Strapazen auf sich genommen, die sich der Mitteleuropäer in einer gemäßigten Klimazone kaum vorstellen kann. Da darf auch schon mal ein bisschen »auf den Putz« gehauen werden.

Fuchs zieht für sich ein Resümee der Expedition. Er gesteht sich ein, dass die Voraussetzungen für eine Nordpolexpedition noch nicht gegeben waren. Trotz intensivster Vorbereitungen besteht ein Unterschied darin, ob man in einem Tiefkühlhaus und im Hochgebirge unter fachmännischer Aufsicht trainiert oder ganz allein auf sich gestellt in einer für den Menschen lebensfeindlichen Umwelt bestehen muss. Doch nicht nur das eigene Know-how ist noch entwicklungsbedürftig, auch die Ausrüstung wie Schlitten, Schlafsack, Stiefel und anderes Equipment war unzureichend. Im Nachhinein ist er den Fluggesellschaften und den kanadischen Behörden dankbar, dass sie ihm den Gang zum Nordpol verweigert haben. Arved Fuchs hat dieses Ziel aber noch nicht aus den Augen verloren ...

Seine Entscheidung, sich zukünftig Expeditions- und Forschungsreisen widmen zu wollen, wird im familiären Kreis nicht uneingeschränkt geteilt. Im so genannten »Familienrat«, wo alle grundsätzlichen Dinge besprochen werden, erheben die Schwestern Maren und Petra massiv Widerspruch. »Das ist unverantwortlich, was du machst«, sagen sie unisono. Auch sein Onkel Manfred Koch, der früher als Schiffingenieur zur See fuhr, ist strikt dagegen. Sie machen sich Sorgen um Arveds Sicherheit, haben sie doch gerade mitbekommen, was Arved in der Arktis erlebt hat. Aber auch seine wirtschaftliche Zukunft erscheint den meisten Familienmitgliedern alles andere als gesichert. Sie können sich nicht vorstellen, dass

»Abenteurertum« dauerhaft die finanzielle Basis für einen Lebensunterhalt bilden kann.

Die Einzige, die Arveds Zukunftspläne mit Gelassenheit aufnimmt, ist seine Mutter Gisela. Sie kennt ihren Jungen nur zu gut, dass er Dinge, die er sich in den Kopf gesetzt hat, in aller Regel auch durchzieht. Sie weiß aber auch, dass Arved im Grunde nicht leichtfertig handelt und seine Pläne meistens gut durchdenkt. Nicht, dass Mutter Gisela »himmelhochjauchzend« zustimmt, »sie verhielt sich wohlwollend neutral«, wie Arved sich erinnert. Ganz pragmatisch sorgt sie dafür, dass Arved in die Rentenversicherung der Künstler aufgenommen wird, die von der rot-gelben Regierung gerade auf den Weg gebracht wurde.

Außerhalb der Familie nimmt Arved ein ganz anderes Phänomen wahr. Die einen kritisieren offen seinen Lebensentwurf, andere finden diesen Bramstedter »Paradiesvogel ganz toll«, doch wenn Arved sich umdreht, fassen sie sich an den Kopf. Ein bisschen irritiert ihn diese Verlogenheit, doch das ist ein Preis, den auch andere Persönlichkeiten zahlen müssen, deren Prominentendasein auf unkonventionellen Leistungen beruht.

Die kanadische Arktis ruft ein zweites Mal

Arved hat von den Inuit gelernt, dass Geduld eine wichtige Eigenschaft ist, um seine Ziele langfristig zu erreichen. Wenn er eines Tages wirklich seinen Fuß auf den Nordpol setzen will, diesem imaginären Punkt der Nordhalbkugel, für den mancher Forscher sein Leben riskierte, muss er noch eine Menge Erfahrungen in der Arktis sammeln. Dazu soll das Jahr 1981 beitragen.

Arved Fuchs möchte in diesem Jahr zu Fuß von Resolute Bay nach Grise Fiord auf Ellesmere Island gehen. Für diese Strecke, die etwa 700 Kilometer misst, nutzte er noch im vergangenen Jahr das Flugzeug. In diesem Jahr soll ihn der Weg über Cape Sparbo auf der

Devon-Insel führen, die etwa 75 Kilometer entfernt, gegenüber Grise Fiord, liegt. Auf Cape Sparbo möchte Fuchs die Höhle finden, in der der Polarforscher Dr. Frederick Cook den Winter 1908/09 verbrachte.

Cook war damals auf zwei Schlitten mit zwei Inuit und 26 Hunden auf dem Rückweg vom Nordpol, den er angeblich am 21. April 1908 als erster Mensch erreicht hatte. Später stellte sich heraus, dass dies nicht sein konnte, da er aufgrund mangelnder Kenntnisse über die Richtung der Eisdrift den Pol um viele hundert Kilometer verfehlt haben muss. Möglich ist, dass sein Landsmann Robert E. Peary den Nordpol am 6. April 1909 als erster Mensch erreichte. Lange Zeit galt dieses als nicht gesichert. Wissenschaftliche Untersuchungen auf Betreiben der »National Geographic Society« scheinen jedoch zu belegen, dass Peary tatsächlich am Nordpol war.

An seiner Ausrüstung, das haben die Erfahrungen des vergangenen Jahres gezeigt, muss einiges verbessert werden. So konstruiert er einen neuen Schlitten aus Eschenholzelementen, die er mit Schnüren verknüpft, ganz so, wie er es bei den Inuit gelernt hat. Er besorgt sich bessere Stiefel und Strümpfe aus Tierfell, die den Vorzug haben, dass man sie, einmal feucht und gefroren, durch Ausschlagen der Eiskristalle wieder trocken bekommt. Bewährt hat sich seine Daunenkleidung wegen ihres geringen Gewichts und der guten Isolationsfähigkeit.

Hatte Fuchs die von ihm gesammelten meteorologischen Daten der vergangenen Expedition bereits beim Seewetteramt Hamburg abgeben können, wird er die Datenreihe in diesem Jahr nach genauen Vorgaben der Experten fortsetzen. Zu diesen Zwecken wird er mit präzise geeichten Instrumenten ausgestattet. Außerdem nimmt er sich vor, etwas mehr über die Lebensgewohnheiten der Eisbären herauszubekommen. Für seinen 700-Kilometer-Marsch plant er als Minimum 40 Tage ein, was immerhin einer anspruchsvollen Tagesetappe von 17,5 Kilometern entsprechen würde. Arved Fuchs hat sich eine Menge vorgenommen.

Am 27. März 1981 fliegt er von Berlin nach Montreal, von dort weiter nach Resolute Bay, wo er am 29. März eintrifft. Es gibt ein freudiges Wiedersehen mit Bezal und Terry Jesudason, die ihn für die Tage der Akklimatisierung wieder bei sich aufnehmen. Sie stehen der Unternehmung positiv gegenüber und denken, dass Arved es schaffen wird. Allerdings warnen sie vor den Eisbären, die in letzter Zeit sogar in der Nähe von Resolute in größerer Zahl gesehen wurden. Sie werden immer dreister, da sie sich in den menschlichen Siedlungen Nahrung versprechen. Zudem herrscht Brunftzeit.

Dafür hat Fuchs jedoch mit einer selbst konstruierten Bären-Alarmanlage vorgesorgt. Eine Schnur wird sein Zelt weiträumig umspannen. Sie wird durch die Schlaufen der Skistöcke vom Boden hochgehalten, sodass ein kleiner, kaum wahrnehmbarer Zaun entsteht. An beiden Enden ist ein elektrischer Zugschalter, dessen Kabel über eine Batterie zu einer Klingel ins Zelt führen. Stößt jemand gegen die Schnur, gibt es ein anhaltendes Klingelsignal, und Arved kann zum Gewehr greifen. Soweit die Theorie ...

Zur weiteren Sicherheit erhält Arved ein Funkgerät, über das er sich alle 48 Stunden melden soll. Vor Ort ist es mehrere Tage sonnig und windstill bei eisigen Temperaturen zwischen 30 und 45 Grad Celsius. »So kann es bleiben«, wünscht es sich Arved. Doch als er am Nachmittag des 4. April aufbricht, wird das Wetter zusehends schlechter. Es kommt Sturm auf, und es schneit, die Sicht ist miserabel. Zwei Hunde aus dem Dorf begleiten ihn, bis sie nach einigen Stunden wieder kehrtmachen. Bereits am Abend beginnen beim Zeltaufbau die ersten Schwierigkeiten. Das Material ist durch die Kälte hart geworden, eine Zeltstange bricht. Kein gutes Omen. Dann installiert Arved die Alarmanlage und probiert sie sofort aus. Sie funktioniert sehr gut.

Da passiert ihm ein Missgeschick. Beim Einsteigen beachtet er nicht mehr die am Eingang liegende Klingel und zertritt sie mit seinen schweren Expeditionsstiefeln. Tolles Gefühl, allein in der Arktis, umgeben von hungrigen und brunftigen Eisbären! Arved schläft schlecht. Am nächsten Morgen, tatsächlich frische Bärenspuren, nicht weit vom Zelt. In der Ferne kann er zwei Pelztiere durch sein Fernglas entdecken.

Wie viele Kilometer sind es noch bis zum Ziel? Runde 680. »Ruhig bleiben, Arved, du hast schon ganz andere Situationen überstanden«, versucht er sich klarzumachen. Anfangs zählt er noch die Fährten der »Nanuks« und notiert seine Beobachtungen akribisch. Schwierig wird es in Regionen mit Presseis, das oftmals mehrere Meter hoch ist. Hier ist das bevorzugte Jagdrevier der Polarbären, hier erwischen sie meistens Robben, die Schutz vor ihren Feinden suchen. Keinesfalls will Fuchs die Pelztiere beim Fressen oder Schlafen stören. Er trägt das Jagdgewehr immer schussbereit über der Schulter, was das Ziehen des schweren Schlittens nicht gerade begünstigt.

Der Bär ist los

Einige Wochen passiert nichts, Arved wiegt sich in Sicherheit. »Die Bären werden einem ›Polarfuchs‹ schon nichts tun«, redet er sich ein. Ein bisschen hilft auch das autogene Training, das er bereits im vergangenen Jahr erfolgreich angewendet hat.

Eines Abends, Arved ist gerade beim Abendessen, ein Geräusch ... Wie elektrisiert hält Fuchs beim Rühren der Pemmikansuppe inne und ergreift sein Gewehr. Vorsichtig öffnet er den Zeltreißverschluss. Da steht er, ein riesiger Bär, und zerlegt gerade Arveds Schlitten, den er etwa acht Meter vom Zelt deponiert hat. Das Tier hat die Proviantvorräte im Gepäck gewittert und möchte sich an denen gütlich tun. Das klappt nicht auf Anhieb, und wütend stürzt sich der Bär mit seinen Vorderpranken auf die Schubvorrichtung des Schlittens, zerbricht diese und stößt den Schlitten um. Gleichmäßig verteilt er die Ausrüstungsgegenstände um sich herum, um endlich an den Sack mit dem Proviant zu gelangen.

Arved muss etwas tun, um seinen Schlitten und die Ausrüstung zu retten. Er schnappt sich das Gewehr und schleicht sich leise aus dem Zelt. Töten will er den Eisbären nicht, sondern mit Warnschüssen nur erschrecken. Das hat bisher immer geklappt, da die Tiere sehr schreckhaft sind und meistens die Flucht ergreifen.

»Im Grunde kann mir nichts passieren, ich habe ein Gewehr und bin dem Tier überlegen«, denkt sich Fuchs. Behutsam legt er an und zielt auf das Eis, wenige Zentimeter vor dem Tier. Er zieht den Abzugshebel durch – und nichts passiert. Kein lauter Knall, kein Rückstoß, kein gar nichts. Arved lädt neu durch, die Patrone fliegt in den Schnee, die neue schiebt sich in den Lauf. Wieder zielt er, zieht durch – und wieder passiert nichts. Er hatte das Schloss doch sorgfältig mit Benzin gereinigt und einen Probeschuss abgegeben, es hatte doch funktioniert. Da erinnert er sich an die Inuit, die ihre Gewehre niemals in ihr Zelt oder Iglu mit hineinnehmen, da sich das Kondenswasser des Innenraums im Gewehrschloss sammelt und dieses einfriert.

Mittlerweile hat der Bär das Interesse am Schlitten verloren und wendet sich Arved zu. Der wirft seinen Handschuh beiseite und bearbeitet das Gewehr mit bloßen Händen. Dass dabei Hautfetzen am kalten Stahl festkleben, merkt er in dieser Sekunde kaum. Endlich – es löst sich der erlösende Schuss, und Mensch wie Bär erschrecken gleichzeitig. Das Eis vor dem Tier spritzt auf, und es weicht etwas zurück. Ein weiterer Schuss ist notwendig, um den Nanuk endgültig zu vertreiben – glaubt Arved zumindest.

Jetzt registriert er, dass seine rechte Hand völlig gefühllos ist. Er steckt sie in seine Daunenjacke unter die Achselhöhle und erwartet den Schmerz, der sich einstellt, nachdem die Blutzirkulation wieder einsetzt. Eine Untersuchung des Schlittens ergibt ein trauriges Bild. Die gesamte Bespannung ist zerstört, Spanten sind gebrochen, die Reparatur erweist sich als schwierig. Fuchs kann sein Fahrzeug nur notdürftig flicken.

3 Die Arktis ist seine Bestimmung – kein Weg ist zu schwer

Zur Sicherheit sucht er den Horizont mehrfach mit dem Feldstecher ab, doch weit und breit ist kein Bär mehr zu sehen. Ein wenig beruhigt ihn, dass die Sonne jetzt 24 Stunden scheint und ihn der Bär wenigstens nicht aus der Dunkelheit heraus angreifen kann. Zunächst ist an Schlaf nicht zu denken. Doch die Strapazen der letzten Tage, an denen er sich über Eisbrüche quälen, den verkeilten Schlitten oftmals frei wuchten musste, haben Spuren hinterlassen. Schließlich übermannt ihn die Müdigkeit.

Einige Stunden sind vergangen, da lässt ihn irgendetwas hochschrecken. Sind es seine überreizten Sinne, oder hat er ein Geräusch vernommen? Er hört das Flattern der Zeltwand, aber irgendetwas stimmt nicht. »Ist Nanuk zurückgekommen?«, durchfährt es ihn. Minuten werden zu Stunden. Da sieht er, wie die Zeltwand am Fußende mehrfach energisch eingedrückt wird. Soll er sich jetzt tot stellen so wie der Japaner Naomi, dem dasselbe widerfuhr, als ein Bär im Zelt stand und er das Gewehr auf dem Schlitten vergessen hatte? Doch bei ihm hatte das wohl nur deshalb funktioniert, da der Bär zuvor das Hundefutter gefressen hatte und satt war.

Wieder ein Stupsen, verbunden mit einem Prusten – Stille. Arved schwitzt und friert zugleich. Gedanken schießen ihm durch den Kopf. »Meine Familie, meine Freundin Brigitte, mein Hund – warum bin ich hier? Warum bin ich nicht zu Hause, wo keine wilden Bären ums Haus streichen?« Wieder Schritte um das Zelt. »Bitte bloß nicht das Kopfende!« Vorsichtig ertastet er sein Gewehr, zum dem er nicht mehr das größte Vertrauen hat. Erneutes Scheuern an der Zeltwand – die Zeltstange bricht, das Zelt sackt zusammen, die Leinwand reißt. Himmel und Hölle, er schießt blind nach oben durch das zusammengefallene Zelt.

Die Detonation des Schusses trifft ihn wie ein Keulenschlag in der Enge des zusammengefallenen Zeltes, der Pulverqualm beißt in den Augen. Er kann nichts hören. Hat er ihn getroffen oder ist er nur fortgelaufen? Er lädt die Waffe erneut durch und öffnet den Reißverschluss der Zeltruine. Er sieht das Monstrum, es steht etwa

95

200 Meter entfernt und beobachtet Fuchs. Der schießt noch ein paar Mal in Richtung des Bären, der sich bedächtig zurückzieht.

Fuchs meldet den Vorfall über Funk Fred Alt, dem Manager des Polar Continental Shelf Project. Alt beruhigt Fuchs, dass sich eine Schlittenkarawane mit Touristen in Richtung Grise Fiord bewege. Es ist dieselbe Richtung, die Fuchs geht, die Karawane müsste wenige Tagesmärsche von Fuchs entfernt sein.

In den nächsten Tagen lebt Fuchs zwischen Hoffen und Bangen. Ein notdürftig geflickter Schlitten, ein zerrissenes Zelt und lediglich noch fünf Schuss Munition. Er nimmt sich zusammen und redet sich immer wieder ein, dass er es bestimmt schaffen werde. Die Hoffnung, der Bär werde irgendwann das Interesse an ihm verlieren, je weiter er marschiert, erfüllt sich nicht. »Knut Wuchtig«, wie er das Tier nach einem alten Kinderlied getauft hat, bleibt mehr oder weniger in Sichtweite des Abenteurers. Die Schlafphasen, die er sich notgedrungen gönnen muss, fallen sehr kurz aus.

Rettung naht

Dann, endlich, es herrscht klare Sicht, entdeckt er durch sein Fernglas Punkte, die sich bewegen. Nein, es ist keine Gruppe von Eisbären, es ist die angekündigte Schlittenkarawane. Wäre die Sicht heute nicht so exzellent, könnte die Gruppe in 200 Metern Entfernung vorbeifahren. Man würde sie nicht einmal wahrnehmen. Glück gehört dazu.

Die Karawane wird geführt von seinem Freund Bezal und einem Inuit, den er vom vergangenen Jahr her kennt. Es gibt ein freudiges Wiedersehen und Glückwünsche an Fuchs, dass er den Bärenangriff unversehrt überstanden hat. Während der nächsten Rast lässt man Fuchs schlafen. Er schläft wie in Abrahams Schoß. Man könnte ihn wegtragen, er würde nichts merken.

Am nächsten Morgen setzt eisiger Sturm ein, einem jungen Mann aus dem Touristentross drohen die Hände zu erfrieren. Sein anwesender Vater und die Karawanenleitung entscheiden, den Jungen ausfliegen zu lassen. Über Funk wird in Resolute Bay ein Flugzeug angefordert. Trotz Sturm, Schneetreiben und extrem schlechter Sicht wird eine Landepiste vorbereitet. Kanister und Packsäcke werden als Begrenzung und Markierung ausgelegt. Schließlich nähert sich eine Twin Otter, man hört das Fluggeräusch.

Doch der Pilot kann die Gruppe nicht exakt ausmachen und überfliegt die vermutete Piste mehrfach. Als er über Funk zu erkennen gibt, dass sein Sprit zur Neige geht – er muss schließlich noch zurückfliegen –, schießt Arved Fuchs einige seiner Notraketen ab. Der Pilot sieht die Raketen, durchstößt die niedrige Wolkendecke und legt unter schwierigsten Bedingungen eine glatte Landung hin. »Für uns Buschpiloten der Normalfall«, bekundet er gegenüber Fuchs, der aus dem Staunen nicht herauskommt.

Nachdem der junge Tourist abtransportiert wurde, bewegt sich die Karawane in Richtung Cap Sparbo auf der Devon-Insel, wo Polarforscher Cook den Winter 1908/09 knapp überlebte. Genau dorthin wollte Fuchs gehen, allerdings alleine. Dass dies nunmehr aufgrund der eingetretenen Probleme nicht mehr möglich ist, stört ihn weniger. Auch das gehört zum Expeditionsreisen: Sture Zielstrebigkeit bis hin zur Selbstvernichtung kann nicht das Ziel sein. Er ist sich im Klaren darüber, dass er außerordentliches Glück gehabt hat, das darf er nicht überstrapazieren.

Cooks Erdhöhle finden sie nicht, aber die Muße, sie zu suchen, hat man mit einer Touristenkarawane nicht. Mitte Mai erreicht der Tross Grise Fiord auf Ellesmere Island. Arved Fuchs wird von seinem Mentor Larry Audlaluk und anderen Inuit so herzlich begrüßt, wie er es kaum erwartet hätte. Es lässt sich nicht verleugnen und ist eben nicht übertrieben: Der deutsche Abenteurer Arved Fuchs ist bei den Einheimischen im arktischen Kanada angekommen …

Eine stürmische Fahrt über den Atlantik

Nachdem Fuchs noch zwei Wochen in der Arktis mit Larry verbringt, fliegt er Anfang Juni nach Port Mcnicoll, einem kleinen kanadischen Städtchen am Huron-See. Von hier aus hilft er seinem Freund Peter Lechhart bei der Überführung der Segelyacht »Golden Goose«, die einst Gordon Lightfoot, dem bekannten Pop-, Folk- und Countrysänger, gehörte.

Das 13,6 Meter lange und 4,07 Meter breite Segelschiff aus Mahagoni- und Zedernhölzern wird im Wassersportmagazin »Yacht« von November 1981 in den höchsten Tönen gelobt als »ungewöhnlich, groß, schnell mit einem geradezu faszinierenden Rumpf«.

Arved, der zuvor bereits auf Traditionsschiffen von »Clipper Deutsches Jugendwerk zur See (DJS)« mitsegelte, freut sich über diese anspruchsvolle Überführung.

Bereits nach einer 14-tägigen und 2800 Kilometer langen Durchquerung des Erie- und Ontariosees erwartet sie im St.-Lorenz-Strom ein Sturm mit Windgeschwindigkeiten bis zu elf Windstärken. Völlig durchnässt und erschöpft erreichen sie am 23. Juni den Hafen Sydney auf der Insel Nova Scotia. Es ist die letzte Bastion vor dem Sprung über den Atlantik.

In nur elf Tagen bewältigt das Schiff die Distanz von weiteren 2800 Kilometern zu den Azoren, was einem Tageswert von durchschnittlich 252 Kilometern entspricht.

War das Wetter auf den Azoren noch schön und angenehm, zeigt sich Wettergott Rasmus nunmehr von der unangenehmen Seite. Tagelanger Starkwind aus der falschen Richtung, Sturmböen und heftiger Regen zerren an den Nerven der Crew. Zudem ist es kalt und höchst ungemütlich. Obwohl die See tobt, viel Wasser überkommt und sich ständig auftürmende Seen brechen, lässt sich die Yacht sehr gut steuern. An Schlaf ist aber selten zu denken.

Nach einer unangenehmen stürmischen Überfahrt erreichen sie schließlich am Morgen des 24. Juli den französischen Hafen Brest. Bevor es zur letzten Etappe nach Schleswig-Holstein geht, gibt's die

»Hahn im Korb« Arved Fuchs bereist 1982 den Nordwesten Kanadas und führt als Guide eine Damengruppe durch das Yukon-Territorium.

überaus verdiente Ruhepause, verbunden mit einer kleinen Feier. Doch die letzten 1500 Kilometer verlaufen nur bis in die Nordsee reibungslos. Dann haben sie unentwegt böigen Wind von vorn, sodass sie ständig kreuzen müssen.

Endlich, nach rund 5000 Seemeilen oder 9300 Kilometern, läuft die »Golden Goose« am Morgen des 1. August im Hafen von Wedel ein. Niemals hat Arved in seinem bisherigen Leben so lange und anspruchsvoll segeln dürfen. Dabei hat ihm sein Freund und Lehrmeister Peter Lechhart eine Menge von der hohen Kunst des Hochseesegelns beibringen können.

4 Vom magnetischen Nordpol bis Kap Hoorn

Nun sitzen sie auf einem Militärschiff, ihre Boote, die beschlagnahmt sind, liegen festgezurrt daneben. Fuchs und Neuber wissen, als Spion verdächtigt zu werden ist etwas sehr Schwerwiegendes, zumal sich zu der Zeit Chile und Argentinien in einem Dauerkonflikt über die Positionierung ihrer Grenzen befinden.

70 Tage quer durch Grönland

Für die Auswahl seiner Expeditionsziele spielt gelegentlich der Zufall eine Rolle. Im Frühjahr 1982 sitzt Arved Fuchs in Norderstedt bei Hamburg einem älteren Herrn gegenüber, der ihm lebhaft und voller Leidenschaft von Erlebnissen berichtet, die über 50 Jahre zurückliegen. Der Mann heißt Emil Friedrich und war Teilnehmer der Deutschen Grönlandexpedition unter der Leitung des bekannten Wissenschaftlers und Forschers Alfred Wegener. Friedrich zählte damals gerade 30 Lenze.

Wegener hatte bereits im Jahre 1912 erkannt, dass sich die Kontinente der Erde permanent verschieben. Für diese Erkenntnis, die seit den 1980er-Jahren Allgemeingut ist, wurde er seinerzeit von seinen wissenschaftlichen Kollegen verspottet.

Der Wissenschaftler, der von Haus aus Professor für Geophysik und Meteorologie war, bereiste Grönland seit 1906 mehrfach, um den klimatologischen und geophysikalischen Aufbau des Inlandeises zu erforschen. Zu diesem Zweck wollte Wegener im Jahre 1930 als erster Mensch die Insel von West nach Ost auf dem 71. Breitengrad mittels Hundeschlitten durchqueren und drei Forschungsstationen errichten.

Dabei starben der Wissenschaftler und sein Begleiter Rasmus Villumsen im November 1930 auf dem Weg von ihrer neu eingerichteten Forschungsstation »Eis-Mitte« zur Westküste. Fuchs war von dem Bericht des damaligen Augenzeugen derart fasziniert, dass er den Entschluss fasste, das schaffen zu wollen, was Wegener versagt blieb, nämlich die Insel von West nach Ost zu durchqueren. Die Route beginnt im westlichen Umanak und endet auf der Ostseite der Insel in Scoresbysund. Die Strecke misst rund 900 Kilometer plus 300 Kilometer entlang des Scoresbysund-Fjords, dem längsten Fjord der Erde.

Bei dieser anspruchsvollen und nicht ganz ungefährlichen Expedition sollen seine beiden Freunde Peter Hasenjäger und Rainer Neuber dabei sein. Die drei hatten ja bei ihren Reisen durch Labrador und Borneo reichlich Erfahrung miteinander sammeln können. Sie sind ein eingespieltes Team.

»Nach alter Sitte« bereiten sich Arved und seine Freunde intensiv vor. Nur mit Badehose bekleidet stampfen sie durch den Schnee und testen das Wasser der Auen in und um Bad Bramstedt bei Wassertemperaturen um den Gefrierpunkt. Sie nächtigen auch wieder in den Kühlhäusern.

Durch flächendeckende Berichterstattungen über seine vergangenen Expeditionen ist Fuchs inzwischen kein Unbekannter mehr. Im Fernsehen, Radio und in den Printmedien nehmen die Menschen regen Anteil an seinen Erlebnissen überwiegend in den polaren Zonen. Niemand schüttelt mehr den Kopf, wenn man ihn in der Natur trainieren sieht. Im Gegenteil, die Bramstedter sind inzwischen stolz auf ihren »Polarfuchs«.

Die diesjährige Expedition soll rund 40 000 Mark kosten. Einen Teil davon übernimmt das ZDF, das die Vorbereitungen und an zwei Stellen Grönlands Filmaufnahmen machen wird. Den weiteren Teil sponsert die »BUNTE« und sichert damit sich die Erstberichterstattung. Während der Route über das Inlandeis filmen und fotografieren Fuchs und seine Begleiter. Fuchs ist inzwischen derart bekannt, dass seine Berichte nicht nur in der »BUNTEN« und anderen Illustrierten gedruckt werden, sondern auch im Boulevardblatt »praline«, das sich seinerzeit noch mit Heim, Mode, Reise und Unterhaltung beschäftigt. Auch Reisemagazine geben dem Abenteurer ganze Seiten. »Die Honorare waren angemessener als in den Lokalzeitungen, was ich auch bitter nötig hatte«, erinnert sich Fuchs.

Am 3. April 1983 geht's über Kopenhagen nach Söndre Strömfjord auf Grönland. Von dort fliegen sie per Hubschrauber ins 650 Kilometer entfernte Umanak. Zu ihrem Entsetzen stellen sie fest, dass ihre 1200 Kilogramm schwere Ausrüstung nicht wie fest zugesagt in Umanak liegt, sondern am Flughafen Söndre Strömfjord auf den Weitertransport wartet. Die grönländische Fluggesellschaft nimmt es nicht so genau mit derartigen Zusagen. Bei empörten Telefonaten versucht man Fuchs mit dem Hinweis zu vertrösten, er hätte ja besser die Ausrüstung im Sommer per Schiff nach Umanak bringen lassen sollen. Nicht umsonst haben die Grönländer ihre Fluggesellschaft »Imacha Airline«, zu Deutsch »Vielleicht-Airline«, getauft.

Es bedarf noch zahlreicher nervenzehrender Beschwerden, bis die Ausrüstung endlich mit 14-tägiger Verspätung ankommt. Von hier muss die Crew noch mehrere Versorgungsfahrten zur 90 Kilometer entfernten Zwischenstation Uvkusiggsat fahren.

Danach geht's in mühevoller Anstrengung mit drei Hundegespannen den Quamarujuk-Gletscher hinauf, wobei 1000 Höhenmeter zu überwinden sind. Das grönländische Inlandeis steigt bis zur Mitte an auf eine Höhe von etwa 3200 Metern, bevor es zur östlichen Seite wieder kontinuierlich abfällt. Geplant haben Fuchs und seine Freunde für die insgesamt 1200 Kilometer lange Strecke rund 40 Tage, was einem Tagespensum von 30 Kilometern entspricht.

Am Rande des Inlandeises erreichen sie Wegeners Weststation, die er seinerzeit Scheideck nannte. Hier findet Fuchs tatsächlich die Reste der Propellerschlitten, Zeltstangen, Batterien, Konservendosen und Holzkisten. Alles noch in einem relativ guten Zustand, was auf das trocken-kalte Klima zurückzuführen ist.

Endlich, am 8. Mai, einen Monat später als geplant, starten Fuchs und seine Begleiter ihre Inlandüberquerung. Jeder der drei lenkt einen Schlitten, der von neun Hunden gezogen und gleichzeitig von den Freunden geschoben wird. Dann zwingen heftige Sturmtage zu weiteren Unterbrechungen. Als wenn das alles noch nicht reicht, klagt Peter Hasenjäger nach fünf Tagen plötzlich über starke Unterleibschmerzen. Er hat eine Harnröhrenentzündung. Die Freunde beraten sich, kommen aber übereinstimmend zu dem Ergebnis, Peter muss sofort zurück.

Doch Sturm und schlechte Sicht verhindern dies zunächst. Am nächsten Morgen klart es auf, und Peter kann losmarschieren. Ohne Schlittenballast müsste er es auf eigenen Skiern in etwa acht Stunden bis Marmorilik schaffen. Dort befindet sich eine Blei- und Zinkmine mit Baracken, hier müsste man ihm helfen können. Arved, dem diese unerwartete Entwicklung leid tut, begleitet Hasenjäger zwei Stunden auf seinem Rückweg. Das ist eigentlich leichtsinnig, da er bei aufkommendem Schlechtwetter den zurückgebliebenen Rainer Neuber unter Umständen nicht wieder findet. Als Markierung hat er nur seine eigne Skispur, die jedoch bald verweht ist. Arved läuft ganz streng nach seinem Kompass und findet Rainer, der sich bereits Sorgen machte. Was hatte Fuchs bei den Inuit gelernt? »Die Arktis verzeiht keine Fehler!«

Um 22:10 Uhr, wesentlich später als erwartet, kommt der erlösende Funkspruch, dass Peter wohlbehalten angekommen ist. Große Probleme bereiten Fuchs und Neuber das Umschichten der Ausrüstungen von drei auf zwei Schlitten und das Verteilen von Peters Hunden auf die beiden anderen Gespanne. Es kommt zu heftigen Beißereien, da sich die Tiere der einzelnen Gespanne in tagelangem Training aneinander gewöhnt haben. Auch die Umschichtung der Ausrüstungen und des Proviants erweist sich als schwierig. Proviant wollen sie nicht zurücklassen, da sie zu der ohnehin bereits verlorenen Zeit jetzt wesentlich länger unterwegs sein werden. Das Hundefutter müssen sie auch komplett mitnehmen, denn es ist ja die gleiche Anzahl von Tieren vorhanden wie vorher.

Erster Erfolg – »Eis-Mitte« und die Balisen

Doch wirklich Sorgen machen sie sich noch nicht. Am 2. Juni teilt Arved über Funk mit, dass sie wesentlich später ankommen werden, aber derzeit keine Hilfe benötigen. Am 11. Juni erreichen sie die Station »Eis-Mitte«. Hier war Alfred Wegener 1930 angekommen und hatte eine Beobachtungsstation errichtet. Statt der im Laufe der Jahrzehnte tief verwehten Station ragt hier noch eine Balise heraus, das ist ein Schneepegel zum Bestimmen der Schneehöhe. Die Deutsch-Französische EGIG-Expedition von 1972 hat neun weitere Pegel in nördliche Richtung im Abstand von zehn Kilometern gesetzt. Fuchs hatte der Deutschen Geodätischen Kommission zugesagt, die Pegel zu suchen und neu zu vermessen.

Zu diesem Zweck muss die Crew nach Norden abknicken und auf einer Strecke von 100 Kilometern die Balisen ausfindig machen. Außer dem 20 Zentimeter starken und vier Meter hohen Pegel in »Eis-Mitte« haben die übrigen Rohre lediglich einen Durchmesser von fünf Zentimetern und ragen teilweise nur 48 Zentimeter aus dem Schnee. Das Finden der Nadel im Heuhaufen ist dagegen ein Kinderspiel. Dank Arveds hervorragenden Navigationskünsten und dem präzisen Laufrad mit Kilometerzähler, das an einem Schlitten befestigt ist, finden sie acht von neun Balisen. Aufgrund dieser neuen Aufzeichnungen können die Wissenschaftler ausrechnen, wie sich Eis und Schnee im Inlandeis im Laufe der Jahrzehnte verändern.

Nach dem Auffinden des letzten Pegels am 18. Juni knicken sie nach Osten ab und haben wieder wertvolle Tage verloren. Sie sind jetzt auf einer Höhe von 3100 Metern und müssten bald den Zenit des

Mit Hundeschlitten durchqueren Arved Fuchs und sein Freund Rainer Neuber (Foto) als erste Menschen Grönland auf dem Inlandeis. Sie bewältigen dabei eine Strecke von 1200 Kilometern.

Eisschildes überschritten haben. Die Temperaturen schwanken jetzt zwischen 29 und 31 Grad minus.

Bereits am 13. Juni funken sie einer vorüberfliegenden Lufthansa-Maschine auf dem Weg von Düsseldorf nach Vancouver, man möge die Nachricht weiterleiten, daß sich die Ankunft der Expedition auf unbestimmte Zeit verzögern werde. Der Pilot ist höchst erstaunt, mitten auf dem grönländischen Hochplateau von einer deutschen Expedition zu hören. Er verspricht, die Nachricht nach der Landung in Vancouver umgehend weiterleiten zu wollen.

Den Schlittenhunden macht die Höhenluft schwer zu schaffen, sie sind dauernd müde und abgeschlafft. Um die Hunde nicht unnötig zu belasten, sitzen Arved und Rainer während der gesamten Tour nicht einmal auf ihren Schlitten, sondern bewegen sich grundsätzlich auf ihren Skiern.

Ganz unerwartet wirft eine Hündin Junge, der man die Trächtigkeit nicht angesehen hatte. Arved und Rainer nehmen die Hündin sofort aus dem Gespann und kümmern sich um das Tier. Von dem Wurf überlebt lediglich ein Welpe. Es ist ein Mädchen, sie taufen es

Siko. Die Kleine wird fortan von Rainer gehegt und gepflegt, als sei er die Mutter und nicht der Hund. Die Hündin Sunny lässt es zu, spürt sie doch, dass Rainer es gut mit ihrem Baby meint.

Ein Erlebnis der besonderen Art hat Arved. Plötzlich und unvermittelt wird er von einer Hündin in die Hand gebissen. Das Tier beißt heftig durch den Handschuh und tief in die Hand hinein. Trotz kräftiger Abwehr lässt der Hund nicht locker und erwischt als Nächstes den Arm. Arved greift dem Beißer instinktiv an die Kehle und drückt kräftig zu. Der Hund lässt nach wie vor nicht locker, sodass Arved so kräftig und anhaltend zudrücken muss, bis das Tier tot ist.

Die anderen Hunde haben das Geschehen genau beobachtet. Denn hier hat ein Machtkampf um die Rangordnung mit dem höchsten »Führungstier« des Gespanns, dem Menschen, stattgefunden. Hätte Arved den Angriff durchgehen lassen und sich nicht entschlossen zur Wehr gesetzt, hätte er fortan Probleme mit den anderen Schlittenhunden bekommen. Unter Umständen wäre die Meute auf ihn losgegangen, wenn sie eine passende Gelegenheit dazu gefunden hätte. Nach diesem Ereignis gibt Arved dem Gespann unmissverständlich durch bestimmte Gesten zu verstehen, wer hier der Boss ist.

Zu allem Überfluss stellt Rainer fest, dass er einen vereiterten Backenzahn hat, der ihm unsägliche Schmerzen bereitet und raus muss. Zuerst versucht er es selbst durch Rütteln und Wackeln. Doch der Peiniger rührt sich nicht. Schließlich muss Arved zur Kombizange greifen, die er mit 90-prozentigem Alkohol desinfiziert. Doch ganz so einfach ist es nicht. Der Kumpel erwischt zunächst das Zahnfleisch, was Rainer mit einem fürchterlichen Stöhnen quittiert. Dann rutscht Arved ab und schlägt dem Unglücklichen fasst einen oberen Zahn heraus. Schließlich gelingt es Fuchs doch noch, den Zahn zu ziehen, wobei dieser an der Wurzel abbricht. Doch eigentümlicherweise tut es fortan nicht mehr weh.

Verschollen im Eis? – Das Missverständnis

Am 5. Juli, sie sind bereits 59 Tage auf dem Inlandeis unterwegs, sichten sie zum ersten Mal in der Ferne einen Berggipfel, das Land ist nicht mehr weit. Drei Tage später, am 8. Juli, haben sie zum letzten Mal Funkkontakt. Der Pilot leitet den Funkspruch sofort weiter, die Nachricht erreicht den Kontaktmann aus ungeklärten Gründen erst am 12. Juli.

Zur selben Zeit will eine Passagierin einer Schweizer Linienmaschine der »Swissair« 400 Kilometer südlich des Expeditionskurses im Schnee das Wort »HELP« gelesen haben – aus 10 000 Metern Höhe.

Diese Nachricht erhält die Flugkoordinationsstelle genau zu dem Zeitpunkt, als man beginnt, sich um die Expedition Sorgen zu machen, da man lange Zeit nichts mehr gehört hat. Die Schreckensmeldung erreicht auch Arveds Freund Baptista von Salis im fernen Deutschland. Von Salis hatte seine Freunde vor mehr als zwei Monaten zum Start nach Grönland begleitet und war unmittelbar nach dem Aufbruch wieder nach Hause geflogen.

Baptista und die Familie Fuchs machen sich große Sorgen und beraten, was sie machen können. Die Maschinerie einer groß angelegten Suchaktion zu starten ist sehr teuer.

Aber hier geht es schließlich um das Leben von Arved und Rainer. Was niemand zu Hause wissen kann, nicht nur der Funkspruch vom 8. Juli wird verspätet weitergeleitet. Weitere Funksprüche, die Arved an vorüberfliegende Maschinen absetzt, werden erst gar nicht empfangen, obwohl es eine international festlegte Frequenz gibt, auf der Notfälle und erste Kontakte gefunkt werden, bevor man auf eine zu vereinbarende Frequenz geht. Vor Beginn der Expedition war abgesprochen worden, dass Maschinen, die die Route überfliegen, auf Empfang gehen sollen, was ja überwiegend geklappt hatte.

Nach stundenlangen Beratungen mit Mutter Gisela sowie den Schwestern Maren und Petra Fuchs kommt von Salis zu der Entscheidung: »Rettungsaktion starten!« Bereits nach kurzer Zeit gelingt einem zweistrahligen Flugzeug der dänischen Luftwaffe der Funkkontakt mit Arved, der dieses Gespräch für eine normale Kommunikation hält, da der Pilot von der Suchaktion nichts sagt. Wahrscheinlich um Fuchs und Neuber nicht unnötig zu beunruhigen. Jedoch melden diese, dass es ihnen gut gehe und sie dabei seien, einen Weg zum ursprünglich anvisierten Ziel zu suchen.

Das gelingt jedoch nicht, da der Übergang über den Harefjord wegen der fortgeschrittenen Jahreszeit bereits eisfrei ist. Der Abstieg vom Eisschild über den Harefjord-Gletscher zum Ufer des Fjords gestaltet sich jedoch außerordentlich mühsam. Unter größten Schwierigkeiten müssen Schlitten, Ausrüstung und Hunde durch das Labyrinth von Gletscherspalten, Eis- und Steinbrocken abgeseilt werden. Die beiden müssen noch einmal ihre ganze Energie aufwenden, um nicht abzurutschen oder von Felsbrocken, die sich dauernd lösen, erschlagen zu werden.

Nach stundenlanger Plackerei ist es geschafft. Sie stehen auf einer kleinen arktischen »Almwiese« mit Blumen, riechendem Moos und umherschwirrenden Insekten. Über Felsen gurgelt ein eisklarer Bach. Arved kann sich an dem frischen Wasser nicht satt trinken. Unvermittelt sind sie vom Winter in den Hochsommer gewechselt. Die Hunde streunen umher, fressen Gras oder liegen faul in der Sonne.

Ersichtlich abgekämpft erreichen Fuchs und Neuber nach 70 Tagen die Ostküste Grönlands.

Wollten sie das ursprüngliche Endziel, den Scoresbysund, erreichen, müssten sie aus den Schlitten Flöße bauen, die Hunde töten und übersetzen. Das wollen sie auf keinen Fall tun, sondern sie chartern einen Hubschrauber, der sie zum Zielpunkt bringen soll. Das jedoch hat mit einer Notrettung nichts zu tun.

Während sie auf den Hubschrauber warten, geschieht etwas sehr Trauriges. Siko, die sie aufgepäppelt und sieben Wochen mit sich herumgetragen haben, die ihnen in dieser lebensfeindlichen Eiswüste ans Herz gewachsen war, stirbt plötzlich. Das Tier muss auf der Wiese eine giftige Pflanze gefressen haben, weil zuvor nichts auf eine Krankheit hindeutete. So ist die Stimmung etwas gedrückt, als der Hubschrauber einschwebt.

Während des Fluges macht der Pilot einen Zwischenstopp am Ufer des Scoresbysund, um aus einem Treibstofflager nachzutanken. Welch ein Zufall, wenige Meter neben den Tanks steht noch eine Hütte der berühmten Oststation, die zu Zeiten Wegeners eingerichtet wurde. Der Punkt, den der berühmte Forscher angesteuert hätte, so er seine Expedition 1930 überlebt hätte. Das war ihm jedoch nicht vergönnt.

Arved Fuchs und sein Mitstreiter Rainer Neuber hatten da mehr Glück. Sie können am Ende ihrer 70-tägigen Expedition bilanzieren, dass sie rund 1200 Kilometer auf dem 71. Breitengrad zurückgelegt haben. Auf dem halben Weg von Station »Eis-Mitte« bis zur Ostküste Grönlands waren sie die ersten Menschen, die diesen Weg nahmen. Es war ein strapaziöser Weg mit vielen Hindernissen, aber sie waren niemals ernsthaft in Not und hätten noch Proviant für sich und die Hunde für rund 14 Tage gehabt.

Wegen der unnötigen Rettungsaktion verlangte die grönländische Flugrettung umgerechnet 70 000 Mark. Doch die Expeditionsteilnehmer wiesen ihre Schuldlosigkeit an dem Einsatz nach und brauchten nichts zu zahlen.

In diesem Zusammenhang stimmt nachdenklich, wie sich Zeitungsmeldungen verselbstständigen können: Nach der »HELP«-Meldung der Swissair und der Sichtung der Expedition durch die Militärmaschine vier Tage danach überschlugen sich die Meldungen: »Vermisste Abenteurer im ewigen Eis entdeckt«, »Grönlandexpedition kurz vor dem Ziel gescheitert« oder »Zwei Schleswig-Holsteiner aus dem ewigen Eis Grönlands gerettet«. Diese Art der

Berichterstattung war falsch und völlig unnötig, denn Arved Fuchs hatte dem Piloten der Militärmaschine nachweislich gefunkt, dass alles in Ordnung sei. Auch das Angebot des Piloten, Proviant und Ausrüstungsgegenstände abzuwerfen, hatte Fuchs unmissverständlich abgelehnt. Es gab nicht den geringsten Grund für eine reißerische Berichterstattung.

Allerdings sendet das ZDF am ersten Weihnachtstag des Jahres 1983 einen ausgesprochen spannenden, 45-minütigen Beitrag der Grönlandexpedition unter dem Titel »Spuren im Eis«. Das relativiert die »Geschichte« wieder. Auch die meisten Printmedien finden nach Arveds Rückkehr und seinen Interventionen wieder zu einer »geordneten« Berichterstattung zurück.

Winterumrundung von Kap Hoorn – im Faltboot

»Sogleich werden wir aber wieder mit dem Ernst der Lage vertraut gemacht, indem uns der Offizier auf Englisch mitteilt, dass wir nunmehr verhaftet seien und strikt seinen Anordnungen zu gehorchen hätten. Als ob dies nicht reichen würde, befiehlt er einem Seesoldaten, uns mit einer Maschinenpistole in Schach zu halten. Man dirigiert uns in eine Ecke, wo wir einigermaßen vor Wind und Spritzwasser geschützt sind, und dort dürfen wir jetzt die nächsten dreieinhalb Stunden stehen und warten, bis wir Puerto Williams erreicht haben. Unter Deck zu gehen, ist uns nicht gestattet, die auf uns gerichtete Maschinenpistole spricht eine überdeutliche Sprache.«

Kein anderer als Arved Fuchs selbst hat sich in diese missliche Lage gebracht an jenem 15. April 1984 auf Feuerland, 15 000 Kilometer von zu Haus. Zusammen mit seinem Freund Rainer Neuber sind sie Gefangene des chilenischen Militärs, da man sie für argentinische Spione hält – und zwar von der ausgebufftesten Sorte. Denn niemand von den Militärstrategen kann sich vorstellen, dass jemand im Vollbesitz seiner geistigen Kräfte sich mit einem Faltboot frei-

Arved Fuchs bei der Umrundung des gefürchteten Kap Hoorn mit einem Faltboot. Fotografiert von Rainer Neuber, mit dem er das Abenteuer übersteht

willig im Winter in einen der gefährlichsten Meeresteile des Planeten begibt.

Und doch ist es wahr, Arved Fuchs und Rainer Neuber wollen mit je einem Faltboot des Typs »Klepper Aerius I Expedition« das von allen Seeleuten dieser Welt gefürchtete Kap Hoorn umrunden.

Zum Anfang der Geschichte: Mehr zufällig, wie so oft bei Arved Fuchs, fällt ihm beim Durchstöbern einer Bibliothek ein Buch in die Hände, in dem Charles Darwin über die Feuerlandindianer berichtet. Der britische Naturforscher, der durch seine Evolutionstheorie berühmt wurde, hielt das Urvolk der Yahgan-Indianer für sehr primitiv. So primitiv, dass er zweifelte, ob sie überhaupt zur Gattung »Mensch« gehören. Wenn überhaupt, »etwas Zweitklassiges«. Doch sie waren weder primitiv noch etwas Zweitklassiges, sie hatten sich im Laufe der Jahrhunderte oder länger hervorragend der rauen Natur angepasst und lebten in Einklang mit ihr.

Die Südamerikas vorgelagerte Inselgruppe heißt deshalb Feuerland, weil Magellan bei der Entdeckung der gleichnamigen Meeresstraße im Jahre 1520 während der Nächte immer wieder Lagerfeuer sah. Daher nannte man die Ureinwohner fortan auch Feuerlandindianer.

Besonders bemerkenswert fand Fuchs, dass sich diese Ureinwohner mit ihren ausgehöhlten Baumstammboten im Bereich von Kap Hoorn wie selbstverständlich bewegten. Und niemand von ihnen ist je in den Kreis der elitären »Kap Hoorniers« aufgenommen worden. Das sind jene Männer, die die südliche Kapspitze von Südamerika mindestens einmal von Ost nach West und umgekehrt mit einem Segelschiff umrundet haben. Hoornier hätte ein Feuerlandindianer eh nicht werden können, denn die so genannte Zivilisation hat mehr oder weniger dafür gesorgt, dass diese Naturmenschen bereits seit Jahren mehr oder weniger gewaltsam ausstarben.

Fuchs, wie wir bereits wissen, von Natur aus neugierig, sagt sich: »Was die Indianer mit Baumstämmen schafften, warum soll ich das nicht mit dem Faltboot schaffen?« Die Vorbereitungen laufen recht zügig, denn knapp neun Monate zuvor war er bekanntlich zurück von Grönland. Als Partner wählt er wieder Rainer Neuber aus. »Mit Rainer hatte ich den besten Partner gefunden, den ich mir für diese schwierige und ehrgeizige Expedition vorstellen konnte!«, schwärmt er in seinem Buch »Im Faltboot um Kap Hoorn«.

In Schleswig-Holstein im Allgemeinen und in Bad Bramstedt im Besonderen sind vor allem Seeleute und solche, die es gern gewesen wären, nicht sonderlich angetan von der »Schnapsidee«, die »heilige Kuh« der christlichen Seefahrt zu schlachten, »keinen Respekt mehr vor dem Mythos Kap Hoorn zu haben oder gar Gott zu versuchen«, wie ein Leser in der Lokalzeitung zetert.

Doch einmal gesagt, dann auch getan – Fuchs und Neuber sind Profis –, stechen beide, nach intensiven Vorbereitungen, am 13. April 1984 im argentinischen Lago Roca mit zwei voll gepackten Faltbooten in See. Der Binnensee in der Nähe der Stadt Ushuaia hat einen Ablauf zum Beagle-Kanal, der seinerseits bereits Teil des Pazifischen Ozeans ist im Insellabyrinth von Feuerland. In der Mitte dieser etwa zehn Kilometer breiten Wasserstraße verläuft die Grenze zwischen Argentinien und Chile.

Am nächsten Tag geht's dann in den Murray-Kanal, den sie passieren müssen, wenn sie Kap Hoorn von West nach Ost umrunden wollen. Das ist wegen der typischen Windrichtung und der Meeresströmung der leichteste Weg, wenn man überhaupt von »leicht« sprechen kann.

Doch als sie am dritten Tag in einer chilenischen Marinestation auf der Isla Hoste einklarieren wollen, erfolgt die besagte Verhaftung. Das Ganze überrascht Fuchs insofern, als man ihm sowohl im chilenischen als auch im argentinischen Konsulat in Deutschland versicherte, dass sie außer einem Touristenvisum nichts weiter benötigten.

Nun sitzen sie auf einem Militärschiff, ihre Boote, die beschlagnahmt sind, liegen festgezurrt daneben. Fuchs und Neuber wissen, als Spion verdächtigt zu werden ist etwas sehr Schwerwiegendes, zumal sich zu der Zeit Chile und Argentinien in einem Dauerkonflikt über die Positionierung ihrer Grenzen befinden. Gedanklich sehen sich die beiden schon hinter Gittern.

Doch nach mehrstündigen Verhören und Überprüfungen kommt der örtliche Kommandant letztlich zu dem Schluss, dass es sich um zwei deutsche Abenteurer auf einem Wahnsinnstrip handelt. Damit die beiden das chilenische Militär in guter Erinnerung behalten sollen, werden sie nicht nur umgehend freigelassen, sondern als VIP-Gäste behandelt. Sie bekommen ein gutes Hotel, erhalten Stadtführungen, und das Militär übernimmt die Schirmherrschaft über die Tour.

Kap Hoorn – die schwierige Variante

Das Problem, das Fuchs und Neuber nun allerdings haben, ist, dass sie von Puerto Williams aus das Kap Hoorn in Gegenrichtung umfahren sollen, da der Murray-Kanal absolut tabu für sie ist.

Nützt nichts, sie sind hier und wollen das Kap umrunden, egal in welche Richtung. Am 19. April geht es zum zweiten Mal los, erst innerhalb des Beagle-Kanals, dann in die Picton-Passage, durch die Oglander-Bucht und schließlich durch die Goree-Passage, immer entlang der Insel Navarino bis zum Kap Guanaco. Doch hier erleben sie bereits sechs Tage lang Windgeschwindigkeiten bis zu 92 Stundenkilometern und eine See, auf die man ständig aufpassen muss. Das Kap Guanaco wird auch das falsche Kap Hoorn genannt, weil Schiffe in früheren Zeiten bei schlechter Sicht und unzureichender Navigation mit vollen Segeln auf die westlich liegenden Inseln auffuhren und kenterten.

Dann liegt sie vor ihnen, die erste Schlüsselstelle der Expedition, die Nassau-Bucht. Vom Kap Guanaco geht's durch diese Bucht zur Insel Wollaston. Man muss sich das vorstellen, ohne GPS, das es zu dieser Zeit noch nicht gibt, und ohne Funkgerät, 41 Kilometer durch eine Bucht, an deren westlicher Seite zirka 50 Kilometer die freie See liegt und auf der östlichen Seite der unendliche Pazifik lauert. Sie erleben stürmische Winde aus Südwest, verbunden mit den tückischen Kreuzseen, die sogar Segler großer Boote das Fürchten lehren. Nach siebeneinhalb Stunden intensivsten Paddelns erreichen sie die kleine Insel Middle.

Sie sind nach dieser stürmischen Überfahrt völlig erschöpft und zerschlagen und kentern zu allem Überfluss beim Anlanden – bei einer Wassertemperatur um den Gefrierpunkt und bei voreilig geöffnetem Survivalanzug. Nach ihren Anlandungen schlafen sie in aller Regel im Zelt, selten auch in den warmen Unterkünften der Marinestationen.

Am 4. Mai, dem 16. Tag ihres zweiten Starts, erreichen sie die Insel Hornos, an deren Südspitze sich das berühmte Kap befindet. Auch hier werden sie von der Marinestation freundlich aufgenommen. Die Marinesoldaten, die ja schließlich ihre »Schirmherren« sind, bangen mit diesen »verrückten« Deutschen und hoffen inständig, dass sie ihr Vorhaben noch aufgeben werden.

Während sie auf der Kapinsel auf günstiges Wetter warten, kommt mit dem turnusmäßigen Versorgungsschiff überraschenderweise per Hubschrauber der Kommandant eingeflogen, der einen Pfarrer mitbringt. Der Geistliche zelebriert in der kleinen Inselkapelle eine Messe. Einzige Teilnehmer: Arved Fuchs, Rainer Neuber und der Kommandant. Sie nehmen am Abendmahl teil und erhalten den Segen. Plötzlich ist Arved und Rainer klar, dass Kommandant und Geistlicher nur ihretwegen hier sind. Und sie haben auch das Gefühl, dass sie nicht mehr als Hasardeure oder Draufgänger betrachtet werden, sondern offensichtlich ihr Anliegen verstanden und sogar gutgeheißen wird. Doch die Sorge um sie ist offensichtlich.

In drei Anläufen nähern sie sich dem stürmischen Kap und müssen immer wieder aufgeben, da die Passage zu gefährlich erscheint. Beim vierten Anlauf, es ist der 7. Mai 1984, gelingt es den beiden schließlich, das berühmt-berüchtigte Kap Hoorn zu umrunden. Um 13:30 Uhr sind sie gestartet, um 15:15 Uhr liegt das legendäre Kap querab, um 17:30 Uhr fallen sie an der Nordseite der Insel am Rande der Erschöpfung aus ihren Booten.

Bei einer zeitweiligen Sicht von 20 bis 30 Metern und Wellenbergen zwischen acht und zehn Metern haben sie tatsächlich – wie sie später übereinstimmend zugeben werden – ums Überleben gekämpft. Am nächsten Tag vollenden sie die Umrundung der Insel endgültig.

Nach ihrer Rückkehr in Puerto Williams – einen Teil der Strecke haben sie abermals mit dem Faltboot zurückgelegt – erhalten sie je eine Urkunde mit der Inschrift: »Der kommandierende Befehlshaber des III. Marinebezirks und der Befehlshaber des Marinedistrikts Beagle bescheinigen, dass Herr Arved Fuchs am 8. Mai 1984 das Cobo de Hornos mit einem Kajak umrundet hat.« In einem sind sich Arved und Rainer einig: »Es war hochriskant – wir tun's nie wieder.«

Nachzutragen wäre, dass Fuchs und Neuber zahlreiche Exkursionen auf verschiedenen Feuerlandinseln durchgeführt haben und dabei sogar auf alte Lagerplätze der legendären Yaghan-Indianer gestoßen sind. Arved Fuchs hat sich mit der Geschichte dieser Ureinwohner vertraut gemacht. Er nimmt sich vor wiederzukommen ...

Er muss doch zu finden sein, der magnetische Nordpol

»Das Wasser schlägt über meinem Kopf zusammen. Unter mir die eisige Tiefe des Polarmeeres, über mir wie ein Leichentuch die Decke des Eises. Für einen Augenblick verliere ich die Orientierung. ›Aus‹, denke ich, ›jetzt ist es aus.‹ Ich sehe die grüne Eiskante über mir, bekomme sie zu fassen und versuche mich daran hochzuziehen. Immer wieder rutschen meine Hände von dem Eis ab. Ich muss es schaffen. Die Strömung darf mich nicht unterkriegen. Ich kann nichts mehr sehen. Da finden meine Hände halt. Ich breche durch den Eisschlamm an die Oberfläche, hole tief Luft.«

Das ist kein böser Traum, aus dem man notfalls geweckt werden kann, sondern der real mitten im Polarmeer schwimmende Arved Fuchs, nachdem er kurz zuvor eingebrochen war.

Am 6. August 1985 starten Arved Fuchs und sein Freund Jeff Scott in je einem Faltboot von der Insel Cornwallis Island, um den magnetischen Pol zu erreichen. Der magnetische Nordpol liegt etwa 1000 Kilometer südlich vom geografischen Pol. Es ist der Punkt, auf den alle Kompasse der Welt zeigen. Im Gegensatz zum geografischen Pol, der das Ende der Erdachse bildet und folglich immer an derselben Stelle ist, wandert der magnetische Pol auf einer elliptischen Bahn etwa zehn Kilometer pro Jahr. Er befindet sich im Jahr 1985 etwa auf 102° westlicher Länge und 77° nördlicher Breite. Auch dort war noch nie jemand mit einem Faltboot.

»Wir erleben eine Sucht der Menschen nach sinnlosen Rekorden, Sensationen und todesmutigen Aktionen«, sagt die New Yorker Psychologin Joyce Brothers. »Der Mensch muss nicht mehr ums Überleben kämpfen, lebt ungefährlich und sucht deshalb das Risiko«, meint der Bremer Psychologieprofessor Fritz Stemme. Arved Fuchs haben diese Einschätzungen noch nie interessiert. Er macht eben sein Ding, egal, was die anderen sagen. Für ihn sind polare Expeditionen Projekte wie jedes andere, die nur handwerklich gut vorbereitet sein müssen.

Jedenfalls klappt es die ersten zwölf Tage hervorragend mit den Faltbooten, die bereits am Kap Hoorn ihre Bewährungsprobe bestanden hatten. Er hatte sie allerdings zuvor noch einmal verstärken lassen. Sie haben sonniges Wetter und Temperaturen um null Grad und erreichen problemlos die Nordspitze der Bathurst-Insel, obwohl sie in der Penny-Straße teilweise gegen die Strömung ankämpfen müssen.

Dann wird das Wetter drastisch schlechter, die Temperaturen fallen, Sturm und Nebel erschweren das Fortkommen. Dauernd werden sie vom Eis eingeschlossen, müssen ihre Boote über das Eis ziehen. Um einen neuen Einstieg zu finden, lassen sie ihre Kanus an einer geschützten Stelle der Insel stehen und marschieren 120 Kilometer an der arktischen Küste entlang. Tatsächlich finden sie einen neuen Einstieg und begeben sich in das aus Wasser und Eis bestehende Labyrinth. Doch nach einigen Tagen müssen sie wieder auf das Eis flüchten.

Dann passiert's: Plötzlich und unerwartet zerbricht das Eis. Ehe sie sich versehen, sitzen sie auf einer großen Eisscholle. Drei Wochen treiben sie durch den Arktischen Ozean. Dabei driften sie ohne ihr eigenes Zutun knapp 70 Kilometer am magnetischen Nordpol vorbei. Mehr scheint nicht drin zu sein, denn danach verschlechtert sich das Wetter dramatisch, dass sie befürchten müssen, weiter nach Norden in die Unendlichkeit des Arktischen Ozeans abgetrieben zu werden. Unter Aufbringung all ihrer Kräfte paddeln sie in östliche Richtung und erreichen die Insel Crescent Island. In mühseliger

Arbeit richten sie eine 300 Meter lange Flugzeuglandepiste her. Am 17. September, nach 42 Tagen im Polarmeer, werden sie von einem Flugzeug abgeholt.

Trotz der Gefahrensituationen, in denen sie sich zweifelsohne zeitweise befanden, hat Arved das Faltboot als ein taugliches Transportmittel für seine Expedition entdeckt.

Versuch der Nordseeüberquerung mit Faltbooten von England

Müde, kraftlos, durchnässt und krank müssen Arved Fuchs und Rainer Neuber ihre Expedition am zehnten Tag abbrechen. Die Besatzung des Standbyschiffes der Bohrinsel »Ocean Benarmin« nimmt sie auf. Wie immer ist es ein hehres Anliegen, das Arved Fuchs bewegt. Sie glauben, gut vorbereitet zu sein, doch die Wirklichkeit sieht dann anders aus; ein gewisser Leichtsinn ist nicht von der Hand zu weisen.

Zur Vorgeschichte: Die Verschmutzung der Nordsee hat im Jahre 1987 einen Punkt erreicht, der die ernsthafte Gefahr eines »Abkippens« des Randmeeres des Atlantiks birgt. Rund 450 000 Tonnen Stickstoff gelangen jährlich über die Flüsse ins Meer, im Jahr zuvor wurde eine Million Tonnen Dünnsäure verklappt, 160 000 Tonnen Schwermetalle gelangen in die Nordsee, 100 000 Tonnen Giftmüll werden auf See verbrannt. Schätzungsweise 70 000 Seevögel werden jährlich Opfer der Rückstände, Fische haben Geschwüre, Seehunde weisen Wunden auf, die nicht mehr heilen, Schaumberge an den Stränden zeugen von der Überdüngung des Meeres.

Angesichts der in wenigen Monaten bevorstehenden 2. Internationalen Nordseeschutzkonferenz (INK) in London wollen Arved Fuchs und sein Freund Rainer Neuber mit einer Kajak-Protestfahrt durch die Nordsee auf die unhaltbaren Zustände aufmerksam machen. Sie wollen der Konferenz damit einen zusätzlichen

Angesichts der 2. Internationalen Nordseeschutzkonferenz im Jahre 1987 wollen Arved Fuchs und Rainer Neuber die Nordsee durchqueren, um auf die extreme Verschmutzung des Meeres aufmerksam zu machen.

Drive geben. Dass ihr Anliegen keinesfalls übertrieben ist, zeigt sich an der Einschätzung des britischen Prinzen Charles, der auf der INK den Satz prägen wird: »Während wir auf die Diagnose des Doktors warten, liegt der Patient im Sterben.«

Am 15. Juni 1987 schieben sie ihre Einmann-Faltboote am einsamen Strand von Spurn Point, an der Ostküste Englands, ins Wasser. Ziel ist das rund 480 Kilometer entfernte Helgoland. Ausgerüstet sind sie mit Treibsegel, elektrischen Lenzpumpen, Kompassen und Seenotraketen sowie Navigations- und UKW-Handfunkgeräten. Sie gehen davon aus, dass die Winde um diese Jahreszeit aus Richtung West wehen. Ein Sprecher der Küstenwacht verurteilt das Unternehmen als reinen Wahnsinn. »Die Boote sind sogar bei guten Bedingungen im Wasser kaum zu sehen. Bei hohem Wellengang in der Nacht kann es ihnen leicht passieren, dass sie überfahren werden oder voll Wasser laufen, und dann kann niemand sie retten.«

Am ersten Tag geht noch alles gut, jedoch vom zweiten Tag an dreht der Wind auf Nordost – und das ununterbrochen bei Windstärken bis zu acht Beaufort.

Sie kommen so gut wie nicht voran. Doch das Schlimmste, was Fuchs und Neuber tatsächlich unterschätzt haben, ist der rege Schiffsverkehr auf der Nordsee. Es sind die Schiffe, die sich aus und in Richtung des Kanals bewegen. Besonders bei Dunkelheit müssen sie darauf achten, von den großen Pötten nicht überfahren zu werden, denn kein Kapitän kann sich auch nur im Entferntesten vorstellen, dass sich nachts mitten auf der Nordsee zwei Faltbootfahrer verirrt haben. Zweimal können sie nur in letzter Sekunde ausweichen. Ihre Hände sind allmählich angeschwollen, entzündet und mit Salzwassergeschwüren bedeckt.

Der ständige Schlafentzug führt zu Halluzinationen. Das Meer und die Landschaft sehen ganz anders aus, die Sinne spielen ihnen Streiche. Ständig sind sie in Gefahr, sich irrational zu verhalten.

Eines Nachts steht Rainer auf, um zu urinieren, dabei fällt das Boot um, und er stürzt in die rabenschwarze See. Ein Drama – Arved kann ihn in letzter Sekunde retten. Zu allem Überfluss handelt sich Neuber eine Infektion ein und bekommt hohes Fieber. Statt vor Helgoland landen sie vor der holländischen Küste und werden am zehnten Tag ihres leichtsinnigen Unterfangens vor besagter Bohrinsel an Bord genommen. Einen Nutzeffekt hat die Aktion dennoch: Sie haben jede Menge Wasserproben genommen, die sie zur Analyse einschicken.

Zweite Expedition nach Borneo: Es ist schlimmer als erwartet

Es war erst seine zweite Expedition, die Arved Fuchs im Jahre 1978 mit drei Freunden nach Borneo unternahm. Damals sahen sie gewaltige Flöße, bestehend aus Edelhölzern, die ihnen flussabwärts entgegenkamen. Es waren die Logging Companies, die das Holz im Urwald schlagen, um es an die Küste zu bringen. Die vier Deutschen waren sich in diesen Augenblicken noch nicht bewusst, dass sie Zeugen einer beginnenden Entwicklung werden, die später Dimensionen annehmen wird, die das Klima der Erde ernsthaft gefährden.

Erst in den 1980er-Jahren wird das Abholzen von Regenwäldern zunehmend als Problem für die Klimaentwicklung auf der Erde wahrgenommen. Auch Arved Fuchs ist zwischenzeitlich sensibilisiert und verfolgt die Berichterstattung mit Sorge. Er möchte sich ein eigenes Bild machen und Vergleiche anstellen zu dem, was er auf Borneo 1978 in Ansätzen wahrgenommen hatte. Mit seinen beiden Freunden Raimer Fuhlendorf und Helmut Hammele begibt er sich Mitte August 1987 auf eine zweimonatige Expedition.

Dieses Mal fliegt er nach Samarinda, eine Stadt im Westen der Insel. Von dort begibt er sich mit seinen Partnern in einem Kleinflugzeug und per Boot in das Hochgebirge der Grenzregion Kalimantan (Indonesien) zu Sarawak (Malaysia) in den Primärurwald.

Was sie dort sehen, übertrifft ihre schlimmsten Befürchtungen. Zusammen mit den Dayaks, bei denen sie einige Wochen zu Gast sind, erleben sie, mit welcher Brachialgewalt der tropische Regenwald gerodet wird. Die gewonnenen Edelhölzer werden teilweise über frisch dafür gerodete Straßen oder auf Flüssen als Flöße abtransportiert.

Als besonders schlimm erleben sie die Brandrodungen, die mit einer menschlichen Tragik verbunden sind, von denen man zu der Zeit in Europa kaum etwas weiß. Um die dicht bevölkerten Inseln Java, Bali und Matura zu entlasten, betreibt die indonesische Regierung seit 1969 ein groß angelegtes Umsiedlungsprogramm unter der Bezeichnung »Transmigrasi«. Man verspricht den umsiedlungswilligen Landbesitz, Haus, Lebensmittelvorräte für ein Jahr und Saatgut. Häufig sind es landlose Landarbeiter oder arbeitslose Großstädter, die sich zu solchen Abenteuern bereitfinden. Abenteuerlich ist dann, dass das versprochene Land in der Regel nicht gerodet ist und die armen Siedler, die eigentlich die Betrogenen sind, selbst Hand anlegen, indem sie den Wald anstecken.

Ein Missionsflugzeug nimmt Fuchs und seine Freunde mit, um sich die Brandrodungen von oben anzusehen. Der Flugzeugführer ist ein früherer amerikanischer Bomberpilot, der in Vietnam Einsätze geflogen hat. Durch diese Erlebnisse geprägt, wendete er sich ganz dem christlichen Glauben zu und sieht seine Missionsarbeit als eine Art Buße an.

Die Rauchentwicklung durch die flächendeckenden Brandrodungen ist derart intensiv, dass der Flughafen, von dem Fuchs und seine Kameraden Ende September wieder gen Heimat starten, zeitweise gesperrt ist.

Die unverantwortlichen Rodungen belasten nicht nur das Klima der Erde, sondern nehmen den im Wald lebenden Stämmen der Dayaks, den Punan-Waldnomaden und zahlreichen Tierarten ihren angestammten Lebensraum. Die ausgesprochen scheuen Punan-Nomaden, die Fuchs auch treffen wollte, hat er bei seiner Expedition nicht gefunden.

Wie gefährlich derartige Einsätze für den bedrohten Regenwald und ihre Bewohner sein können, zeigt sich 13 Jahre später am Schicksal von Bruno Manser. Der Schweizer Regenwaldschützer verschwindet im Jahre 2000 im Gebiet der Waldnomaden, bei denen er von 1984 bis 1990 im Urwald von Sarawak gelebt hatte. Er hatte sich mit großem Engagement gegen die Abholzung der Regenwälder und gegen die Zerstörung der Lebensgrundlage der rund 10 000 Punan durch immer mehr Holz- und Palmölfirmen eingesetzt.

Arved Fuchs jedenfalls ist nach dieser Expedition total aufgewühlt und weiß nicht, ob er sich eine Reise nach Borneo ein weiteres Mal »antun« soll.

Patagonien und Feuerland – zu Lande und zu Wasser

Arved Fuchs hat sich bisher auf seinen Reisen nicht nur mit den Landschaften, sondern auch mit der Ethnologie, vornehmlich der polaren Völker, auseinandergesetzt. Im Zusammenhang mit der Umrundung von Kap Hoorn beschäftigte er sich mit der Geschichte der Feuerlandindianer. Er möchte mehr über die Kultur, die Lebensumstände und die Ursachen ihres Aussterbens wissen. Gleichermaßen ist Fuchs angetan von der Insel- und Bergwelt Feuerlands und Patagoniens. Wie bei seinen Reisen in die nördliche Hemisphäre, reicht eine Expedition bei weitem nicht aus, er hat sich vorgenommen, »öfter« zu kommen.

Es waren besonders die Berge, zu denen er sehnsüchtig vom Faltboot hinaufblickte. So bricht er bereits um die Jahreswende 1985/86 mit seinem Freund, dem Bergsteiger Peter Lechhart, und dessen Familie sowie seiner Freundin Brigitte Ellerbrock zu einer fünfwöchigen Bergtour nach Patagonien und Feuerland auf. Dass sich das Bergsteigen in den Alpen von dem in Südamerika stark unterscheidet, merken Fuchs und seine Begleiter gleich beim Monte Olivia auf argentinischem Gebiet.

Obwohl dieser pyramidenförmige Berg nur 1500 Meter hoch ist, macht der Aufstieg wegen des unberechenbaren und extremen Wetters Schwierigkeiten. Wenngleich auf der Südhalbkugel Sommer herrscht, erreichen die Stürme, die sich auf dem weiten Pazifik aufbauen, Stärken bis zu zwölf Beaufort. Hinzu kommen Fallböen mit Windgeschwindigkeiten bis zu 180 Stundenkilometern, die ein steiles Aufstiegsstück sehr kritisch werden lassen. Doch der erfahrene Alpinist ist ja bei ihnen, sodass sie es schaffen.

Anders bei dem Versuch, auf den chilenischen Cuernos el Paine zu gelangen, wo sie den Aufstieg wegen des schweren Wetters und erhöhter Steinschlaggefahr abbrechen müssen. Die Felsschichten im Gebiet des Torres-del-Paine-Gebirges sind hier senkrecht gelagert. Ein Erfolgserlebnis beschert ihnen dann der 2700 Meter hohe Ozorno. Die Kegelgestalt dieses erloschenen Vulkans und die Aussicht vom Ozorno beeindrucken Arved besonders.

Auf den Spuren der Feuerlandindianer

Die fünf Wochen vergehen viel zu schnell, und knapp zwei Jahre später, im Dezember 1987, startet Arved zu einer weiteren Expedition nach Feuerland. Dieses Mal hat er neben seiner Frau Brigitte seinen alten Freund Rainer Neuber dabei – und drei Faltboote. Sie wandeln auf den Spuren der Feuerlandindianer. Das Drama, an dessen Ende die totale Vernichtung dieser Ureinwohner stand, begann gegen Ende des 19. Jahrhunderts.

Wie so oft in der Geschichte lockten Goldfunde manch hartgesottenen Glücksritter in das Land, der nur darauf erpicht war, innerhalb kürzester Zeit Reichtümer anzusammeln und dabei die Eingeborenen, die ihm womöglich dabei in den Weg kamen, zu erschießen. Die einfache Erscheinung und die primitive Lebensform der Indianer ließ offensichtlich in vielen dieser Eindringlinge gar nicht erst den Gedanken aufkommen, dass es sich hierbei um Wesen der Gattung Mensch handeln könnte. Im Gegenteil, mit der gleichen unerklärlichen Lust, wie man wilde Tiere abknallt, schoss man jetzt auf Indianer und war offensichtlich stolz darauf.

Es wurden regelrechte Treibjagden auf sie veranstaltet, für ein Paar abgeschnittene Indianerohren wurde eine Prämie von einem Pfund Sterling gezahlt. Hätte es nicht Menschen gegeben wie den deutschen Ethnologen Martin Gusinde, den Briten Thomas Bridges oder den italienischen Pater Alberto de Agostini, wäre die tragische Geschichte der Indianer, ihre Kultur und Lebensgewohnheiten der Nachwelt für immer verloren gegangen.

Doch der Ordensbruder setzte sich nicht nur für die Indianer ein, er war ein leidenschaftlicher Alpinist mit Pioniergeist und wissenschaftlicher Auffassungsgabe. Sein Buch »Zehn Jahre in Feuerland« bildet für Arved die Grundlage für die Expedition, die in der Nähe von Punta Arenas beginnt. Von hier aus erblicken sie bereits den Monte Sarmiento, dessen Erstbesteigung erst im Jahre 1956 unter der Leitung von Pater Agostini gelang. Mitklettern konnte der Pater seinerzeit aus Altersgründen nicht mehr.

Es hat danach nur wenige erfolgreiche Versuche gegeben, den 2404 Meter hohen Berg zu besteigen, da auch hier das unstete Wetter den unsichersten Faktor bildet. Eine italienische Bergsteigergruppe hatte einmal 40 Tage warten müssen, bevor sie mit dem Aufstieg beginnen konnte. Bei einer seiner späteren Reisen wird Arved das Basislager der Agostini-Expedition finden.

In der Nähe von Punta Arenas, einem Ort im Süden des chilenischen Festlandes, setzen Arved und seine Begleiter ihre Boote ins Wasser der Magellan-Straße. Sie paddeln ein Stück südwärts an der Küste entlang und überqueren die Wasserstraße an der schmalsten Stelle.

Obwohl die Meeresstraße hier nur zehn Kilometer breit ist, kann es wetterbedingt in dieser Gegend immer zum »Höllenritt« werden.

Sein reich bebildertes Agostini-Buch immer dabei, vergleicht Arved alle Besonderheiten, die sie sehen. Nachdem sie die feuerländische Küste erreicht haben, ändert sich das Klima schlagartig. Von der Kaltluft der Antarktis genährt, über dem Meer mit Feuchtigkeit getränkt, ungebremst von kontinentalen Landmassen, treffen die Westwinde, der Schrecken der Seefahrer, die um die Südspitze Amerikas segeln mussten, auf die Westküste Feuerlands, wo sie, bevor sie weiter nach Osten stürmen, mit voller Wucht ihre Regenlast abwerfen.

Genau in diesem Bereich der Kordillere, wo es ununterbrochen regnet, fahren sie ein.

Als sie für eine nur vier Kilometer breite Halbinsel zum De-Agostini-Fjord, am Fuße des legendären Sarmiento, einen ganzen Tag benötigen, ahnen sie, welche Schwierigkeiten ein Aufstieg auf diesen Berg bereiten muss. Beim Marinelli-Gletscher, dem größten Feuerlands, der auf der anderen Seite der Halbinsel liegt, zeigt ein vergleichender Blick in Agostinis Buch, dass dieser seit 70 Jahren erheblich zurückgeschmolzen sein muss.

Im gesamten Bereich des Admirals-Fjords, in dem sie sich überwiegend bewegen, ließen sich Anfang des 20. Jahrhunderts, nachdem die Indianer nahezu ausgestorben waren, weiße Siedler nieder.

Doch die hielten es in den feuchten Niederungen an der Ostseite der Kordilleren nur bis in die 1950er-Jahre aus.

Einsiedler und ein »Ritt« über den Berg

Doch, man höre und staune, Fuchs und seine Begleiter können es kaum glauben: Señora und Señor Catalan sind vor vielen Jahren von Punta Arenas in die Einöde gezogen und haben sich aus dem Material verlassener Hütten ihr Haus gezimmert. Sie besitzen weder einen Fernseher noch ein Radio noch ein Telefon. Durch ihre Schafe, Schweine und Hühner sind sie Selbstversorger. Einmal im Jahr fährt Señor Catalan nach Punta Arenas, um Dinge zu besorgen, die sie nicht selbst produzieren können.

Die drei Faltbootfahrer werden empfangen und bewirtet, als seien sie erwartet worden. Auch einsilbig sind die Catalans überhaupt nicht, sondern ausgesprochen kommunikativ. Sie haben gehört, dass es in Alemania schöne Kirchen gibt, nur, dass da jetzt Winter sein soll, ist neu für sie.

Fuchs wäre nun nicht Fuchs, wenn er auf dieser Reise nicht etwas Erstmaliges vollbringen würde. Was der große Polarforscher Nordenskiöld im Februar 1895 nicht schaffte und Pater Agostini erst gar nicht wagte, bewältigen Arved, Brigitte und Rainer in einem unvergleichlichen Kraftakt: Sie erreichen in vier Tagen mit ihren drei Faltbooten paddelnd, treidelnd und tragend über den Rio Arzopardo flussaufwärts den Fagnano, den größten Binnensee Feuerlands. Sie ersparen sich damit den viel längeren Rückweg nach Punta Arenas über die Meeresstraße gegen die Hauptwindrichtung.

Es ist ein verrücktes Unterfangen, ein Höllentrip: An einigen Stellen reicht ihnen das eisige Wasser bis zur Brust; manchmal finden sie gar keinen Grund und müssen sich durch das Gestrüpp am Ufer drücken. Die Dornenranken reißen ihre Trockenanzüge auf, die sich nach und nach mit Wasser füllen und sie aussehen lassen, als wären sie aufgeblasene Gummimännchen. Sie frieren sich halb

Arved Fuchs im Labyrinth der feuerländischen Gletscherabbruchkanten. Das »friedliche« Eistor kann jederzeit einbrechen.

tot und fühlen sich abends wie zerschlagen. Plötzlich regnet es sintflutartig und ein Wasserfall, an dem Nordenskiöld scheiterte, versperrt ihnen den Weg. Sie umgehen, besser umkriechen, ihn durch Morast und bergauf über glitschige Baumleichen – Fitzcarraldo lässt grüßen.

Nachdem sie sich von dieser beispiellosen Tortur erholt haben, genießen sie 100 Kilometer paddelnd die menschenleeren Ufer dieses gewaltigen Süßwassersees, der 140 Meter über dem Meeresspiegel thront, in einer atemberaubenden Landschaft. Auf der argentinischen Seite stoßen sie schließlich auf eine Straße, wo sie ein Kleinbus aufliest, dessen Fahrer ungläubig den Kopf schüttelt, als er erfährt, welchen Weg sie genommen haben. Mit ihren zusammengelegten Booten bringt der Bus sie über Serpentinen hinunter zum Beagle-Kanal. Hier wassern sie und fahren über die im Kanal verlaufende Grenze nach Puerto Williams auf der chilenischen Insel Isla Navarino. Ein nicht ganz ungefährliches Unterfangen, haben sie doch zweimal »schwarz« die Grenze zwischen Chile und Argentinien passiert.

5 Zu Fuß zum Nordpol – ein Schiff muss her

1989 wird für ihn das anspruchsvollste und anstrengendste Jahr, das der Abenteurer je erlebt hat. Ob er das wirklich alles schaffen wird, ist jedoch noch mehr als offen.

Wer suchet, der findet – sie wartet im Flensburger Hafen

Arved Fuchs hat die kanadische Arktis bereist, die Eiswüste Grönlands durchquert. Er weiß, wie es sich anfühlt, mit zerbrechlichen Kanus, Kajaks und Faltbooten durch wilde Flüsse und Meeresstraßen zu fahren oder gar das gefährliche Kap Hoorn zu umrunden. Insofern hat er sich und der Welt bewiesen, dass man Vorhaben verwirklichen kann, die auf den ersten Blick unmöglich erscheinen. Nahezu nichts ist unmöglich, man muss es nur sorgfältig planen und umsetzen.

Seinen ganz großen Traum, ein eigenes hochseetüchtiges Segelschiff zu besitzen, konnte er sich bisher nicht verwirklichen, da ihm noch das notwendige Kapital fehlte. Wenngleich er auf Bootsmessen und Häfen immer mal wieder Ausschau nach einem gut erhaltenen Segler hält, bisher war nichts Passendes dabei.

Während der Expedition durch Feuerland fasst er den Entschluss, nach seiner Rückkehr in Deutschland mit dem Kauf ernst zu machen. Seine Freundin Brigitte und seine Freunde Rainer Neuber sowie Helmut Hammele signalisieren ihm, dass sie sich an der Anschaffung eines Schiffes beteiligen würden.

Zurück in Deutschland, begibt er sich im Frühjahr 1988 erneut auf die Suche. In Flensburg trifft er auf Niels Bach, der seinen alten Haikutter »Dagmar Aaen« verkaufen will. Dabei hat die Bezeichnung »Haikutter« nichts mit Haifang zu tun, sondern beschreibt die schnittige Form des Schiffes, das bei Wind und Wetter wendiger ist als Schiffe mit einem traditionellen Rumpf. Der zweite Grund ist, dass diese Schiffe den weniger seetüchtigen Booten die Fänge wie gefräßige Haie wegschnappten.

Glück für Arved, der genau solch eines, und dann noch aus Eichenholz, sucht. Die »Dagmar Aaen« ist 18 Meter lang, 4,80 Meter breit und hat einen Tiefgang von 2,50 Metern.

Arveds drei Mitstreiter stimmen dem Kauf der »Dagmar Aaen« für 75 000 Mark zu. Obwohl das Schiff optisch nicht viel hermacht, scheint es in einem recht guten und hochseetüchtigen Zustand zu sein. Dennoch sind sich die vier einig, dass für die zukünftigen Zwecke größere Umbauten vorgenommen werden müssen. Das Schiff soll von seiner Grundkonstruktion ein einmastiger Kutter bleiben, die Fachleute nennen es Kutterrigg. Doch das Rigg – das sind Masten, Takelage, Blöcke, laufendes und stehendes Gut, kurz alles, was dazu dient, Segel zu tragen – muss überholt und zum Teil modifiziert werden. Hinzu kommt, dass der Rumpf für Expeditionen in die Arktis verstärkt und mit Aluminiumplatten zum Schutz gegen Eis verkleidet werden muss.

Da die Kassenlage dies im Moment nicht zulässt, will man in kleinen Schritten vorgehen und einen großen Teil der Arbeiten in Eigenhilfe durchführen. So soll das Deckshaus abgeräumt und der uralte Einzylinder-Tuxham-Motor ersetzt werden.

Nach der Überführung des Schiffes von Flensburg nach Glücksburg durch den Nordostseekanal geht's zu einem Probetörn nach Helgoland. Klappt die Fahrt dorthin zunächst ganz vorzüglich, wird es vor Deutschlands einziger Hochseeinsel bei Windstärken von vier bis fünf Beaufort plötzlich ungemütlich, und das Schiff zeigt einige Segelschwächen.

Zurück geht's dann unter Motorkraft nach Wewelsfleth in die Peterswerft. Der Tuxham mit seinem Glühkopfmotor hört sich an, als würde jemand mit einer Faust auf ein leeres Ölfass schlagen.

Doch zuvor spielt sich auf der Elbe ein Drama ab. Die »Dagmar Aaen« wird von einem Zollkreuzer aufgebracht, da die Beamten der unwissenden Crew Steuerhinterziehung und andere Kapitalverbrechen zur Last legen. Das Schiff wird beschlagnahmt, in Wewelsfleth an die Kette gelegt, und es werden strafrechtliche Konsequenzen angedroht. »So habe ich mir den Beginn einer Eignerschaft eines Schiffes nicht vorgestellt«, denkt sich Arved Fuchs.

Beim Hauptzollamt Hamburg lässt man sich die Zusammenhänge erklären und ordnet an, das Schiff neu zu vermessen. Denn der dänische Messbrief gilt in Deutschland nicht. »Wahrscheinlich haben die Dänen andere Zollstöcke als wir«, flachsen die neuen Eigner, ohne dass die Beamten es mitbekommen. Jedenfalls wird die »Dagmar Aaen« wenig später beim Amtsgericht ins Seeschiffregister unter der Registrierungsnummer SSR 1897 eingetragen.

Der Nordpol wartet – acht Individualisten beäugen sich

Das alles spielt sich im November 1988 ab. Im Dezember jedoch muss sich Arved in der kanadischen Hauptstadt Ottawa einfinden. Denn er ist als der einzige deutsche Teilnehmer einer achtköpfigen internationalen Expedition für einen Marsch zum Nordpol ausgewählt worden, die von März bis Mai des nächsten Jahres stattfinden soll. Über diese Auszeichnung ist Fuchs hoch erfreut; so kann sein alter Traum, der sich vor zehn Jahren nicht verwirklichen ließ, doch noch in Erfüllung gehen.

Bei der Expedition unter dem Namen ICEWALK (Eiswandern) geht es um Umweltschutz. Der Engländer Robert Swan hat die Organisation ICEWALK erst vor anderthalb Jahren gegründet mit dem Ziel, auf die weltweite Umweltzerstörung aufmerksam zu machen. Der Organisation, die Ende 1988 bereits 500 000 Mitglieder zählt, gehören unter anderen der englische Thronfolger Prinz Charles und der Schauspieler Robert Redford an.

Die Nordpolexpedition wird auch von Swan geleitet, der bereits 1985/86 zum Südpol gewandert ist. Bei der Südpolexpedition verbrannte er sich aufgrund der ungefilterten Sonneneinstrahlung sein

Arved Fuchs navigiert bei klirrender Kälte mit dem Sextanten. GPS ist zu diesem Zeitpunkt noch nicht verfügbar.

Gesicht. »Ich habe an meiner eigenen Haut erfahren, welche katastrophalen Folgen es hat, wenn das Sonnenlicht nicht mehr von der Ozonschicht gefiltert wird«, klagt er in einem Interview mit den »Kieler Nachrichten«.

Swan ist in Sorge, dass sich zu dem Ozonloch der südlichen Hemisphäre ein Pendant auf der Nordhalbkugel entwickeln könnte. »Die Folgen wären weitaus dramatischer als auf der dünn besiedelten Südseite der Erde, da in den entsprechenden Breitengraden der nördlichen Halbkugel wesentlich mehr Menschen leben«, befürchtet Arved Fuchs.

Als wenn dieses nicht schon anspruchsvoll genug wäre, plant Arved Fuchs im Herbst und Winter desselben Jahres, mit dem Bergsteiger Reinhold Messner die Antarktis zu durchqueren. Anders ausgedrückt, Fuchs will innerhalb von etwa 365 Tagen 3800 Kilometer durch die kältesten und unwirtlichsten Regionen der Erde marschieren. Gleichzeitig will er sich um den Umbau des anteilig neu erworbenen Schiffes kümmern und dabei noch selbst Hand anlegen. Jede dieser Aufgaben bedarf einer längeren und intensiven Vorbereitung. Das weiß keiner besser als Fuchs.

1989 wird für ihn das anspruchsvollste und anstrengendste Jahr, das der Abenteurer je erlebt hat. Ob er das wirklich alles schaffen wird, ist jedoch noch mehr als offen. Um sein »neues altes« Schiff kümmern sich jetzt Miteigner Rainer Neuber und zahlreiche freiwillige Helfer, die auf der Werft sporadisch Hand anlegen.

Arved konzentriert sich derweil auf die Vorbereitungen zur Nordpolexpedition. Am 10. Dezember 1988 fliegt er nach Ottawa und wenige Tage später weiter nach Iqaluit, einem 2500-Seelen-Dorf auf Baffin Island in der kanadischen Arktis. Hier sollen sich die acht ICEWALK-Teilnehmer kennenlernen und ein zweiwöchiges Training unter realen Arktisbedingungen absolvieren. Die Bedingungen können realistischer nicht sein. Es herrscht arktischer Winter, also Polarnacht, mit Temperaturen zwischen 30 und 40 Grad unter null.

Doch wie schwer es ist, sich umweltgerecht zu verhalten, erlebt Arved einmal wieder in seiner »zweiten Heimat«. Die Inuit, längst mit ihren Kraftfahrzeugen und Ski-Doos voll motorisiert, lassen ihre Fahrzeuge auch bei Nichtgebrauch stundenlang laufen oder beheizen sie über die Steckdose, damit sie nicht einfrieren.

Dass auch diese Expedition durch die zahlreichen An- und Abreisen, durch die Versorgungsflüge und die vielen Aktivitäten um das Projekt herum jede Menge an schädlichen CO_2-Emissionen erzeugt, ist zu dieser Zeit noch kein Thema.

Die Mitglieder der achtköpfigen ICEWALK-Mannschaft kommen aus sieben Nationen und sind auf den ersten Blick »Männer aus Schrot und Korn«, denen man höchste Belastungen zutraut.

Neben Swan und Fuchs ist das der Inuk Angus Cockney, der im Nordwestterritorium in der nördlichsten Festlandsgemeinde Kanadas geboren wurde, von dort aber bereits als Kind in den Süden Kanadas zog. Angus ist als Spitzen-Skilangläufer Mitglied der kanadischen Nationalmannschaft. Aus Australien kommt Graeme Joy. Er ist Experte in der Disziplin »Kajakmarathon« und hat bereits an einer Grönlandexpedition teilgenommen. Er entwickelt sich zum Spaßmacher der Truppe. Teilnehmer aus der Sowjetunion, die es zu diesem Zeitpunkt noch gibt, ist der Arzt Dr. Mikhail Malakhov. Mikhail, der im Team Misha genannt wird, hat im Rahmen einer russisch-kanadischen Expedition von der russischen Henrietta-Insel aus in 91 Tagen zu Fuß den Nordpol überquert und war auf Ellesmere Island gelandet. Ein bis dahin einmaliges Unterfangen.

Aus Japan kommt Hiroshi Onishi, ein Bergsteiger, der bislang den Mount Everest und zahlreiche Gipfel im Himalaja sowie im

Karakorum und in den Anden bewältigt hat. Hiroshi ist sehr verschlossen und spricht kaum Englisch. Aus New York kommt Darryl Roberts. Der farbige Amerikaner hat sich die Grundlagen des »arctic survival« im hohen Norden Kanadas erarbeitet und ist mit 24 Jahren das wohl jüngste Mitglied einer Nordpolexpedition. Der Engländer Rupert Summerson hat bei der Elitetruppe »Royals Marines« Soldaten unter härtesten Bedingungen als »arctic instructors« ausgebildet. Er erhielt höchste Auszeichnungen und überwinterte dreimal im Norden Norwegens.

Acht »Alphamännchen« sollen sich einigen

Die ersten Probleme, die sich abzeichnen, haben zunächst nichts mit »arktischen Belastungen« zu tun. Die meisten der acht sind ausgesprochene »Alphamännchen«, denen zunächst jeglicher Teamgeist fremd zu sein scheint. Von Vorteil ist sicherlich, dass jeder der Teilnehmer über einen großen Erfahrungsschatz verfügt. Andererseits beharrt jeder auf seiner Meinung und bewegt sich keinen Millimeter, wenn Problemlösungen gefragt sind.

So können sich die acht Männer bei vier Fragen nicht einigen:
- Welches ist das beste Zelt, und wieviele davon werden benötigt?
- Wie ernährt man sich optimal?
- Mit welchem Schlitten werden die Lasten gezogen?
- Welcher Kocher ist der beste?

Statt bereits draußen bei Eis und Schnee mit dem Training zu beginnen, werden endlose Diskussionen geführt. Bei diesen Diskussionen tut sich besonders Misha hervor, ein an sich sympathischer Mann, von Beruf Arzt, Chirurg und Lungenspezialist. Das Problem ist seine Sozialisierung in einem totalitären System. »Auf den Geschmack der Nahrung kommt es überhaupt nicht an, da braucht man keine Zeit zu verschwenden.« Den Kocher sowjetischer Bauart, technisch hinterm Mond, verteidigt der Russe bis »aufs Messer« – das soll sich während der Expedition noch bitter rächen. Und es soll nur ein kollektives Zelt für alle geben – natürlicher russischer Machart. »Das fördert die Gemeinschaft«, meint Misha. Bei der Schlittenfrage sind es andere Teilnehmer, die nicht annähernd Fuchs' Erfahrungspotenzial besitzen, aber wissen wollen, welche Gleitfahrzeuge die besten sind.

»Das Problem«, so Fuchs im Rückblick, »war, dass es zwar in der Person von Robert Swan einen formalen Leiter der Expedition gab. Doch dieser war keine Führungspersönlichkeit, die klare Vorgaben macht, die trotz divergierender Meinungen zu Ergebnissen kommt und die am Ende in der Lage ist, Entscheidungen zu treffen und diese auch umzusetzen.«

»Robert war ansonsten eine kluge, charismatische und engagierte Persönlichkeit, aber halt zu gutmütig«, konstatiert Fuchs. Auch wenn die Voraussetzungen für den Erfolg der Expedition in Hinsicht »Teambereitschaft« nicht allzu rosig aussehen, will Fuchs seinen Teil dazu beitragen, dass ICEWALK ein voller Erfolg wird. Der Erfolgsdruck wächst allerdings von Tag zu Tag, da Swan es dankenswerterweise geschafft hat, die UNO einzubinden. Der amtierende Generalsekretär Pérez de Cuéllar übernimmt sogar die Schirmherrschaft über das Projekt. Diese weltumspannende Publicity führt dazu, dass Industrienationen wie die Sowjetunion, Großbritannien, Kanada, Japan und die Bundesrepublik Deutschland Interesse an ICEWALK bekunden. »Dem Umweltgedanken kann das nur förderlich sein«, denkt sich Arved Fuchs.

Parallel zur ICEWALK-Expedition wird eine »Students Expedition« mit 22 jungen Leuten aus 15 Ländern organisiert. Die Jugendlichen sollen nicht zum Nordpol marschieren, sondern drei Wochen in der arktischen Wetterstation Eureka kampieren und von dort kleinere Exkursionen unternehmen. Sie sollen durch Workshops, Vorträge und eigene Erkundungen an das Thema »Umweltschutz« und was sie selbst dafür tun können, herangeführt werden. Mit der ICEWALK-Expedition soll enger Kontakt gehalten werden. Sofern es zeitlich passt, wird es am Schluss von ICEWALK ein Treffen mit den Jugendlichen geben.

Die deutschen jugendlichen Teilnehmer des Camps werden über ein Preisausschreiben der Zeitschrift »HörZu« ermittelt. Die Fragen haben es in sich, denn es sollen wirklich interessierte und motivierte junge Menschen an der Jugendexpedition teilnehmen. Sonja Podein, eine Schülerin aus Geesthacht, und Andreas Hancke, Azubi beim WDR in Köln, gewinnen schließlich das Preisausschreiben.

Die beiden treffen Arved Fuchs in den Räumen der »HörZu«, wo sie aus erster Hand wertvolle Tipps von dem »Abenteurer« erhalten. Allerdings vermeidet es Fuchs, den Jugendlichen als Schulmeister mit erhobenem Zeigefinger zu begegnen. »Sie sollen in das Projekt ICEWALK integriert und zusammen mit Jugendlichen anderer Kulturkreise mit der Umweltproblematik in der Arktis konfrontiert werden«, schreibt Fuchs später in seinem Buch »Von Pol zu Pol«.

Das Trainingslager der Erwachsenen in Iqaluit erweist sich jedenfalls nicht als sonderlich effektiv. Die Diskussionen führen abermals zu keinem Ergebnis. Bei den Außeneinsätzen gibt es erste Erfrierungen. Einige arktisunerfahrene Teilnehmer unterschätzen die schnelle Wirkung der extremen Minustemperaturen. Ehe man sich's versieht, ist das ungeschützte Gesicht voller Frostbeulen. Keine Ahnung haben die Newcomer, wie schnell Füße und Hände mit Erfrierungen auf die Kälte reagieren. Lediglich die Hälfte der Truppe, das sind Fuchs, Summerson, Swan und Malakhov, hat längere Erfahrungen in arktischen Gefilden.

Am Schluss erhält jeder Teilnehmer noch einmal »Schularbeiten« für zu Hause. Fuchs soll sich noch einmal des Schlitten- und Nahrungsproblems annehmen. Anfang Januar 1989 kommt Fuchs nach Bad Bramstedt zurück und hat jetzt noch sechs Wochen Zeit bis zum endgültigen Aufbruch zum Nordpol. Er verbessert noch einmal Details an seinem Pulka-Schlitten, der das Ergebnis eines langen Entwicklungsprozesses ist und ihm in der kanadischen Arktis wertvolle Dienste geleistet hat. Auch die Nahrungszusammenstellung modifiziert er unter Einbeziehung von Vorschlägen seiner sieben Expeditionsmitstreiter noch einmal.

Allerdings muss er sich auch körperlich und mental auf die wohl größte Herausforderung seines bisherigen »Abenteuererlebens« vorbereiten. Abermals folgt die ganze Palette: Eisbaden, Joggen, Krafttraining und vieles mehr. Hinzu kommt dieses Mal, sich mental auf Menschen einzustellen, die nicht immer »vernünftig« reagieren, wie er selbst eben auch nicht immer.

Dazwischen gibt es immer wieder Dinge zu klären, die mit der Antarktisexpedition im kommenden Herbst zu tun haben. Mehrmals trifft er sich mit Reinhold Messner, absolviert zahlreiche Pressetermine. Und auf der Wewelsflether Peterswerft harrt ja noch ein Schiff namens »Dagmar Aaen« eines umfangreichen Umbaus, der, wie sich später herausstellen wird, fasst einem Neubau gleichkommt. Das Jahr hat es in sich.

Am 14. Februar ist es endlich so weit, eine Schar von Freunden verabschiedet Fuchs auf dem Hamburger Flughafen Fuhlsbüttel. Zahlreiche Pressevertreter sind auch versammelt, es ist ja »unser deutscher Polarfuchs«, der hier verabschiedet wird.

Erstes Ziel ist das Hauptquartier in Ottawa, wo die gesamten Ausrüstungen der ICEWALK- und Students Expedition sortiert und zugeordnet werden. Doch zuvor geht's für die acht Nordpolmarschierer nach New York zur UNO, wo Pérez de Cuéllar in einer feierlichen Zeremonie eine Flagge der Vereinten Nationen überreicht mit der Bitte, sie als eine Art symbolischer Handlung zum Nordpol zu tragen. Für Arved und die anderen Teilnehmer ist das Verpflichtung und Bestätigung zugleich, dass sie sich für eine gute Sache einsetzen.

Der Empfang bei der UNO macht weltweit Schlagzeilen. Die Gruppe erhält Grußbotschaften vom sowjetischen Premierminister Ryzhkov, der britischen Premierministerin Margret Thatcher, dem japanischen Umweltminister, dem kanadischen Premierminister und von Bundeskanzler Helmut Kohl. Die sowjetische Botschaft geht noch einen Schritt weiter und lädt das gesamte Team in ihre Residenz in Ottawa ein. Besonders begrüßt man den »internationalen« und »völkerverbindenden« Charakter der Expedition. Der Botschafter erklärt, dass Umweltschutz auch in der UdSSR ein Thema ist, mit dem man sich kritisch auseinandersetze. Derartige Erklärungen der Sowjets wären vor zehn Jahren noch undenkbar gewesen. Michail Gorbatschows Perestroika beginnt zu wirken.

Am 22. Februar geht's wieder ins Trainingslager nach Iqaluit. Die endlosen Diskussionen um Nahrung, Zelte und Schlitten flammen erneut auf. An den folgenden Tagen wird trainiert, diskutiert, trainiert, diskutiert und so weiter. Eines Tages platzt Arved der Kragen. »Wenn wir uns hier im Trainingslager schon nicht einig sind, wie soll es denn draußen auf dem Arktischen Ozean aussehen, wenn es wirklich um Leben und Tod geht?« Für einen Moment kehrt Ruhe ein, denn alle Teilnehmer sind Arveds Meinung, doch mancher kommt eben nicht aus seiner Haut heraus. Es werden zahlreiche Kompromisse geschlossen, wie sich später herausstellt, auch faule ...

Am 16. und 17. März fliegt die Crew in zwei Tranchen mit zwei Zwischenlandungen nach Cape Columbia auf Ellesmere Island. Hier soll die Expedition ICEWALK in wenigen Tagen starten. Hier startete im Jahre 1908 auch Robert E. Peary. Hier wollte auch Arved Fuchs im Jahre 1980 starten, doch die kanadischen Behörden hatten etwas dagegen. Welch ein Glück, wie Fuchs später einsehen musste.

Am Morgen des 20. März 1989 soll es losgehen. Schlitten und Rucksäcke sind gepackt, jeder prüft seine Checkliste, damit auch nichts vergessen wird. Darryl, der junge Amerikaner, der sich während des Trainings bereits seine Füße halb erfroren hat, sollte eigentlich nicht mitgehen. Misha sagt ihm das als verantwortungsvoller Arzt. Als Freund und Partner kann er verstehen, dass er dabei sein will. Misha hat im Team nicht nur die Aufgabe, die Teilnehmer medizinisch zu betreuen, sondern zwischendurch immer wieder Tests über ihren physischen und psychischen Zustand durchzuführen. Dazu wird er regelmäßig Blut abnehmen, und die Teilnehmer müssen reihum ein kleines EKG-Gerät von der Größe eines Walkmans mit sich herumtragen. Außerdem sind regelmäßig Fragebögen auszufüllen. Die Blutproben werden zur Untersuchung von den Versorgungsflugzeugen mitgenommen.

Es wird sehr, sehr hart – aber es lohnt sich

Endlich ist es so weit: Als sie sich bei Temperaturen von minus 50 Grad auf dem Packeis vor der Nordküste der kanadischen Ellesmere-Insel wiederfinden, springen sie die brutale Kälte, der eisige Wind und die zerklüfteten Eisfelder an wie ein wildes Tier. Die Kälte zerreißt das Tarnnetz aus Eitelkeiten und Profilierungsversuchen, und nach kürzester Zeit sind alle sehr still geworden.

Bereits am dritten Morgen passiert es beim Zubereiten des Frühstücks. Der »Sowjetkocher« fängt Feuer, das sich rasch im Zelt ausbreitet. Nur den schnellen Reaktionen mehrerer Männer ist es zu verdanken, dass das Zelt nicht abfackelt. Der Schreck sitzt allen tief in den Gliedern, doch zu lamentieren nützt nichts, denn die verschieden Materialien der Benzinpumpe führen bei der Kälte zu unterschiedlichen Ausdehnungen, sodass diese Leck schlagen können. Da dieses Problem auch bei anderen Kochern auftreten könnte, müssen diejenigen, die mit Küchendienst dran sind, besser aufpassen.

Vereinbarungsgemäß wird die Nordpolexpedition während ihres 56-tägigen Marsches mit fünf Versorgungsflügen bedient. Die zweimotorigen Twin Otter, die sich in der Arktis seit langem bewähren, besorgen die Flüge. Mit Kufen ausgestattet, können die Maschinen in der Eiswüste landen und starten. Sobald eine Ankunft per Funk angekündigt wird, schaufeln die Männer eine Lande-/Startbahn frei.

Die Expeditionsteilnehmer erleben während ihres 56-tägigen Marsches nahezu alle Probleme, die man sich auf einem derartigen Trip nur vorstellen kann.

Richtig zusammen rückt die Crew jedoch erst, als Darryl trotz schwerer Erfrierungen seine Zähne zusammenbeißt und weitergeht. So viel Mut und Durchhaltevermögen hat man dem New Yorker nicht zugetraut. Doktor Misha versorgt ihn, so gut er kann.

Arved plagen erfrorene Fingerkuppen und eine vom Frost zerfressene Nasenspitze. Zu allem Überfluss handelt er sich eine Grippe ein mit Brechdurchfall, Fieber und allen dazu gehörenden Symptomen. Es ist für Arved tatsächlich die schwerste Tour seines Lebens. Niemals ist er so nah an seine Leistungsgrenze gestoßen. Andere Kameraden bekommen Sehnenscheidenentzündungen und Muskelprobleme. Robert, der Leiter der Truppe, hat unendliche Rückenschmerzen, ein altes Leiden, das zum falschen Zeitpunkt wiederkehrt.

Der Arktische Ozean ist unbarmherzig. Tiefe Eisspalten tun sich auf, schier unüberwindliche Pressbarrieren von zehn bis 15 Metern Höhe versperren den Weg. Größere Wasserflächen erfordern lange Umwege. Hier zeigt sich die wahre Kunst des Russen, der mit traumwandlerischer Sicherheit immer die richtigen Wege durch das Eis- und Schneelabyrinth findet. Ohne ihn wäre die Expedition aufgeschmissen.

Robert Swan zeigt auf einmal echte Führungsqualitäten, indem er trotz eigener Schmerzen den schwer angeschlagenen Amerikaner und andere, die niemals hätten mitgehen dürfen, aufmuntert und ihnen Mut zuspricht. Schwierig ist es bei Hirosh, der sich nach außen sehr diszipliniert gibt. Dennoch ist man sich bei ihm nicht sicher, ob er jeden Moment aufgeben wird oder dies nur der Anschein ist. Er lässt niemanden an sich heran.

Angus und Graeme sind wohl von falschen Voraussetzungen ausgegangen. Sie sind zwar körperlich stark, haben aber Probleme, die Situation seelisch zu verkraften. Angus plagt starkes Heimweh nach seiner Familie. Er mag das Zeltleben, die Enge, das Essen und die Kälte nicht. Er fragt Arved, von dem er erfährt, dass er im selben Jahr zum Südpol laufen will. »Warum, Arved, warum tust du das?«

Eine ungeahnte Aufmunterung erfährt die Truppe als Funkgespräche mit den jungen Teilnehmern der »Students Expedition« zustande kommen, die in Eureka kampieren. Jeder kann plötzlich in seiner Muttersprache kommunizieren. Andächtig lauscht die Truppe, als Misha russisch spricht und Arved sich auf Deutsch unterhält. Selbst Hiroshi taut plötzlich auf, als er sich mit Schülerinnen und Schülern seines Heimatlandes austauschen kann. Bei dieser Gelegenheit erfährt die Truppe auch, mit welcher Ernsthaftigkeit die jungen Leute ihr Camp betreiben. Die Idee Robert Swans, auch Jugendliche in die Arktis reisen zu lassen, erweist sich als Volltreffer. Sie werden ihre Erfahrungen in ihre Länder tragen.

Die Bestätigung, dass der »Arctic Haze« (der arktische Smog) der Industrieländer vor der Arktis nicht haltmacht, erfährt die Expedition auf zweifache Weise. Eis-, Schnee und Luftmessungen belegen die Belastungen in der Polregion. Zum anderen zeugen unnatürlich farbenprächtige Sonnenuntergänge von der Belastung der Atmosphäre.

Am 8. April erfährt das Team, dass die Russen in Polnähe eine Driftstation zum Aufzeichnen wissenschaftlicher Daten errichtet haben. Außerdem wollen sie von dort aus eine weltweite Fernseh-Liveübertragung von der Ankunft der Expedition am Pol senden. Ein gewaltiger technischer Aufwand, denn das gesamte Instrumentarium muss per Flugzeug von Moskau zur Driftstation und von dort zum Pol gefahren werden. Die Übertragung solle aber nur zustande kommen, wenn die Expedition ICEWALK spätestens am 10. Mai den Pol erreicht.

Für den Teamleiter Swan und andere bedeutet diese Vorgabe einen zusätzlichen Motivationsschub. Arved weiß, dass nicht nur er, sondern auch andere Teilnehmer sich am Leistungslimit bewegen. Es hält es für eine absurde Vorstellung, sich beeilen zu müssen, weil am Pol ein Fernsehteam wartet. Er behält diese Bedenken jedoch für sich.

5 Zu Fuß zum Nordpol – ein Schiff muss her

Dieses Thema erledigt sich allerdings auf tragische Art und Weise von selbst. Am 6. Mai erfährt die Truppe, dass die russische Expedition den Nordpol erreicht hat. Der Preis, den sie dafür gezahlt hat, ist hoch, viel zu hoch. Ein Teilnehmer ist an einer Herzattacke gestorben, ein anderer musste evakuiert werden. Während ICEWALK nur noch 120 Kilometer vom Pol entfernt ist, werden die Russen komplett ausgeflogen.

Eine kleine Episode am Rande: Arveds Pulka-Schlitten, die zunächst auf »Beschluss« ausgeflogen und gegen so genannte »Baby-Schlitten« ausgetauscht werden mussten, wurden beim darauf folgenden Versorgungsflug wieder eingeflogen, da sie sich als die am besten geeigneten Kufenfahrzeuge erwiesen. Der Hauptvorteil bei dem größeren Pulka-Schlitten ist, dass die Hauptlast des Gepäcks auf dem Gefährt lastet statt im Rucksack des Trägers. Der Mensch ist somit viel beweglicher und kann bei Stürzen besser reagieren, anstatt hilflos rücklings auf den Boden gezogen zu werden, was ihm lediglich die Beweglichkeit einer zappelnden Schildkröte ermöglicht. Der Nachteil des Pulka ist die eingeschränkte Manövrierfähigkeit des Schlittens bei bestimmten Eis- und Schneeformationen.

Wie gefährlich eine Expedition bis zum letzten Moment sein kann, zeigt sich 28 Kilometer vor dem Ziel. Arved stürzt einen steilen Eisrücken herunter und wird beinahe von seinem eigenen Schlitten erschlagen. Wie durch ein Wunder bleibt er unverletzt. Auch der »Sowjetkocher« ist Arved einmal um die Ohren geflogen. Brennend lief er aus dem Zelt, das Feuer wurde aber geistesgegenwärtig von einem Kameraden erstickt.

Am 13. Mai 1989, 3:52 Uhr Ortszeit, entsprechend 8:22 Uhr Weltzeit, der große Moment: Ankunft der Expedition ICEWALK am geografischen Nordpol, nach 56 Tagen und rund 1000 marschierten Kilometern. Es ist kein markanter Punkt, obwohl die Inuit Jahrtausende glaubten, hier rage ein großer Nagel aus der Erde. Der korrekte Standort auf dem berechneten Mittelpunkt der nördlichen

Fünf der acht Männer bei der Ankunft am Nordpol, den sie nach 56 Tagen zu Fuß über die Distanz von 1000 Kilometern erreichten. Von links: Darryl Roberts, Dr. Mikhail Malakhov, Angus Cockney, Arved Fuchs und Graeme Joy

Hemisphäre ist immer nur von kurzer Dauer, denn die Eisdrift sorgt dafür, dass es langsam Richtung Spitzbergen geht.

Da das Gelände recht eben ist, fällt es leicht, eine etwa 500 Meter lange Landebahn zu markieren für das Flugzeug, welches die Teilnehmer abholen soll. Für Hiroshi ist es ein großer Tag im doppelten Sinne. Er hat nicht nur den Nordpol erreicht, er hat heute auch Geburtstag.

Einige Stunden nach der Ankunft der Expedition landen drei Twin Otter. Zwei Maschinen sind voll gestopft mit Journalisten, Fotografen und Kameraleuten. Ein Flugzeug ist für die Expeditionsteilnehmer reserviert.

Dann folgen »Flaggenappell«, zahlreiche Fotos und Fernsehaufnahmen, erste »Pressekonferenz« auf dem Eis. Im Anschluss geht's über Eureka nach Resolute Bay. Bereits hier werden Fuchs und einige seiner Teamkollegen von Freunden und Bekannten empfangen. Fuchs wird von seiner Freundin Brigitte und seinem Freund Manfred Horender sowie seinem Begleiter Ralf Stark begrüßt. Bevor die Reise am nächsten Tag nach Ottawa weitergeht, haben Arved und Brigitte noch Gelegenheit, Arveds alte Freunde Terry und Bezael Jesudason wiederzusehen.

5 Zu Fuß zum Nordpol – ein Schiff muss her

In Ottawa wieder großer Empfang mit zahlreichen Pressevertretern. Das Thermometer zeigt 30 Grad Celsius – plus. Nicht nur Misha macht seine Abschlussuntersuchungen, auch das örtliche Krankenhaus prüft die acht Teilnehmer auf Herz und Nieren, man hatte sie dort bereits vor der Expedition untersucht. Schließlich wird den kanadischen Ärzten nicht jeden Tag eine solche Feldstudie geboten.

Auch die Jugendlichen, die bereits vor vier Wochen in ihre Heimatländer abreisen mussten, gaben ihre Statements ab. Ihre Pressemitteilung trägt die Überschrift: »Wir sind auf dem besten Wege, Selbstmord zu begehen.«

Nach drei Tagen in Ottawa fliegen die acht Nordpolwanderer nach London, wo sie von der britischen Premierministerin Margaret Thatcher in der Downing Street empfangen werden. Nach einer gemeinsamen Kaffeerunde zeigt ihnen die »Eiserne Lady« ihren Sitz und betont immer wieder, »wie großartig« sie die Aktion findet. Sie halte Unternehmen wie das ICEWALK-Projekt für wichtig, weil es der Jugend diene, die Umweltproblematik deutlich mache, was zu einem gesteigerten Umweltbewusstsein in der Bevölkerung führe. »Vor dem Hintergrund der britischen Umweltpolitik schon ein bisschen merkwürdig«, denkt sich Arved Fuchs.

Es ist immer dasselbe, wenn Arved von einer längeren Tour aus der Arktis zurückkommt. Er reflektiert das Erlebte: »Ich fror bis auf die Knochen, schwitzte mir die Seele aus dem Leib, litt unter Ängsten, Zweifeln und Entbehrungen. Aber das ist nur die eine Seite. Ich hatte auch unvorstellbare Glücksgefühle, das Gefühl, eins zu sein mit sich, dem Team und der Natur. Das Erfahren der Natur, das Ausloten der eigenen Möglichkeiten, das Erleben der persönlichen Grenzen sind keine Nebensächlichkeiten. Es betrifft uns unmittelbar.«

Auch das Zurückkommen in den gemäßigten Breiten ist immer wieder ein Erlebnis. Aufs Neue genießt er Gerüche, Farben und Geräusche. Alles das ist in der polaren Region, wenn überhaupt, nur begrenzt wahrzunehmen. Nur er kann ihren Wert jetzt wieder richtig einschätzen.

Da war doch noch was – die »Dagmar Aaen« harrt der Sanierung

Für Arved sind die Höhepunkte dieses Jahres noch lange nicht zu Ende. Zunächst muss er sich um das Schiff kümmern, das nach wie vor im Winterlager Wewelsfleth liegt. Seine Freunde haben während Arveds Nordpolexpedition konservierende Maßnahmen durchgeführt und kleinere Arbeiten erledigt.

Unmittelbar nach der Rückkehr vom Nordpol geht es dann »zur Sache«. Das Ruderhaus wird entfernt, und das Deck wird weitestgehend abgeräumt. Das Innere des Schiffes bekommt einen neuen Betonboden. Nach den ersten Umbaumaßnahmen, die Anfang August 1989 abgeschlossen sind, sind sich Arved und seine Miteigner einig, dass die Gesamtsanierung in fachliche Hände gehört.

Doch zunächst soll der Kutter auf seine Atlantiktauglichkeit geprüft werden. Ziel der Jungfernfahrt sind die Azoren. Sie endet aber bereits vor Cuxhaven, wo der Tuxham-Motor seinen Geist aufgibt. Eine denkbar ungünstige Stelle mit denkbar ungünstigen Strömungsverhältnissen. Mit viel Glück schafft es die Crew, segelnd in den alten Fischereihafen einzulaufen und festzumachen. Das klappt so vorzüglich, dass die zufällig anwesenden Zuschauer schwer beeindruckt sind. Sie glauben, sie haben soeben die Meisterleistung einer hoch professionellen Crew beobachtet.

Der Motor ist mit Bordmitteln nicht zu reparieren, da sich das Pleuellager festgefressen hat. Es hilft nichts, wieder müssen sie segelnd den Hafen verlassen und sich genauso bis zur Störmündung durchmanövrieren. Von dort schleppt sie ein Werftschlepper zum Liegeplatz, wo der Motor neue Ersatzteile erhält.

Endlich, am 15. August, startet Skipper Fuchs mit seiner Mannschaft durch die Nordsee und den Ärmelkanal in den Atlantik. Statt der Azoren ist das abgespeckte Ziel jetzt nur »noch« Porto. In Brest geht Fuchs von Bord und überlässt das Ruder seinem Freund Manfred Horender. Nach einer erlebnisreichen Fahrt legt die »Dagmar Aaen« am 7. Oktober 1989 wieder in Wewelsfleth an. Arved hat sich in der Zwischenzeit intensiv auf seine Antarktistour vorbereitet.

Oben: Arved Fuchs und seine »Dagmar Aaen« nach der Übergabe im Hafen von Glückstadt
Unten: Während des Umbaus auf der Werft in Egernsund. Das Schiff erhält eine Schutzhaut aus Aluminiumplatten.

6 Zwei »Alphatiere« durchqueren die Antarktis

Der unendlich lange Marsch durch eine extrem lebensfeindliche Welt fängt an, seinen Tribut zu fordern. Die unterschiedlichen Charaktere dieser außerordentlich starken Persönlichkeiten treten immer mehr zutage. Sie müssen aufpassen, sich nicht aufzureiben, sind auf Gedeih und Verderb darauf angewiesen, ihren Gang, den kaum jemand für möglich gehalten hat, zu Ende zu führen.

Gute Vorbereitung ist alles – der Teufel steckt im Detail

Seit jeher reizt es den Menschen, Orte zu »erobern«, an denen zuvor noch niemand war. Ob dunkelster Urwald, heißeste Wüste, höchster Berg oder tiefster Ozean, es liegt in der Natur des Menschen, erst »Ruhe zu geben«, wenn der letzte und entfernteste Winkel der Erde erkundet wurde.

Bis zu Beginn des 20. Jahrhunderts waren beide Erdpole noch »weiße Flecken«. Niemand, so kann man jedenfalls vermuten, hatte sie je betreten. Den Wettlauf zum Nordpol, wenn es denn überhaupt einer war, hat wohl, wie bereits erwähnt, der amerikanische Polarforscher Robert E. Peary am 6. April 1909 für sich entschieden. Zwar behauptete auch Dr. Frederick Cook, bereits im Vorjahr dort gewesen zu sein, aber der hat die Welt, wie man später sogar nachweisen konnte, beschummelt.

Einen echten Wettlauf hat es dann zum Südpol im Jahre 1911 zwischen Robert Scott und Roald Amundsen gegeben, den Letzterer am 14. Dezember 1911 gewinnt und den der zweite Sieger Scott mit dem Leben bezahlt.

Ernest Shackleton, der bereits zwei Jahre zuvor zum Südpol wollte, gab 180 Kilometer vor dem Ziel auf und rettete damit sich und seinen Getreuen das Leben. Die Antarktis lässt Shackleton dennoch keine Ruhe. Im Rahmen der berühmten »Endurance-Expedition« (1914 –1917) will er die Antarktis über den Südpol durchqueren. Das gelingt ihm aber auch nicht.

Lange Zeit traut sich niemand, den Riesenkontinent, der zu 98 Prozent mit Eis bedeckt ist, zu Fuß oder per Hundeschlitten zu durchqueren. Der Kontinent bindet 70 bis 80 Prozent des gesamten Süßwassers auf der Erde. Er ist doppelt so groß wie die USA. Hier gibt es Windgeschwindigkeiten von über 320 Stundenkilometern. Die niedrigste Temperatur, die gemessen wurde, lag bei 89,6 Grad minus.

Erst im Jahre 1957/58 durchqueren Vivian Fuchs und Edmund Hillary die Antarktis in einer Gemeinschaftsaktion vom Weddell-Meer bis zum Rossmeer, allerdings mit speziellen Zug- und Raupenmaschinen. Die Durchquerung der Strecke von 3440 Kilometern dauert 99 Tage.

Nun wollen es zwei Männer im Alter von 36 und 45 Jahren zu Fuß versuchen. Auf den ersten Blick macht es Sinn, dass sich Arved Fuchs und Reinhold Messner zusammentun. Jeder der beiden gehört in seiner Liga zu den Weltbesten. Fuchs ist erst kürzlich mit sieben Weggefährten als erster Deutscher zum Nordpol marschiert, hatte einige Jahre zuvor Grönland über das Eisplateau durchquert und somit reichlich Erfahrungen in arktischen Gefilden sammeln können.

Reinhold Messner ist weltweit einer der erfolgreichsten Bergsteiger. Er hat in den Jahren von 1970 bis 1986 alle Achttausender ohne Sauerstoff bezwungen. Eine Leistung, die zuvor als undenkbar erschien. Also wenn es überhaupt jemand schaffen soll, dann die beiden härtesten und erfolgreichsten Abenteurer der Welt?

Der Kontakt zwischen den beiden kommt einige Jahre zuvor eher zufällig zustande. Beide planen unabhängig voneinander eine Expedition in die Antarktis und verhandeln mit dem Münchner Filmproduzenten Jürgen Lehmann von der »Bavaria«. Lehmann knüpft den Kontakt zwischen Messner und Fuchs, und schon bald sitzen sie sich gegenüber und loten ihre Pläne auf Gemeinsamkeiten aus.

Bereits bei dieser ersten Begegnung finden sie einen Draht zueinander und beschließen, die Antarktis gemeinsam »zu erobern«. Fuchs vertraut dabei besonders auf Professionalität und Abgeklärtheit des Extrembergsteigers. Messner seinerseits freut sich, es mit einem erfahrenen Mann zu tun zu haben, der in arktischen Gefilden zu Hause ist. Beide wollen ihre Kräfte bündeln. Eigentlich soll das Projekt erst im Sommer 1989 der Öffentlichkeit vorgestellt werden, doch Robert Swan offenbart die Pläne bereits bei der Pressekonferenz nach der Nordpolexpedition in Resolute Bay. Swan, der als erster Mensch beide Pole zu Fuß erreicht hat, allerdings im Abstand von drei Jahren, ist von dem Projekt begeistert, kann es aber nicht so recht glauben, dass Arved bereits fünf Monate nach dem Nordpolgang eine fast dreimal so lange Strecke auf sich nehmen will.

Darin sind sich Mediziner aller Fachrichtungen einig: Es ist physisch wie psychisch nahezu unmöglich, dass ein Mensch rund 3000 Kilometer zu Fuß und unter den extremsten Klimabedingungen, wie sie in der Antarktis herrschen, bewältigt. Doch die Fachleute haben ihre Prognosen ohne den cleveren Fuchs gemacht. Der hat nämlich gelesen, dass schon Fritjof Nansen 1888 Segel auf seine Schlitten montiert hatte und so den Wind zu seinem Verbündeten machte. Auch in der Antarktis arbeitete man in jüngster Zeit mit Segeln der verschiedensten Ausführung. Der Nachteil ist jedoch, dass segelnde Schlitten bedingt manövrierfähig sind.

Fuchs trifft sich mit einem Berliner, der Grönland bereits mit einer Art Fallschirm als Segel durchquerte. Dabei handelt es sich um ein zehn Quadratmeter großes Skisegel, das mittels eines Steuerstabes kontrolliert wird. Der Steuerstab wird mithilfe einer Schlaufe und einem Karabinerhaken in einen Hüftgurt eingehängt. Bei diesem System wird nicht der Schlitten vom Wind gezogen, sondern der Läufer, der den Schlitten im Schlepp hat.

Wolf Beringer aus Lorch bei Stuttgart, der Konstrukteur des Systems, weist Fuchs persönlich in die »Geheimnisse« dieses Systems ein. Messner, der zu Anfang skeptisch ist, stimmt zu, nachdem er die Effizienz des Systems selbst getestet hat. Nach weiteren Tests bestellt Fuchs zwei zehn und zwei zwölf Quadratmeter große Schirme. Eine Entscheidung, die, wie sich später herausstellt, das Gelingen der Expedition überhaupt erst möglich machte.

Fuchs und Messner haben eine sinnvolle Aufgabenteilung vorgenommen. Arved beschäftigt sich mit Fragen der Ausrüstung, Ernährung und Logistik.

Reinhold übernimmt die Vermarktung sowie die Presse- und Öffentlichkeitsarbeit und kümmert sich um die Finanzierung der Expedition durch Sponsoren. Eines hat Fuchs dabei übersehen und auch nicht hinterfragt: Dass Messner die gesamte Pressearbeit, einschließlich des Fernsehens, in die Hände eines einzigen Journalisten gelegt hat: Wilhelm Bittorf vom »Spiegel«, mit dem Reinhold Messner seit Jahren befreundet ist ...

Doch die Vorbereitungen laufen schnell und effektiv. Reinhold gewinnt neben dem »Spiegel« außerordentlich erfolgreich weitere Sponsoren. Als nahezu unlösbares Problem erweist sich zunächst die Transportfrage von Südamerika zum Ausgangspunkt der Expedition in der Antarktis, eine Strecke von immerhin 3200 Kilometern.

Schließlich stößt Arved auf das kanadische Unternehmen »Adventure Network«, das auf Antarktisflüge spezialisiert ist. Die Kanadier fliegen mit einer betagten »DC 6«, Baujahr 1952. Arveds Verhandlungen mit dem Unternehmen führen hinsichtlich der Preisforderungen zu keinem akzeptablen Ergebnis. Messner übernimmt die Verhandlungen und kann sich am Ende mit der Gesellschaft einigen. Zur Sicherheit schließen Fuchs und Messner einen Vertrag mit »Adventure Network«, der sie gegen weitere Launen und Taktiken des Unternehmens absichern soll. Das »dicke Ende« soll noch kommen.

Am 16. Oktober 1989, nur fünf Monate nach Fuchs' Rückkehr vom Nordpol, verlassen Fuchs und Messner Deutschland in Richtung Punta Arenas, im Süden Chiles. Die Stadt ist Arved nicht fremd, bereits bei mehreren Expeditionen diente sie ihm als Ausgangspunkt.

Das gefährlichste ist der Flug – »... und sie fliegt doch«

Die beiden sind sauer, denn entgegen der vertraglichen Vereinbarung ist die »DC 6« noch nicht eingetroffen, obwohl bereits Vorkasse geleistet wurde. Die beiden Profis lassen sich jedoch nicht aus der Ruhe bringen und nutzen die Zeit, indem sie noch einmal Material und Ausrüstung durchchecken.

Endlich, kurz vor dem 21. Oktober, dem geplanten Starttermin, trifft die Maschine in Punta Arenas ein. Das Flugzeug macht keinen vertrauenserweckenden Eindruck. Wie Fuchs und Messner erfahren, war das Flugzeug bereits ausgemustert und stand in Miami/Florida auf einem Platz, den die Piloten »Corrosion Corner« nennen. Von dieser Rostecke holten sich die Leute von »Adventure Network« den Flugzeuggreis und brachten ihn mit bescheidenen Mitteln wieder zum Fliegen. Miteigner und Pilot Colin Campell zählt bereits 68 Lenze und hat sicherlich kaum weniger Flugstunden auf dem Buckel als sein Flieger. Er versichert immer wieder, wie sicher das Flugzeug sei.

Dieser optimistischen Einschätzung kann sich Fuchs nicht anschließen, als er das Cockpit mit seinen korrodierten Schrauben und Nieten besichtigt und erfährt, dass das Druckausgleichsystem für die Kabine nicht mehr funktioniere. Auch mit den Bordnavigationssystemen scheint etwas nicht zu stimmen. Als Fuchs dem Bordmechaniker auf die Frage, wie er in der Antarktis navigiere, erklärt, dass er das gerade neu entwickelte »Global Positioning System« GPS nutzen wolle, bekommt der Techniker große Augen und fragt, »ob das denn auch im Flugzeug funktioniert, denn unsere Instrumente spielen gerade verrückt«.

Fuchs, der auch in der Antarktis die bewährte Navigation mit dem Sextanten nutzen wird, hatte im Vorfeld der Expedition Kenntnis von dem militärischen Satellitensystem GPS erhalten, das nun auch dem zivilen Gebrauch zugänglich gemacht wurde. Ob GPS wegen der noch geringen Satellitenzahl und deren Ortung auch in polaren Bereichen und bei extremer Kälte funktioniert, ist im Jahre

1989 noch nicht hundertprozentig sicher. So kann Fuchs dem Mechaniker nicht bestätigen, dass GPS im Flugzeug funktioniert. Wenn überhaupt, mit einer von außen angebrachten Antenne. Fuchs' und Messners Zweifel an der Zuverlässigkeit der Gesellschaft wachsen. Sie hoffen, dass der Pilot und die beiden Mechaniker genauso am Leben hängen wie sie.

Am 28. Oktober, mit einer Woche Verspätung, startet die alte »DC 6«. »Und sie fliegt doch«, machen sich die beiden Abenteurer und die Mitreisenden Jürgen Bolz vom Südwestfunk und »Spiegel«-Redakteur Ulrich gegenseitig Mut. Doch der Blick aus den Kabinenfenstern verheißt nichts Gutes. Über die Tragflächen wabert in breiten Rinnsalen das Schmieröl, das eigentlich in die Motoren gehört. Nach vier Stunden wendet das Flugzeug und fliegt zurück nach Punta Arenas.

Das Wetter in der Antarktis habe sich plötzlich verschlechtert, und der Gegenwind habe zugenommen, so komme man nicht bis ans Ziel, ist die lakonische Begründung der Flugzeugcrew.

Wertvolle Zeit ging bisher verloren. Die Expedition sollte am Rande des Ronne-Schelfeises, in der Nähe der deutschen Filchner-Forschungsstation, starten. Von hier wollten Fuchs und Messner zunächst bis zu den 800 Kilometer entfernten Patriot Hills laufen, wo ein Zeltlager der »Adventure Network«-Leute auf sie warten würde. Von dort sollte es über die Thiel-Berge zum Südpol gehen. Auf der anderen Seite der Antarktis wollten sie zum Rand des Eiskontinents über den Mill-Beardmore-Gletscher marschieren und schließlich über das Ross-Schelfeis zur McMurdo-Bucht, ihrem Ziel. Die berechnete Gesamtdistanz beträgt 3400 Kilometer und muss während des antarktischen Sommers, der gut drei Monate währt, bewältigt sein. Falls sie ihr Ziel nicht spätestens Ende Februar erreichen, erwischt sie der polare Winter in seiner unbarmherzigen Härte. Ein Fortkommen aus eigener Kraft wäre dann kaum noch möglich.

Sie müssen umdisponieren. Statt über die Patriot Hills wollen sie vom Rand des Ronne-Schelfeises entlang des 40. Längengrades zum Pol marschieren. Damit hätten sie rund 400 Kilometer gespart. Sorgen bereiten ihnen der Übergang vom Ronne-Schelfeis zum antarktischen Hochplateau. Auf der ursprünglichen Route hätte es kaum Probleme gegeben. Auf der neu geplanten Route müssten zwei gewaltige Eisströme zum Plateau überwunden wären, die mit Sicherheit von unberechenbaren Spaltensystemen durchsetzt sind. Messners Vorschlag, entweder über den Foundation-Eisstrom oder den Support-Force-Gletscher aufzusteigen, wird verworfen, da Fuchs von den Grönlandgletschern weiß, welche Gefahren in diesen heimtückischen Labyrinthen lauern. Es kann sein, dass man »gegen Wände« läuft. Selbst wenn man Durchstiege findet, würde man mit den schweren Ausrüstungen wertvolle Zeit verlieren.

Am 30. Oktober soll es nun endgültig losgehen. In voller Polarmontur geht's zum Flughafen, Einladen der Ausrüstung und ... Pilot Colin erklärt, dass sich über der Drake-Passage schlechtes Wetter anbahnt – fliegen geht nicht. Diese Prozedur wiederholt sich ein weiteres Mal.

Am 2. November startet die »DC 6« Richtung Antarktis. Trotz schlechter Sicht erkennt Arved einige Berge, Seen und Fjorde seiner letzten Kajakexpedition in Feuerland. Die Drake-Passage ist vom Sturm zerrissen, die See ist weiß. Nach vier Stunden und 20 Minuten fliegt die Maschine eine scharfe 180-Grad-Kurve und fliegt ... Kurs Nord. »Das Wetter in der Antarktis wurde plötzlich so schlecht, es wäre zu gefährlich weiterzufliegen«, erklärt der 68-jährige Pilot. Etwas später macht sich ein eigenartiger Geruch im Flugzeug bemerkbar – ein Kabelbrand im Cockpit, wie sich später herausstellt.

Nach achteinhalb Stunden landet die Maschine wieder in Punta Arenas. Längst ist Fuchs und Messner klar, der Flug in die Antarktis ist bisher der gefährlichste Teil der Expedition. Massive Beschwerden beim Standort der »Adventure Network« in Kanada helfen nicht weiter, es gibt immer neue Ausflüchte. Vier weitere Zusagen, dass es jetzt losgehe, scheitern an defekten Generatoren, Radar- und Navigationssystemen.

Nachdem auch noch der Anlasser eines Flugzeugmotors seinen Geist aufgibt, ist die Stimmung der Expeditionsreisenden auf dem Nullpunkt. Ein Hollywoodregisseur könnte nichts Spannenderes erfinden. Sollen Fuchs und Messner jetzt aussteigen? Jeder an seinem Leben hängende Mensch hätte volles Verständnis dafür. Jeder normale Tourist würde keinen Fuß mehr in dieses »Donnerflugzeug« setzen. Doch Fuchs und Messner haben so viel Energie, Herzblut und Geld in diese Expedition gesteckt, dass sie einfach nicht aufgeben wollen.

Am 7. November 1989, mit fast dreiwöchiger Verspätung, erhebt sich die »DC 6« in die Luft und landet nach neun Stunden Flugzeit auf der Eispiste am Camp von »Adventure Network« in den Patriot Hills. Die Landung hatte sich etwas verzögert, da der Pilot wegen der dichten Wolkendecke zunächst die Landebahn nicht fand …

Die Patriot Hills gehören zu den Ellsworth-Bergen, denen auch der Mount Vinson zugerechnet wird. Deutlich heben sich die schwarzen Gebirgsformationen von der gleißenden Oberfläche des antarktischen Hochplateaus ab.

Bei 18 Grad minus und heulendem Wind entladen die Abenteurer das Flugzeug und ziehen ins Werkstattzelt, um ihre Sachen auszubreiten. Mit der kanadischen Gesellschaft war abgesprochen, dass Fuchs und Messner mit einer Twin Otter von den Patriot Hills zum Startpunkt der Expedition geflogen werden. Diese Maschine soll auch die Depots unterwegs einrichten. Nun stellt sich heraus, dass nicht die vereinbarte Menge Sprit in der Antarktis lagert. Weder für den Flug zum Startpunkt noch für die Flüge zu den Depots. Bezahlt hatten die beiden Abenteurer das Benzin längst im Sommer bei der Planung. Erneut stellt sich die Frage: Abbrechen oder weitermachen?

Es wäre ein Graus, unverrichteter Dinge nach Hause zu kommen. Nicht nur die Sponsoren wären enttäuscht und würden sich möglicherweise zurückziehen, in der Öffentlichkeit würden die beiden Abenteurer als Großmäuler verschrien werden, mit mangelndem Organisationsgeschick.

Arved Fuchs

Statt Abbruch Alternativroute

Mit dem Piloten der Twin Otter, einem kanadischen Buschpiloten, besprechen Fuchs und Messner eine Alternativroute, abhängig von seinem Aktionsradius. Man kommt überein, die Expedition direkt am Rande der Antarktis, wo das Ronne-Schelfeis auf den Kontinent trifft, zu starten. Auf diese Weise würde man die Strecke auf dem Ronne-Schelfeis aussparen, aber dieses zählt ja nicht zum Festland, sodass es immer noch zu einer echten Antarktisüberquerung kommen würde. Zwischen dem Startpunkt und dem Südpol liegen in 410 Kilometern Entfernung die Thiel-Berge. Hier werde »Adventure Network« ein Depot mit Proviant und Brennstoff einrichten, sofern es dem Piloten gelingt, die Sachen zu ordern ...

Erst am 13. November lassen es die Wetterbedingungen zu, die Twin Otter fliegt zum vereinbarten Startpunkt, es sind die Koordinaten 82° 05' südlicher Breite und 71° 58' westlicher Länge. Mitgekommen zum Start sind Jürgen Bolz und Ulrich Jaeger. Damit Kameramann Bolz den Start filmen kann, will er einen der Schlitten in eine günstige Position ziehen. Außer einem Ächzen und Stöhnen ein ungläubiges Kopfschütteln. Der Pilot kommentiert:»No, no it's for horses, Arved, it's for horses.« (Nein, nein, Arved, es ist für Pferde gedacht.) Der Vergleich ist gar nicht so abwegig. Das Zuggeschirr des Schlittens aus Nylonriemen umspannt die Schultern und ein breiter Gürtel die Hüften, das an den Druckstellen mit Schaumgummi gepolstert ist. In dieses Geschirr werden je zwei lange dünne Deichseln links und rechts der Hüfte geklickt. Damit haben sie sich vor einen Schlitten gespannt, der die Form eines flachen Ruderbootes hat. Unter der festgezurrten Plane enthält das Gefährt Proviant und Kochersprit für 40 Tage. Zu Anfang wiegt jeder beladene Schlitten zirka 120 Kilogramm, so viel wie ein neugeborener Elefant. Selbst, dass er um ein Kilo leichter wird, tröstet nicht wirklich.

Arved und Reinhold legen sich ins Geschirr, sie haben stolze 2500 Kilometer vor sich – wenn alles gut geht. Wenn sie es in 90 Tagen schaffen wollen, müssen sie pro Tag durchschnittlich mehr als 31 Kilometer zurücklegen. Es ist nicht bekannt, dass Menschen es unter diesen Bedingungen je geschafft hätten. Wie gesagt, Mediziner bezweifeln dies.

Die ersten drei Tage kommen sie nicht gut voran. Durch schlechtes Wetter und Sturm verlieren sie einen ganzen Tag, den sie im Zelt verbringen müssen. Das doppelwandige Zelt ist eine Spezialanfertigung einer italienischen Firma. Die Kuppelform ermöglicht eine optimale Raumausnutzung. Die vier Zeltstangen sind nur an den Enden teilbar, sodass ein rascher Auf- und Abbau möglich ist. Zusammengerollt entspricht es einer zwei Meter langen Wurst, die unkompliziert auf den Schlitten geschoben wird.

Am dritten Tag finden sie ihren Rhythmus – eine Stunde laufen, eine Viertelstunde Pause und so weiter. Die Bodenverhältnisse werden zunehmend schwieriger. Immer gehen sie über Sastrugi-Felder, das sind hart gefrorene wellenförmige Schneewehen, die bis zu zwei Meter hoch sind. Zwischen diesen Sastrugis hat der Schnee die Konsistenz von Sand. »Es ist so, als ziehe man zwischendurch einen Schlitten über den Strand von Sylt«, klagt Fuchs in Erinnerung an seine Jugendzeit auf der nördlichsten Insel Deutschlands.

Probleme tun sich mit Schuhwerk und Skiern auf. Die Inuit-Kamiks, mit denen man optimal laufen kann, passen nicht zu den Telemark-Skiern mit ihren schmalen Bindungen. Auch kann man mit diesen Skiern die teilweise quer und diagonal verlaufenden Sastrugis nicht bewältigen. Fuchs wechselt auf Tourenskier und feste Stiefel, die ihm wiederum hart und schwer vorkommen. Die Gelenke werden ordentlich strapaziert.

Pressearbeit (in einer Hand) mit »Deutungshoheit« – »Loser« & »Winner«

Das Gelände verläuft bergan bis auf 3300 Meter, von denen sie am sechsten Tag erst 500 Meter bewältigt haben. Die Segel können sie anfangs nur selten nutzen, der Wind ist entweder zu schwach oder kommt aus der falschen Richtung. Zeitweise ist es so stürmisch, dass sie ihr Zelt aufbauen müssen. Dabei verliert Reinhold eine Isoliermatte, sie entweht ihm uneinholbar. Im »Spiegel« wird später stehen, dass Fuchs die Matte verloren hat, obwohl Messner den Verlust als den seinen korrekt durchgefunkt hat. Einige Tage später verliert Reinhold das Schlittenrad mit dem wichtigen Kilometerzähler. Auch das hat laut »Spiegel« Arved verloren, obwohl auch Messner dieses korrekt gemeldet hat. Bereits vom ersten »Spiegel«-Bericht an wird offen und nuanciert der Eindruck vermittelt: hier der heldenhafte Messner, der Fuchs durch die Arktis führt, dort der unbeholfene Fuchs, der von Messners Gnaden mitgenommen wird. Unter anderem schreibt das Magazin:

»Reinhold Messner verbirgt nicht seine Ungeduld mit der Unzulänglichkeit der sterblichen Wesen, von denen er umgeben ist. Er, den auch die Antarktis nicht besiegen soll, träumt vom Alleingang durch die schweigende Unermesslichkeit. Doch er ist trotzdem entschlossen, mit Arved Fuchs erst einmal bis zum Südpol zu gehen, wenn der die Zähne weiterhin so tapfer zusammenbeißt wie bisher.«

Doch Fuchs weiß von alledem noch nichts, und die Männer halten im Wesentlichen zusammen und haben Vertrauen zueinander. Allerdings ergibt sich eine Meinungsverschiedenheit hinsichtlich des »ökonomischen Laufens«. Arved, der in seinem Leben viele tausend Kilometer durch arktische und andere Gefilde marschiert ist, weiß, wie wichtig es ist, seine Kräfte von Anfang an einzuteilen. Man schafft große Distanzen nur, wenn man mit seinen Energiereserven sparsam umgeht. Gönnt man dem Körper von Anfang an Pausen, obwohl sich eine Erschöpfung noch lange nicht abzeichnet, kann der »Akku« zwischendurch immer wieder aufgeladen werden.

Der Körper stellt so seine Energiereserven in kleinen Dosen bereit und wird nicht so schnell ausgezehrt. Man muss den Kopf für diese Pause einsetzen und nicht erst rasten, wenn die Knie wackeln.

»Ich behalte immer die Gesamtdistanz und -belastung der Expedition im Auge, denn zusammengerechnet wird das Ergebnis erst am

Ende«, versucht Arved seinem Kumpel die Strategie zu vermitteln. Reinhold seinerseits wird nach einer Stunde immer kalt, da seine Kleidung dünner ist, und er möchte lieber zwei Stunden laufen und dann eine Pause einlegen.

Beide haben eben unterschiedliche Erfahrungshintergründe. Was in den Bergen und auf kürzeren Distanzen durchaus seine Berechtigung hat, muss keinesfalls in der Antarktis seine Gültigkeit besitzen. Da eine Einigung unabdingbar ist, schließen die beiden einen Kompromiss. In den ersten beiden Stunden zusammenhängend laufen und dann pausieren, um anschließend wieder in den Stundenrhythmus einzutakten.

Doch richtig vom Tisch ist das Thema noch nicht. Reinholds Pausen werden immer kürzer, und er läuft ständig voraus. Arved lässt ihn gewähren und versucht bewusst, das Tempo ein wenig zu drosseln. Auch hat Fuchs das Gefühl, dass Messner sich wohler fühlt, wenn er immer der Erste ist. Ihm ist es schlicht egal. »Ich bin hier nicht zum Wettlauf durch die Antarktis angetreten, den am Ende niemand gewinnen kann«, versucht er sich und Reinhold immer wieder klarzumachen. »Wir sind mal gerade zwölf Tage unterwegs. Zwölf Tage von 90, 100 oder gar 110 Tagen, wer weiß das zu diesem Zeitpunkt schon genau?«

»Obwohl wir über diese Frage öfter diskutieren, erwächst daraus kein Problem zwischen uns. Jeder läuft seinen Trott«, wird Arved Fuchs später zu Papier bringen.

Dass Reinhold vorausläuft, hat für Arved sogar einen gewissen Vorteil. Er ist für die Navigation der Expedition verantwortlich. Niemals würden sie am Südpol oder am verabredeten Depot in den Thiel-Bergen ankommen, wenn Arved nicht exakt navigieren würde. Auf das neue GPS-System, das wegen der Satellitenkonstellation nicht zu jeder Zeit abrufbar ist, verlässt sich Arved nicht. Er navigiert mit Sextant und Kompass. Dabei kommt ihm Reinhold als anpeilbarer Fixpunkt in der endlosen Eiswüste sehr gelegen.

Eine Expedition wie diese sollte aus verschiedenen Gründen dokumentiert werden. Bereits am ersten Abend des Marsches zieht

Reinhold ein Schreibheft hervor. Dies sei eine Art Logbuch, kein Tagebuch, in dem er Fakten notiere über Temperatur, Geländebeschaffenheiten, Wetterverhältnisse, Positionsangaben und Ähnliches. Diese Aufzeichnungen seien für den »Spiegel«-Redakteur bestimmt, ein persönliches Tagebuch führe er extra. Ob Arved auch ein derartiges Buch führen wolle? »Nein, wenn einer das führt, dürfte es ausreichen«, entgegnet Arved. Sein persönliches Tagebuch wolle Arved nicht aus der Hand geben. »Nie käme mir in den Sinn, Reinhold zu fragen, was er in das Buch schreibt«, notiert Arved später in seinen Erinnerungen. Er vertraute der Auskunft seines Kollegen, und damit war die Sache für ihn erledigt.

Zwischendurch erfahren sie über Funk, dass die Grenzen der DDR offen seien und dass sich auch die Tschechoslowakei öffnet. Das Ganze klingt ihnen verworren, und sie können sich keinen Reim darauf machen. Sie leben hier in einer anderen Welt.

Es geht voran – aber nicht ohne Schmerzen

Nach einigen Tagen bilden sich an Arveds Fußballen Blutblasen. Sie sitzen tief und schmerzen. Bei der Nordpolexpedition hatten sie Misha, den Chirurgen, dabei. Das war angenehm, hier muss Arved sich selber helfen. Reinhold schlägt vor, dass Arved mit einer Stopfnadel einen Zwirnsfaden durch den Ballen ziehen soll, damit Blut und Wasser ständig über Faden herauslaufen können. Gesagt, getan, Arved legt seine »Lunte«, wie er sie nennt. Dabei fließt mehr Blut als Wasser aus den Blasen, aber es verschafft Linderung. Tagsüber beim Laufen entwickelt sich jedoch neuer Druck, und es tut wieder weh. Ursache sind die Stiefel. Sie sind steif und fest und passen sich nicht dem Fuß an. Arveds Stiefel sind zwar von der Schuhgröße her okay, aber sie eignen sich nicht zum Schlittenziehen.

Reinhold trägt zwar denselben Stiefeltyp, hat aber kleinere Füße, da ihm die Zehen fehlen. Daher sind seine Stiefel erheblich leichter. Arved beklagt sich nicht, da er weiß, dass solche Unannehmlichkeiten, die mit Schmerzen verbunden sind, bei jeder Expedition dazugehören.

Ihr nächstes Ziel sind die Thiel-Berge. Obwohl es längere Zeit keinen Funkkontakt gibt, hoffen sie inständig, dass sich die Nachschubfrage zwischenzeitlich geklärt hat und das kleine Flugzeug seine Fracht zum vereinbarten Depot bringen kann. Falls das nicht klappen sollte, müssten Fuchs und Messner auf ihre eiserne Ration zurückgreifen und mit ihren Schirmen zurück zu den Patriot Hills gleiten, so der Wind es zulässt. Das wären 600 Kilometer.

Als sie am 29. November den 84. Breitengrad überqueren, kommen sie den Ausläufern der Thiel-Berge immer näher. Bis zum Südpol sind es noch sechs Breitengrade oder 666 Kilometer Luftlinie. Dagegen liegen die Thiel-Berge in 120 Kilometern zum Greifen nahe. Obwohl sie nicht sonderlich gut vorankommen, sind es am 4. Dezember nur noch 52 Kilometer, die sie vom geplanten Depot trennen. Endlich regt sich etwas im Äther, es ist aber nicht der ersehnte Kontakt zu den Patriot Hills, sondern es meldet sich Will Steger von der Expedition »Transantartica«, mit der Fuchs und Messner in Punta Arenas und auf dem Flug in die Antarktis freundschaftliche Kontakte hatten.

Diese Expedition ist total anders angelegt als die der beiden. Mit einem bombastischen Aufwand an Geld und Logistik wollen sechs Männer aus sechs Nationen in sechs Monaten 6000 Kilometer der Antarktis mit Hunden und Schlitten durchqueren – es ist die längste Durchquerung des sechsten Kontinents überhaupt. Steger, der ebenfalls durch »Adventure Network« versorgt wird, hatte auch längere Zeit keinen Funkkontakt mit den Patriot Hills. Und das Gelände in den Thiel-Bergen, das die Expedition auf dem Weg zum Südpol bereits passiert hat, sei übersät mit Sastrugis. Die Hoffnung stirbt zuletzt.

Am 5. Dezember befinden sich Fuchs und Messner 26 Kilometer vor den Thiel-Bergen – und bekommen endlich Funkkontakt. Das Depot werde zwar erst morgen eingerichtet, aber den beiden fällt ein Stein vom Herzen, dass genügend Brennstoff geordert werden konnte, denn das war die größte Sorge.

Am nächsten Tag – kurz vor dem Ziel – lassen sich Arved und Reinhold vom Segel ziehen, und Arveds Skispitze hakt hinter einer Bodenwellwelle fest – der Drachen zieht nach vorne, der Schlitten nach hinten, die Bindungen springen auf. Arved wird wie im Wildwestfilm am Lasso hinter einem Pferd her gezogen. Dabei prallt er mit dem Oberschenkel gegen die scharfe, eisige Kante eines Sastrugis. Mit starken Schmerzen und schwer geprelltem Muskel geht er weiter. Gut, dass er sich nichts gebrochen hat – die Expedition wäre zu Ende. Auch Reinhold hat genug und rollt das Segel ein. Kurze Zeit später erreichen sie bei aufkommendem Sturm die gelandete Twin Otter. Zusammen mit den zwei Piloten bauen sie ein Zelt auf – und lassen sich's erst einmal gut gehen. Hier haben Fuchs und Messner eine Ruhepause von zwei Tagen eingeplant.

Neben dem Proviant haben die Piloten Post und kleine Geschenke aus Punta Arenas mitgebracht. Während Arved Kaffee kocht, gibt Reinhold vom Flugzeug aus einen Lagebericht ab. Es handele sich lediglich um Fakten, die von Patriot Hills an den »Spiegel«-Redakteur in Punta Arenas weitergeleitet werden, wie er sagt. Als Fuchs viel später die Reportage liest, fällt er aus allen Wolken.

Hier dreht sich alles um Fuchs' Füße. »Wund gelaufen vom Ballen bis zur Ferse«, soll der Pilot angeblich gesagt haben. Der hat jedoch die Füße gar nicht gesehen und ist auch nicht der Typ, der so etwas aus der Luft greift. Weiter heißt es in der Reportage, dass Messner sofort weitergehen wollte, aber mit Rücksicht auf Fuchs' Zustand der Rast zugestimmt hätte.

Fuchs kann nicht glauben, was er später liest, da ein sofortiges Weitergehen allein aus organisatorischen Gründen nicht möglich gewesen wäre. Denn sie müssen umpacken, sortieren, reparieren und eine Vielzahl von Arbeiten durchführen. Rasttage dienen nicht nur der Erholung, sondern der Kontrolle der Ausrüstung und der Vorbereitung auf die neue Etappe.

Ökonomie des Laufens – zweitbeste Route – es wird nicht einfacher

Am 8. Dezember kehrt das Flugzeug zurück, um das ramponierte Zelt auszutauschen, überschüssigen Proviant und den Müll mitzunehmen. An dieser Stelle lobt Fuchs die Gesellschaft »Adventure Network«, die sich in Sachen Müllentsorgung vorbildlich verhält. Aus Patriot Hills fliegt die Firma sogar Fäkalien tiefgefroren nach Punta Arenas. In der Antarktis lässt sie nichts zurück. Auch das Kurzwellenfunkgerät geben die beiden den Piloten mit, da es sich auf dem bisherigen Weg schlicht als untauglich erwiesen hat.

Stattdessen nehmen Fuchs und Messner einen Argos-Sender, mit dem Fuchs bereits während der Nordpolexpedition gute Erfahrungen gesammelt hat. Durch diesen Sender weiß die Außenwelt, an welcher Stelle sich die Polmarschierer befinden. Lediglich ein kleines UKW-Funkgerät verbleibt bei der Expedition, um im Notfall vorüberfliegende Flugzeuge ansprechen zu können. Die Wahrscheinlichkeit, eines zu treffen, ist jedoch eher gering.

Nach ihrem Aufbruch am 9. Dezember, dem 36. Tag ihrer Expedition, stellen die Abenteurer fest, dass die Anlage des Depots in den Thiel-Bergen eine unglückliche Entscheidung gewesen war. Das Gelände ist durchsetzt von tiefen Spalten und Eisverwerfungen. Es ist mühsam, den schweren Schlitten aufwärts zu ziehen, und gefährlich, wenn es nach unten geht. Zu leicht kann man sein Gefährt ins Kreuz bekommen und zudem in die Tiefe gerissen werden.

Reinhold ist mit Arveds »Ökonomie des Laufens« zunehmend unzufriedener. Der Südtiroler hat Bedenken, den Pol nicht rechtzeitig zu erreichen, und will statt des 60-Minuten-Rhythmus 75 Minuten laufen und möglichst kürzere Pausen machen.

Ein Konflikt liegt in der Luft, den Fuchs vermeiden möchte, daher stimmt er der »75-Minuten-Regelung« zu. Bei den 15-Minuten-Pausen bleibt er, weil noch gut zwei Drittel des Weges vor ihnen liegen und die Einteilung der Kräfte von höchster Priorität ist. Durch die unterschiedliche Gangweise ist Reinhold oftmals weit voraus, was aber am Ende nichts bringt, denn die Rast mit allen Vor- und Nebenarbeiten müssen beide organisieren.

Oftmals wirkt Fuchs' Gelassenheit provozierend auf Messner. Dennoch ist und bleibt der Norddeutsche der »ruhende Pol« in der Zweckgemeinschaft der beiden Abenteurer.

Zu der selbst auferlegten Schinderei des Marsches macht beiden der extrem niedrige Luftdruck zu schaffen. Auf der Höhe von 2100 Metern, bis zum Pol sind es noch weitere 700 Höhenmeter, schätzt der bergerfahrene Messner, dass dies einer alpinen Höhe von mindestens 3000 Metern entspricht. Zu allem Ärger fangen die filigranen Skibindungen an zu brechen.

Die zunehmende Höhe bringt zunehmende Kälte von 25 bis 30 Grad minus mit beißendem Wind, der den Chilleffekt nach oben treibt, sodass Fuchs' Nasenspitze erstmalig bei dieser Expedition erfriert. Ohne Gesichtsmasken halten sie es nicht mehr aus. Es sind Spezialanfertigungen, bestehend aus einer Skibrille mit integriertem Plastikschutz, der Nase, Wangen und Kinnpartie gegen Wind und Kälte schützt. Von innen ist der Kunststoff mit Gore-Tex verkleidet. So kann Feuchtigkeit nach außen, aber kein Wind nach innen dringen.

Am 24. Dezember sind es nur noch rund 180 Kilometer bis zum Südpol. »Ich weiß gar nicht, wann ich Weihnachten das letzte Mal zu Hause gefeiert habe«, schreibt Fuchs in sein Tagebuch. »Nächstes Jahr will ich wieder dabei sein. Ich möchte endlich mal wieder diesen Trubel und die Feierlichkeit im Rahmen der Familie mitmachen«, verspricht er sich selbst.

Es hat sie dann doch erwischt, die beiden hartgesottenen Männer, das Fest des Friedens und der Liebe. »Reinhold backt aus Müsli, Schokolade und Wasser einen Kuchen, und als er fertig ist, freuen wir uns wie die Kinder, teilen ihn unter uns auf und genießen jeden einzelnen Bissen«, vertraut Fuchs seinem Buch an.

Der Südpol lacht – mit 22 Stunden Sonne am Tag

Die nächsten Tage zieht der arktische Wettergott noch mal alle Register: Kaltes und mildes Wetter wechseln einander ab. Nebel, Gegenwind und ebenso starken Rückenwind, der sie dann schließlich nach mehr als 1000 Kilometern an 48 Tagen zum heiß ersehnten südlichsten Punkt der Erdkugel bringt. Bei ihrer Ankunft am 30. Dezember 1989 ist es in Mitteleuropa Mittagszeit, hier trotz hellstem Sonnenschein Mitternacht. Die Sonne behält zu diesem Zeitpunkt am Pol 22 Stunden lang exakt die gleiche Höhe und kreist lediglich 360 Grad um diesen magischen Punkt.

Jürgen Bolz und Ulrich Jäger sowie die Leute von »Adventure Network« kriechen schlaftrunken aus ihren Zelten, um das Abenteurerpaar zu begrüßen. Doch dann kennt der Jubel keine Grenzen. Fotoapparate klicken unentwegt, Kameras surren und halten die Szenerie fest. Die Ankunft der Abenteurer spricht sich bei den Mitarbeitern der amerikanischen Südpolstation, der »National Science Foundation« (NSF), wie ein Lauffeuer herum. Auch sie wollen diesen Augenblick der Ankunft nicht verpassen und bilden bis zum »Nagel«, der den Südpol markiert, ein Spalier.

Dagegen ist die Führung der NSF keineswegs erfreut. »Sie sind keine willkommenen Gäste«, wird ihnen unmissverständlich übermittelt. Man fürchtet wohl Nachahmer und möchte keine noch so geartete Form von »Tourismus« am Südpol haben. »So verständlich das ist, mutet es schon recht seltsam an, dass hier eine Leistung, die niemand auch nur im Ansatz für möglich gehalten hat, derart ignoriert wird«, sind sich Fuchs und Messner einig.

Dafür umsorgen die Mitarbeiter der Station die beiden umso mehr und versorgen sie mit Essen und Trinken und Schlafplätzen.

Nach 50 Tagen dürfen sie zum ersten Mal duschen. »Wenn man mich fragt, was ich mit dem Begriff ›Kultur‹ assoziiere, fällt mir auf jeden Fall als Erstes eine ›warme Dusche‹ ein«, konstatiert Fuchs, ohne zu zögern. Ein Blick in den Spiegel zeigt Fuchs, dass sämtliche Fettreserven seines Körpers aufgebraucht sind, er ist abgemagert bis auf die Knochen. Nachdem etwas Ruhe eingekehrt ist, befassen sich Fuchs und Messner mit Postsendungen, die hierher gebracht wurden. Besonders fesseln Fuchs die Nachrichten aus Europa. Die dramatischen Entwicklungen in der DDR und Rumänien sind für Fuchs hier am Ende der Welt kaum fassbar. Wie oft hat er seine in Westberlin lebenden Schwestern besucht und sich gewünscht, nicht mehr die Schikanen der Vopos an der Grenze erleben zu müssen. Wie oft hat er davon geträumt, einmal durch das Brandenburger Tor und weiter bis »Unter den Linden« zu gehen? Alles das soll jetzt Wirklichkeit sein? Kaum zu glauben. »Der Zug der Geschichte fährt an mir vorbei, und ich stehe ein wenig albern und hilflos hier am Südpol mit einem Apfel in der Hand«, vertraut er seinem Tagebuch an.

Auch wenn Arved Fuchs es nicht wahrhaben will, die erste Berichterstattung des »Spiegel«, die er hier erstmalig in den Händen hält, berührt ihn sehr. »Messner der Held«, »Fuchs der Loser« entspricht nach seinem Empfinden nicht den Tatsachen. Er beginnt zu kombinieren, wer, was, wann derart verzerrt übermittelt haben könnte. Dass dabei der Redakteur die Verantwortung trägt, ist naheliegend. Denn dieser ist seiner journalistischen Sorgfaltspflicht, bei Fuchs nachzufragen beziehungsweise abzugleichen, nicht nachgekommen. Gleichzeitig weiß Fuchs, wenn das Verhältnis zu seinem Partner von nun an durch Misstrauen geprägt ist, können sie beide die Expedition an dieser Stelle beenden. Denn der weitaus längste und möglicherweise schwierigste Teil ihrer Expedition liegt noch vor ihnen. Das schafft man nur, wenn man sich bedingungslos vertraut.

Am Tag nach ihrer Ankunft stürzt sich die aus etwa hundert Leuten bestehende Polbesatzung in die Silvesterfeier. Fuchs und Messner lassen sich von der Fröhlichkeit der Menschen anstecken und können für einige Stunden die Anstrengungen der Expedition ausblenden. Bei hellstem Sonnenschein das neue Jahr zu begrüßen, das hatten sie beide noch nicht erlebt.

Die drei Tage, die sie am Pol verweilen, sind ausgefüllt mit Reparaturarbeiten an ihren Gespannen und der Ausrüstung; Proviant

Reinhold Messner und Arved Fuchs am Südpol, den sie am 30. Dezember 1989 erreichen. Sie liefen 1000 Kilometer an 48 Tagen. 1800 Kilometer bis zum Ross-Schelfeis liegen noch vor ihnen.

und Brennstoff werden aufgefüllt. In der Sporthalle der Station halten Fuchs und Messner einen Vortrag und beantworten Fragen. Für den »Spiegel« und die Filmdokumentation beantworten sie zahlreiche Fragen auf einem Tonband. Nicht sehr amüsiert findet Fuchs die Frage nach ihrer sexuellen Enthaltsamkeit während der Expedition. Etwas überempfindlich notiert Fuchs in seinem Buch »Von Pol zu Pol«: »Da gibt es schon eine Menge anderer Themen, über die ich mir während einer Expedition Gedanken mache. Aber dieses Thema hat dabei wirklich keinen Platz. In der eisigen Umklammerung der Antarktis führen wir das Leben eines Mönchs. Unsere Aufmerksamkeit konzentriert sich ausschließlich auf unsere unmittelbaren Bedürfnisse, voranzukommen, durchzuhalten und trotz aller Qualen mit sich und untereinander in Harmonie zu bleiben. In dieser Situation freuen wir uns über eine grandiose Landschaft, den warmen Schlafsack, Sonne nach Sturm, einen Schluck heißen Tee, ein freundliches Wort oder eine nette Geste. Für Erotik bleibt, zumindest bei mir, kein Gedanke übrig. Die Nähe von Menschen sehne ich durchaus herbei, auch Zuneigung und Zärtlichkeit; das aber auf rein sexuelle Vorstellungen zu reduzieren, erscheint mir in dieser Situation abwegig.

Mir wird mit einem Mal klar, wie weit Wilhelm Bittorf nicht nur räumlich, sondern auch geistig von uns getrennt lebt. Vielleicht hätte er wie Jürgen Bolz und Ulrich Jäger die Unbequemlichkeit eines Antarktisfluges auf sich nehmen sollen, um die Landschaft und das Leben hier am eigenen Leibe zu erfahren. Damit wäre er der Thematik, über die er schreibt, nahe genug gekommen, um ein Gespür dafür zu bekommen, worum es geht. Wie kann jemand über eine so extreme Erfahrungswelt, über die mit der Antarktis verbundenen Gefühle und intimsten Geschehnisse schreiben, wenn er sie nie erlebt hat?«

Hier hat sich Fuchs verständlicherweise seinen Frust über die Art und Weise der Berichterstattung von der Seele geschrieben. Als er einige Jahre später von Schülern eine ähnliche Frage nach der Sexualität während einer Expedition gestellt bekommt, antwortet er knapp und klar: »Eiskalt.«

Auf die Frage Ulrich Jägers vom »Spiegel«, ob er sein Tagebuch rausschicken möchte, erwidert Fuchs, dass Messner ja sein Logbuch zur Verfügung gestellt habe, sein Tagebuch sei privater Natur. Dass Messners so genanntes »Logbuch« eine Mischung aus Tagebuch und Logbuch ist, weiß Fuchs zu diesem Zeitpunkt noch nicht.

Wider Erwarten werden Fuchs und Messner am 3. Januar, dem Tag ihres Aufbruchs, doch noch vom NSF-Leiter zum Plauderfrühstück eingeladen. Von seinen Mitarbeitern erhalten sie ein neues Thermometer und die neuesten Klimadaten.

Vom Südpol zum Schelfeis – dieser Weg wird kein leichter sein

War der 1000 Kilometer lange Weg zum Südpol bereits eine Tortur, so sind der weitere Anstieg auf das antarktische Hochplateau (es sind noch 500 Höhenmeter zu überwinden) und der Abstieg über Gletscher, die noch nie ein Mensch betreten hat, eine neue Herausforderung. Per Luftlinie misst die Strecke über den restlichen Teil des Kontinents rund 900 Kilometer und über das anschließende Ross-Schelfeis noch einmal 600 Kilometer. Die tatsächliche Strecke, die sie laufen werden, beträgt rund 1800 Kilometer.

Um vom antarktischen Winter nicht überrascht zu werden, der häufig übergangslos eintritt, müssen Fuchs und Messner Mitte Februar, spätestens in der zweiten Hälfte des Monats, ankommen. Der Polarforscher Robert Falcon Scott benötigte Anfang des Jahrhunderts für diese Strecke 78 Tage und kam dabei um. Robert Swan, mit dem Fuchs am Nordpol war, brauchte in umgekehrter Richtung 70 Tage.

Den beiden Marschierern bleiben 45, maximal 50 Tage, um rechtzeitig in der McMurdo-Bucht, am Rande des Schelfeises, anzukommen, wo sie ein Forschungsschiff von der italienischen Forschungsstation »Terra Nova« nach Neuseeland mitnehmen will. Sollten sie dieses schaffen, haben sie neue Maßstäbe des polaren Reisens gesetzt. Ausgiebig besprechen sie Notfallszenarien. Sollten sich ihre Positionen auf dem Weg vom Pol vier Tage nicht ändern, hieß es: »Holt uns mit dem Flugzeug heraus.« Falls sie den Beardmore-Gletscher nach dem 30. Januar erreicht haben und drei Tage lang keine messbare Bewegung eingetreten ist, wäre vom gleichen Szenario auszugehen.

Einen entscheidenden Vorteil gegenüber allen bisherigen Expeditionen haben die beiden Marschierer. Auf dieser Seite des antarktischen Kontinents weht der Wind zumeist aus südlicher Richtung, sodass sie ihre Segelschirme einsetzen werden. So weit die Theorie. Doch weht der Wind zu stark und ist die »Piste« zu uneben, sind fürchterliche Stürze mit unabsehbaren Folgen einzukalkulieren.

Bei ihrem Start am 3. Januar ist die gesamte Polbesatzung auf den Beinen. Kleine Naschereien sollen ihnen den Weg versüßen. Hier dasselbe Erlebnis wie beim Start zum Südpol. Als zwei Amerikaner ihre 125 Kilogramm schweren Schlitten in die Startposition ziehen und dabei außer Atem geraten, ahnen sie, auf was sich Fuchs und Messner da eingelassen haben.

Der Start klappt gut, am dritten Tag haben sie dank des Windes bereits 160 Kilometer und 300 Höhenmeter geschafft. Sie stehen jetzt 3077 Meter über dem Meeresspiegel. Doch die Bedingungen werden ungünstiger. Zeitweise ist es windstill, oder der Wind kommt aus der falschen Richtung. Fuchs, der Seemann, nimmt es hin, Messner der Bergsteiger, hadert mit der Situation und versucht immer wieder zu analysieren, woran es wohl liegen könnte. Es bauen sich Spannungen auf, wobei die nahezu stoische Gelassenheit des Norddeutschen auf den Südtiroler geradezu provozierend wirkt.

Am 10. Januar haben sie den 3300 Meter hohen Zenit des Hochplateaus erreicht. Der Partialdruck des Sauerstoffs entspricht dem Druck von mindestens 4500 Metern in den Alpen, analysiert Fachmann Messner. Jetzt geht es abwärts, wenn auch unmerklich, aber es hat einen psychologischen Effekt, dass man sich unaufhaltsam dem Meer nähert.

Am 12. Januar setzt wieder der herbeigesehnte Wind ein, und sie kommen 104 Kilometer voran. Fuchs navigiert den Mount Ward als Ansteuerungspunkt für den Einstieg in den Mill-Gletscher an. Als sie den 86. Breitengrad überschreiten, liegt es vor ihnen, das Transantarktische Gebirge in seiner ganzen Ausdehnung. Das Auge hat wieder Formen, an denen es sich festhalten kann, Fuchs bessere Bezugspunkte zum Navigieren.

Dann erleben sie einen Sturm, der das Zelt von innen und außen vereisen lässt. Ihnen bleibt nichts erspart, sie fühlen sich zeitweise wie nichts als ein Spielball der Natur. Als der Sturm schließlich abflaut und Segeln möglich ist, geraten sie auf schlimmes Gelände. Harte Schneeauflage wechselt mit Eisplatten, auf denen Skier keinen Halt mehr finden. Das Gelände ist wie eine Buckelpiste. Höcker, kurze, steile Abhänge, Eisplatten und die gefürchteten steinharten Sastrugis. Mehrmals stürzen sie schwer und haben Glück, dass es bei Blessuren bleibt. Knochenbrüche oder andere schwere Verletzungen wären nicht auszudenken.

Es geht abwärts – auch Glaziologen können irren

Endlich haben sie den Rand des Hochplateaus erreicht. Sie werden für ihre Höllenfahrt entschädigt. Vor ihnen breitet sich der Mill-Gletscher aus. Nie zuvor haben Menschen diesen Gletscher auf dieser Route begangen. Shackleton, Scott und Swan hatten den benachbarten Beardmore-Gletscher als Aufstieg beziehungsweise Abstieg vom Hochplateau gewählt.

Fuchs und Messner wählen die Route aufgrund einer Empfehlung des englischen Glaziologen Charles Swithinbank, der beide Gletscher in den vergangenen Jahren abgeflogen hat. Am Fuß des Mill-Gletschers hat Swithinbank Untersuchungen angestellt und dort Bambusstangen verankert, die Rückschlüsse auf die Eisveränderungen zulassen sollen. Fuchs und Messner haben sich bereit erklärt, die Stangen zu vermessen.

Für den direkten Abstieg auf das Ross-Schelfeis sollen die beiden nach Swithinbanks Empfehlung den Beardmore-Gletscher nehmen, der mit dem Mill-Gletscher über eine Mittelmoräne verbunden ist und mit seinen 160 Kilometern zu den längsten Gletschern der Erde zählt. Eine fatale Empfehlung, wie sich noch herausstellen soll.

Zunächst läuft es ganz gut, sie können segeln, kommen gut voran. Doch dann erleben sie den gefährlichsten Teil ihrer Expedition. Schneebrücken über gähnende Abgründe, von denen man nicht weiß, ob sie Mann und Schlitten aushalten. Jeder wählt »seine Brücken« und ist sich der Gefahr bewusst. Wenn eine Brücke bricht, bedeutet das den sicheren Tod. Ein schwarzer Schlund, der einen für immer verschlingt. Nicht, dass es besser wird, die Spalten und Eisbrüche nehmen Dimensionen an, die ganze Häuser verschlingen würden.

Als schlimmster Tag soll sich der 23. Januar erweisen. Für Auf- und Anstiege müssen sie sich so genannte Grödel (das sind Steighilfen mit Metallzacken) unterschnallen, die ein Abgleiten beim Auf- oder Abstieg verhindern sollen. Da unterdimensioniert und von schlechter Qualität, brechen dauernd Zacken aus den Grödeln. Schritt für Schritt wird zum Martyrium, zumal auch Füße und Knie schwersten Belastungen ausgesetzt sind. Der Schmerz ist ihr ständiger Begleiter.

Bei dichtem Nebel, der nicht selten aufkommt, sind Eisbrüche oftmals erst zu erkennen, wenn die Skispitzen bereits über den Abgrund ragen. »Oft schlägt mir das Herz bis zum Hals«, schreibt Fuchs, den so leicht nichts umhaut, in sein Tagebuch.

Reinholds Schlitten ist ziemlich ramponiert; um ihn zu entlasten, übernimmt Arved einen Teil der Ausrüstung auf seinen Schlitten. Das geschieht bei der Expedition, wie selbstverständlich, wechselseitig. Als Fuchs auf dem Weg zum Südpol seine lädierten Füße entlasten musste, hatte ihm Messner einen Teil der Last abgenommen.

Endlich, am 25. Januar, haben sie die Shackleton-Route erreicht, das Gelände ist eben, und leichter Wind unterstützt ihr Fortkommen. Schließlich passieren sie die »Granite Pillars«, das sind natürliche Granitsäulen, die das Ende des Gletschers markieren. Auf einem Schneefeld unterhalb des Mount Hope haben sie den Übergang vom Beardmore-Gletscher zum Ross-Schelfeis erreicht. Die Breitengradkoordinaten lauten 83° 33'.

Kontinent durchquert –
»nur« noch 600 Kilometer Schelfeis

Arved Fuchs und Reinhold Messner haben an dieser Stelle als erste Menschen nach 74 Tagen den antarktischen Kontinent zu Fuß durchquert. Zwar haben sie jetzt noch 600 Kilometer auf dem Schelfeis bis zur McMurdo-Bucht vor sich, doch das schreckt sie nicht mehr ab. Der Proviant reicht noch für 20 Tage, bei vollen Rationen. Falls es länger als geplant dauert, müssten sie die Verpflegung strecken. Allerdings leiden sie unter dauerndem Esszwang. Ihre Körper sind ausgemergelt, sie sind ständig hungrig und könnten pausenlos essen. Fuchs kennt das Gefühl von früheren Expeditionen. Hat der Körper einen gewissen Magerkeitsgrad erreicht, reagiert er mit wölfischem Hunger. Gäben sie dem Hungergefühl nach, wären ihre Vorräte bald aufgezehrt, der Notfall würde eintreten.

Das Wetter ist auch auf dem Schelfeis ausgesprochen launisch und wechselhaft. Mal bläst der Wind, mal ist es windstill, sodass Segeln nicht möglich ist. Fuchs nimmt es hin, da er verinnerlicht hat, dass man gegen die Launen der Natur machtlos ist, gleichzeitig ist er zuversichtlich, dass die Bilanz des Windes ausreichen wird, sie zum Ziel zu bringen. Um seine Kraftreserven nicht aufzuzehren, bleibt er bei seiner Ökonomie des Laufens. Er kann und will Messner nicht beweisen, dass die Nichtbeachtung dieser Strategie zum Desaster führen kann.

Messner seinerseits hat diese Gelassenheit nicht und interpretiert Fuchs' Abgeklärtheit als Fahrlässigkeit beziehungsweise Schwäche. Der Südtiroler glaubt unendliche Kraftreserven zu besitzen und möchte vom 1. Februar an täglich zehn Stunden laufen, sollte der Wind ausbleiben. Der unendlich lange Marsch durch eine extrem lebensfeindliche Welt fängt an, seinen Tribut zu fordern. Die unterschiedlichen Charaktere dieser außerordentlich starken Persönlichkeiten treten immer mehr zutage. Sie müssen aufpassen, sich nicht aufzureiben, sind auf Gedeih und Verderb darauf angewiesen, ihren Gang, den kaum jemand für möglich gehalten hat, zu Ende zu führen.

Doch nicht nur die Windverhältnisse sind unberechenbar, sie müssen einen 26-stündigen Orkan von über zwölf Windstärken abwettern, auch steigende Temperaturen machen den Schnee zeitweise so klebrig, dass das Laufen zur Qual wird. Füße, Beine, Gelenke, Arme und Hände, alles tut ihnen weh. Arveds und Reinholds Achillessehnen sind um ein Mehrfaches angeschwollen, Arveds rechtes Hüftgelenk schmerzt. Reinhold seinerseits klagt über schmerzende Finger. Der Verbrauch an diversen Salben steigt rapide. Hinzu kommt, dass ihre gesamte Ausrüstung feucht und klamm ist, nichts trocknet mehr.»Wie angenehm war doch die klare und trockene Kälte«, erinnert sich Fuchs. Nach einer längeren »Durststrecke« bessern sich Wetter- und Bodenverhältnisse zunehmend. Die Laune steigt, und am 2. Februar überschreiten sie den 82. Breitengrad und damit die Breite, von der sie vor fast einem Vierteljahr gestartet sind. Es ist unglaublich, sie haben 16 Breitengrade bewältigt. Fuchs spendiert aus seiner eisernen Reserve einen Schnaps, der an jedem Breitengrad getrunken wird. So eingeteilt, wird die Flasche bis zum Schluss reichen, es geht ihnen um die symbolische Belohnung ihrer Leistung.

Wie vermutet, geht es zeitweise wieder sehr gut voran. Zeitweise ausbleibenden Wind gleichen sie marschierenderweise aus, da es das Schelfeis in weiten Teilen zulässt. Je näher sie dem Ziel kommen, umso euphorischer wird ihre Stimmung.

Am 7. Februar, sie befinden sich auf der Breite 80° und 14,19' resümiert Reinhold Messner:»Wenn man einen Menschen zu einer solchen Reise, wie wir sie durchführen, zwangsweise verurteilen würde, dann wäre er längst tot.« Messner hat mitgezählt, dass sie pro 75 Minuten 6000 Schritte machen, das sind etwa 42 000 Schritte pro Tag. Und jeder einzelne tut weh. Das ist die Realität.

Es ist interessant, dass Menschen, die lange Strecken zurücklegen, sei es zu Fuß oder mit einem Gefährt, alle möglichen Rechnungen und Relationen anstellen. So hat Charles Lindbergh bei seinem Erstflug über den Atlantik im Mai 1927 die Propellerumdrehungen seiner »Spirit of St. Louis« pro Minute, pro Stunde und für die voraussichtliche Flugzeit bis zur Landung in Paris errechnet. Das Ergebnis hat ihn allerdings eher beunruhigt. Kam er doch zu dem Schluss, dass sein Leben davon abhängt, dass eine aus vielen Teilen bestehende Maschine störungsfrei viele Millionen Umdrehungen absolvieren muss, bevor er sicher in der französischen Metropole landen kann.

Bei Fuchs und Messner war das Zählergebnis eher die beruhigende Selbstbestätigung, wozu sie aus eigener Kraft in der Lage sind und noch sein werden. Als Fuchs die Position südliche Breite 80°

6 Zwei »Alphatiere« durchqueren die Antarktis

und 14,19', östliche Länge 168° noch einmal überprüft, kommt sie ihm seltsam bekannt vor. Und siehe da, er hat die Zahlen bereits einmal gelesen. Wie der Zufall es will, ist es genau die Stelle, an der Scott und seine Männer in ihrem letzten Camp starben. Der Zufall will es, dass sie genau an dieser Stelle biwakieren.

Und plötzlich hat Fuchs, der alle Dokumentationen in- und auswendig kennt, die damalige Situation vor Augen. Obwohl das rettende Depot mit einer Fülle von Nahrungsmitteln und Brennstoff nur 18 Kilometer entfernt lag, schafften es die Männer nicht mehr, sich in Sicherheit zu bringen. War es das Wetter oder die körperliche Erschöpfung, die sie am Todesort festhielt? Wahrscheinlich war es die totale seelische und geistige Erschöpfung, die ihr Schicksal besiegelte. Sie hatten ihre ganze Willenskraft verbraucht. Die endlose Weite der Antarktis hatte ihre Energien wie ein Schwamm aufgesogen. Sie hatten die Grenzen ihrer Leidensfähigkeit erreicht und keinen Funken Energie, um sich über die letzten Meilen zu schleppen.

Der Wind meint es gut mit Polmarschierern, am 9. Februar schaffen sie mithilfe ihrer Drachen 87 Kilometer und sind danach vor Kälte fix und fertig. Die Knie sind steif, und der Hunger ist kaum noch zu ertragen. Doch sie sind glücklich, denn noch »bloße« 140 Kilometer, und sie sind am Ziel. Eine Fehlentscheidung leisten sie sich noch, indem sie zwei Inseln namens »Black Island« und »White Island« 74 Kilometer vor dem Ziel nicht umfahren, wie ihnen ihre Erfahrung lehrt, sondern sie fahren mittendurch.

Gefährliche Spalten und gewaltige Eisbrüche tun sich auf. Sie zwingen sich zur Ruhe und Konzentration, um in der Euphorie der Vorfreude nicht doch noch zu scheitern. Etwa 30 Kilometer vor der McMurdo-Bucht kommt ihnen ein Raupenfahrzeug mit neuseeländischen Wissenschaftlern entgegen, die jederzeit die Positionen der beiden per Satellit kannten und ihre Ankunft erwarteten. Mit Bananen, Äpfeln und heißem Kaffee begrüßen sie die Abenteurer. Auch später in der Station der McMurdo-Bucht ein Empfang, wie er herzlicher nicht sein kann.

Es ist der 12. Februar 1990, 13:45 Uhr örtliche Zeit, der 92. Tag seit ihrem Aufbruch auf der anderen Seite der Antarktis. »Unbeschreibliche Gefühle der Erleichterung«, empfindet Arved Fuchs und sicherlich auch Reinhold Messner. Arved Fuchs ist innerhalb von zwölf Monaten 1000 Kilometer zum Nordpol, 2800 Kilometer durch die Antarktis, plus Trainingsläufen 200 Kilometer, also insgesamt rund 4000 Kilometer marschiert. Das entspricht der Strecke von einem Zehntel des Erdumfangs oder der Entfernung vom Nordkap bis nach Sizilien. »Der letzte Trip auf Erden«, betiteln die Medien den Marsch von Fuchs und Messner.

Bei ihrem gemeinsamen Marsch durch die Antarktis haben der Norddeutsche und der Südtiroler im Tagesdurchschnitt 30 Kilometer zurückgelegt. Zieht man die Sturm- und Ruhetage sowie den Südpolaufenthalt ab, marschierten sie die 2800 Kilometer an 77 reinen Lauftagen. Das wiederum entspricht einer reinen Laufleistung von 36,36 Kilometern pro Tag. Damit haben sich Arved Fuchs und Reinhold Messner für immer in die Lexika dieser Welt verewigt als erste Menschen, die diesen Höllentrip geschafft haben.

Bei aller für Fuchs nachvollziehbaren Problematik hinsichtlich der »Spiegel«-Berichterstattung haben es zwei »Alphatiere« geschafft, sich zusammenzuraufen, um das Unmögliche zu schaffen. Kein Mensch hätte diese Leistung unter den beschriebenen Bedingungen zu diesem Zeitpunkt alleine geschafft. Leider ist die Freundschaft der beiden, wenn es denn je eine war, durch die äußeren Umstände zerbrochen. Aufgrund der Charakterstrukturen der beiden, wie sie unterschiedlicher kaum sein können, entbehrt das nicht einer gewissen Logik und scheint konsequent zu sein.

Interessanterweise tendiert eine Reihe von Medien während und nach dem Trip offen oder nuanciert dazu, der Sichtweise von Arved Fuchs Glauben zu schenken, ohne dass dieser »den Beweis« antreten muss, was ja in weiten Teilen kaum möglich wäre.

Jedenfalls erwarten Sponsoren und Öffentlichkeit, dass die beiden sich »nach diesem letzten Trip auf Erden«, wie der »Spiegel« es ausdrückt, präsentieren. Fuchs und Messner werden zunächst von der Scott Base per Hubschrauber zur italienischen Forschungsstation »Terra Nova Bay« geflogen, von wo sie dann der Frachter »Barken« nach Neuseeland bringt.

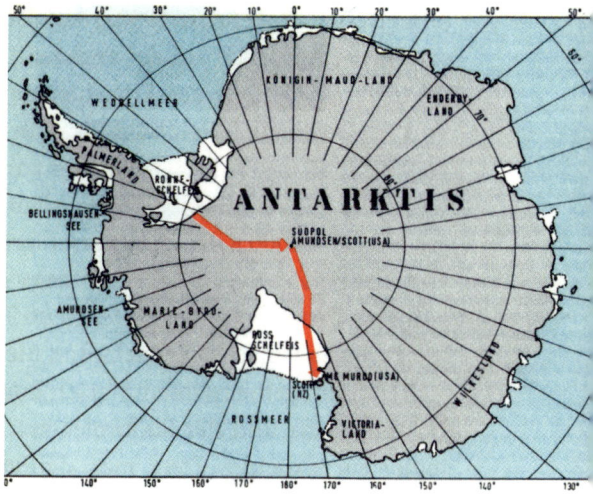

Kein Mediziner glaubte, dass es zwei Menschen schaffen werden, eine Distanz von 2800 Kilometern durch die Antarktis zu bewältigen.

Es folgen zahlreiche Pressetermine, Interviews, das ZDF-Sportstudio und ein Empfang bei der Stadt Meran.

Am 5. März 1990 schließlich landet Arved Fuchs in Hamburg-Fuhlsbüttel, wo er von zahlreichen Medienvertretern, Abgesandten seiner Heimatstadt Bad Bramstedt und seiner Familie empfangen wird. Seine Mutter Gisela hat ihrem Arved sein Lieblingsgericht Spargel serviert. Mit seiner Freundin Brigitte Ellerbrock geht's erst mal für einige Tage nach Griechenland, »die warme Sonne des Südens kann ja so schön sein«, schwärmt er.

Für Arved Fuchs ist dieses erfolgreichste Kapitel seines bisherigen Abenteurerdaseins abgeschlossen. Da harrt sein Traumschiff »Dagmar Aaen« eines Umbaus. Während seiner Antarktisdurchquerung hatte er Zeit genug, klare Vorstellungen über die völlige Umgestaltung seines Haikutters zu entwickeln. Mit der »Dagmar Aaen« schlägt Fuchs ein neues Kapitel auf. Auch hiermit wird er Geschichte schreiben.

7 ICESAIL: Rund um den Nordpol auf eigenem Kiel – Anspruch und Wirklichkeit

Arved und die gesamte Crew sind sich dieses historischen Augenblicks bewusst. **Das physische und sinnbildliche Überschreiten der Grenze könnte der Beginn einer neuen Ära im Verhältnis zwischen der UdSSR und dem Westen sein.**

Probetörn auf dem Atlantik wird zum Horrortrip – Fachleute bauen die »Dagmar Aaen« um

Die See des Atlantiks ist aufgewühlt, schwere Brecher peitschen gegen die Schiffswand. Es herrschen neun bis zehn Windstärken in der Biskaya, mit steigender Tendenz. Die Crew der »Dagmar Aaen« ist gerade dabei, das Großsegel zu reffen, da sich das Schiff mächtig auf die Seite legt. Plötzlich ein undefinierbares Knacken, und der Großbaum fegt wie eine mächtige Keule über das Deck. Zwei Crewmitglieder können gerade noch in letzter Sekunde in Deckung gehen, damit sie der schwere Baum nicht trifft. Es wäre mit Sicherheit auch ihr letzter Trip gewesen. Das Schiff reagiert mit einer Schlingerbewegung, und nur mit größter Mühe gelingt es einigen Männern, den Großbaum mit Taljen zu sichern.

Was ist passiert? Ein so genannter Lümmelbolzen hat dem Druck nicht mehr standgehalten und ist gebrochen. Zu allem Überfluss reißt kurze Zeit später das Klüverfall ein Stück aus dem Schanzkleid und katapultiert es in den Masttop. Skipper vom Dienst Manfred Horender behält die Nerven und kann den Kutter nach einiger Zeit wieder stabilisieren.

Das sind jedoch nicht die einzigen Probleme der »Dagmar Aaen«. Seit einigen Tagen dringt immer wieder Wasser ein durch Rumpf und Deck. Nasse Kojen und zunehmende Lenzeinsätze werden zum Alltag. Für Horender ist klar, das Material ist alt und marode. Die

»Do-it-yourself-Reparaturkunst« zeigt hier deutlich ihre Grenzen. Das Schiff muss nach der Rückkehr Anfang Oktober einer fachmännischen Radikalkur unterzogen werden. Sorgfältig notiert er alle Vorkommnisse für Arved Fuchs und die anderen Eigner.

Ungewollt haben die Probleme auch etwas Gutes. Es ist zu viel für das Nervenkostüm einiger »Nachwuchsabenteurer«, die sich für künftige Extremreisen empfehlen wollten. Entnervt gehen sie in Portugal von Bord und werden nie mehr gesehen.

Zeitsprung: Nach der Rückkehr vom Griechenlandurlaub Ende März 1990 kann Arved Fuchs es kaum erwarten, sich um sein Schiff zu kümmern. Die Ideen, die er während seines langen Antarktismarsches entwickelt hat, bespricht er mit Freunden und Fachleuten. Er holt Angebote ein, gewinnt Sponsoren und vergibt schließlich Aufträge an die beiden dänischen Bootsbauer Christian Jonsson und Tommi Hansen in Egernsund, die sich gerade selbstständig gemacht haben und die »Dagmar Aaen« noch aus früherer Zeit kennen.

Am 26. Juni fährt Fuchs mit dem Schiff durch den Nordostseekanal nach Egernsund. Es ist das letzte Mal, dass er den vertrauten Sound des Tuxham-Motors hört. Obwohl er nach der Grundüberholung im vergangenen Jahr tadellos lief, ist er für die bevorstehenden Aufgaben zu schwach und zu alt. Das Fischereimuseum in Esbjerg scheint der richtige Ort für eine solche Rarität zu sein.

Der ehemalige Schiffseigner Niels Bach, der sich noch für »sein« Schiff verantwortlich fühlt, tut einen gebrauchten Dreizylinder-Callesen-Motor auf. Der gediegene 180-PS-Langsamläufer wird von der Herstellerfirma in Apenrade generalüberholt.

Das Herz blutet Fuchs, als er miterleben muss, wie Bootsbauer Christian Jonsson und seine Leute das Schiff »zerlegen«. Es ist der umfassendste Umbau, den die »Dagmar Aaen« bisher erlebte. Außer dem Rumpf bleibt so gut wie nichts erhalten. In mühevoller Arbeit werden die alten Schiffsnägel, mit denen die Planken auf den Spanten befestigt sind, gezogen und durch neue, größere ersetzt.

Dann wird der Rumpf komplett kalfatert, mit Teerfilz überzogen und schließlich mit Aluminiumplatten als Schutz gegen Eis verkleidet. Steven und Kiel erhalten eine bis drei Zentimeter dicke Stahlverstärkung. Die günstige Rumpfform verhindert es, dass das Boot vom Eis zerdrückt, sondern eher hochgepresst wird. Dann wird das gesamte Deck abgerissen und der alte Motor gegen den generalüberholten »Callesen« getauscht.

Die Ruderanlage, Elektrik, Lenz- und Sanitäranlagen werden erneuert und gestiegenen Anforderungen angepasst. Der Innenausbau wird nahezu komplett demontiert und durch einen neuen Entwurf ersetzt. Ein neues Rigg, das sind Mast, Takelage, Blöcke, laufendes und stehendes Gut, kurz, alles, was dazu dient, die Segel zu tragen, entwirft und erstellt Bootsbauer Detlev Löll. Danach erfolgen Neulegung des Decks und Montage neuer Skylights sowie drei Niedergänge. Die Außenbeplankung, die aus sechs Zentimeter dickem Eichenholz besteht, wird ausgebessert.

Außerdem wird die Innenbeplankung überarbeitet, und werden weitere Spanten eingesetzt sowie zwei wasserdichte Schotten und vier Halbschotten – längs und quer –, die verhindern sollen, dass die Decksbalken durch Eispressungen auswandern können. Ferner erhält der Kutter ein Großsegel mit drei Reffreihen, ein Trysegel, eine Fock und eine Sturmfock sowie einen Klüver.

Das Schiff hat zwar keine Dusche, dafür aber Radar, Satellitennavigation, Telefon, einige Laborgerätschaften und eine Entsalzungsanlage. »Eine Waschmaschine gibt es nicht, die Schmutzwäsche wird an einem Tampen hinterhergezogen«, erklärt Fuchs augenzwinkernd einem Pressevertreter.

Als Arved Fuchs und seine Mannschaft am 29. Dezember 1990 zur ersten winterlichen Fahrt in die Ostsee aufbrechen, ist bei der »Dagmar Aaen« nichts mehr, wie es war, außer ihrem Namen und der Silhouette ihres Rumpfes. Fuchs, der im Laufe der Zeit die gesamte Eignerschaft an dem Schiff übernimmt, ist mit dem Ergebnis hochzufrieden. Die »Dagmar Aaen« ist jetzt ein trutziges und zugleich mobiles Bollwerk gegen Sturm, Eis und Wellen.

ICESAIL, die erste – das Vorspiel

Und das muss es auch, denn der Bramstedter hat Großes vor mit dem Schiff. Im Herbst gibt er der staunenden Welt bekannt, er wolle in einer dreijährigen Expedition namens »ICESAIL« den Nordpol umrunden. Das hat bisher niemand mit einem Segelschiff geschafft. Es wäre die erste Umrundung des Nordpolarmeeres.

Im ersten Abschnitt soll es von Hamburg über Murmansk, Amderma, Dikson und weitere sibirische Stationen durch die legendäre Nordostpassage über die Beringstraße zu den Aleuten gehen. Es ist das erste Mal, dass nach Gorbatschows »Glasnost« ein westliches Segelschiff die Erlaubnis erhielt, im Polarmeer durch sowjetisches Territorium zu fahren. Wenn alles klappt, ist die Überwinterung in Dutch Harbor vorgesehen.

Der zweite Teil der Expedition soll der weiteren Erkundung der Aleuten dienen, ein Gebiet, das Arved Fuchs bereits durch seine Erkundungen mit dem Faltboot kennengelernt hat. Eine weitere Überwinterung ist dann wieder in Dutch Harbor geplant.

Der dritte Teil der Expedition und wohl härteste Brocken soll dann die Fahrt durch die Nordwestpassage sein. Hier gibt es kaum Häfen und Depots. Im Notfall muss die Crew aus der Luft versorgt werden und im arktischen Eis überwintern.

Auch bei dieser Expedition stellt Fuchs wieder den historischen Bezug her. Zunächst will er auf den Spuren des Schweden Adolf Erik Freiherr von Nordenskiöld wandeln, der die Nordostpassage bereits in den Jahren 1878/79 mit seiner dampfgetriebenen 45-Meter-Bark »Vega« durchfahren hat. Arved hat Nordenskiöld sorgfältig studiert und weiß, worauf er sich einlässt. Auch wenn sein Segelschiff modernsten Anforderungen entspricht, es ist kein Eisbrecher, und er muss sich wie Nordenskiöld mit den Gegebenheiten der Arktis auseinandersetzen. Ein schwieriges Unterfangen.

Mit den Aleuten, die in Europa kaum jemand kennt, ist Fuchs nach seiner Faltbootexpedition vor fünf Jahren noch lange nicht fertig. Nachdem Zweiter Weltkrieg und Zwangsumsiedlungen der alten Kultur nahezu den Garaus gemacht haben, droht neues Ungemach. Das natürliche Gleichgewicht in einem der letzten Tierparadiese, in dem es noch Seeotter und Seeadler gibt, ist durch Treibnetzfischerei, Probesprengungen für Bohrungen und drohende Ölverschmutzung stark gefährdet. Soweit möglich, möchte er auch dokumentarisches Material sammeln.

Den historischen Bezug zur Nordwestpassage stellt Fuchs zum Norweger und Polarforscher Roald Amundsen her, dem die Durchquerung als erster Mensch von 1903 bis 1906 gelang. Dessen Schiff »Gjöa« ähnelte in der Größe und Manövrierfähigkeit der »Dagmar Aaen«. Auch mit diesem Ereignis hat Fuchs sich intensiv befasst. Es wäre auch nicht das erste Mal, dass der Norddeutsche auf Amundsens Spuren wandelt.

Ein Fuchs überlässt nichts dem Zufall und stellt »handverlesen« seine zehnköpfige Mannschaft aus sieben Nationen zusammen. Neben seiner Freundin Brigitte Ellerbrock, die ihn schon auf mancher Expedition begleitet hat, sind seine alten Freunde Rainer Neuber, zuständig für technische Abläufe, und Helmut Hammele dabei. Für das Essen sorgt der ehemalige Bad Bramstedter Koch Raimer Fuhlendorf, der seit 1974 in Kanada zu Hause ist. Der Australier Chris Nelson, den Fuchs nach seinem Südpolmarsch kennenlernte, ist von Beruf Hubschraubermechaniker und hat Antarktiserfahrung. Er wird, soweit erforderlich, ein ultraleichtes Fluggerät zu Erkundungsflügen nutzen, das im Wasser und auf Eis starten und landen kann. Die »Polaris«, wie Chris das Flying Dinghi tauft, besteht aus einem Gummiboot, das mit demontierbarem Gerüst, Flügeln und einem Motor ausgestattet ist. Das einem Amphibienfahrzeug ähnelnde Gerät kann ohne Tragflächen, aber mit Rahmen und Propeller, als superschnelles Boot in extremem Sumpf- und Flachwasser eingesetzt oder mit einem Außenborder betrieben werden. Das Multifunktionsgerät stammt aus italienischer Produktion und wird Fuchs beim Erkunden von Eisfeldern und Exkursionen gute Dienste leisten.

Neben einem zweiköpfigen Filmteam, bestehend aus dem

7 ICESAIL: Rund um den Nordpol auf eigenem Kiel – Anspruch und Wirklichkeit

Schweizer Kameramann Duri Mayer und seinem Assistenten Nabil Moghib, wird der norddeutsche Journalist Manfred Horender, der die »Dagmar Aaen« ja bereits als Skipper lenkte, als Navigator dabei sein, um die Reise zu dokumentieren. Obwohl er bei dieser Expedition überwiegend nicht an Bord ist, wird Mikhail (Misha) Malakhov, sein Kumpel vom Nordpol, einen unverzichtbaren Beitrag leisten. Misha hatte im Vorfeld erheblichen Anteil daran, die Genehmigungen für die Nordostpassage zu bekommen. Er wird zwischendurch helfend eingreifen, wenn die russische Bürokratie das Unternehmen zu blockieren droht.

Die russisch sprechende »Schnittstelle« zwischen der Crew und den sowjetischen Amtsträgern zu Lande und zu Wasser wird der Russe Slava Melin bilden. Er steigt in Murmansk zu. Ebenfalls mitfahren wird Darryl E. Roberts, farbiger Sportlehrer aus den USA, der beim Marsch zum Nordpol Teile seiner Ferse verloren und schwere Erfrierungen erlitten hatte. Detlef Soitzek, Kapitän und Miteigner des Segelschiffes »Thor Heyerdahl«, wird ebenso dabei sein.

Eine Heuer gibt es während der gesamten Expedition für die Crew nicht. Es gilt das Prinzip »Hand gegen Koje«. Verpflegung und persönliche Ausrüstung werden gestellt. »Nicht dabei ist Fuchs' Südpolkompagnon Reinhold Messner. Der will demnächst in das Himalaja-Gebirge aufbrechen – den Schneemenschen Yeti suchen«, schreiben die Kieler Nachrichten etwas süffisant.

Die Verbindung zur Außenwelt per Funk hält die Expedition über eine Schaltzentrale in Hamburg. Hier bilden der Exjournalist Holger Hansen, die Büromitarbeiterinnen Astrid Eggers und Elke Stappert das Heimatteam. Hansen versucht über langwierige Verhandlungen mit dem sowjetischen Generalkonsulat die Einrichtung von Versorgungsdepots entlang der sibirischen Küste zu erreichen. Außerdem hat er jedes einzelne Crewmitglied versichert und mit dem amerikanischen Rettungsdienst Search and Rescue (SAR) Verträge für den Fall von notwendigen Rettungseinsätzen abgeschlossen. Der Wert der garantierten Rettungseinsätze beträgt pro Jahr rund 225 000 Mark.

Hauptsponsor der Expedition, die mehr als 900 000 Mark kosten wird, ist die US-Firma W. L. Gore & Associates, Hersteller der Textilfaser »Gore-Tex«. Das Unternehmen sponsert leise. Selbstredend, dass die Crew mit Gore-Tex eingekleidet ist. Aber der Firmenhinweis ist nur im ICESAIL-Label zu sehen und dort vergleichsweise klein ausgeführt.

Um sicherzugehen, dass es mit Crew und Schiff so klappt, wie Fuchs es sich vorstellt, macht er im Winter 1990/91 drei Probefahrten in Ost- und Nordsee. Dabei nimmt er auch das eine oder andere Crewmitglied mit, das später die Reserve bilden soll oder je nach Bedarf ganz einsteigen könnte. Bei diesen Gelegenheiten steigt auch schon mal jemand aus, der sich »Abenteuerfahrten« auf der »Dagmar Aaen« anders vorgestellt hat oder sich auch nicht als teamfähig erweist.

Nachdem die ersten zwei Fahrten recht problemlos abliefen, will Fuchs die Eisgängigkeit seines Haikutters testen. Dazu geht's zu einem 14-tägigen Törn durch das stürmische Skagerrak nach Norwegen in den Oslo-Fjord. Dort findet er im Drammen-Fjord, einem Seitenarm des großen Fjords, sehr dichtes, bis 30 Zentimeter dickes Eis. Er nimmt das Schiff hart ran, dabei drückt das Eis eine sechs Zentimeter dicke Eichenplanke ein. Es zeigt sich, dass die Aluminiumhaut dem Eisdruck nicht standhalten kann. »Besser, das passiert hier als im Nordmeereis«, kommentiert Fuchs nach der letzten Testfahrt und lässt den Bug seines Seglers mit Stahlblech sichern.

Endlich geht es los – das Abenteuer »Nordostpassage« beginnt

Am 18. April 1991 ist es dann endlich so weit: Unter großem Medienaufgebot startet die »Dagmar Aaen« im Heimathafen Wewelsfleth zu ihrem voraussichtlichen Dreijahrestörn ins Nordmeer. Mutter Gisela Fuchs steht am Elbdeich und winkt ihrem Sohn hinterher. »Arved Fuchs: Vom unbekannten Abenteurer zum

Die Crew der »Dagmar Aaen« bei der Abreise zur Nordostpassage. Von links: Arved Fuchs, Detlef Soitzek, Chris Nelson, Raimer Fuhlendorf, Nabil Ali Moghib, Rainer Neuber, Brigitte Ellerbrock, Manfred Horender, Darryl E. Roberts, Helmut Hammerle und Duri Mayer. Slava Melin steigt erst in Murmansk zu.

Medienstar«, titeln die Kieler Nachrichten nach der Abschieds-Pressekonferenz wenige Tage zuvor in Hamburg-Oevelgönne.

Ein Zwischenstopp in Esbjerg, wo die »Dagmar Aaen« auf den Tag genau vor 60 Jahren in Dienst gestellt wurde. Voreigner Nils Bach, der letzte überlebende Kapitän Thor Jensen und zahlreiche Pressevertreter machen ihre Aufwartung. Fischer in Arbeitskleidung kommen an Bord und begutachten das umgebaute Schiff. Anerkennung allenthalben.

Weitere »port of calls« folgen in Stavanger, im Lysefjörd und Bergen. Kurzeitig entschließt sich Fuchs zu einem Abstecher zu den Shetland-Inseln. Auch hier begeisterter Empfang im Hafen von Lerwick. Chris Nelson darf seine »Polaris« ausprobieren und wird von den Medien gar mit Charles Lindbergh verglichen, der hier 1927 bei seiner Atlantiküberquerung Station machte.

Ähnlich wie beim Überqueren des Äquators gibt's auf Höhe des Polarkreises eine Taufe mit Neptun und allem Drum und Dran.

Globetrotter Manfred Horender gibt den Wassergott. Nach mehreren Zwischenstopps an der norwegischen Küste geht's zu den Lofoten, wo die Crew mangels Wind durch den berühmt-berüchtigten Moskenes-Strom driftet, der bei Sturm und Gezeitenstrom spektakuläre Naturerscheinungen erzeugt. Tückische Wirbel- und Kreuzseen sind dabei manchem Schiff zum Verhängnis geworden. Es gibt unendlich viele Dorsche, und Smutje Fuhlendorf bereitet sie in allen Variationen zu.

Als Fuchs in Tromsø erfährt, dass die Russen das Schiff erst Anfang Juli in Murmansk erwarten, steuert er Spitzbergen an. Zuvor ankern sie an der Stelle, wo am 12. November 1944 das deutsche Schlachtschiff »Tirpitz« versenkt wurde.

1200 junge Marinesoldaten kamen dabei elendiglich ums Leben, als das Schiff kieloben im flachen Wasser lag und zur Todesfalle wurde. Noch tagelang hörten die Norweger Rufe und Klopfzeichen aus dem zerstörten Wrack. Doch alle Versuche, den 15 Zentimeter dicken Stahl mit Schneidbrennern aufzutrennen, scheiterten. Das, was als Schutz für Schiff und Besatzung gedacht war, erwies sich nun als tödliche Falle. Erst im Jahre 1957 war das Wrack endgültig zerschnitten und geborgen.

Als Fuchs mit weiteren Crewmitgliedern dort taucht, sehen sie das übrig gebliebene Trümmerfeld aus Stahlteilen, Leitern, Sanitäranlagen, Pulverstangen und Munitionskisten. Sie finden sogar eine originalverpackte Gasmaske. Obwohl sie das Erlebte noch einige Zeit beschäftigt, fordern bald die unruhige See und die aus allen Ritzen kriechende Kälte ihre Aufmerksamkeit.

Konflikte lassen sich manchmal nicht vermeiden

»Warum sollte ich nicht als Erster in den Niedergang gehen? Du hast mir überhaupt nichts zu sagen«, erwidert ein Besatzungsmitglied mit scharfem Unterton seinem Kritiker auf seine Vorhaltungen, er würde sich unkameradschaftlich verhalten. Zufällig kommt

Fuchs herunter, sodass der Streit nicht weiter eskaliert. »Eine Seereise in diesen Breiten ist physisch wie psychisch belastend«, schreibt Fuchs in seinem Buch »Abenteuer russische Arktis«. Da bauen sich schon mal Spannungen auf, besonders wenn elf Menschen auf engstem Raum leben und arbeiten. »Die so genannten ›harten Typen‹ sind für ein solches Projekt völlig ungeeignet«, schreibt Fuchs weiter. »Jeder, der sich einer Expeditionsmannschaft anschließt, muss seine Bereitschaft zur Kooperation einbringen – die wohl wichtigste Eigenschaft eines guten Expeditionsmitglieds.«

Doch Fuchs ist auch noch nicht der gefestigte Teamleader, zu dem er sich im Laufe weiterer Expeditionen entwickeln wird. Aus einem eigentlich nichtigen Anlass proben einige Crewmitglieder »den Aufstand«. In einem norwegischen Hafen gibt es einen Pressetermin, zudem sich eine Reihe von Medienvertretern angesagt haben. Arved möchte die Mannschaft und das Schiff medienwirksam präsentieren und hat dafür professionelle Checklisten vorbereitet, aus denen hervorgeht, was er wann und wo von der Crew erwartet. Dazu gehört auch, dass die Mannschaft ihre »Expeditionskleidung« anlegt und mehrere Fototermine wahrnimmt, schließlich sollen auch die Aufnäher des Hauptsponsors zur Geltung kommen.

Das ist aus der Sicht des Skippers völlig legitim, denn ohne Sponsoren wäre die Expedition gar nicht zustande gekommen. Doch einigen Crewmitgliedern passt das nicht, »Model« zu spielen beziehungsweise »Männchen zu machen«. Das Problem ist einfach, dass Arved es ihnen vorher hätte erklären müssen, denn nicht jedes Crewmitglied muss automatisch die »Unternehmerdenke« haben.

Arved hat daraus gelernt, und um aufkommenden Spannungen entgegenzutreten, bevor es zu ernsten Konflikten kommt, führt Fuchs in gewissen Abständen »Round-Table-Gespräche«. Dabei wird alles offen auf den Tisch gelegt, ohne Rücksichtnahme kritisiert und auf möglichst konstruktive Verbesserungsvorschläge Wert gelegt. Dabei bekommt auch Fuchs gelegentlich »sein Fett weg«. Ein wichtiger Aspekt ist die Bordsprache. Chris Nelson und Darryl E. Roberts fühlen sich ausgegrenzt, da die Crew immer wieder aus Bequemlichkeit ins Deutsche verfällt. Fortan bemüht sich die Mannschaft, überwiegend englisch zu kommunizieren. Als Kapitän ist es Fuchs' oberstes Interesse, die Teamfähigkeit der Crew zu erhalten und sie zu fördern. Gelegentlich muss er auch schlichten. Selten kommt es vor, dass er »durchgreifen« muss.

Spitzbergen – ein spannender Archipel

Auf dem Weg nach Spitzbergen macht das Schiff Station bei der Bäreninsel. Das Eiland, auf dem bis vor 100 Jahren Wale zerlegt und bis 1925 Kohle gefördert wurde, beheimatet heute eine norwegische Wetterstation. Steile, scharf gezackte Klippen und eine unruhige See machen ein Anlanden auf der hafenlosen Insel unmöglich. Hier kommt sinnvollerweise die »Polaris« zum Einsatz. Außerdem sind bergsteigerische Fähigkeiten gefragt, um die Aussicht vom Hochplateau der Insel zu genießen.

Es geht nach Spitzbergen, jenem aus mehreren Inseln bestehenden Archipel, dem vertraglich zugestanden wurde, welche Länder dort wirtschaftliche Aktivitäten entfalten dürfen. Norwegen wurde die Souveränität für die Hauptinsel Svalbard und verschiedene kleinere Inseln zugestanden. Im Hauptport Longyearbyen, der Anfang des 20. Jahrhunderts von Amerikanern gegründet wurde, residiert der Gouverneur, der so genannte Sysselmann.

Erstmals muss die »Dagmar Aaen« mit ihrem kräftigen Callesen polare Eisfelder passieren. Problemlos erreicht man den Hafen von Longyearbyen, und meldet sich beim Sysselmann an. Brigitte Ellerbrock kommt von Tromsø eingeflogen. Sie vervollständigt das Team bis auf Slava Melin, der in Murmansk zusteigen wird. Der legendäre Archipel, von dem zahlreiche Polarexpeditionen ausgingen, wurde wahrscheinlich bereits von den Wikingern entdeckt.

7 ICESAIL: Rund um den Nordpol auf eigenem Kiel – Anspruch und Wirklichkeit

Zum Erkunden der Inseln teilt sich die Crew auf in Skifahrer, Bergsteiger und Faltbootfahrer. Es lohnt sich: Überreste von »Polhem«, dem Winterlager von Nordensköld, werden gefunden, Virgohamma, die Überbleibsel der Expedition von Andrée, der 1897 in einem Freiballon auf dem Weg zum Nordpol verschollen ist, und neben vielen anderen Hinterlassenschaften aus vergangenen Tagen ein halboffenes Walfängergrab.

Parallel läuft die »Dagmar Aaen« verschiedene Häfen und Buchten an, unter anderem Ny-Alseund, der Sitz des Norsk-Polar-Instituts und des deutschen Alfred-Wegener-Instituts zur Erforschung der Ozonschicht. In dieser nördlichsten Gemeinde der Welt leben und arbeiten im Sommer 50 bis 60 Meteorologen, Geologen, Ingenieure und Techniker aus Norwegen, Japan, Großbritannien und Deutschland.

Die »Polaris« kommt wieder zum Einsatz, das Kamerateam macht herrliche Filmaufnahmen. Doch Spannungen treten auf, als eine Gruppe den Ny-Alesund-Gletscher queren möchte, dieses aber wegen unvorhergesehener Schwierigkeiten zeitlich nicht hinbekommt. Fuchs, der pünktlich, am 2. Juli, in Murmansk ankommen muss, gibt Order, den Versuch abzubrechen. Das passt manchem nicht, und ein »Round-Table-Gespräch« ist fällig.

Doch Arved hat nicht nur »dienstliche« Interessen, er ist immer wieder von den Eindrücken der Arktis begeistert. Es sind die Berge, die Hochplateaus, die Gletscher und Schneefelder, an denen er sich nicht sattsehen kann. Er ist eben für die Arktis geboren. Seine Erfahrungen und sein Instinkt kommen wieder mal zum Tragen, als er darauf verzichtet, die »Hinlopenstraße« Spitzbergens zu durchfahren, die den kürzesten Weg in die Barents-See bilden würde. Er erinnert sich an die alten Segelanweisungen der Walfänger und Polarfahrer: »Fahre niemals in ein unüberschaubares Packeisfeld hinein.« Dieser Hinweis wird der »Dagmar Aaen« und der Crew noch oftmals zugute kommen.

Kirkenes – zwischen Hoffen und Bangen

Herzklopfen allenthalben bei der Ankunft im norwegischen Kirkens, der letzten Station vor Murmansk. Wird die noch bestehende Sowjetunion (UdSSR) sie hineinlassen oder nicht? Wird sich der Schlüssel drehen lassen und Fuchs mit seiner Crew Einlass in ein Hoheitsgebiet bekommen, das bislang für westliche Besucher gesperrt war?

Es gibt sie immer noch, die Hardliner. Trotz Gorbatschow, seinem Glasnost und seiner Perestroika. Zudem erfährt Fuchs, dass man es lieber sähe, wenn ein russisches Traditionsschiff die Jungfernfahrt durch die Nordostpassage machen würde.

Fuchs sieht sich durchaus in der Tradition der historischen Polarexpeditionen. Sie waren aufgebrochen, um Neuland zu suchen. Es ist über 73 Jahre her, dass Amundsen mit seiner »Maud« in die Passage einfuhr. Seither gab es keine private Expedition mehr in diesem nördlichsten sowjetischen See- und Küstengebiet. Der deutsche Segler Axel Czuday hatte es Ende der 1970er-Jahre im Alleingang und ohne Genehmigung geschafft, durch die Nordostpassage bis Dikson zu segeln. Er wurde aufgebracht und mit seinem Schiff an Bord eines Frachtschiffes zurück nach Norwegen geschickt.

Im Gegensatz zu früheren Expeditionen gibt es kein neues Land mehr zu entdecken. Vielmehr möchte der Bramstedter ein aktuelles Bild des Landes haben, das sich so lange hinter dem »Eisernen Vorhang« versteckte. Er möchte neue Kontakte und Freundschaften knüpfen, sehen, was sich in ökologischer Hinsicht und im Umweltschutz bewegt. Natürlich möchte er wie bei allen seinen bisherigen Expeditionen Erfahrungen sammeln und von den Menschen lernen.

Nachdem Fuchs bereits fast zweieinhalb Monate unterwegs ist, erhält er Besuch aus der Heimat. Mutter Gisela, Holger Hansen, Astrid Eggers, Astrid Bockstette und Rolf Becker sind allesamt nach Kirkens angereist, um die »Dagmar Aaen« in die noch unbekannte Welt zu verabschieden.

Wie bei vielen vorangegangenen Expeditionen warten auf Arved Fuchs unbekannte Gefahren, die er wird meistern müssen, das spürt Gisela Fuchs ganz deutlich. Dennoch stützt sie ihren Sohn mit einer Zuversicht, die ihm die Stärke verleiht, die er seit seiner Kindheit empfindet. Diese Zuversicht und Stärke gibt er weiter an aktuelle und ehemalige Crewmitglieder. »Ich weiß auch nicht, aber irgendwie habe ich mich bei Arved immer gut aufgehoben und sicher gefühlt«, sagen sie unisono bei den Interviews zu diesem Buch. Gekommen sind auch Vassili und Misha. Misha, der die administrativen Dinge bei den russischen Behörden erledigt hat, kündigt an, dass sie bereits am 1. Juli in Murmansk erwartet werden. Das freut Fuchs außerordentlich, denn jeder Tag früher in der Nordostpassage, ist ein gewonnener Tag. So weit die Theorie, doch Misha hat noch weitere Nachrichten in petto ...

Am eigentlichen Beginn der ICESAIL – Gastfreundschaft ohne Ende

»Das kann doch nicht wahr sein«, empört sich Arved Fuchs, »das wirft ja die ganze Planung über den Haufen!« »Ich kann es auch nicht ändern«, erwidert Misha Malakhov. Die Behörden möchten, dass die Expedition mehr Orte an der sibirischen Küste besucht als ursprünglich vorgesehen. So ist das Weiße Meer nicht nur mit der Hafenstadt Archangelsk vertreten, sondern auch mit den Häfen Onega und Mesen. »Das Gute, ihr könnt euch frei bewegen, filmen und fotografieren, was ihr wollt«, beruhigt Misha den Expeditionsleiter. »Und warum dürfen wir das Kap Tscheljuskin nicht umrunden und östlich vom Kap keinen Hafen anlaufen?«, empört sich Arved. Denn je nach Eis- und Versorgungslage wären Zwischenaufenthalte vom Kap Tscheljuskin bis zur Beringstraße unabdingbar. »Es gibt eben keine Genehmigung für ausländische Schiffe, dort Häfen anzulaufen, die Gründe hat man mir nicht genannt«, erwidert Misha achselzuckend.

Auch von einem Weiterfahren, ohne einen sowjetischen Hafen anzusteuern, rät Misha ab. »Es gäbe diplomatische Verwicklungen, falls ihr Hilfe benötigen würdet.« Da die Expedition an einer Überwinterung in Sibirien nicht vorbeikommt, sollte es Igarka am Jenissei sein, schlägt Malakhov vor.

Für Fuchs sind derartige Probleme nicht neu, und so disponiert er um, obwohl einige Crewmitglieder ihre Enttäuschung zum Ausdruck bringen. Die Umrundung von Kap Tscheljuskin behält sich Arved weiterhin als Option nach der Überwinterung vor. Er bittet Misha, sich weiterhin bei den Behörden dafür einzusetzen.

Voll getankt und neu verproviantiert verlässt das Schiff am Abend des 30. Juni Kirkens. Sie fahren an der Küste entlang und sehen anhand von zwei Steinmarkierungen, wo die Grenze zur Sowjetunion verläuft, die sie genau um 0:00 Uhr passieren.

Arved und die gesamte Crew sind sich dieses historischen Augenblicks bewusst. Das physische und sinnbildliche Überschreiten der Grenze könnte der Beginn einer neuen Ära im Verhältnis zwischen der UdSSR und dem Westen sein. Wenige Minuten später wird die »Dagmar Aaen« von einem sowjetischen Patrouillenboot über Funk auf Englisch angesprochen. Ist das ein Zeichen für Probleme? Nachdem Fuchs Schiffsnamen und das Ziel Murmansk nennt, wünscht der Kommandeur des Bootes eine gute Fahrt. Es ist der eigentliche Beginn der ICESAIL. Zur Feier des Tages und weil ein Crewmitglied in seinen Geburtstag hineinfeiert, werden zwei Flaschen Sekt geköpft.

Zum Hamburger Büro faxt Fuchs: »Wir sind rechts herum gefahren. Gruß, Arved.«

Was dann kommt, sprengt alle ihre Erwartungen: Ein Lotse kommt an Bord, mit ihm die ersten Journalisten, die sich um Interviews reißen. Neben der »Dagmar Aaen« fahren auch zahlreiche Boote und eine Barkasse mit einem Fernsehteam, das die Ankunft des deutschen Seglers für das russische Fernsehen filmt. Im Hafen bekommen sie einen der besten Liegeplätze. Lotsengebühren,

Gebühren für den Liegeplatz und für Frischwasser werden ihnen großzügig erlassen.

Eine Gruppe Uniformierter macht es noch einmal ganz formell und lässt sich alle Papiere zeigen. Als diese okay sind, bekommen die Beamten Tee serviert und dürfen sich ins ledergebundene Gästebuch der »Dagmar Aaen« eintragen. Dann machen der Bürgermeister und sein Stellvertreter ihre Aufwartung. Einheimische entern das Schiff und fragen der Crew »Löcher in den Bauch«. Vassili macht die Schiffsführungen. Ein Eisbrecherkapitän lädt ein zu sich auf die Brücke, Gegeneinladung auf die »Dagmar Aaen«. Es fließen Unmengen von Wodka, mit immer neuen Trinksprüchen, ablehnen geht nicht. Als Misha von der »Polaris« erzählt, wird kurzerhand der Hafen gesperrt, und Chris dreht zahlreiche Runden. Das stelle man sich für den Hamburger Hafen vor. Die Leute sind begeistert, Chris und seine Mitflieger sind in den Abendnachrichten des russischen Fernsehens. Die Herzlichkeit der Russen übertrifft alles, was man erwartet hat. Arved und seine Crew wollten mit den Menschen in Verbindung kommen; jetzt gibt es kein Zurück mehr, auch wenn es nicht immer ganz einfach ist.

Im Hafen von Murmansk liegen große und kleinere Kriegsschiffe. Die Stadt mit ihren überwiegend neuen Beton- und Plattenbauten macht bei Sonnenlicht betrachtet keinen schlechten Eindruck. Das soll sich jedoch in späteren Jahren noch dramatisch ändern.

Nach den anstrengenden Tagen verlässt die »Dagmar Aaen« am 6. Juli unter reger Anteilnahme der Bevölkerung Murmansk. Das nächste Ziel ist Archangelsk am Weißen Meer. Die Mannschaft ist müde und befürchtet einen leichten Leberschaden vom vielen Wodkatrinken. Im Hafen liegt noch ein holländisches Segelschiff, das auch durch die Nordostpassage möchte, aber keine Genehmigung erhält. Die Holländer glauben, dies sei nur eine Formalität, die man leicht in Murmansk erledigen könne. Ein Trugschluss, was jedenfalls zu diesem Zeitpunkt die Einzigartigkeit der ICESAIL unterstreicht. Das Weiße Meer ist offensichtlich stark verschmutzt. Große Flüsse, wie die Dwina, entleeren ihre Schmutzlast in dem Gewässer. Schlote von Fabriken, die ihre Abgase ungefiltert in die Atmosphäre blasen, tun ihr Übriges. Flussaufwärts über die Dwina erreichen sie Archangelsk, die älteste Hafenstadt Russlands, die einst Zar Peter der Große angelegt hat. Sie ist der größte Holzumschlagplatz der sowjetischen Nordküste. Im Gegensatz zu Murmansk mit ihren Betonbauten, ist Archangelsk eine gewachsene Stadt mit alter Bausubstanz und den typischen Holzhäusern. Der örtliche Yachtclub hat für die »Dagmar Aaen« einen Empfang organisiert. Kleine und große Schiffe sowie Ausflugsdampfer bilden das »Empfangskomitee«.

Nach den üblichen Eingangskontrollen von Behördenvertretern werden Anstecknadeln seitens der Russen sowie Grußkarten, Aufkleber und Schiffsstempel seitens der Crew ausgegeben. Die »Dagmar Aaen« ist die Hauptattraktion der Stadt. Umfangreiche Besichtigungsprogramme haben sich die Offiziellen mit der Crew vorgenommen.

Arved nimmt den »Reiseführer« Vassili an die Seite und erklärt ihm mit unendlicher Geduld, dass es keinen Sinn macht, die Crew wie japanische Bustouristen herumzuführen. Doch es kommt schlimmer als zuvor: Ungeniert klettern Jugendgruppen auf der »Dagmar Aaen« herum, nachts schlafen sie an Deck des Schiffes. Arved hat es schwer, der Crew klarzumachen, dass die Expedition nicht nur aus Sturm- und Eisfahrten sowie Segelreffen und dergleichen besteht, sondern auch mit Repräsentationspflichten verbunden ist. Besonders in dieser außergewöhnlichen Situation, in der der erste westliche Traditionssegler nach dem Ende des »Eisernen Vorhangs« hier erscheinen darf, quasi als Botschafter des Westens. So wie die Crew die außergewöhnliche Gastfreundschaft der

Russen wahrnimmt und genießt, beobachten auch die Russen das Verhalten der Deutschen, die ja bei vielen nicht als friedvolles Volk in der Erinnerung sind. Schließlich war es ja Deutschland, das den Zweiten Weltkrieg begonnen hat, der mehr als 20 Millionen Russen das Leben kostete.

Nach einigen Tagen laufen sie aus mit Ziel Onega, im Südosten des Weißen Meeres. Jetzt haben Fuchs und die Mannschaft Zeit, die aufgestauten Konflikte im Rahmen von »Round-Table-Gesprächen« abzuarbeiten. Das gelingt nicht in allen Fällen. Nicht ungewöhnlich ist, dass die Erwartungen des einen oder anderen sich nicht mit der Realität einer Expedition decken. Unabdingbar ist, dass das Zusammenleben auf engstem Raum ohne Disziplin und Rücksichtnahme nicht möglich ist.

Es war zu schön, um wahr zu sein – die Bürokratie lebt noch

Wie unterschiedlich das Prozedere auf dieser Reise sein kann, zeigt sich in der 25 000 Einwohner zählenden Hafenstadt Onega. Während die Bevölkerung hier von der »Dagmar Aaen« kaum Notiz nimmt, wird die Mannschaft von den Behörden regelrecht drangsaliert. Jeden Tag erscheinen Uniformierte und machen immer neue Auflagen. So untersagen sie Fuchs mit Hinweis auf ein fehlendes Visum, die Solovikij-Inseln anzusteuern. Diese sind für Fuchs von besonderem geschichtlichem Interesse. Einstmals waren hier Klöster, die im Zuge der Revolution zerstört wurden. Aus der blühenden Insel machte Stalin ein Konzentrationslager, das in Solschenizyns »Archipel Gulag« erwähnt wird.

Das Herumärgern mit den Behörden gehört eben auch zum »Abenteuer« einer Expedition. Dafür erhalten sie dank Mishas Intervention die Genehmigung, die Inselgruppe Franz-Josef-Land in der russischen Hocharktis anzusteuern. Vier Expeditionen hatten sich um Zugang bemüht, ICESAIL hat sie als einzige erhalten. »Na, geht doch«, freut sich Fuchs insgeheim.

Richtig »amtlich« wird es dann in Mesen, der letzten Stadt am »Weißen Meer«, die sie ansteuern. Hier zeigen ihnen drei finster dreinblickende Immigrations- und Zolloffiziere, wo es langgeht. Nachdem die Beamten dem Schiff einen speziellen Platz im Hafen zugewiesen haben, werden sie dort von einem Posten ständig bewacht, wie es sonst nur bei Frachtschiffen üblich ist. Bei jedem Schritt an Land, sei es auch nur zum Händeln der Leinen, wird ihnen der Pass gegen Quittung abgenommen, um ihnen das Dokument nach wenigen Minuten wieder gegen Quittung zurückzugeben. Schilda lässt grüßen, und es wird deutlich, dass es bei der russischen Verwaltung ein starkes Gefälle zwischen Großstadt und Provinz gibt. Auf dem Lande haben immer noch die Hardliner das Sagen, ganz nach altem sowjetischem Muster.

Noch komplizierter wird es, als Raimer Fuhlendorf nach Hause fliegen möchte. Er darf nicht zum Abflugort Archangelsk reisen, braucht aber ein Ausreisevisum, was es nur dort gibt. Es ist nicht nur Geduld gefragt in diesem Land, man muss auch ausgesprochen clever sein, um mit den Behörden fertig zu werden. »Nach solch einer Reise sind diese Erlebnisse oftmals anekdotenwürdig, wenn man jedoch mittendrin steckt, ist es schier zum Verzweifeln«, resümiert Fuchs.

Schließlich findet man einen Weg für die Ausreise, aber die Crew verliert diesen ausgezeichneten Smutje nur ungern. Denn Fuhlendorf ist nicht nur ein guter Koch, er ist auch die »gute Seele« des Schiffes, hat manchen Konflikt erst gar nicht aufkommen lassen. Aber Raimer blieb fast einen Monat länger als geplant, doch irgendwann ist Schluss, schließlich muss der Mann in der Heimat seinen Lebensunterhalt verdienen. Den Job des Smutjes übernimmt Slava Melin, ein bisschen ändert sich die Küche.

Bevor Fuchs Mesen und das Weiße Meer verlassen kann, lernt er auch andere Facetten des russischen Lebens kennen. Da ist zum einen die russische Sauna, in der die Probleme eine andere Dimension annehmen und Lösungen sich wie von alleine einstellen. Das haben Bundeskanzler Helmut Kohl und der russische Präsident

7 ICESAIL: Rund um den Nordpol auf eigenem Kiel – Anspruch und Wirklichkeit

Boris Jelzin auch erfahren, als es mit dem Abzug der sowjetischen Truppen aus Deutschland etwas »hakte«. Mit Bündeln von Birkenzweigen schlägt man sich auf Rücken, Beine und Arme, um die Durchblutung zu verstärken. Und nach den anschließenden Eisgüssen fühlt man sich wie neugeboren.

Ebenso bewundernswert ist, dass die Menschen über den Mangel an Versorgungsgütern, den sie auch im Jahre 1991 täglich erleben müssen, nicht klagen, sondern diesen Zustand einfach als gegeben hinnehmen. »Für einen verwöhnten Mitteleuropäer kann diese Haltung durchaus eine Vorbildfunktion haben«, meint Fuchs. Dabei kann dieser Mangel nicht »gottgegeben« sein, wie man es an den Küsten des Weißen Meeres sieht. Es gibt hier einen ungeheuren Holzreichtum, der den Menschen Wohlstand bescheren müsste. Doch die »Planwirtschaft« weiß dies immer noch zu verhindern.

Es wird stürmisch – das Eis kennt keine Gnade

Das Schiff stampft hart durch die Barentssee, Ströme von Eiswasser ergießen sich über das Deck. In die Messe und in den Herd tropft das Seewasser. Den meisten ist schlecht. Blässe und wortkarge Gesichter, wo man hinschaut. Einige halten es nicht mehr aus und würgen ihre Mahlzeiten über die Reling. Unter dreifach gerefftem Großsegel, Klüver und Fock reitet die »Dagmar Aaen« vom hochsommerlichen Kontinent zum 1800 Kilometer entfernten Archipel Franz-Josef-Land in die Hocharktis. Sorgen, Probleme und Konflikte scheinen wie weggeblasen, die Crew hat nichts anderes im Sinn, als das Schiff auf sicherem Kurs zu halten.

»Man könnte sich manchen Rechtsstreit vor Gericht ersparen, wenn man die Streithähne einfach bei starkem Wind und unruhiger See auf ein Segelschiff setzen würde«, sinniert Fuchs. »Wer dabei richtig ›Seemannschaft‹ praktiziert, bei der sich jeder auf den anderen verlassen muss, dem dürfte danach nicht mehr nach Streit zumute sein.« Wunschvorstellungen eines ozeangestählten Abenteurers.

Durch die Barentssee kämpft sich die vereiste »Dagmar Aaen«. Skipper Arved Fuchs und jeder, der sich an Deck aufhält, muss sich anleinen. Wer hier über Bord geht, ist verloren.

Mit direktem Kurs hält das Schiff auf Kap Flora zu, dem südlichsten Teil der Inselgruppe. In gebührendem Abstand geht es an Nowaja Semlja vorbei, jener Insel, auf der die Sowjets seinerzeit ihre Kernwaffen testeten. Eine Greenpeace-Aktion des Jahres 1990, bei der die Umweltschützer auf die Umweltverseuchung dieses Gebietes aufmerksam machten, hatte zu diplomatischen Verwicklungen geführt.

Um etwaigen Landungsgelüsten vorzubeugen, wird die »Dagmar Aaen« in 15 Kilometern Abstand von einem russischen Kriegsschiff begleitet, welches erst abdreht, als Nowaja Semlja achteraus liegt. Die Reise ist nicht ungefährlich. Packeisfelder können das Schiff gefährden. Am schlimmsten wäre der Einschluss des Haikutters in das schwere Polareis. Das würde zu schweren Eispressungen auf den Schiffskörper führen. Selbst wenn der Segler das zunächst überstehen würde, würde er hilflos mit der Eisdrift des Nordpolarmeeres fahren, unter Umständen über mehrere Jahre, wie es beispielsweise der Tegetthoff erging. Letztlich müsste die »Dagmar Aaen« dann aufgegeben werden.

7 ICESAIL: Rund um den Nordpol auf eigenem Kiel – Anspruch und Wirklichkeit

Doch zunächst erweisen sich die Eisverhältnisse als stabil, sie kommen gut durch. Am 2. August erreichen sie das Kap Flora auf der Nortbruk-Insel. Viele Polarforscher haben auf der südlichsten Insel des Franz-Josef-Archipels Station gemacht. Hier richtete der Brite Frederick George Jackson eine erste Forschungsstation ein, deren Überreste Fuchs ausfindig macht. Hier fand 1895 das historische Treffen zwischen Jackson und Fridtjof Nansen statt. Nansen hatte zuvor die eisdriftende »Fram« verlassen und auf dem Archipel überwintert. Die Nortbruk-Insel ist voll von Hinterlassenschaften vergangener Expeditionen. Wahrlich, ein historischer Boden.

»Arved, das Eis, das Eis, es schließt sich hinter uns!«, ruft Darryl aus dem Mastkorb. Man soll es nicht glauben, bisher »relativ harmloses Eis« wird auf einmal gefährlich. Fuchs wollte »nur« die Nortbruk-Insel nördlich umfahren, um dann mit östlichem Kurs auf die Wilczek-Insel zuzusteuern. Ehe man sich's versieht, nehmen dicke Packeisfelder den Kutter in ihren eisigen Griff. »Verdammt«, entfährt es Fuchs, »damit ist nicht zu spaßen.« Seine Erfahrung und sein Instinkt sagen ihm »unmittelbar wenden«. Mit voller Maschinenkraft schafft es der Callesen-Motor, der eisigen Umklammerung zu entkommen. Fuchs ist froh und fühlt sich bestätigt, in diesen Gefilden jede Minute wachsam zu sein. Er will sein Schiff nicht verlieren, wie Carl Weyprecht und mancher Forscher vor ihm.

Auf den Spuren der Tegetthoff-Expedition

Am 5. August 1991 ankert die »Dagmar Aaen« vor der Wilczek-Insel, benannt nach dem österreichischen Grafen und Mäzen Hans Wilczek. Die Insel ist Teil des Archipels Franz-Josef-Land, entdeckt im Oktober 1873 von der Tegetthoff-Expedition unter ihren Kapitänen Carl Weyprecht und Julius Payer. Benannt wurde der Archipel nach Kaiser Franz Joseph I., Kaiser von Österreich und König von Ungarn, für den sie das Land in Besitz nahmen. In einem

»Steinmann« auf einer Anhöhe der Wilczek-Insel ist diese »Inbesitznahme« in einer Urkunde dokumentiert. Es ist nicht ausgeschlossen, dass die »Dagmar Aaen« das erste nichtrussische Schiff ist, das hier nach fast 118 Jahren ankert.

Die »Tegetthoff« muss hier irgendwo auf dem Meeresgrund liegen, vermutet Fuchs. Denn das Schiff wurde damals vom Eis eingeschlossen und musste aufgegeben werden. Mit einem Videoecholot suchen Fuchs' Leute den bis zu 300 Meter tiefen Meeresgrund systematisch ab. Schließlich geben sie die Suche auf, entdecken dafür aber den besagten Steinmann.

Sie finden dort Bruchstücke zahlreicher Gegenstände. Reste eines alten Fasses mit fragmentartigen Aufschriften der »Tegetthoff«, allerdings jeweils mit einem »t« geschrieben. Neben Patronenhülsen sowie Glas- und Flaschenresten findet Fuchs eine ungeschützte Papierrolle, deren Schrift mit bloßem Auge nicht zu entziffern ist. Nach seiner Rückkehr lässt Fuchs das Papier vom Bundeskriminalamt untersuchen. Und siehe da, die Experten machen sichtbar, dass es sich um einen Brief des »Polarforschers Julius Ritter von Payer aus dem Jahre 1873« handelt.

Den Inhalt des Briefes entziffern später Sachverständige des Bremerhavener Schifffahrtsmuseums. Er datiert vom 1. November 1873 und ist unterzeichnet von Payer und Weyprecht. Unter anderem berichten die beiden: »*Jetzt liegen wir 3 bis 4 Seemeilen S.S.O. von dem Puncte, auf welchem dieses Dokument deponiert ist ... Das Schiff befindet sich (trotz der starken Eispressungen), die es auszuhalten hatte, in vollkommen gesunden Zustande, liegt es jedoch derart, daß es sehr fraglich ist, ob wir dasselbe wieder frei arbeiten können.*« An anderer Stelle des Briefes äußern sie sich jedoch verhalten optimistisch über den Fortgang der Expedition. Im Mai 1874, also erst ein halbes Jahr später, verlassen sie mit ihren Männern das immer noch intakte Schiff mit einem Rettungsboot und ziehen dieses mehr als drei Monate über das Polareis, bevor sie am 24. August 1874 von einem sibirischen Fischereischoner in einer Bucht der Insel Nowaja Semlja gerettet werden. Das historische Dokument beschreibt

7 ICESAIL: Rund um den Nordpol auf eigenem Kiel – Anspruch und Wirklichkeit

»hautnah« in Teilen den Ablauf der Tegetthoff-Expedition zwischen dem 21. August 1872 und 1. November 1873. Fuchs seinerseits hinterlässt in dem »Steinmann« eine versiegelte Flasche mit den Daten seiner ICESAIL-Expedition. Wer weiß, wann der nächste Besucher hier vorbeikommt ... Nachdenklich macht eine Entdeckung unweit des Steinmanns. Es ist das Grab des Maschinisten der Tegetthoff-Expedition Otto Kirsch, der am 16. März 1874 im Alter von nur 29 Jahren starb. In den Berichten über die Expedition werden sein qualvoller Tod an Skorbut und Schwindsucht sowie die Beerdigungszeremonie detailliert beschrieben. Die Gravur auf einer Metallplatte an dem verwitterten Holzkreuz tritt nach intensiver Reinigung deutlich zutage. Das Holzkreuz trägt deutlich den Gebissabdruck eines hungrigen Eisbären. Bereits auf dem Weg zu den historischen Stätten entdecken sie immer wieder Spuren von Eisbären. Einmal sehen sie eine Bärin mit zwei Jungen.

Arved erinnert sich an seine frühen Begegnungen mit den »Königen der Arktis« und schärft seinen Mitreisenden ein, dass es nicht nur in den Eisfeldern des Meeres gefährlich sein kann, auch zu Lande lauern die Gefahren. Gleichermaßen froh ist Fuchs, dass es vor allen Dingen die Russen waren, die als Vorreiter der Eisbärforschung erkannten, dass die Population des größten Landraubtieres der Erde durch Überjagung in ihrem Bestand gefährdet ist. Der russische Wissenschaftler Professor Sawwa Uspenski hatte viel Zeit in die Erforschung der Eisbären investiert und maßgeblich dazu beigetragen, dass die Tiere international unter Schutz gestellt werden.

Mehr als zehn Tage kreuzt die Crew der »Dagmar Aaen« zwischen den Inseln des Franz-Josef-Archipels, macht zahlreiche Landgänge, Erkundungsflüge mit der »Polaris« und besucht die Forschungsstation auf der Chejsa-Insel, die mit 60 Personen besetzt ist. Slava hatte hier mal selbst gearbeitet, man heißt die Expedition herzlich willkommen. Hier werden unter anderem Raketen mit Messsonden 100 Kilometer hoch in die Atmosphäre geschossen, die an Fallschirmen zurück zu Boden gehen. Erfreut sind die Wissenschaftler, dass Fuchs und seine Leute eine Messsonde abliefern, die sie einige Tage zuvor auf der Wilczek-Insel gefunden haben.

Eine eindruckvolle Begegnung hat die Crew mit dem sowjetischen Atomeisbrecher »Vaigatsch«, der erst 1989 in Dienst gestellt wurde. Über Funk lädt der Kapitän des 40 000-PS-Giganten ein, mit dem Haikutter längsseits zu kommen. Arved und Slava »entern« den Riesen über eine Jakobsleiter. Ein Studium der Eiskarten an Bord zeigt, dass ein Weiterkommen nach Norden unmöglich ist. Auch am Kap Tscheljuskin sieht es schlecht aus, dort liegt eine geschlossene Eisdecke. Allein wegen der extremen Eisverhältnisse wäre eine Nordostpassage sehr schwierig.

Das zeigt sich auch bereits beim Kreuzen zwischen den Inseln. Noch einige Male kommt die »Dagmar Aaen« in bedenkliche Situationen, vom Eis eingeschlossen zu werden. Und wieder sind es Fuchs' Erfahrungen, seine Intuition und die Eisgängigkeit des Schiffes, die sie davonkommen lassen. Der ursprünglich rote Rumpf sieht inzwischen aus, als sei er von einem Sandstrahlgebläse bearbeitet. Zwischenzeitlich muss Fuchs auch Strenge walten lassen, weil ihm die Manöver mit der »Polaris« zu riskant werden.

Ob das die Ursache dafür ist, dass der Australier Chris Nelson im nächsten Küstenhafen Narjan Mar die Expedition verlassen will, lässt sich nicht eindeutig klären. Jedenfalls hat er auch starke Schmerzen im rechten Bein, die möglicherweise psychosomatischer Natur sind. Fuchs ist es natürlich nicht recht, dass ein derart wichtiges Mitglied die Crew verlassen will, aber er kann und will ihn letztlich nicht daran hindern.

Auf Messers Schneide

Große Aufregung auf der »Dagmar Aaen«, die gesamte Crew hat sich auf dem Deck des vor Anker liegenden Schiffes versammelt, um Kriegsrat zu halten. Wenige Minuten zuvor hat Duri eine Sondermeldung des Radiosenders »Deutsche Welle« abgehört. In der UdSSR habe es einen Militärputsch gegeben. Michail Gorbatschow sei abgesetzt und in seinem Feriendomizil auf der Krim unter Arrest gestellt worden. Die Militärs haben den Ausnahmezustand ausgerufen, in Moskau patrouillieren Soldaten. An allen strategischen Punkten seien Panzer aufgefahren. Die Crew kann es kaum glauben, ist wie paralysiert. »Das hat uns gerade noch gefehlt«, ist Fuchs' erste Reaktion. »Es ist bisher wohl zu gut gelaufen, um wahr zu sein«, bedauert ein anders Crewmitglied. »Ist das nun das Ende von Glasnost und Perestroika?«, fragt ein Dritter in die Runde. Sollen sich die Hoffnungen von Millionen Russen auf Freiheit und Demokratie plötzlich zerschlagen?

Wenn Arved Fuchs auf Expeditionsreisen geht, interessiert er sich seit jeher für die Menschen, die im Gebiet seiner Reisen leben. Oftmals bestimmt er danach seine Zielregionen. So waren es die kanadischen Inuit, von denen er lernte, wie man in der winterlichen Arktis mit einfachsten Mitteln überlebt. Von ihnen hat er das Handwerk des polaren Reisens gelernt, durch sie hat er die eisigen Landschaften lieben gelernt, hat jegliche Schrecken vor dieser morbiden Natur verloren.

Sein Wunsch, mit den Naturvölkern des sibirischen Nordens in Verbindung zu treten, konnte zu Zeiten des »Eisernen Vorhangs« nicht erfüllt werden. Vieles hat er über die Nenets gelesen, ein Volk, das im Mündungsdelta des Petschora-Flusses lebt. Dort liegt die Stadt Narjan Mar, die das nächste Ziel der »Dagmar Aaen« ist.

Die Winde sind günstig, sodass sie die rund 1000 Kilometer Strecke von Franz-Josef-Land durch die Barentssee in sechs Tagen schaffen. Am 19. August treffen sie in der Petschora-Mündung ein und werfen bei der Ansteuerungstonne den Anker, um auf den Lotsen zu warten.

Um zwölf Uhr kommt der Lotse an Bord. Vor wenigen Stunden hat die Crew vom Militärputsch erfahren. Slava bestürmt den Lotsen auf Russisch mit zahlreichen Fragen. Doch der Mann weiß offensichtlich weniger von der Situation als die Mannschaft. Ihn scheint es auch nicht sonderlich zu interessieren. Hier scheint sich die alte Einstellung gehalten zu haben:»Moskau und der Zar sind weit, was kümmert's uns?« Fuchs und seine Mannschaft sind zunächst unschlüssig, was zu tun ist. Umkehren und nach Norwegen durchfahren wäre eine Option, obwohl nicht sicher ist, dass dafür die Dieselreserven reichen. Aber das würde einer Kapitulation gleichkommen. Die Crew ist sich einig, erst mal die 110 Kilometer stromaufwärts nach Narjan Mar zu fahren, dann wird man weitersehen. Unterwegs bietet ein Schlepperkapitän 4000 Liter Diesel »unter der Hand« an. Noch während der Fahrt wechselt der Kraftstoff seinen Besitzer, und Fuchs' Reichweite hat sich gerade vor dem Hintergrund der unsicheren Lage extrem verbessert. Der Käpt'n des Schleppers besteht darauf: Der Deal muss mit Wodka und Lachs besiegelt werden – pro 1000 Liter Diesel eine Flasche. Am Ende kann der Lotse nicht mehr auf seinen Beinen stehen und muss durch einen Kollegen ersetzt werden. Auch Arveds Leber wird arg strapaziert.

Die Nachrichten über die »Deutsche Welle« zeichnen ein unübersichtliches Bild der Lage. Gorbatschow soll aufgefordert worden sein, offiziell zurückzutreten, was dieser ablehnt. Erste Städte haben sich gegen den Putsch gewandt, auch beim Militär soll es Widerstand geben. Slava Melin befürchtet gar einen Bürgerkrieg. Er ist derart verunsichert, dass er auf keinen Fall das Schiff verlassen will. Da die »Dagmar Aaen« unter deutscher Flagge fährt, hofft er im Ernstfall auf diplomatischen Schutz.

Arved Fuchs sieht hinsichtlich der weiteren Vorgehensweise zwei Möglichkeiten: Sollte der Putsch erfolgreich sein und das Land in sein altes diktatorisches System zurückverfallen, können sie das Schiff unmöglich in Igarka überwintern lassen. Dann kehren sie entweder nach Norwegen um und überwintern in Vadsö. Je nach politischer Lage versuchen sie es im nächsten Jahr erneut, die Nordostpassage zu bewältigen, oder sie fahren in umgekehrter Richtung und versuchen es mit der Nordwestpassage. Die zweite Möglichkeit wäre, fahren nonstop bis Alaska durchzufahren, sofern die Eisverhältnisse es zulassen.

Dieser Vorschlag stößt auf wenig Gegenliebe, da bei einigen nach 120 Tagen auf dem engen Schiff »die Luft raus« ist. Das fehlen jeglicher Privatsphäre, jeden Tag dieselben Gesichter, dieselben Geräusche, dieselbe Speisekarte. Schlafsäcke, die mittlerweile trotz intensiven Lüftens übel riechen. Das alles fordert seinen Tribut. Hinzu kommt, dass einige Crewmitglieder zu Hause termingerecht ihre Arbeit aufnehmen müssen, sonst bekommen sie Probleme im Job.

Es hilft nichts, Arved macht seine endgültige Entscheidung, ob Norwegen oder Alaska, von den Eisverhältnissen und von der Zustimmung »Centre Poles« und Mishas abhängig.

In Narjan Mar nimmt man die politische Situation erstaunlich gelassen. Keine Kontrollen von Crewlisten und sonstigen Papieren, keine behördlichen Auflagen und Behinderungen jedweder Art. Dafür stehen Jura von »Centre Pole« und der vereinbarte Hubschrauber bereit, um Fuchs und Filmteam nebst einer Journalistin und eines Fotografen aus Moskau zu einem abgelegenen Camp der Nenets zu fliegen. Ein Administrator, der die Sprache der Ureinwohner spricht, fliegt auch mit.

Die Situation mutet schon skurril an: In Moskau und den anderen Zentren der UdSSR scheint die Luft zu brennen, und Arved kann hier im fernen Sibirien in Ruhe die Ureinwohner besuchen. Eigentlich ist er ganz froh, denn ändern kann er eh nichts, und Abstand zu gewinnen, schadet auch nichts.

Den Nenets, einem sibirischen Nomadenvolk, wurde vonseiten der UdSSR seit jeher eine gewisse Autonomie zugestanden. Im autonomen Distrikt wird sowohl Russisch wie auch in der eigenen Sprache gelehrt und gesprochen. So konnten sich alte Sitten und Gebräuche über die Jahrzehnte der Sowjetherrschaft erhalten. Die Nenets leben von und mit ihren Rentieren, sie geben ihnen Felle für Kleidung und Zelte. Das Fleisch der Tiere verzehren sie wie zu Urzeiten roh. Die Wohnzelte, die ein wenig an Indianerbehausungen erinnern, nennen sie Chum. Ein Sommer-Chum besteht aus massiver Leinwand, das Winterzelt aus doppelt genähten Rentierfellen, wobei die eine Fellseite nach außen, die andere nach innen zeigt. Die gesamte Innenwand des Zeltes ist mit Decken und Kissen ausgepolstert, der Boden mit Fellen ausgelegt. In der Mitte steht ein eiserner Ofen. Jeweils zwei Familien teilen sich ein Chum. Auch die Kleidung besteht überwiegend aus Fellen; sie ist teilweise kunstvoll bestickt und mit farbigen Bändern verziert. Die Gäste werden außerordentlich freundlich begrüßt und bewirtet, zur Feier des Tages wird ein Rentier geschlachtet. Dazu gibt es selbst gebackenes Brot und gekochte Blaubeeren. Wie überall auf der Welt, verlieren die Kinder schnell ihre Scheu gegenüber den Fremden und interessieren sich vor allem für die merkwürdige Outdoorkleidung, deren Material sie nicht ganz einordnen können.

Dann erhalten Fuchs und seine Begleitung eine Vorstellung der besonderen Art. Plötzlich scheint sich eine Hügelkuppe zu bewegen. Doch es sind die Körper Tausender Rentiere, die sich wie eine Meereswoge auf das Camp zubewegen. Lediglich zwei Hirten auf ihren Schlitten, die sich durch die morastige Tundra bewegen, dirigieren mit langen Stangen die Riesenherde. Sie haben jeweils vier Rentiere vor ihre Schlitten gespannt. Eine kleine Schar kläffender Hunde passt auf, dass kein Tier ausbricht. Man erklärt den Gästen, dass die Hirten 24 Stunden »Dienst« haben und dann von der nächsten »24-Stunden-Schicht« abgelöst werden. Sobald die Rentiere, die den Schlitten ziehen, müde sind, werden sie durch vier andere, die man mit dem Lasso aus der Menge fängt, ausgewechselt. Auch das können die Gäste sehen. »Es ist einfach spektakulär, was wir hier erleben dürfen«, diktiert Fuchs der Moskauer Journalistin in ihren Block.

Die Rentiere werden jeden Tag in ein anderes Areal geführt, um zu verhindern, dass die Tundra kahl gefressen wird. Nach zwei Wochen sind die Areale erschöpft, und die Nenets packen ihre Habseligkeiten zusammen und ziehen samt Herde ein gutes Stück weiter, um für zwei Wochen ein weiteres Lager einzurichten. Fuchs genießt den Ausflug in die Tundra. Nach den vielen Wochen auf See und dem kargen Franz-Josef-Land zieht er den würzigen Geruch von Moos, Pilzen und Blaubeeren förmlich in sich hinein. Nach knapp zwei Tagen brechen sie wieder auf, und Fuchs nimmt sich ernsthaft vor, den Kontakt zu den Nenets zu einem anderen Zeitpunkt wieder aufzunehmen. Bereits im Camp war über die »Deutsche Welle« zu hören, dass sich die Situation im Lande dramatisch zuspitzt. Leningrad verweigert den Putschisten seine Unterstützung, es soll erste Tote gegeben haben. Arved Fuchs und seine Begleitung sind in großer Sorge. Was wird aus der Mannschaft, was wird aus seinem Schiff? Als Fuchs am 21. August auf sein Schiff zurückkehrt, sieht er an Slavas Miene, dass etwas Positives vorgefallen sein muss. In der Tat, durch den Widerstand der Bevölkerung unter Führung des russischen Präsidenten Boris Jelzin wurde der Putsch niedergeschlagen. Gorbatschow sei wieder in Moskau und habe der Bevölkerung gratuliert und gedankt. Großes Aufatmen auf der »Dagmar Aaen«. Am meisten befreit wirkt Slava. Wahrscheinlich kann er als Einziger ermessen, was es bedeutet, einer neuen Diktatur knapp entkommen zu sein. Arved Fuchs hat der Lauf der Geschichte eine schwerwiegende Entscheidung abgenommen. Die ursprüngliche Planung, das Schiff in Igarka überwintern zu lassen, kann umgesetzt werden. Die Sowjetunion soll noch gut vier Monate bestehen, bevor sie am 26. Dezember 1991 durch Beschluss des Obersten Sowjets aufgelöst wird. Äußeres Zeichen wird der Flaggenwechsel auf der »Dagmar Aaen«. Als Flagge des Gastlandes wird sie im neuen Jahr nicht mehr die rote Hammer-und-Sichel-Flagge tragen, sondern das neue russische Banner in den Farben Weiß-Blau-Rot.

Ab ins Winterlager

Arved Fuchs ist sich sicher, ohne Dr. Mikhail (Misha) Malakhov hätte dieser Teil der Expedition von der russischen Grenze an schlicht nicht stattfinden können. Ob es die Verträge und Abmachungen mir der Organisation »Centre Pole« sind oder plötzlich auftretende Visaprobleme, ob es die Überwindung der manchmal sehr schwerfälligen Bürokratie ist oder die organisatorische Vorbereitung für das Winterlager des Schiffes, die Reise hätte an hundert Kleinigkeiten scheitern können, wenn es da nicht den klugen Arzt aus Rjasan gäbe. Dass dieser Mann »zwischendurch« noch Jugend-, Sportler und Musikeraustausche zwischen Rjasan und Fuchs' Heimatstadt Bad Bramstedt mitorganisiert, ist unglaublich. »Gäbe es in jeder Stadt Russlands und Deutschlands nur einen Misha, brauchte man sich um die Völkerverständigung zwischen diesen Nationen keine Sorgen mehr zu machen«, sagt Fuchs im Jahre 2012.

Nachdem Brigitte Ellerbrock, Chris Nelson und Misha die Ortschaft Narjan Mar per Flieger verlassen haben, geht die »Dagmar Aaen« auf ihre 1900 Kilometer lange Reise zum Winterlager in Igarka. Ohne dass es tatsächlich notwendig wäre, muss Fuchs einen »Eislotsen« mitnehmen, der sie »sicher« nach Igarka bringen soll, natürlich gegen Valuta.

Boris, Kapitän auf »Großer Fahrt« und »Eislotse«, kommt mit leichter Bekleidung, wohl in der Annahme, von einem beheizten Ruderhaus aus zu dirigieren. Er bekommt die warme Reservebekleidung der Crew und ist wohl der erste russische Eislotse, der in farbenfroher Gore-Tex-Kleidung durch die Nordostpassage segelt. Boris ist ein sehr kompetenter Mann, der zudem leidenschaftlicher Segler ist. Er kannte den deutschen Segler Axel Czuday, der 1977 mit einer Neunmeteryacht heimlich durch die Nordostpassage segeln wollte. Wie der Kreml-Flieger Mathias Rust in der Luft, unterlief Czuday auf See sämtliche militärische Radarposten und andere Hindernisse des Eisernen Vorhangs und kam bis Dikson in der Jenissei-Mündung, bis er aufgebracht wurde. »Eine beachtliche Leistung«, lobt Boris, der ihn seinerzeit auf einem Frachter samt Segelschiff bis zur norwegischen Küste zurückbrachte und auf See aussetzte. »Ich durfte damals meine Sympathie für den ›verrückten Deutschen‹ nicht offen bekunden«, erinnert sich der Lotse.

Boris führt den Haikutter von der Barentssee durch die Kara-Straße in die Karasee. Im Mündungsgebiet des Jenisseis baut sich noch einmal ein frischer Südwind auf, der das Schiff mächtig durchschüttelt. Obwohl der Jenissei in seinem Mündungsgebiet breit und tief ist, bekommt Fuchs jetzt noch zusätzlich zwei Flusslotsen an die Seite. Auch diese sind so leicht bekleidet, dass sie sich die Reservekleidung mit ihrem »Hochseekollegen« teilen müssen.

Nach einer Flussfahrt von 740 Kilometern, das entspricht der Entfernung von Hamburg bis Augsburg, kommen sie endlich in Igarka an. Sie waren jetzt 139 Tage unterwegs und haben 13 700 Kilometer zurückgelegt. In Igarka erwartet sie wieder absprachegemäß Misha. Mit drei Uniformierten kommt er an Bord, um bei der formellen Abwicklung zu assistieren, die nach fünf Minuten beendet ist. Kurze Zeit später trifft der Bürgermeister ein, der Fuchs im Namen der Kommune willkommen heißt und alle denkbare Hilfe anbietet. Das Stadtoberhaupt lädt die Crew zu einem fürstlichen Abendessen ein. »Das beste Essen auf der ganzen Tour«, stellt ein Crewmitglied fest. Auch mit der Bevölkerung werden sie schnell warm. Und jede freundschaftliche Begegnung muss mit einem Wodka begossen werden – es ist hart.

Für den Winter, in dem es Temperaturen bis zu 60 Grad minus geben kann, muss es auf dem Schiff beheizte Räume geben, die Mensch und Material schützen. Fuchs kennt diese aggressive Kälte, die Metall brüchig werden lässt, die Kunststoff wie Glas zersplittern und Fleisch innerhalb kürzester Zeit gefrieren lässt. Die gesamte Navigationselektronik samt Antennen wird demontiert, die Segel werden abgeschlagen, der Baum durch Stützen gesichert. Die »Polaris«, die Faltboote und Außenborder wandern in eine angemietete Garage. Hauptmaschine und Dieselgenerator werden durch Zugabe von Frostschutzmitteln winterfest gemacht.

Eine besondere Vorsorge für das Schiff ist zu treffen, wenn das Frühjahrshochwasser den Jenissei bis zu 20 Meter ansteigen lässt. Es muss dann rechtzeitig in einen Nebenarm des Stromes gebracht werden. An Bord werden den Winter über insgesamt sechs Leute jeweils zu zweit zeitversetzt Wache halten. Wegen seiner Sprachkenntnisse wird die überwiegende Zeit ein Russe namens Alex aus Ryazan dabei sein. Es ist genügend Proviant an Bord, sodass die Überwinternden weitestgehend autark sind.

Obwohl Fuchs eigentlich zu diesem Zeitpunkt viel weiter sein wollte, ist er mit dem bisherigen Verlauf der Expedition zufrieden. Im nächsten Jahr will er – soweit die Eisverhältnisse es zulassen – bis nach Alaska fahren, dort überwintern und sich dann den Aleuten widmen. In jedem Fall bleibt es für ihn spannend ...

Winter in Sibirien – Aktivitäten in Deutschland

Mit großem Medienaufgebot wird die Crew am 12. September 1991 am Hamburger Flughafen empfangen. Fuchs muss sich zahlreichen Interviews stellen. Auf was er sich denn hier in Deutschland am meisten freut? »Ein kaltes Bier und ein heißes Bad« ist seine kurze Antwort. Längeres Ausruhen von der anstrengenden Expedition ist nicht möglich. Mehr als 10 000 Dias wollen gesichtet und ausgewählt sein, deutschlandweit hält Fuchs Vorträge, führt zahlreiche Pressegespräche, bereitet die Herausgabe seines Buches »Abenteuer russische Arktis« vor, das er während der Reise an Bord in seinen Laptop getippt hat. »Im Grunde führe ich zwei Leben, eines draußen in der Natur während meiner Expedition, das andere eingebunden in die Gesetze der Marktwirtschaft«, äußert er gegenüber einem Journalisten.

Neben den vielen Terminen muss er seinen Umzug innerhalb Bad Bramstedts regeln, und die Verlegung des Hamburger Organisationsbüros nach Bad Bramstedt wurde ebenfalls notwendig. In Gedanken ist Fuchs immer bei seinem Schiff, das fernab eingefroren im sibirischen Eis liegt. Ende November kommt die Nachricht, dass die Eispressungen eingesetzt haben. Er weiß, dass die »Fram« und manch anderes Schiff der großen Polarforscher nicht zerdrückt wurde, da sie eine Art Eiform besaßen. Dadurch war zwar ihre Seegängigkeit eingeschränkt, aber durch ihre Form wurden sie aus dem Eis herausgehoben. Der enormen Kraft der Eismassen können allenfalls die Stahlkolosse der großen Eisbrecher widerstehen. Bei der »Dagmar Aaen« musste ein Kompromiss gefunden werden. Einerseits sollte der Haikutter auch den schlimmsten Stürmen standhalten, andererseits weist das Unterwasserschiff runde Formen auf, sodass es bei Eispressungen ebenfalls in die Höhe gehoben werden müsste. So weit die Theorie.

Das erlösende Telegramm aus Igarka lautet dann: »Das Schiff wird vom Eis hochgedrückt. Der Bug hat sich ein ganzes Stück gehoben.« Das Eis, in dem die »Dagmar Aaen« liegt, hat inzwischen eine Dicke von 1,50 Metern erreicht, die Temperaturen sinken bis auf 58 Grad. Alle drei Abteilungen des Schiffes werden ständig durch Dieselöfen beheizt. Doch mehr als einmal fallen die Öfen aus, da verunreinigter Kraftstoff Regler und Leitungen verstopft oder kein verdünnter »Arktisdiesel« geliefert wurde. Damit im Innern des Schiffes keine Frostschäden entstehen, ist beim Ausfall der Öfen Schnelligkeit angesagt. Mit klammen Fingern werden Regler und Leitungen zerlegt, gereinigt und wieder zusammengesetzt. Dabei sinken die Temperaturen im Schiffsinneren schon mal auf zehn Grad unter null.

Fuchs hält es in Deutschland nicht mehr aus. Als er kurz vor Weihnachten die Hälfte seiner Vortragstournee beendet hat, fliegt er nach Igarka. Mit dabei sind Helmut Hammele und Falk Mahnke sowie Harm Warnemünde, zwei langjährige Freunde aus Bad Bramstedt, die im Jahre 1993 gerne eine Etappe mitsegeln möchten. Außerdem soll Falk als gelernter Koch und Gastronom mit seinem Fachwissen helfen, in Igarka eine Bäckerei aufzubauen.

Fuchs und seine Freunde erfahren, dass es im örtlichen Krankenhaus an wichtigen Medikamenten und Gerätschaften mangelt, die in deutschen Krankenhäusern zum Standardinventar gehören. Mithilfe einer deutschen Ärztin mit Antarktiserfahrung wird eine längere Liste der nötigsten Hilfsmittel vor Ort zusammengestellt. Dann kontaktieren Fuchs und seine Freunde die karikative Organisation HELP in Bonn und zahlreiche Helfer in und um Bad Bramstedt. Innerhalb weniger Wochen sammeln die Beteiligten in Deutschland zwei Lkw-Ladungen mit EKG-Geräten, OP-Bestecken, Rollstühlen, Verbandsstoffen, Infusionslösungen, Antibiotika, Schmerzmittel, Vitaminpräparaten und vielen anderen Hilfsmitteln und Ausrüstungen, die ein gut ausgerüstetes Krankenhaus benötigt. Es ist wohl die bisher spektakulärste Hilfsaktion Norddeutschlands, als sich die beiden Lkws aus Beständen der ehemaligen NVA und ein geländegängiger Pkw auf die 6000 Kilometer lange Reise, teilweise über schlimmste Schotterpisten, nach Sibirien begeben. Da es bis Igarka keine Straßenverbindung gibt, werden die Güter in Kemerowo, 1500 Kilometer vor dem Ziel, in zwei Flugzeuge umgeladen. Niemand in Deutschland kann sich vorstellen, mit welcher Freude und Dankbarkeit die dringend benötigten Mittel und Gerätschaften am 14. Mai 1992 in Empfang genommen wurden.

Die Bevölkerung kann es nicht fassen, dass Menschen und Institutionen aus Deutschland sich so schnell und engagiert für die Ausstattung eines fernen Krankenhauses einsetzen. Dabei war ihnen vor nicht allzu langer Zeit eingebläut worden, wie unmenschlich die westliche Welt sei.

Wären Fuchs und seine Crew nicht bereits vor dieser Aktion in Igarka freundlich aufgenommen worden, so hätten sie sich spätestens jetzt für lange Zeit in diesem sibirischen Ort verewigt.

Die bereits am 11. Mai 1992 eingetroffene Expeditionsmannschaft kann nur einen geringen Teil der Einladungen und Empfänge annehmen, die auf sie einstürmen. Dabei will auch das dosierte Trinken des russischen »Nationalgetränks« gelernt sein.

Erneuter Versuch – sie muss doch zu schaffen sein, die Nordostpassage

Blankes Entsetzen auf der »Dagmar Aaen«. Schlagartig reißt die Trosse aus dem Fluss. Das Wasser entweicht als feiner Wasserdampf; die Trosse dehnt sich zum Zerreißen. Zum Glück rutscht die

Schleppleine am Poller des Haikutters tatsächlich durch, aber der Ruck ist verheerend. Die »Dagmar Aaen« wird wie ein Spielzeug von der Eisscholle gerissen, auf die der Schlepper sie gedrückt hat, und poltert zwischen treibenden Eisschollen ins Wasser zurück. Doch die Gefahr ist noch nicht gebannt. Die Schlepptrosse ist dabei, den massiven Poller zu zersägen. Obwohl das Schiff längst frei ist, zieht der Schlepper mit voller Kraft weiter; entsprechende Signale von Fuchs, er möge doch stoppen, werden ignoriert. Arved rennt ins Vorschiff und greift, sich selbst dabei extrem gefährdend, das lose Ende der Trosse und wirft sie zweimal über den Poller, sodass die Leine endgültig durchrutschen kann – das Schiff ist frei. Aus eigener Kraft kann Fuchs den Kutter in die sichere Talsenke einfahren.

Nach der Ankunft der in Teilen neu zusammengesetzten Crew in Igarka gilt die erste Sorge der »Dagmar Aaen«, die immer noch fest im Eis sitzt. Das Schiff muss in Sicherheit gebracht werden vor dem Frühjahrshochwasser des Jenisseis, das große Eismassen mit sich führt, die Anleger, Schiffe, Pontons, kurz, alles zerstören, was ihnen in den Weg kommt. Dazu nutzt man in Igarka eine während des Hochwassers überflutete Talsenke, in die alle gefährdeten Schiffe hineinkommen, wo sie vor den Eismassen sicher sind. Wenn das Eis dann abgeflossen ist und sich das Hochwasser senkt, müssen die Schiffe schleunigst aus der Talsenke herausfahren, sonst fallen sie trocken und können dort bis zum nächsten Frühjahr liegen bleiben.

Sorgenvoll fragt Fuchs den Hafenkapitän, wann es denn endlich losgehe. »Das Hochwasser und der damit verbundene Eisaufbruch werden am Morgen des 22. Mai erwartet«, antwortet der Fachmann mit ungewohnter Präzision. Ob Fuchs dem Glauben schenken soll, weiß er nicht, »aber sie werden ihre eigene Flotte ja auch in Sicherheit bringen«, beruhigt er sich.

Tatsächlich, am Vortag der großen Flut beginnen die Vorarbeiten. Schlepper beginnen mit dem Aufbrechen des Eises und schneiden eine Fahrrinne vom Hafen in die Talsenke. Ein Spezialpanzer fräst um die eingefrorenen Schiffe eine Wasserrinne und säuft dabei beinahe ab. Es ist beeindruckend, mit welcher Gelassenheit die Russen den Gefahren der Natur begegnen. Egal ist ihnen dabei aber auch, ob Material zu Schaden kommt oder gar vernichtet wird; für Kollektiveigentum fühlt sich niemand verantwortlich. Folgen der Planwirtschaft.

Die »Dagmar Aaen« jedenfalls liegt in der überfluteten Talsenke an Baumwipfeln festgemacht relativ sicher, wenn man von den Gefahrmomenten bei der Einfahrt in die Mulde (siehe oben) absieht. Am 6. Juni, das Hochwasser senkt sich, die Eismassen sind vorüber, fährt die »Dagmar Aaen« zügig aus ihrem »Hafen«. Nachdenklich macht Fuchs, dass das Frühjahr in diesem Jahr drei Wochen in Verzug ist. Vorausgesetzt, der dreimonatige Sommer setzt dann in gewohnter Intensität ein und das Eis schmilzt, fehlen Fuchs für die Fahrt durch die Nordostpassage mindestens diese drei Wochen.

Auf den Spuren des Archipels Gulag

Da die Eisschmelze im Polarmeer somit nicht vor Mitte/Ende Juli einsetzen wird, hat Fuchs Zeit, den Jenissei weiter stromaufwärts zu fahren. Sein Interesse gilt der stalinistischen Geschichte. Sibirien im Allgemeinen und der Jenissei im Besonderen sind verknüpft mit den Gräueltaten des Stalinismus. Die erste Station ist das ehemalige Arbeitslager Jermakovo, wo verfallene Häuser und Wachtürme die Stellen markieren, an denen Menschen schuften mussten, bis sie vor Entkräftung, Hunger und Kälte starben. Zwei zerborstene Lokomotiven erinnern an den Zweck des Lagers. Es ging um Stalins geplante Eisenbahnlinie »Europa-Alaska-Transversale«, die Moskau mit dem Norden Sibiriens verbinden sollte. Der Baubeginn fand 1948 gleichzeitig in verschiedenen Lagern statt, die in Abständen zwischen fünf und zehn Kilometern errichtet wurden. In jedem Lager waren 1000 bis 1400 Gefangene untergebracht, die von etwa 250

7 ICESAIL: Rund um den Nordpol auf eigenem Kiel – Anspruch und Wirklichkeit

Mann bewacht wurden. Allein der Streckenverlauf Salechard–Igarka beträgt 1263 Kilometer, und das Klima in der Region ist das härteste der Nordhalbkugel. Neun Monate Winter mit schweren Stürmen und Temperaturen bis 60 Grad minus. Während des kurzen Sommers wird es zum Teil stickig heiß, bei der die auftauende Oberfläche des Parmafrostbodens sich in Morast und Sumpf verwandelt – die ideale Brutstätte für Moskitos, die über die versklavten Arbeiter herfielen. Die Menschen starben wie die Fliegen. »Unter jeder Schwelle liegt ein Toter«, berichten Überlebende später. Nach dem Tod des Diktators im Jahre 1953 – 911 Kilometer Schienen waren bereits verlegt – wurden die Gefangenen begnadigt und die Lager aufgelöst.

Doch das ist nicht der einzige Ort, den Fuchs mit seiner Crew ansteuert und der an den sowjetischen Diktator erinnert. Weiter stromaufwärts steuern sie das Dorf Kureika an. Hierher war Stalin einst selbst zwischen 1909 und 1913 verbannt. Nicht dass er dort etwas auszustehen gehabt hätte. Er war »nur aus dem Verkehr gezogen« und bewohnte ein eigenes Haus. Wie sein damaliger Mitgefangener Svedlov berichtete, habe sich Stalin bereits damals egoistisch und selbstherrlich aufgeführt.

Als Stalin an die Macht kam, ließ er in »Erinnerung an seine schlimme Verbannung« einen gewaltigen Tempel bauen, ganz aus Stein, mit Kuppeln, Säulen, Verzierungen und einer lebensgroßen Statue seiner Person. Drumherum große Parkanlagen, im Innern des Tempels Teiche mit Zierfischen. Jedes Schiff, das den Jenissei befuhr, musste für zwei Stunden ankern, und Mannschaft samt Passagieren hatte dem Diktator zu huldigen. Wehe, wer sich dem entzog – für ihn war Sibirien Endstation. Die Ruine des Tempels steht noch, die Statue liegt auf dem Grund des Jenissei.

Die erste Station »stalinistischer Geschichtsexkursionen« hatte Fuchs bereits auf dem Hinflug nach Igarka anlässlich eines Zwischenstopps besucht. Es war Workuta, das Gefangenenlager, das auch bei den wenigen deutschen Kriegsgefangenen in Erinnerung war, die diese Hölle überlebten. Der Schriftsteller Alexander Sol-

213

schenizyn befasst sich in seinem Bestseller »Der Archipel Gulag« ausführlich mit den Gräueln Stalins, denen schätzungsweise 40 Millionen Menschen zum Opfer gefallen sind.

Es ist Fuchs' Eigenart, seine Expeditionen immer mit den geschichtlichen, kulturellen und geografischen Hintergründen der Regionen zu verknüpfen. Manches Crewmitglied hat erst während der Expedition gelernt, auf welchem geschichtlichen Terrain es sich bewegt.

In Kureika hat sich Fuchs mit einem deutschstämmigen Russen namens Erich verabredet. Er lebt seit vielen Jahren am Oberlauf des Kureika-Flusses in Svetlogorsk. Er ist als Ingenieur beim Wasserwerk beschäftigt, dem der Ort seine Existenz verdankt. Erich, der gebrochen deutsch spricht, holt die »Dagmar Aaen« mit einem Tragflächenboot ab und lotst das Schiff den recht flachen Fluss hinauf bis nach Svetlogorsk. Nie zuvor hat ein Schiff aus dem Westen diesen Fluss befahren. Die außerordentlich interessante Fahrt führt durch tiefe Schluchten, an deren Wände teilweise gefrorene Wasserfälle »kleben«. Es mutet an wie eine verwunschene Märchenlandschaft.

Einige Kilometer vor Svetlogorsk bekommt die Besatzung eine starke Gegenströmung, obwohl man wegen der »Dagmar Aaen« den Überlauf aus dem Staubecken gedrosselt hat. Kurz nachdem das Schiff festmacht, werden Schleusentore wieder geöffnet, und der Fluss gurgelt am Schiff vorbei. Fuchs und seine Crew sind von dem Ort begeistert. Alles wirkt sauber und aufgeräumt. Die Einwohner präsentieren den deutschen Gästen eine moderne Schweine- und Rinderzucht. Gewächshäuser, die durch den überschüssigen Strom geheizt werden und in denen eine Fülle von Gurken, Tomaten, Salat, Petersilie und anderes Gemüse wächst.

Da Moskau seit Monaten keine Gehälter mehr überweist, sondern nur Gutschriften verteilt, ist man dazu übergegangen, selbst Geld zu drucken. Das Zahlungsmittel »gilt« natürlich nur im Ort, aber man glaubt es nicht, es funktioniert. Wegen des guten Wetters unternehmen Fuchs und einige Crewmitglieder noch einen ausgedehnten Hubschrauberflug in das Puturana-Gebirge, ein riesiges Hochplateau mit gewaltigen Gebirgszügen und schäumenden Wasserfällen. Die Landschaft ist menschenleer, wild und von atemberaubender Schönheit. Besonders aus der Luft spürt man die Unberührtheit und Weite dieser herrlichen Landschaft. Allerdings wird das wohl nicht so bleiben.

Neben Gas und Erdöl bilden die Wälder einen gewaltigen Rohstoffschatz. Es gibt in Sibirien 3,7 Millionen Quadratkilometer Wald, das entspricht der gesamten Fläche der USA. Das sind 57 Prozent aller Nadelwälder der Erde, die ein Viertel der weltweiten Waldbestände ausmachen. Es wird intensiv abgeholzt, ohne dass Aufforstung im großen Stil betrieben wird. Das wird langfristig zu starker Bodenerosion führen mit Auswirkungen auf das Klima. Ganze Tierarten, die im und mit dem Wald leben, werden vom Aussterben bedroht sein. Fuchs nimmt sich vor, die Probleme öffentlich zu benennen.

Obwohl die Bewohner von Svetlogorsk ihre deutschen Gäste nicht gehen lassen wollen, wird es Zeit zum Aufbruch, denn Fuchs hat bis zur Küste noch 1000 Kilometer vor sich. Den Eisaufbruch im Polarmeer darf er auf keinen Fall verpassen. Stromabwärts und teilweise unter Segeln sind sie bereits nach drei Tagen in Igarka. Hier erfährt Fuchs, dass die Nordküste immer noch total zugefroren ist, und auch noch die Flusslotsen streiken.

»Zweiter Heimathafen« Igarka stiftet russisch-australische Liebe – Arved hofft auf Eisfreiheit

Also bleiben sie noch einige Tage in der Stadt, die ihnen zum »zweiten Heimathafen« geworden ist, wie die Menschen, mit denen sie verkehren, betonen. Gefunkt hat's zwischen Chris, dem Australier, der in diesem Jahr wieder dabei ist, und der hübschen Russin Swetlana. Sie ist die Tochter von Slava Gorchakov, Chefredakteur der örtlichen Zeitung »News of Igarka«. Das Paar wird sich am

12. November 1992 im dänischen Apenrade das Jawort geben. Trauzeugen werden Arved Fuchs und Brigitte Ellerbrock sein. Das Schiff erhält neuen Dieselkraftstoff, Petroleum für die Lampen und Trinkwasser. Die Bürgermeisterin kommt an Bord, es folgen Gegeneinladungen. Mit den dankbaren Ärzten des Krankenhauses werden Wodkapartys gefeiert – Leberbelastungen unter ärztlicher Aufsicht. Am 25. Juni bricht das Schiff endgültig auf. Zum Abschied gibt's am Vorabend eine Bordparty mit einem Festbraten des Smutjes Raimer Fuhlendorf zu Ehren der Jungverliebten und der Eltern der jungen Russin.

Bei der Fahrt aus dem Hafen entrollt Slava Melin am Steuerbordbug ein riesiges Transparent mit der Aufschrift »Spaziba, Igarka«, »Dankeschön, Igarka«. Wie auf Kommando dröhnen die Typhone der anwesenden Schiffe. Sie kamen als Fremde und gehen als Freunde.

Die »Dagmar Aaen« tut das, wofür sie gebaut ist, sie segelt stromabwärts unter dreifach gerefftem Großsegel, Fock und Klüver. Die Geschwindigkeit beträgt 13 Knoten, bei einer Windstärke zwischen acht und neun Beaufort.

Am 3. Juli machen sie Station bei der Polarstation Sopochnaya Karga, im Mündungsgebiet des Jenisseis. Der Russe Slava, der dort früher gearbeitet hat, meldet Arved und die Crew an, man wird freundlich empfangen. Sie erfahren, dass die Eislage an der Nordküste dramatisch schlecht ist. Selbst Dikson ist nach wie vor von einer dicken Eisschicht eingeschlossen. Trotz der freundlichen Menschen sieht es auf der Polarstation trostlos aus. Abfälle, Unrat sowie Diesel- und Schmierölpfützen, wo man hinschaut – eine Umweltkatastrophe im Kleinen.

Zur Untätigkeit verdammt warten sie ab. Am dritten Tag zerreißt eine dicke Eisscholle die Ankerkette, dabei bleibt der schwere Stockanker auf dem Grund des Flusses verschollen. Sie haben Reserveanker. Einen Tag später bricht sich Miroslav die Hand, da er beim Hochkurbeln des Ankers vergisst, die Kurbel mit der Sperrklinke zu arretieren. Erst zehn Tage später kann er mit dem Hubschrauber ins Krankenhaus geflogen werden. »Das ist der Preis, den man bezahlt, wenn man die schützende Hülle der Zivilisation verlässt«, wird Arved Fuchs später zu Papier bringen. Jedes Crewmitglied weiß das, aber wenn's passiert, ist es doch immer zur falschen Zeit.

Am 16. Juli wechseln Teile der Crew, drei Journalisten kommen zu Besuch, das Kamerateam des vergangenen Jahres ist wieder da und einige Bekannte und Freunde. Auch Arveds 67-jährige Mutter Gisela ist auf Stippvisite in Sibirien. Trotz des schlechten Wetters macht Fuchs mit den Besuchern eine Segeltour durch die Kara-See mit der Folge, dass den meisten speiübel ist. Nur Mutter Gisela ist topfit. Der anwesende Journalist Thomas Kleine-Brockhoff wird später in der »ZEIT« von einer »arktischen Butterfahrt« schreiben. Eine kühne Darstellung eines Mannes, der während der ganzen Fahrt seekrank in der Koje lag. Was manchmal so in der Zeitung steht ...

Obwohl die Verwaltung des »Nördlichen Seeweges« in Dikson wegen der Eislage abrät, lichtet Fuchs die Anker am 23. Juli und erreicht die Stadt am Rande der Kara-See nach vorsichtiger Fahrt dicht unter der Küste zwei Tage später. Im Hafen und der Stadt läuft alles recht unkompliziert. Nur bei der Verwaltung, die Fuchs von der Fahrt abgeraten hatte, ist man nicht amüsiert und möchte, dass Fuchs zurücksegelt. Als er das ablehnt, bekommt er unsinnige Auflagen hinsichtlich seiner Funkeinrichtungen. Fuchs bleibt am Ball und möchte sich von den Bürokraten nicht unterkriegen lassen.

Derweil schauen er und seine Crew sich in Dikson um. »Dikson ist der ödeste Ort, den wir auf der ganzen Expedition bislang kennengelernt haben – wären da nicht die freundlichen Menschen«, schreibt Fuchs in seinen Erinnerungen. Und das, was man sieht, ist mehr als bedrückend. Schlammwüsten statt Straßen, verfallene Häuser, eingestürzte Dächer, massive Putzabblätterungen an den Häusern. Dennoch klagen die Menschen nicht, sondern sind gleich bleibend freundlich.

Fuchs nutzt die Wartezeit, um das Grab des Norwegers Tessem zu besuchen, der zur Expedition von Roald Amundsen gehörte. Als Amundsen mit seinem Segelschiff »Maud« am Kap Tscheljuskin überwintern musste, schickte er zwei Expeditionsteilnehmer auf dem Landweg zurück. Der eine kam nie an und blieb verschollen. Der andere schaffte es bis Dikson, wo er bei seinem Eintreffen an Kälte und Erschöpfung starb. Das Grab befindet sich auf einer Anhöhe am Rande der Stadt. An den Überraschungsangriff des deutschen Schlachtschiffes »Admiral Scheer« am 27. August 1942 erinnert ein verrostetes Geschütz in der Nähe, mit dem sich die Russen verteidigten.

Vier Wochen noch schlägt sich Fuchs mit der Verwaltung herum, bis er schließlich am 23. August auf eigene Verantwortung lossegelt. Er möchte zunächst bis zur 280 Kilometer entfernten Mikhaillov-Bucht segeln, um von dort weiterzusehen, wie sich das Eis entwickelt. Die »hohen Herren« bittet er dringend, ihm regelmäßig die Eissituationen durchzugeben, er habe schließlich dafür bezahlt. Im Gegenzug wolle er laufend seine Positionen durchgeben. Weil es die Vorschrift verlangt, bekommt Fuchs wieder einen Eislotsen an Bord. Es ist Boris vom vergangenen Jahr, der nicht mehr so fit wirkt und seiner Pensionierung entgegensieht.

Er kommt mit Angelgeschirr und Jagdflinte an Bord, als wolle er an einem Jagdausflug teilnehmen. Die spartanischen Verhältnisse an Bord gefallen ihm nicht mehr so sehr. Doch der menschlichen Verständigung tut das keinen Abbruch. Obwohl Fuchs absprachegemäß laufend seine Positionen durchgibt, erhält er von Dikson nicht die versprochenen Eisdaten, die er dringend benötigt. Auch sein Boris, der ja Mitarbeiter der Verwaltung ist, kann nicht helfen. Wie es anders gehen kann, zeigt Fuchs dem verdutzen Lotsen. Er sendet ein Telex mit der Bitte um Törnberatung nach Hamburg. Nach einer gewissen Zeit erhält er eine detaillierte Beschreibung der Eislage und einen aktuellen Wetterbericht aus Deutschland. Fuchs hangelt sich an der Nordmeerküste entlang und hofft, dass sich die Lage am Kap Tscheljuskin noch bessert. Denn dieses Kap ist die

7 ICESAIL: Rund um den Nordpol auf eigenem Kiel – Anspruch und Wirklichkeit

nördlichste Landzunge Asiens. Wenn sich hier das Eis aufgelöst hat, bestehen gute Chancen, nach Alaska durchzusegeln. Am 28. August erreicht Fuchs endlich die Mikhaillov-Bucht. Um sich ein eigenes Bild von den Eisverhältnissen Richtung Osten zu machen und kompetenten Rat zu bekommen, schickt Fuchs Chris und Slava mit der »Polaris« zur 120 Kilometer entfernten Polarstation Sterligov. Mit genügend Benzin, zwei Funkgeräten, Notproviant, Kompass, GPS, Signalraketen und einem Erste-Hilfe-Set fliegen die beiden los – kein ungefährliches Unterfangen. Denn Sturm, Kälte und Nebel können dem Flug zusetzen. Es klappt, und auf der Station ist man aus dem Häuschen, ein derartiges Fluggerät habe man bisher nicht gesehen. Mit wertvollen Erkenntnissen kommen sie um 22 Uhr zurück. Bis zur Polarstation kann die »Dagmar Aaen« fahren.

Zuvor erkunden sie noch die Umgebung der Mikhaillov-Bucht, gehen an Land und lassen sich's bei einem abendlichen Lagerfeuer im Beisein von sich räkelnden Robben gut gehen. Die Tiere haben nicht die geringste Angst, da sie Begegnungen mit Menschen nicht kennen. Auch ein Polarfuchs umschleicht die Szenerie, wohl in der Hoffnung, etwas von den wohlriechenden Würstchen abzubekommen. Als Boris das Gewehr herausholt, schickt die Crew ihn in die eine Richtung und jagt den Fuchs in die andere – nicht nett von der Crew.

Von Dikson kommen nach wie vor keine Meldungen, Fuchs wendet sich per Funk an Moskau – die Antwort aus der Hauptstadt: vertröstend. Man will Fuchs offensichtlich »weichkochen«, denn am 5. September, so wurde vereinbart, muss Fuchs sich entschieden haben, ob er gen Osten fährt oder nicht. Allerdings sagt der Vertrag auch, dass es Dikson ist, das sie am 5. September verlassen haben müssen. Sie sind ja bereits ein Stück weiter. Endlich, am 5. September, kommen aus Dikson die ersten Nachrichten, natürlich nur negative. Offensichtlich hofft man, dass Fuchs einen zweiten Winter am Jenissei verbringt. Das bringt Devisen für Genehmigungen und Dokumente aller Art. Für Fuchs, dessen

Schiff viele tausend Kilometer in arktischen Gewässern auf dem Buckel und im Eis überwintert hat, würde es nicht nur großen logistischen Aufwand bedeuten, die »Dagmar Aaen« bedarf dringend einer Inspektion.

Umkehren vor Kap Tscheljuskin?

Doch aufgeben möchte er zu diesem Zeitpunkt noch nicht, er rechnet sich noch eine, wenn auch geringe, Chance aus, die Nordostpassage zu bewältigen. Er hält nach wie vor seinen Kurs auf Kap Tscheljuskin. Als er nach langen, teilweise nicht ungefährlichen Zickzackfahrten die Prawda-Insel, die sich in der Nähe des Nordenskiöld-Archipels befindet, erreicht, glaubt ihm das zunächst kaum jemand. So auch der Kapitän des russischen Atomeisbrechers »Vaigatsch«, den er bereits vom letzten Jahr her kennt. Mitfühlend lädt er Fuchs auf sein Schiff ein zu einer Fahrt bis vor das Kap Tscheljuskin, damit sich Fuchs ein eigenes Bild von den Eisverhältnissen machen kann. Die »Vaigatsch«, die es mit bis zu fünf Meter mächtigem Eis aufnehmen kann, pendelt in der Karasee, um den Frachtschiffen die Passagen zu ermöglichen.

Fuchs, der zu atomgetriebenen Schiffen ein kritisches Verhältnis hat, ist dem freundlichen Kapitän dankbar für die Mitfahrt und die Erkenntnisse, die er bei der Fahrt gewinnt. Vorn am Bug kann er das »Inferno« miterleben, das sich beim Aufbrechen des zwei Meter dicken Eises abspielt. Pfeifend und zischend laufen Risse durch das Eis, öffnen sich zu Rinnen, bilden kleine Eisschollen, die vom gepanzerten Bug des Schiffes eingeholt und gebrochen werden. Wie vorsichtig muss er sich dagegen mit seiner »Dagmar Aaen« vergleichsweise dünnem Eis nähern, um sich eine Fahrrinne »aufzuschneiden«!

Noch interessanter ist es am Heck des Eisbrechers, denn er spielt mit dem Gedanken, dem Eisbrecher später zu folgen. Hier sieht er, wie die drei riesigen Schrauben des Schiffes das Kielwasser aufwühlen. Tonnenschwere Eisbrocken, die vom Kielwasser emporgeschleudert werden, knallen zurück ins Wasser. Nach etwa 100 Metern schließt sich die Ansammlung geborstener Eisschollen wieder und bildet einen undurchdringlichen Sperrriegel aus Eis. »Nein, in diesem Inferno wäre es unmöglich, dem Kielwasser des Eisbrechers zu folgen. Mit einem Treffer durch einen Eisbrocken dieses Kalibers könnte die ›Dagmar Aaen‹ sinken, und niemand würde es bemerken«, sinniert Arved. Selbst wenn zwei Eisbrecher nebeneinander fahrend dem Haikutter den Weg frei machen wollten, es wäre zu gefährlich. Dieses Angebot hatte er tatsächlich. Der Kapitän des Eisbrechers »Rossia« hätte zusammen mit seinem Kollegen der »Vaigatsch« Fuchs helfen wollen.

Zurück auf seinem Schiff, wartet er noch bis zum 13. September, denn bis zum eisfreien Wasser in der Wilkizi-Straße sind es gerade mal 170 Kilometer. Doch die Hoffnung auf günstiges Wetter mit warmen Südwinden erfüllt sich nicht. Weiteres Warten wäre sträflicher Leichtsinn. Die Entscheidung, die erstaunlicherweise in diesem Jahr von der gesamten Crew mitgetragen wird, heißt »umkehren Richtung Norwegen«.

Auf der Rückfahrt muss Fuchs zunächst noch einmal in Dikson anlegen, um die Formalitäten zu erledigen. Der Verwaltung des »Nördlichen Seewegs« gegenüber bringt Fuchs deutlich sein Missfallen über die mangelnde Unterstützung zum Ausdruck. »Sobald es um Geld oder Genehmigungsverfahren geht, werden wir wie die Berufsschifffahrt behandelt, wenn es aber um uns zustehende Leistungen geht, werden wir schlichtweg ignoriert«, lässt Fuchs durch Slava übersetzen. Die Beamten versuchen zu besänftigen, dass sie ja alles Menschenmögliche versucht hätten, aber was nicht geht, geht eben nicht. Irgendwie haben sie wohl nicht geglaubt, dass Fuchs sich aus der russischen Arktis zurückzieht.

Ein Problem gibt es noch mit Boris, dem Lotsen, der überflüssigerweise darauf besteht, wohl auch bestehen muss, die »Dagmar Aaen« durch die Kara- und weiter durch die Barentssee zurück zu begleiten. Kurz vor der Seegrenze zu Norwegen wird er durch ein waghalsiges Manöver auf ein Frachtschiff Richtung Osten übergesetzt.

Am 30. September 1992 macht die »Dagmar Aaen« nach rund 20 000 Kilometern und 15 Monaten im sibirischen Russland in Tromsø fest. Die zweite Etappe der ICESAIL-Expedition ist beendet. Auch wenn die Fahrt durch die Nordostpassage ein zweites Mal missglückt ist: Arved Fuchs und seine Crews haben interessante Erfahrungen und Eindrücke sammeln dürfen. Die vielen gastfreundlichen und hilfsbereiten Menschen, die unvergleichlichen Landschaften, die Geschichte des Landes und die unterschiedlichen Vorgehensweisen der Behörden gehören zu diesen unvergessenen Eindrücken.

Nur mühsam kann sich die »Dagmar Aaen« aus der Umklammerung des polaren Packeises befreien. Mancher Polarforscher während des 19. und Anfang des 20. Jahrhunderts entkam dem Eis nicht und musste sein Schiff aufgeben.

8 Die Nordwestpassage gelingt – dafür ist die Nordostpassage wieder nicht zu knacken

Die Bewegungen des Schiffes sind so furchtbar, dass sie die Mannschaft bis ins Mark erschrecken. Die Eispressungen in Sibirien waren nichts dagegen. Schließlich wird die Situation so bedrohlich, dass Arved Fuchs Order gibt, sich auf das Verlassen des Schiffes vorzubereiten. Und das mitten in der Nacht, im Packeis der Nordwestpassage.

»NACH 150 TAGEN KAMPF im Packeis gescheitert«, »Unternehmen Abenteuer – nicht um jeden Preis«, »Sieger trotz Niederlage« und »Arved Fuchs kämpfte gegen Eiseskälte und Bürokratie«, titeln die Zeitungen ihre Berichte nach Fuchs' Rückkehr. Sie gehen fast alle fair mit ihm um, nehmen ihm ab, dass ein »Weitermachen, koste es, was es wolle« ein unvertretbares Risiko für Crew und Schiff bedeutet hätte. Manche Journalisten leiden förmlich mit ihm. Fuchs' Authentizität, seine Ehrlichkeit, sein bescheidenes Auftreten nach großen Leistungen, das alles zahlt sich jetzt in der Niederlage aus. »Ja, ich bin enttäuscht, aber nicht frustriert«, sagt er den Medienvertretern.

Häme erntet er lediglich von einem Journalisten der »ZEIT«, der vom »konfektionierten Abenteuer« schreibt. Bei ihm hätte Fuchs keine Chance gehabt, selbst wenn er die Nordostpassage mit dem Faltboot durchfahren hätte. Möglicherweise war das die »Rache« für die Seekrankheit, die den Reporter bei einem relativ harmlosen Törn im Mündungsgebiet des Jenisseis ereilte.

Die Überwinterung in Nordnorwegen gestaltet sich in mehrfacher Hinsicht einfacher als in Sibirien. Anders als in Igarka ist der Winter in Tromsø bedingt durch den Golfstrom recht mild, sodass ein

Einfrieren des Haikutters nicht zu befürchten ist. Das Liegeplatzproblem löst sich über den deutschen Segler Gerd Schwalenstöcker, der seit 13 Jahren mit seiner Familie und seinem Segelschiff auf der vorgelagerten Insel Haaköy lebt. Hier kann die »Dagmar Aaen« den Winter über längsseits gehen. Auch der Umgang mit Ämtern, Behörden und anderen Einrichtungen ist in der Regel unkomplizierter als in Russland. Denkt er ...

Nachdem das Schiff im Trockendock von Tromsø einer gründlichen Inspektion mit notwendigen Ausbesserungen unterzogen wurde, sticht Fuchs am 20. April 1993 in See. Sein erstes Ziel ist eine abgelegene Insel im Nordmeer, die man in Seefahrerkreisen auch als Sturminsel bezeichnet. Es ist die Insel Jan Mayen, die ihren Namen nach ihrem Entdecker, dem holländischen Walfänger Jan Jacobsz May, trägt, der das Eiland 1614 zum ersten Mal betrat. Es waren auch holländische Walfänger, die im Winter 1633/34 die erste Überwinterung auf der Insel versuchten.

Sie ließen sieben Walfänger zurück, die das Vorkommen von Walen, Bären und Robben beobachten sollten. Als man sie im nächsten Frühjahr abholen wollte, waren sie an Skorbut gestorben. Die Gräber existieren heute noch, auch Überreste der amerikanischen Station des Zweiten Weltkrieges »Atlantic City« gibt es. An Berghängen sollen noch Flugzeugwracks der deutschen Luftwaffe liegen, die bei unsichtigem Jan-Mayen-Wetter und dichten Wolkenbänken gegen das Bergmassiv prallten.

Heute gibt es eine kleine norwegische Militärstation, eine so genannte Funk- und Loran-C-Station.

Aus nicht nachvollziehbaren Gründen braucht jeder Besucher eine Genehmigung zum Betreten der Insel. Fuchs fragt beim zuständigen Polizeirevier Bodö nach und erhält die Auskunft, sich an die deutsche Botschaft in Oslo zu wenden, die das Ersuchen auf dem üblichen Dienstweg an das norwegische Außenministerium leiten würde.

Er tut, wie ihm geheißen. Doch die deutsche Botschaft in Oslo bittet Fuchs, sich an das Auswärtige Amt in Bonn zu wenden. Man

8 Die Nordwestpassage gelingt

glaubt es nicht, das Auswärtige Amt leitet das Ersuchen an die deutsche Botschaft nach Oslo weiter, die es jetzt ihrerseits an die Norweger weiterleitet.

Die Bearbeitung dauert etwas länger und endet schließlich mit der Auskunft, dass Jan Mayen norwegisches Staatsgebiet sei, man nur im Besitz eines gültigen Passes und – sofern erforderlich – eines Visums sein müsse. Alles Weitere würde die Polizeistation Bodö regeln. Von Bodö erfährt Fuchs jetzt, dass man zwar willkommen sei, aber nicht zu diesem Zeitpunkt. Ephraim Kishon hätte es nicht besser ausdrücken können ...

Als Fuchs die letzte Auskunft der »Unpässlichkeit« von der Polizeistation Bodö erhält, befindet er sich kurz vor Jan Mayen und ist dafür mehr als 800 Kilometer gesegelt. Dennoch meldet er sich ordnungsgemäß über UKW bei der Inselstation an. »Nein, sein Besuch käme ungelegen, wir haben gerade Crewwechsel, fahren Sie bitte weiter – gute Reise«, funkt die Station zurück. Fuchs ist »den Zirkus leid«, wie er später zu Papier gibt, und lässt den Kommandanten wissen, dass er sich ordnungs- und fristgemäß beim norwegischen Außenministerium angemeldet habe und es keinen Grund gäbe, die Insel nicht zu betreten. Als der Kommandant ein letztes Mal versucht, Fuchs abzuwimmeln, bittet er, den Grund genannt zu bekommen, um sich damit an das Außenministerium wenden zu können. Das hilft dann letztlich doch, und am nächsten Tag werden Fuchs und einige Crewmitglieder vom Kommandanten höchstpersönlich abgeholt, der sie der Form halber für eine Stunde in seine Station einlädt.

Nachdem man sich verabschiedet hat, möchte Fuchs ein bisschen mehr von der Insel sehen. Doch wegen ungünstigen Wetters und schwierigen Anlandungsmöglichkeiten wird er mit Jan Mayen »nicht richtig warm« und segelt nach sechs Tagen zum 740 Kilometer entfernten Island.

Hier steuern sie verschiedene Häfen an und treffen den Dreimasttoppsegelschoner »Fridtjof Nansen« zum ersten Internationalen Jugendtreffen, das Fuchs zusammen mit seinem Freund Detlev

225

Löll zwei Jahre zuvor organisiert und dafür Sponsorengelder eingeworben hatte. Über Ausschreibungen mit bestimmten Aufgabenstellungen in den Zeitschriften »Yacht« und »HörZu« sowie in internationalen Medien qualifizierten sich 27 Jugendliche aus sechs Nationen. Die Jugendlichen »entern« das Schiff in Island, wo es am 4. Mai von einer Reise aus der Karibik eintrifft.

Der gemeinnützige Verein »Leben lernen auf Segelschiffen« war eigens für den Bau und Betrieb des Schiffes gegründet worden. Der Kapitän der »Fridtjof Nansen«, Jochen Lembke, ist mit seiner »Crew« sehr zufrieden. Das Einüben von Seemannschaft trägt dazu bei, Kameradschaft und soziales Verhalten bei den Jugendlichen zu stärken. Außerdem werden die jungen Menschen für den Umgang mit der Natur und der Umwelt sensibilisiert. In der unruhigen See um Island erleben die Jugendlichen Sturmfahrten, bei denen jede Hand an Bord gebraucht wird. Sie fühlen sich nicht als Passagiere, sondern als echte Seeleute, die sich für ihr Schiff einsetzen müssen. Die positive Wirkung auf den Zusammenhalt der Gruppe bleibt bei diesen Erlebnissen nicht aus.

Die Einbindung von Jugendlichen auf internationalem Niveau in die Klima- und Umweltproblematik wird in späteren Jahren eines der Hauptanliegen von Arved Fuchs werden. Das Projekt »Fridtjof Nansen« bildet für Fuchs quasi die »Urzelle« zu diesem Thema.

Die Begegnung mit der »Fridtjof Nansen« hat für Fuchs noch einen weiteren Grund. Das Schiff hat aus seinem Heimathafen Wolgast einen neuen Mast für die »Dagmar Aaen« mitgebracht, der in Reykjavík mit eigenen Bordmitteln gewechselt wird. Kein einfaches Unterfangen. Immerhin wiegt das 20 Meter lange Schiffsteil, das zusätzlich eine Rah mit der dazugehörigen Breitfock erhält, 600 Kilogramm. Dass dabei ein Teil der Kombüseneinrichtung ramponiert wird, erfreut Smutje Falk Mahnke keineswegs. Er hatte die Einrichtung gerade frisch renoviert ...

Nach ausgiebigen Exkursionen zu Wasser und zu Lande, wozu auch Höhlentauchen in Trockenanzügen gehört, verlässt die »Dagmar Aaen« am 4. Juni Island mit Kurs auf Westgrönland. Ob Fuchs in diesem Jahr durch die Nordost- oder Nordwestpassage segeln wird, steht noch nicht fest. Es hängt von den Eisverhältnissen ab, die er sich regelmäßig von Russland und Kanada durchgeben lässt.

Grönland hat es in sich

Windgeschwindigkeit 50 Knoten, Windstärke zehn, 60 Seemeilen querab von Kap Farvel. Eine der schwierigsten Wetterecken des Nordatlantiks, vergleichbar mit Kap Hoorn auf der anderen Seite der Erde. Um auf den Radarschirm zu blicken, zieht Arved das oberste Steckschott vom Niedergang zum Navigationsraum heraus und steckt seinen Kopf unter Deck. Als er wieder auftaucht, sieht er aus den Augenwinkeln die See nahen. Sie kommt genau im rechten Winkel zu der vorherrschenden Richtung, ist steil mit bereits überhängendem Kamm und läuft genau auf Arved und den Rudergänger Jörn zu. Arved bleibt nur noch Zeit, Jörn eine Warnung zuzurufen, sich vor den halboffenen Niedergang zu klemmen, um das fehlende Stück Steckschott zu ersetzen, dann kommt es über sie. Obwohl es blitzschnell abläuft, erlebt Arved es wie in Zeitlupe. Er sieht, wie der Kamm der See sich weit über die Köpfe senkt, um schließlich zusammenzubrechen. Während das Schiff weit überholt, verhindern nur die Sicherheitsgurte, dass Arved und Jörn über Bord gespült werden.

Durch das fehlende Steckschott ergießen sich Unmengen Seewasser in den Navigationsraum und durchnässen Seekarten, Navigationsgeräte, die Koje, Bücher, eben alles, was dort aufbewahrt wird. Folge: Es gibt einen Kurzschluss, die Sicherungen springen heraus. Während sich die »Dagmar Aaen« wieder aufrichtet, schießt das Seewasser von einer Seite des Decks zur anderen und reißt alles mit, was nicht hundertprozentig festgezurrt ist.

Im Navigationsraum schwappt das Wasser oberhalb der Bodenbretter. Fuchs wirft die Lenzpumpen an, die das Schiff innerhalb weniger Minuten befreien. Slava Melin, der Elektronikfachmann, aus dem Tiefschlaf geholt, trocknet und reinigt die elektrischen Geräte, sodass ein Teil nach einer Stunde wieder läuft. Nur eine Koje ist noch pitschnass – es ist die von Skipper Arved Fuchs ...

Das war die Begrüßung von Kalaallit Nunaat, dem Land der Menschen, wie Grönland von seinen Ureinwohnern genannt wird. Es ist ja nicht die erste Begegnung mit der Insel, die die Dimensionen eines Erdteils aufweist. Die Küstenlinie misst 39 100 Kilometer, was fast dem Erdumfang entspricht. Der südlichste Punkt liegt auf dem nördlichen Breitengrad 59° 46', der nördlichste auf 83° 39' Nord. Das Inlandeis hat mit einer Fläche von 1 800 000 Quadratkilometern die zweitgrößte Eiskappe nach der Antarktis. Neun Prozent der gesamten Süßwasservorräte lagern in Eis gebunden auf Grönland. Nur die Küstenstreifen sind eisfrei.

Keiner weiß es besser als Fuchs, dass Grönland dennoch eine gigantische Naturlandschaft ist. Dabei gleichen sich die kalte Ostküste und die vom warmen Golfstrom beeinflusste Westküste überhaupt nicht. Man vermutet heute, dass die Westküste bereits 2000 Jahre v. Chr. besiedelt wurde. Die Menschen kamen wohl über den Sund, der Kanada von Grönland trennt. Die Wikinger »entdeckten« Grönland 982 durch Erik den Roten. Sie siedelten in der Nähe des heutigen Narsarsuag, und niemand weiß genau, wann und wodurch sie ausstarben.

Nach etwa 1400 Kilometern Fahrt seit Island erreicht Fuchs am 13. Juni 1993 den idyllischen Hafen Qaqortoq an der Westküste Grönlands. Auch wenn es hier unvergleichlich warm ist, erwartet sie ein rund 40 Kilometer breiter Eisgürtel, den der Ostgrönlandstrom um das Kap Farvel treibt und der vom Golfstrom weiter in die Davidstraße transportiert wird. »Die erste Begegnung mit dem Eis in diesem Jahr«, notiert Fuchs nüchtern in seinem Logbuch. Er hat hohen Respekt vor dem Gefrorenen, was ihm in diesem Jahr noch öfter beggegnen wird, als ihm lieb sein wird.

Da Fuchs immer noch keine Entscheidung hinsichtlich der Passage treffen kann, nimmt er sich zwei Drittel der Westküste Grönlands vor. Er und seine Crew haben Zeit und Muße, sich der Gebirgs- und Fjordlandschaft der Insel zu widmen. Sie besuchen die grönländische Eiszentrale in Narsarsuag und besichtigen die Reste des Hofes von Erik dem Roten. In Nuuk treffen sie einen Kapitän, der die berühmte »Kivioq« des Polarforschers Knud Rasmussen besitzt. Er fand es auf dem Grund des Hafenbeckens, und da ein Eigentümer nicht mehr aufzufinden war, hat er es in mühevoller Kleinarbeit vollständig restauriert. Erst später erfuhr er, wer der damalige Besitzer war. Es ist sein ganzer Stolz.

Fuchs begegnet immer wieder fachkundigen Fischern, die seine »Dagmar Aaen« sofort als Esbjerger Schiff identifizieren – Besichtigung eingeschlossen. Überhaupt erweist sich die »Dagmar Aaen«, wie auch schon bei den vergangenen Reisen, als »völkerverbindendes« Element. Egal, in welchen Hafen sie einfahren, die »Dagmar Aaen« ist der Star und öffnet die Herzen der Menschen. »Menschen, die solch ein Schiff fahren, können nicht böse sein«, bringt es eine Tourismusfrau auf den Punkt.

Während in Norddeutschland in diesem Sommer das berühmte »Schietwetter« vorherrscht, aalen sich Fuchs und seine Mitstreiter bei Temperaturen von 28 Grad plus – auf Grönland. Übermütig springen sie einmal in das von kleinen Eisschollen umringte Schiff in das eiskalte Wasser und schwimmen einmal um die Dagmar herum. Sie tanken Kraft auf, die sie bereits in wenigen Wochen brauchen werden. Am 13. Juli gibt's Besuch aus Deutschland. Mutter Gisela ist auch dabei, als pensionierte Lehrerin kann sie sich's leisten, zudem ist sie noch außerordentlich fit. Gleichzeitig löst eine neue Crew die alte ab.

Es ist um den 20. Juli, Zeit, sich zu entscheiden, welche Passage die »Dagmar Aaen« um den Nordpol nehmen wird. Fuchs steht in engem Kontakt mit den Eiszentralen in Moskau, Hamburg, Ottawa und Narsarsuag. Er erhält Karten, Prognosen und persönliche Einschätzungen sowohl über die Nordost- wie über die Nordwestpassage. In beiden Passagen ist die Situation zwar nicht ideal, aber deutlich günstiger als im vergangenen Jahr. Gefühlsmäßig tendieren Fuchs und seine Crew zur Nordwestpassage. Keiner hat so recht Lust, den langen Anfahrtstörn nach Russland zu starten. Doch Fuchs hat noch ein As im Ärmel. Er schließt sich mit seinem alten Freund Bezal Jesudason in Resolute kurz. Seit 15 Jahren berät er Arktisexpeditionen. Kaum einer kennt sich in der Polregion aus wie er.

Dieses Mal soll es die Nordwestpassage sein – die Chancen stehen gut

Bezal unterstützt Fuchs' Einschätzung, in diesem Jahr die Nordwestpassage zu nehmen. Die Crew ist erleichtert, und es geht weiter die grönländische Westküste nordwärts.

Fuchs hat sich vorgenommen, noch einmal auf den Spuren seiner jüngsten Vergangenheit zu wandeln, als er in den Quamarujuk-Fjord einfährt. Hier begann 1983 seine Durchquerung Grönlands über das Inlandeis. Hatte er hier beim Aufstieg im Frühjahr 1983 noch mit Eis und Schnee zu kämpfen, mutet die Landschaft jetzt im Hochsommer mit ihren alpinen Blumen und Wiesen an wie ein friedliches Almpanorama. Er erinnert sich, wie er damals mit seinen Freunden Peter Hasenjäger und Rainer Neuber die Expedition auf den Spuren Alfred Wegeners startete. Hasenjäger erkrankte und musste nach kurzer Zeit umkehren. Fuchs und Neuber entschieden sich, das Ganze zu zweit zu stemmen – letztendlich mit Erfolg.

Nach diesem »Abstecher der Erinnerung« steuert Fuchs den Hafen von Upernavik an. Hier trifft er auf einen irischen Traditionssegler der Kategorie »Galway Hooker«, Schiffe, die in Irland der Frachtfahrt und Fischerei dienten. Skipper Paddy Barry, in Seglerkreisen kein Unbekannter, und Fuchs spüren eine Seelenverwandtschaft, die bei irischer Musik und Whisky »gefeiert« wird.

In Upernavik endet das erschlossene Grönland. Dennoch oder deshalb wird die Weiterfahrt nach Nuussuaq zu den bisher eindrucksvollsten Erlebnissen der Expedition, wie Fuchs später in seinem Buch »Wettlauf mit dem Eis« berichtet. Dicht unter Land umfahren sie im Zickzack Eisberge einer Größenordnung, wie Fuchs sie bisher in der Arktis nicht gesehen hat. Er und die Mannschaft sehen Licht und Farben in einem unbeschreiblichen Wechselspiel. Der sonst nicht zu Superlativen neigende Fuchs schreibt später »Wir fühlen uns wie auf einem anderen Stern«. Es ist wohl der Wettergott, der ihnen dieses Schauspiel nochmals gönnt. Denn so richtig ahnt keiner von der Crew, was noch auf sie zukommen wird ...

Der Einstieg – zur richtigen Zeit am richtigen Ort

Schon Roald Amundsen wusste, dass die Melville-Bucht zu den schwierigsten Teilen der Nordwestpassage gehört, obwohl man von der eigentlichen Passage noch weit entfernt ist. Hinter der Melville-Bucht befindet sich das »Northwater«, ein Teil der »Baffin Bay«, der nie zufriert: doch den erreicht man eben am besten durch die Melville-Bucht. Von hier an ist Fuchs in der »Hohen Arktis«.

Es soll fünf Tage dauern, in denen sie bei Regen, Sturm und Nebel durch Eis stochern, das sich stündlich verändert. Radar und Eiskarten helfen wenig, der wichtigste Platz ist hoch oben in der Eistonne, wo es bitterkalt ist. Mehr als einmal sieht es so aus, als wär es das mit der Nordwestpassage gewesen. Die Durchfahrt ist an genaue Zeitvorgaben gebunden. Wer zu früh oder zu spät in die Passage einfährt, wird unweigerlich vom Eis gestoppt. Man muss zum richtigen Zeitpunkt am richtigen Ort sein. Die Planung sieht vor, Mitte August in Resolute in der kanadischen Arktis zu sein.

Es wird Fuchs' Geheimnis bleiben, warum er nach der erfolgreichen Bewältigung der Melville-Bucht noch einen Abstecher nach Qaanaaq in der Thule-Region, der nördlichsten Siedlung Grönlands, macht. In der für Europäer unwirtlichen Region, die 1400 Kilometer vom Nordpol entfernt ist, leben Menschen seit Tausenden von Jahren.

Doch letztlich ist es das erklärte Ziel der ICESAIL-Expedition, Länder um den Nordpol herum aufzusuchen und mit den Menschen in Kontakt zu treten. Dabei haben die Polareskimos, wie man sie damals nannte, der Thule-Region im Jahre 1950 ein besonderes Schicksal erlitten. Durch die Errichtung der Thule-Airbase durch das amerikanische Militär wurden die Inuit verdrängt. Sie siedelten 200 Kilometer nördlich nach Qaanaaq, was ihre Lebensbedingungen dramatisch verschlechterte. Inzwischen hat sich das Verhältnis zwischen den Inuit und den Amerikanern verbessert. Die Amerikaner haben die medizinische Betreuung übernommen und helfen, wenn irgendwann Not am Mann ist. Das Dorf ist gut durchorganisiert, den Menschen scheint es gut zu gehen. In der Region gibt es noch fünf weitere Siedlungen. Jedenfalls wird die Expedition ausgesprochen freundlich aufgenommen, niemand kann sich erinnern, wann sich dort das letzte Mal ein Segelschiff hat blicken lassen.

Richtig aufregend wird es für Fuchs und seine Crew, als wie aus dem Nichts plötzlich und unvermittelt ein Sturm der Windstärke zehn bis elf aufkommt. Eine raue und steile See baut sich auf, in der mit atemberaubender Geschwindigkeit Eisberge treiben. Die Anker halten nicht, die »Dagmar Aaen« kreuzt innerhalb des Fjords, bis der Sturm nach etwa 24 Stunden abflaut.

Sie fahren noch einmal zurück und klarieren bei der kleinen Polizeistation offiziell aus. Die Eislage hat sich nach dem Sturm dramatisch verändert, nur mit Mühe kommen sie durch den Hval-Sund zur Küste. Nach zum Teil schwierigen Eisfahrten gelangen sie schließlich durch das »Northwater« in den Lancaster Sound, dem eigentlichen Beginn der Nordwestpassage. Terry, Ehefrau von Bezal, hat die »Dagmar Aaen« bei der »Canadian Coast Guard« über Funk angemeldet, da sie sich jetzt in kanadischen Gewässern bewegen.

Sie ankern kurz vor der Beechey-Insel, wo drei Gräber und eine Gedenktafel an die legendäre Franklin-Expedition erinnern, die beim Versuch, im Jahre 1845 die Nordwestpassage zu durchfahren, mit 129 Mann auf den beiden Schiffen »Erebus« und »Terror« spurlos verschwand. Es war die größte Tragödie einer polaren Expedition des 19. Jahrhunderts.

Bereits am 16. August erreicht Fuchs Resolute auf der Cornwallis-Insel, sein erstes Ziel in der Passage. Hier steigt das ihnen bekannte Kamerateam Duri und Nabil zu, um die nächsten dreieinhalb Wochen dabei zu sein. Da die Barrow-Straße mit Eis verstopft ist, will Fuchs durch das Prince-Regent-Inlet in die Bellot-Straße, durch die gewöhnlich ein Gezeitenstrom mit bis zu 15 Stundenkilometern fließt. Hier soll sich das Eis nicht lange halten. So weit die Theorie ...

Im Würgegriff des Eises – es wird brenzlig

»Um Punkt 22 Uhr läuft das Eis auf und zu, dass uns Hören und Sehen vergeht. Der Ansturm ist so gewaltig, dass man sich festhalten muss, wenn man über Deck geht. Um uns herrscht das Inferno«, schreibt Arved Fuchs in seinen Erinnerungen. Riesige Eisschollen drehen und wenden sich um die eigene Achse, werden von anderen Eisschollen überrannt, zerstückelt und unter Wasser gedrückt. Es ist der 26. August, die »Dagmar Aaen« befindet sich seit Wochen im Prince-Regent-Inlet und erlebt gerade die schlimmsten Eispressungen ihres über 60-jährigen Daseins. Fuchs hat die Decksbeleuchtung eingeschaltet, da es stockfinster ist. Das Schiff wird wie ein Spielball hin und her geworfen. Vorsichtshalber werden alle Dieselöfen gelöscht, damit nicht noch ein Feuer ausbricht. Mit nie gekannter Urgewalt schiebt, drängt, stößt und reibt ein gigantischer Mahlstrom um das Schiff herum.

Die Bewegungen des Schiffes sind so furchtbar, dass sie die Mannschaft bis aufs Mark erschrecken. Die Eispressungen in Sibirien waren nichts dagegen. Schließlich wird die Situation so bedrohlich, dass Arved Fuchs Order gibt, sich auf das Verlassen des Schiffes vorzubereiten. Und das mitten in der Nacht, im Packeis der Nordwestpassage. Jetzt zahlen sich die vielen Übungen, die Fuchs mit der Mannschaft geprobt hat, aus. Innerhalb weniger Minuten haben alle ihre Survivalanzüge an. Entsprechend der Rolle, die die Funktion eines jeden Crewmitglieds im Seenotfall festlegt, werden weitere Maßnahmen getroffen. Schlauchboot und Rettungsinsel mit deponiertem Proviant, Trinkwasser, Seekarten, Navigationsausrüstung, Funkgeräte, Zelte, Schlafsäcke, Schrotflinte, Schiffspapiere und was sonst noch von Bedeutung ist, wurde verstaut.

Alles dient der Vorsorge für den Ernstfall, der jede Sekunde eintreten kann. Noch muss niemand von Bord. Obwohl die Eispressungen bereits mehrere Stunden anhalten und die »Dagmar Aaen« mit 25 bis 30 Grad auf Schlagseite liegt, hat der Rumpf dem Druck standgehalten. »Dank den Bootsbauern«, freut sich Fuchs.

Fuchs funkt die »Bradlay Air« in Resolute an, die den stärksten Sender besitzt, und schildert dem Funker die Situation mit der Bitte, die »Canadian Coast Guard« zu verständigen. Die meldet sich prompt und fragt, ob die Mannschaft gerettet werden soll. Arved verneint ausdrücklich, beschreibt aber, dass sich das Schiff in Gefahr befinde, und fragt, ob der Eisbrecher »Artic Ivik« in der Nähe sei, um sie zu befreien.

Es zahlt sich offensichtlich aus, dass Fuchs sich ordnungsgemäß angemeldet hat und regelmäßig Kontakt zur »Coast Guard« hält. Am Abend landet unmittelbar neben der »Dagmar Aaen« ein orangefarbener Hubschrauber der »Artic Ivik«. Der 1. Offizier berichtet, dass die »Artic Ivik« selbst festsitze und derzeit nicht zu Hilfe eilen könne. Kapitän Mellis lässt aber ausrichten, dass sich die Eissituation in Bälde entspannen werde, und Fuchs solle weiterhin Funkkontakt mit Resolute halten. Die Nacht über bleibt zwar das Eis ruhig, die Mannschaft aber umso weniger. Alle behalten ihre Survivalanzüge an.

Früh am Morgen landet erneut der Hubschrauber des Eisbrechers. Die 2. Offizierin überbringt einen Brief vom Kapitän, in dem dieser nochmals sein Bedauern über die nicht mögliche Hilfeleistung ausdrückt. Aber das Eis sei schlicht zu stark für sein Schiff. Er teilt die Einschätzung, dass die Situation sehr ungewöhnlich für das

Prince-Regent-Inlet und die Bellot-Straße sei. Er gibt noch einige Tipps und Empfehlungen. Außerdem darf sich Fuchs noch die Eislage aus der Vogelperspektive des Hubschraubers ansehen. Mit 9+/10 bezeichnet die Offizierin die Eislage. 10/10 wäre total dicht. Allerdings zeigen sich in einiger Entfernung neue Risse im Eis – das gibt Hoffnung. Schließlich übergibt die Hubschraubercrew noch einige Kartons mit frischem Obst und Gemüse an die Mannschaft der »Dagmar Aaen«. Fuchs ist sprachlos über so viel Entgegenkommen und Hilfsbereitschaft.

Selten zuvor hat Fuchs das Fehlen der »Polaris« so gespürt wie in dieser Situation. Mithilfe dieses Fluggerätes wären sie vermutlich nicht in diese Notsituation geraten. Doch Chris Nelson, der den Ultraleichtflieger als Einziger steuern kann, sieht zu Hause Vaterfreuden entgegen und ist auch beruflich unabkömmlich.

Die nächsten Tage gibt es noch einige schwierige Situationen, die Fuchs mit seiner Crew zu meistern hat. Bereits vor der Gefahrensituation, in der sie mit dem Schlimmsten rechnen mussten, hatte ihnen das Eis das Gestänge der Ruderanlage zerstört, sodass sie eine Zeit lang mit der Notpinne manövrieren müssen. Als sich nach zehn schwierigen Tagen der Eispfropfen in der Bellot-Straße immer noch nicht gelöst hat, steuert Arved erneut die Barrow-Straße an. Dort soll es jetzt geringe Chancen des Durchkommens geben.

Und wirklich, es ist kaum zu glauben, dicht unter der Küste finden sie eine Durchfahrt in den Peel Sound. Damit haben sie die erste Schlüsselstelle der Nordwestpassage geschafft. Die 740 Kilometer Umweg, die Fuchs in Kauf nahm, haben sich gelohnt. Abenteuer ist halt ein mühsames Geschäft.

Schwierig wird es noch einmal in der James-Ross-Straße, der zweiten Schlüsselstelle, da es hier viele Untiefen gibt. Am 9. September passieren sie »Gjöa Haven«, einen Hafen der King-William-Insel, auf der Amundsen damals überwinterte. Der Hafen trägt den Namen seines Expeditionsschiffes. Fuchs lässt den rechtsseitigen Hafen »links« liegen, da er in diesem schwierigen Terrain der Simpson-Straße nicht auch wie Amundsen damals überwintern möchte.

Plötzlich ein Ruf über UKW. Es ist die »Artic Ivik«. Sie glauben nicht, dass die »Dagmar Aaen« es bis hier geschafft hat, und laden die gesamte Crew ein, an Bord zu kommen. Zwar hat die Eisbrechercrew, mit der Fuchs kommuniziert hatte, turnusmäßig gewechselt, doch auch die »Neuen« wissen Bescheid. Was nun folgt, lässt sich mit »großartig« nur unzureichend beschreiben, notiert Fuchs. Arveds Crew darf duschen, Wäsche waschen und essen, so viel sie will. Schmecken tut es besonders Helmut Hammele, der zur Freude des Kochs ausdauernd Koteletts, Salate und Torten in sich hineinstopft. Der athletisch gebaute Mann braucht es auch – von nichts kommt nichts.

Es folgen gegenseitige Schiffsbesichtigungen, und auf der Brücke der »Artic Ivik« studieren Fuchs und der Kapitän ausgiebig See- und Eiskarten. Wertvolle Tipps des kanadischen Seemannes ergänzen Fuchs' Kenntnisse über den letzten Teil der Passage.

Als Nächstes gilt es für Fuchs den mit Eisfeldern und Untiefen gespickten Queen-Maud-Golf zu meistern, dann erreichen sie endlich am 12. September Cambridge Bay auf der großen Victoria-Insel, eine der Drehscheiben der kanadischen Arktis. Effektiv wird der zweitägige Aufenthalt genutzt. Die Diesel- und Wassertanks werden aufgefüllt, das Schiff auf Schäden untersucht und Telefonate nach Deutschland geführt, wo man über das Fortkommen der »Dagmar Aaen« erleichtert ist. Die Crewmitglieder Ragna Koch und David Schurmann verlassen das Schiff und machen sich auf die Heimreise.

Für das Crewmitglied Henryk Wolski kommt Cambridge Bay noch gerade rechtzeitig. Der Ärmste hat seit Wochen einen entzündeten Backenzahn mit beginnender Kiefervereiterung. Zufällig ist der Zahnarzt vor Ort, der den Übeltäter zieht und Henryk versorgt.

Abenteurer in spe müssen wissen, dass derartige »Vorkommnisse« oftmals an den ungünstigsten Orten eintreten. Der umfassende Gesundheitscheck vor Expeditionen ist unerlässlich.

Fuchs wäre nicht Fuchs, wenn er sich nicht noch das in der hintersten Ecke des Hafens aus dem Wasser herausragende Schiffswrack der »Maud« ansieht. Es gehörte keinem Geringeren als Roald Amundsen. Nach einer Odyssee landete es hier und versank. Der berühmte Polarforscher hatte mit der »Maud«, die in der Bauweise der berühmten »Fram« ähnelt, in den Jahren 1918/20 die Nordostpassage durchsegelt. Erst Ende 2012 beschließt die norwegische Regierung, das Wrack zu bergen und es in Asker, dort, wo die »Maud« 1916 vom Stapel lief, in einem neuen Museum auszustellen.

Es ist »höchste Eisenbahn«, nach zwei Tagen verlassen sie Cambridge Bay. Sie haben noch mehr als 4600 Kilometer vor sich, das entspricht der Distanz einer Atlantiküberquerung. Es warten die stürmische Beaufort- und Bering-See auf sie ...

Nachdem sie problemlos den Coronation-Golf und die Dolphin & Union-Straße passiert haben, erreichen sie am 16. September den Amundsen-Golf, das Ende des Inselarchipels der Nordwestpassage, aber »nur« einen weiteren Abschnitt, noch lange nicht die Passage als Ganze. Bis Dutch Harbor wird es keinen einzigen Hafen geben, der tief genug wäre, der »Dagmar Aaen« Schutz zu gewähren. Selbst Buchten oder Landabdeckungen gibt es nicht.

Hört das denn gar nicht auf? Dennoch – es hat sich gelohnt!

Das Knallen, als die Ankerkette bricht, ist im ganzen Schiff zu hören. Es gibt Alarm: »All hands on deck!« Es ist 23 Uhr, die »Dagmar Aaen« ankert vor der Herschel-Insel in der Beaufortsee. Es herrscht Windstärke elf. Fast in Sichtweite hat ein Schlepper, der eigentlich als Flussschiff konzipiert ist, seinen Bug auf den Strand gesetzt. Im Schlepp eine riesige, leere Barge, an der der Sturm hin und her zerrt. Noch hält die Schlepptrosse.

In derartigen Situationen zeigt sich, wie eingespielt die Crew ist. Jeder Handgriff sitzt. Arved startet den Callesen-Diesel, Martina verfolgt die Drift des Schiffes anhand der Seekarte, während Jörn und Helmut den Rest der Ankerkette einholen. Brigitte, Slava und

Hendryk stehen am Ruder, halten Ausguck und fahren die Maschine langsam hoch.

Um das Schiff herum kocht die See. Die Arbeit auf dem Vorschiff ist gefährlich, da ständig Brecher übers Deck rollen. Wer nicht angeleint ist, würde unweigerlich über Bord gespült werden. Trotz des Sturms gelingt es Jörn, einen weiteren Bügelanker anzuschlagen. Doch der Anker hält nicht. Bei einem weiteren Versuch, den Anker zu hieven, wirft ihn eine See wie einen Totschläger übers Deck, bis er schließlich im Klüvernetz hängen bleibt. Beigedreht und mit laufender Maschine wettert die Crew den Sturm, der sich zwischenzeitlich zum Orkan mit 130 Stundenkilometern entwickelt hat, ab. Diese Nacht werden sie so leicht nicht vergessen.

Dass die Ankerkette aus schlechtem Material ist, hilft jetzt nicht weiter, und dass eine Ersatzkette aus Deutschland Richtung Aleuten unterwegs ist, erst recht nicht. Doch was sagt eine alte Volksweisheit? Man muss sich seine Belohnungen verdienen. Die Folgen nach dem Ende des Sturms in zweifacher Ausführung. Der Schlepperkapitän lädt die Crew zur heißen Dusche auf sein Schiff ein und füllt die Frischwassertanks des Gaffelseglers. Am Abend dann erhellen spektakuläre Nordlichter den Himmel, wie man sie nur in der Nähe der Pole beobachten kann.

Doch die Ruhe währt nur kurz – die Keulerei geht weiter. Als sie dann am 23. September, um 23:30 Uhr, die Grenze von Alaska erreichen, bewahrheitet sich das Motto der Expedition: »Aufbruch nach Alaska«. Sie müssen jedoch noch einige Stürme abwettern, bevor sie am 30. September, zwölf Uhr (Zufall?), Kap Prince of Wales querab passieren. Es ist nicht zu glauben: Arved Fuchs und seine Crew haben mit ihrem 62 Jahre alten Gaffelsegler »Dagmar Aaen« nach 186 Tagen die legendäre Nordwestpassage genommen. Seit Tromsø sind sie rund 15 100 Kilometer gefahren. Die »Dagmar Aaen« ist erst das dritte Segelschiff, das die Nordwestpassage in einem »Rutsch« auf eigenem Kiel und ohne Eisbrecherhilfe bewältigt hat. Das erste Schiff war die »St. Roch« der Royal Canadian Mountain im Jahre 1944, das zweite die »Williwaw« des Belgiers Willy de Roos im Jahre 1977.

Bis zu den Aleuten sind es »nur« noch rund 1300 Kilometer, die stürmische Beringsee liegt noch vor ihnen. Zuvor gönnen sie sich zwei Tage Ruhepause in Teller auf der Seward-Halbinsel. Es mag pathetisch klingen, aber das Erlebnis Nordwestpassage ist so gewaltig und umfassend, dass die Crew es verarbeiten muss. Obwohl sie alle todmüde sind, haben sie das Bedürfnis, miteinander zu reden – stundenlang, bei Petroleumlicht und würzigem Tee. Wer einmal das Kap Hoorn umsegelt hat, ist zeitlebens ein »Kap-Hoornier«. Für das Durchfahren der Nordwestpassage gibt es keinen Begriff. Dafür waren es zu wenige.

Teller ist eine kleine Siedlung. Das bedeutendste Ereignis waren keine Ankünfte von Durchqueren der Nordwestpassagen, sondern die Landung des Luftschiffes »Norge«, mit dem Roald Amundsen 1926 den Nordpol überflogen hatte. Am 14. Mai 1926 kam er in Teller an. Überall hängen noch Plakate, Zeitungsausschnitte und Bilder von dem denkwürdigen Ereignis. Die Zeit in Teller ist nicht so schnelllebig wie zu Hause. Der Bürgermeister lächelt, als Fuchs nach einer Zollstation fragt. Nein, die gibt es nicht.

Einer, der den Verlauf der Expedition aus der Ferne mit größter Sorge und Spannung verfolgt hat, ist Smutje Falk Mahnke. Auf Grönland musste er sich aus beruflichen Gründen verabschieden, was ihm besonders schwer fiel. Es hält ihn nicht mehr zu Hause. Spontan entschließt er sich, nach Alaska zu fliegen, und meldet sich am 2. Oktober, um 21:30 Uhr, zum Dienst.

Vorläufiges Ende einer »Dienstfahrt« – Dutch Harbor

Kurze Zeit später lichtet Fuchs die Anker, zur letzten Etappe der diesjährigen Expedition: Dutch Harbor auf den Aleuten. Natürlich ist es stürmisch, natürlich kommt der Wind mehr von vorn als von achtern. Jedoch kann das niemanden mehr erschüttern. Eines Nachts meldet Henryk ein Elmsfeuer. Der Masttop und Teile des Riggs haben eine leuchtende Aura. »Das bringt Glück«, sagt Henryk und bringt damit einen alten Seemannsglauben in Erinnerung.

Amtlich wird es noch mal kurz vor den Aleuten. Ein Schiff der amerikanischen »Coast Guard« geht längsseits und fragt nach Nationalität und Reiseziel. Sie sind mit der Auskunft zufrieden und wünschen eine gute Fahrt. Am 8. Oktober, 2:30 Uhr, legen sie im Winterhafen von Dutch Harbor an. Wie ein Lauffeuer spricht sich bei den Einwohnern herum, über welche Route die »Dagmar Aaen« gekommen ist. Die Hafenverwaltung behandelt sie wie Staatsgäste. Fuchs bekommt den besten Liegeplatz und einen Container für die Ausrüstung. Arved kennt den Ort von seiner Kajakexpedition im Jahre 1986. Wenige Tage nach der Ankunft fliegt Kai Meibaum ein, der die »Dagmar Aaen« im Winter »bewachen« wird. Der junge Schweizer ist Bootsbauer von Beruf und ein guter Bekannter von Gerd Schwalenstöcker, den Arved in Tromsø kennengelernt hat. Zum Schluss lässt es sich die Crew nicht nehmen, ihren Erfolg im »Elbow Room«, der bekanntesten Kneipe der Aleuten, zu feiern.

Arved Fuchs und seine Mitstreiter treten am 17. Oktober 1993 die Heimreise an und landen am Folgetag in Hamburg-Fuhlsbüttel.

Der erste Teil der ICESAIL ist geschafft – es wartet noch die Nordostpassage ...

Arved Fuchs als »Medienstar« und Sachwalter der Umwelt

Spätestens seit den Erfolgen mit seinen Märschen zum Nordpol und durch die Antarktis mit Reinhold Messner hat Arved Fuchs in Deutschland einen gewissen Prominentenstatus erreicht. Die Medien interessieren sich für ihn, er wird zum gefragten Interviewpartner. Immer häufiger ist er zu Gast in Rundfunk- und Fernsehstudios.

Die Illustrierte »PETRA« kürt den Junggesellen gar zu einer der »66 besten Partien Deutschlands« neben den Schauspielern Götz George, Raimund Harmstorf und Sascha Hehn. »PETRA« schreibt:

»Arved Fuchs, 36, Abenteurer. Vergessen Sie Reinhold Messner, Arved ist männlicher. Wilder Wuschelkopf, brauner Backenbart, liebes Lachen. Erkennungszeichen: erfrorene Zehen, denn von irgendeinem Pol kommt er immer gerade zurück. War mit Messner am Südpol, 2800 Kilometer, stritt sich fürchterlich mit ihm. Gelernter Seemann. Wohnt in Bad Bramstedt bei Hamburg, isst gern Spargel mit zerlassener Butter. Diesen Sommer segelt er nach Grönland. Allein. Treffpunkt? Bad Bramstedt, so groß ist der Ort ja nicht.« Der »PETRA« war allerdings entgangen, dass Fuchs seit Jahren mit der Bad Bramstedter Architektin Brigitte Ellerbrock in einer festen Beziehung steht. Er versteht es, sein Privatleben abzuschotten.

Auf die Frage der Frauenzeitschrift »FÜR SIE«, »was die ersten Sonnenstrahlen bei Ihnen auslösen«, antwortet Fuchs: »Frühling ist für mich der Aufbruch zu einer neuen Etappe, zu aktivem Leben mit körperlichen Anforderungen. Deshalb starte ich wieder zu einer Alaskaexpedition.«

Er ist Ehrengast, wenn der Bad Bramstedter Bundestagsabgeordnete Jürgen Koppelin (FDP) zum Abendessen mit dem Bundesaußenminister einlädt. Das »Hamburger Abendblatt« stellt ihn neben Loki Schmidt und Corny Littmann als einen von fünf typischen Hanseaten vor.

»Sport gegen Gewalt, Intoleranz und Fremdenfeindlichkeit« heißt ein Projekt, das die Landesregierung Schleswig-Holstein und der Landessportverband im Jahre 1994 initiieren.

Ziel der Initiatoren ist: die Vorbeugung und Verhinderung von Gewalt unter Sechs- bis 20-Jährigen durch das Gemeinschaftserlebnis Sport. Als Vorbilder für Jugendliche werden unter anderem die Fußballlegende Uwe Seeler sowie Arved Fuchs bemüht. Fuchs, der inzwischen viele Erfahrungen mit Jugendlichen gesammelt hat, mahnt an: »Nicht die Jugendlichen sind schlechter geworden, sondern deren Lebensbedingungen. Die Jungen und Mädchen müssen integriert werden; dann lernen sie auch, Verantwortung für sich und andere zu übernehmen.«

Er ist dabei und wirkt aktiv mit, als die »Umweltstiftung WWF-Deutschland« dem Bundesaußenminister 320 000 Unterschriften für eine Kampagne »Weltpark Antarktika« überreicht. Als einer der wenigen Menschen hat er in der Antarktis gesehen, wie Industriestaaten in dem weißen Kontinent ihren teilweise giftigen Müll »entsorgen«. Gleichermaßen ist er in Sorge, dass die Industriestaaten dabei sind, die Antarktis auszubeuten, zulasten des komplexen Ökosystems im südpolaren Bereich. Statt die Antarktis unter dem Deckmantel der Forschung zu »ramponieren«, sollte sie als Weltpark unter den Schutz der UNO gestellt werden.

Auch um die Arktis macht sich Arved Fuchs Sorgen, denn bei seinem Marsch zum Nordpol hat er das Phänomen der »Arctic Haze« erlebt. »Die ›Arctic Haze‹ ist Smog, der aus den Industrieländern herüberweht. Die schmutzige Abluft aus Europa und Amerika sorgt seit einigen Jahren für unnatürlich farbenprächtige Sonnenuntergänge im nördlichen Polargebiet«, erläutert Fuchs in einem Zeitungsinterview. Zunehmend wird er nicht nur als »Abenteurer« wahrgenommen, sondern auch als Sachwalter der Umwelt. Bei einem Privatsender in Schleswig-Holstein erhält Fuchs regelmäßig Sendezeit, um den Hörern praktische Umwelttipps nahezubringen.

Im Zusammenhang mit Sinn und Motivation seiner Expeditionen gibt er ausnahmslos tiefgründige Statements. Befragt, welchen Zweck er mit seiner Expedition ICESAIL verfolge, gibt Fuchs einer Journalistin gegenüber zu Protokoll: »Es geht nicht darum, irgendeine nie da gewesene Leistung zu vollbringen. Wir suchen auch nicht die Gefahr, sondern Inhalte. Das Schiff dient uns als Plattform unserer Forschungsarbeit. Unser Anliegen ist unter anderem die Umwelt. Sich der Natur unterzuordnen ist Vorbedingung für das Gelingen der Reise, die den Teilnehmern einiges an Entbehrungen abverlangt. Es wird an Bord zwar eine Möglichkeit zum Heizen geben, aber nur minimal; und ein jeder muss bei jedem Wetter seinen Pflichten nachkommen.« Was ist mit Wäschewaschen? »Die ziehen wir im Schlepptau hinterher«, meint Fuchs schmunzelnd.

»Eventuelle Krankheitsfälle kuriert der Arzt an Bord, aber für auftretende schwere Fälle gibt es Funkkontakt.«

Und weiter: »Während der Fahrt entlang an der Nordküste Sibiriens sollen Daten für ethnologische Forschungen gesammelt werden. Von dort sind vermutlich ursprünglich die Eskimostämme ausgewandert, und durch häufige Kontaktaufnahmen mit der Bevölkerung an der Küste und auf den Inseln kann wertvolles Material für die Forschung gewonnen werden. Gewässerproben und anderes Testmaterial werden einer deutschen Universität übermittelt. Sie sollen der Umweltforschung dienen, PCB-Rückstände in Tierkadavern, wie sie auf der Nordpolwanderung festgestellt wurden, auftun. Ein beginnendes Ozonloch auch über der Arktis hat zur Besorgnis Anlass gegeben, dass auch diese bisher so reine Landschaft schon langsam verseucht wird.«

Die Säle anlässlich seiner Vortragsreisen quer durch Deutschland sind ausnahmslos ausverkauft. Sein Erfolg bei den Medien basiert auch darauf, dass er authentisch, bescheiden und völlig unkapriziös auftritt. Wenn Fuchs beispielsweise in Talkshows zusammen mit Politikern präsentiert wird, ist er es oftmals, der die Dinge mit knappen Worten auf den Punkt bringt. Sprechblasen sind nicht sein Ding.

Neben seinen zahlreichen Verpflichtungen, die Fuchs während der »expeditionsfreien Zeit« wahrnimmt, schafft er es, bis 1994 sechs Bücher zu schreiben. Da er sich seit frühester Jugend intensiv mit der polaren Forschung in all ihren Facetten auseinandersetzt und diese Erkenntnisse mit seinen eigenen Erfahrungen verknüpft, sind diese Bücher nicht nur spannende Lektüre, sondern echte Nachschlagewerke für jeden, der sich für die »kalten Zonen« dieser Erde interessiert.

Ein interessantes Phänomen ist in seiner Heimatstadt Bad Bramstedt zu beobachten. Haben Anfang der 1970er-Jahre noch zahlreiche Leute den Kopf geschüttelt über den »skurrilen jungen Mann«, der im Winter nur mit Badehose bekleidet in die Auen stieg, der alleine oder mit Freunden im Tiefkühlhaus übernachtete, so ist die

Wahrnehmung in der Bevölkerung heute eine diametral andere. Es gibt kaum jemanden in seiner Heimatstadt, der ihn nicht näher kennt oder gekannt haben will. Nicht wenige wollen mit ihm in einer Klasse gewesen sein – obwohl manche von denen bis zu drei Jahre jünger oder älter sind. Aber dieses Phänomen kennen fast alle erfolgreichen Leute. Arved Fuchs hat ein gutes Gespür entwickelt, wer ihn nur aufgrund seiner Prominenz »umgarnt«.

Die leidige Nordostpassage – Arved Fuchs will es nochmal wissen

ICESAIL heißt die Expedition und sie soll um den Nordpol führen. Bei zwei Versuchen, die Nordostpassage zu durchsegeln, scheiterte Arved Fuchs bitterlich. Dafür schaffte er im vergangenen Sommer des Jahres 1993 mit Bravour die Nordwestpassage vom Lancaster-Sund bis in die Beringstraße. Nachdem der Schweizer Bootsbauer Kai Meibaum den ganzen Winter über bei der »Dagmar Aaen« in Dutch Harbor geblieben ist, stechen Fuchs und seine sechsköpfige Crew bereits am 2. April 1994 vom Aleuten-Hafen aus in See. Noch ist es viel zu früh, in Richtung Beringstraße zu fahren, denn das Eis des polaren Winters taut dort vor Ende Juli/Anfang August nicht auf. Daher heißt das Ziel zunächst einmal Vancouver an der kanadischen Westküste. Dort sind sie für zwei Wochen Gäste des »Maritime Museums«. In dieser Zeit wird auch die »Dagmar Aaen« gründlich überholt. Die Weiterreise erfolgt durch die Inside-Passage mit ihren vielen Fjorden, Inseln und Buchten, die überwiegend nur mit einem Schiff zu erreichen sind.

Die milden Frühsommerabende, die sie gemeinsam mit amerikanischen und kanadischen Fischern verbringen, die Paddeltouren, die Ruinen der Siedlungen der Haida-Indianer auf den Queen-Charlotte-Inseln, die Wanderung über den Chilkoot-Pfad sind unvergleichliche Erlebnisse. Ebenso die Fahrt entlang der gewaltigen Gletscher von Glacier Bay und die sie ständig begleitenden Buckel- und Killerwale. Schließlich die Weiterfahrt in den Prince

William Sound sowie das Eintreffen auf der Kodiak-Insel, die Shumagin-Inseln, die Kette der Aleuten. Im Juli schließlich kommen sie wieder in Dutch Harbor an.

Nachdem sie dort letzte Vorräte und Brennstoff für Öfen und Motor übernommen haben, erfolgt die Weiterfahrt nach Norden durch die Beringsee, unterbrochen von Besuchen auf den Prilbilofs und der St-Lawrence-Insel. Von dort nach Prowidenija sind es noch gut 100 Kilometer, Ankunft 3. August 1994 ...

Die täglichen Eisinformationen, die Fuchs per Wetterfax aus Alaska erhält, lassen ihn schier verzweifeln. Es gibt einen schmalen eisfreien Wasserstreifen entlang der Nordküste, und das jetzt schon seit zwei Wochen. Er weiß, dass eine Änderung der Windrichtung diesen Wasserstreifen innerhalb weniger Stunden schließen kann. Nach Norden hin breitet sich nur das grenzenlose Polarmeer aus mit seinen Eisfeldern unterschiedlichster Ausdehnung.

Die Macht des Hafenkapitäns

Am 12. August scheint endlich alles geregelt zu sein. Fuchs hat Anatoly, einen neuen Eislotsen aus Prowidenija kennengelernt und einen Vertrag mit ihm abgeschlossen. Arkadyi, der Hafenkapitän aus Prowidenija, begutachtet die »Dagmar Aaen« als eisgängiges Schiff. Allerdings liegen diese Unterlagen neben vielen anderen Formalitäten dem Hafenkapitän seit zehn Tagen vor. Laut Arkadyi können sich die Behörden in Moskau noch nicht zu einem eindeutigen »Ja« durchringen. Auslaufen könne die »Dagmar Aaen« aber noch keinesfalls, denn nach einem alten Aberglauben darf ein Schiff niemals an einem Freitag auslaufen, und am Wochenende könne sowieso nicht abgefertigt werden. Und Montag würden sie noch benötigen, um die letzten Formalitäten abzuwickeln. Dienstag, ja wirklich, am Dienstag dürften sie dann auslaufen.

Arved Fuchs muss ganz intensiv an sich halten, um nicht die Contenance zu verlieren. Nachdem er mit seinem Schiff bereits am

3. August in Prowidenija ankam, hat der Hafenkapitän nichts, aber auch gar nichts, ausgelassen, um die Einfahrt der »Dagmar Aaen« in die Nordostpassage zu verhindern. Obwohl unter der Hand jede Menge Dollars und literweise Wodka fließen, findet der Hafenkapitän immer neue Hürden und Ausflüchte, das Schiff in Prowidenija festzuhalten.

Von Slava Melin, seinem Crewmitglied, erfährt Fuchs, dass der russische Abenteurer Dmitri Spharov landesweit über Rundfunk und Fernsehen dazu aufruft, die Expedition ICESAIL zu boykottieren. Er selbst baue zurzeit nämlich ein geeignetes Boot und wolle damit als Erster mit einer russischen Mannschaft die Nordostpassage durchsegeln. Dieses, so Spharov, sei eine nationale Aufgabe, die zuerst von Russen bewältigt werden müsse. Die deutsche Expedition habe bereits einige Rekorde aufgestellt – die russische Arktis den Russen! Spharov ist ein Veteran unter den russischen Abenteurern. Zur Zeit des kommunistischen Regimes hochdekoriert und als »Held der Arbeit« gefeiert, kennt ihn im Lande jeder. Sein Wort hat Gewicht und findet auch bei höheren Stellen Gehör.

Hinzu kommt aber auch, dessen ist sich Fuchs sicher, dass sich der Hafenkapitän seine Devisenquelle noch eine Weile erhalten will. Doch mit der Hartnäckigkeit der Deutschen hat Arkadyi nicht gerechnet, sodass er letztendlich nachgibt. Ob es Fuchs und seiner Crew weiterhilft?

Nachdem Fuchs und seine Crew mit fast zweiwöchiger Verspätung auslaufen, haben sich die Eisverhältnisse total verändert. Die Fahrt wird zum Desaster. Von den in der Passage pendelnden Eisbrechern »Murmansk« und »Admiral Makarov« erhalten sie dürftige oder falsche Eismeldungen. Das bestätigt sich, wenn sie Eiskarten per Wetterfax aus Alaska erhalten. Eine gewisse Übersicht erhält Fuchs mithilfe des Ultraleichtfliegers »Polaris«, den Chris Nelson steuert. Chris ist nach seinem Vaterschaftsurlaub wieder an Bord. Die Situation wird derart schwierig, dass Fuchs zeitweise Schutz in der Bucht von Vankarem suchen muss.

Die »Dagmar Aaen« in höchster Gefahr

Dennoch rechnet er sich eine kleine Chance aus und fährt weiter, als sich die Eislage ein wenig bessert. Er hätte besser umkehren sollen! »Ganz gleich, was ich in meinem Leben noch alles erleben werde, diese Nacht vom 20. auf den 21. August 1994 werde ich niemals in ihrer Intensität und ihrem Schrecken vergessen«, schreibt er in seinen Erinnerungen. Die Eispressungen, die er und seine sechsköpfige Crew kurz vor der De-Long-Straße erleben, sind die bisher schlimmsten während der gesamten Expedition. Anders als in der Nordwestpassage, wo das Eis nach Intervallen Pausen machte, wird es von Stunde zu Stunde immer schlimmer. Glashartes altes Eis donnert gegen den Rumpf. Entsetzt springt der Rudergänger vom Steuerrad zurück, das sich wie wild zu drehen beginnt, als eine Scholle das Ruderblatt herumdrückt. Die wirbelnden Speichen des Rades hätten ihm sonst den Arm gebrochen. Nach diesem Schlag ist das Ruder zerstört, das Eis schiebt und drückt es über den Anschlag hinweg, reißt dabei die Verankerung der Rudermaschine heraus und bricht ein Drittel des Ruderblattes ab, als wäre es aus Sperrholz.

Es kommt noch schlimmer: Wie ein Spielzeug wird das Schiff hin und her geworfen, mal liegt es auf 50 Grad Backbord, mal auf 50 Grad Steuerbord. Plötzlich fährt das Schiff manövrierunfähig rückwärts und eine dicke, scharfkantige Eisscholle bohrt sich mit gewaltigem Druck in den Rumpf, sodass eine Planke knackend nachgibt. Dem schützenden Stahlblech und dem fast sechs Zentimeter starken Eichenholz ist es zu verdanken, dass die Planke wieder zurückfedert. Nach einer gewissen Zeit, die sich wie eine Ewigkeit anfühlt, tut sich eine Rinne auf, und die »Dagmar Aaen« entkommt ihrem Schicksal. Wie gefährlich die Situation war, erfährt Fuchs über Funk von dem Eisbrecher »Murmansk«, dem die Wucht des Eises ein großes Leck in den gepanzerten Rumpf gerissen hat. Einer der Maschinenräume ist acht Meter hoch voll Wasser gelaufen. Nach vergeblichen Reparaturversuchen muss die »Murmansk« von einem anderen Eisbrecher befreit und zur Reparatur gebracht werden. Zwei Tage versucht Fuchs es noch, muss dann aber einsehen, dass die Nordostpassage wegen der unsicheren Eislage und seines beschädigten Schiffes nicht mehr zu nehmen ist. Er kehrt um und erreicht, von schweren Herbststürmen verfolgt, quer über den Nordpazifik über Alaska Victoria in Kanada. Dort endet Anfang Oktober nach rund 5500 Kilometern die Rückreise mit dem angeschlagenen Schiff. Kai Meibaum, der schon den Winter zuvor auf der »Dagmar Aaen« zugebracht hat, erklärt sich bereit, auch diesen Winter zu bleiben. Die Expedition ICESAIL ist damit für Arved Fuchs fürs Erste beendet.

Nach Fuchs' Rückkehr in Deutschland stößt er auf viel mehr Verständnis, als er es erwartet hätte. Die Entscheidung, sich für die Sicherheit von Schiff und Besatzung und gegen unverantwortliche Risiken auszusprechen, wird allgemein akzeptiert, auch von den Sponsoren. Er findet für seine Entscheidung viel mehr Rückendeckung, als er zu hoffen gewagt hatte.

»Ich glaube, es gab wohl kaum eine Phase in meinem Leben, in der ich so viel dazugelernt habe wie während der ICESAIL. Mein Freundes- und Bekanntenkreis hat sich ungeheuer erweitert – aber auch in der einen oder anderen Richtung bereinigt. Illusionen sind verflogen, neue Ideen und Perspektiven entstanden«, schreibt er in seinem Buch »Abenteuer zwischen Tropen und ewigem Eis«. Und er habe eine wichtige Lehre gezogen: Er werde in Zukunft leichteren Herzens bereit sein, eine Unternehmung abzubrechen, die zu große Risiken birgt. Ein Abenteuer müsse überlebbar bleiben! Und kein Abenteuer, auch nicht das außergewöhnlichste, sei es wert, Menschenleben zu riskieren. »ICESAIL ist ein nicht unerheblicher Teil meiner Biografie, und keine Sekunde davon möchte ich rückblickend missen.«

9 SEA, ICE, & MOUNTAINS plus ARCTIC PASSAGES

Die Dusche teilt sich Arved mit der größten Kakerlake, die er bisher in seinem Leben gesehen hat. Sie liegt zu seinen Füßen und schaut ihn mit vorwurfsvollem Blick an, den er mutig erwidert. Beide kommen stillschweigend überein, sich gegenseitig zu ignorieren – sie hat schließlich das längere Wohnrecht hier.

ALS ROALD AMUNDSEN, EINES von Fuchs' großen Vorbildern, 1909 die Nordwestpassage bewältigt hatte, wollte er ursprünglich den gesamten Doppelkontinent Amerika umsegeln. Das Projekt sollte er nicht mehr verwirklichen, da er bereits nach seiner Ankunft in San Francisco durch die Nordwestpassage berühmt wurde. Die Norweger wollten ihren »Helden« so schnell wie möglich wieder bei sich haben. So ließ er sein berühmtes Schiff »GJÖA« in San Francisco zurück und eilte in sein Heimatland.

Diese Umsegelung von Nord- und Südamerika möchte Arved Fuchs nun vollenden. Dabei geht es ihm um drei Komplexe: erstens das Meer. Es fordert ihn als Segler heraus und präsentiert ihm zugleich eine völlig neue Welt mit anderen Lebensformen, die er und seine Crew sich bei Tauchgängen erschließen wollen. Zweitens – wieder einmal das Eis. Auch wenn es für die »Dagmar Aaen« zunächst in tropische Gefilde geht, gibt es auf der Südhalbkugel mehr Eis als irgendwo sonst auf der Erde. Deshalb stehen für ihn die Kanäle und Fjorde Patagoniens auf dem Reiseplan. Und schließlich drittens die Berge: die Berge und das Inlandeis Patagoniens, bis heute zum Teil noch niemals begangen, stellen eine Herausforderung ganz besonderer Art dar.

Aufgrund dieser drei Schwerpunkte nennt er die Expedition SEA, ICE, & MOUNTAINS. Normalerweise braucht man für ein derartig anspruchsvolles Vorhaben eine Vorlaufzeit von mindestens einem Jahr. Er schafft es jedoch innerhalb von knapp vier Monaten, zu recherchieren, Sponsoren zu finden und ein realisierbares Expeditionsprogramm zu erstellen. Als Hauptsponsoren findet er die Outdoorausrüster »Globetrotter« und »Jack Wolfskin«. Wie immer stellt er sich »handverlesen« eine in großen Teilen neue Crew zusammen. Er gewinnt den Profitaucher Morgan Meinecke, den Biologen Jörg Nickel, den Smutje Thomas Hillebrand, die isländische Geografin Sigridur Ragna Sverrisdóttir, die sie alle wegen ihres unaussprechlichen Namens einfach Sigga nennen. Hinzu kommen der amerikanische Kajakfahrer Roger Schmidt, der Journalist und Fotograf Till Gottbrath, der Däne Egon Fogtmann, bisher Werkmeister beim Motorenhersteller Callesen, der Nautiker Ben Dijkema aus Holland, Fuchs' alter Schulfreund Volker Gaese und schließlich der Schweizer Bootsbauer Kai Meibaum, ein inzwischen alter Bekannter. Fuchs' Freundin Brigitte Ellerbrock wird auch dabei sein. Und in Patagonien werden noch zwei Bergsteiger zum Team stoßen.

Am 14. April 1995 überführt Fuchs sein angeschlagenes Schiff nach Port Townsend (USA) in eine Werft. In großen Teilen legen er und seine Crew selbst Hand an, bei schwierigen Spezialarbeiten hilft die Werft.

Wiedersehen mit San Francisco – der Pazifik ist doch ein anderes Terrain

Am Montag, dem 1. Mai 1995, sticht sein gaffelgetakeltes Segelschiff in See, erreicht am nächsten Tag den Pazifik und hält Kurs auf San Francisco. Das Wetter ist klar, die Windstärken liegen zwischen sechs und sieben Beaufort, ideale Bedingungen, was will der Skipper mehr? Auch ein Fuchs braucht nicht dauernd Eis und Schnee. Sein Lieblingsplatz bei solchem Wetter ist das Klüvernetz. Indem er gut gesichert im Netz liegt, gewinnt er das Gefühl eines außenstehenden und unbeteiligten Betrachters.

Tatsächlich hat er das Schiff ja auch verlassen und sieht den Rumpf mit dem schäumenden Steven vor sich, als beeile er sich, ihn einzuholen. Die Schiffsbewegungen sind weich, und auch wenn die See dem Klüvernetz mitunter bedrohlich nahe kommt, so heben sich Bug und Klüverbaum jedes Mal wieder rechtzeitig in die Höhe, er bleibt trocken.

Ein erhebender Augenblick, als sie am frühen Morgen des 7. Mai unter der von der ersten Morgensonne angestrahlten Golden-Gate-Brücke segeln. Arved erinnert sich noch sehr gut: Vor rund 20 Jahren war er zum ersten Mal hier, jedoch *auf* der legendären Brücke. Zusammen mit seinen drei Freunden saß er auf dem Dach eines klapprigen VW-Busses, der fünfte steuerte, und es war ebenfalls früher Morgen. Sein Freund Peter Hasenjäger feierte an jenem Tag seinen 20. Geburtstag. Arved war gerade 21 Jahre alt, und es war seine erste »Expedition« durch Nordamerika. Ein eigenes Schiff hatte er noch nicht, aber er träumte davon.

Heute ist er wieder da, und seine Crew und er sind sozusagen Ehrengäste des »Maritime Museum« von San Francisco. An der Pier des Museumshafens erhalten sie zwischen historischen Schiffen einen bevorzugten Liegeplatz. Der Museumsdirektor persönlich macht seine Aufwartung an Bord, und als »Bezwinger« der Nordwestpassage erwartet sie ein umfangreiches Programm in der Stadt. Nun sage einer, dass Träume nicht in Erfüllung gehen können ...

Ein Traditionsschiff wie die »Dagmar Aaen« wird an der Westküste Nordamerikas mit Wohlwollen betrachtet, besonders ein Schiffstyp wie der »Esbjerger Haikutter«. Schiffsnarren, -kenner und Interessierte geben sich die Klinke in die Hand. Auch Hilfesuchende wenden sich an Arved. Da ist zum Beispiel Harold Sommer, stolzer Besitzer des ehemaligen Elbe-Lotsenschoners »No. 5 Elbe«, umbenannt in »Wander Bird«. Er hatte das damals heruntergekommene Schiff vor vielen Jahren unter Mühen restauriert. Nunmehr, älter geworden, kann er sich um den Erhalt des Schiffes nicht mehr kümmern. Der Gaffelschoner ist 37 Meter lang, sechs Meter breit und hat eine Segelfläche von 490 Quadratmetern.

Gerne würde er es sehen, wenn das 1883 erbaute Traditionsschiff einen würdigen Platz in Hamburg fände. Zu diesem Zweck wolle er das Schiff zu einem angemessenen Preis veräußern. Arved Fuchs soll helfen, hatte das aber bereits in Deutschland versucht, als er von dem Fall hörte. Leider ohne Erfolg.

Doch manchmal geschehen noch Zeichen und Wunder: Im Jahre 2002 erwirbt die »Stiftung Hamburg Maritim« das Schiff in Seattle und bringt es wieder zurück in die Hansestadt. Es wird von Grund auf saniert, der gemeinnützige Verein »Jugend in Arbeit Hamburg e. V.« investiert weit über 1000 Arbeitsstunden. Heute fährt das Schiff wieder unter seinem alten Namen »No. 5 Elbe«. Es gehört der Stiftung, die es rettete, und wird vom Förderverein »Freunde des Lotsenschoners No. 5 Elbe e. V.« betrieben. Anfang Oktober 2012 führte es die Parade der Hamburger Traditionsschiffe an.

Ein anderer Schiffsnarr namens Olaf Envig überrascht Arved Fuchs mit einem Bild aus dem Jahre 1909. Es zeigt Amundsens GJÖA am Strand von San Francisco, unmittelbar bevor sie an Land gezogen wird, um fortan im Golden-Gate-Park ausgestellt zu werden. Arved ist von diesem Geschenk sehr angetan – es hängt im Vorschiff der »Dagmar Aaen«.

Die Woche vergeht wie im Fluge; nachdem einige Restarbeiten am Schiff erledigt sind, macht die »Dagmar Aaen« am 15. Mai die Leinen los, und es geht – wieder durch die Golden-Gate-Brücke – Richtung Hawaii-Inseln.

Die Südsee ist voller Überraschungen

Zwei mürrische Beamte in Uniform füllen mit einer altertümlichen Schreibmaschine im Zweifingersuchsystem irgendwelche Formulare aus. Fuchs ist an der Reihe und möchte einklarieren. Tahiti steht unter französischer Verwaltung, also wird französisch gesprochen! Radebrechend versucht Fuchs mit den Resten seines Schulfranzösisch zurechtzukommen, bis die Papiere so weit ausgefüllt sind. Bis auf eines – die Behörden in Papeete verlangen, dass jeder Segler eine Kaution in Höhe des Preises eines Rückflugtickets in sein Heimatland zu hinterlegen hat. Ein Flug kostet 1100 US-Dollar, das würde für die gesamte Crew 11 000 US-Dollar ausmachen, die in bar zu hinterlegen sind.

Als Fuchs Anstalten macht, dagegen vorzugehen, wird ihm plötzlich in astreinem Englisch beschieden: »Wenn Sie die Kaution nicht hinterlegen, müssen Sie Tahiti innerhalb von 24 Stunden verlassen.« Egal, an wen sich Fuchs wendet, die Polynesier geben zu erkennen, dass man auf Segler als Gäste eigentlich nicht angewiesen sei. Als die Crew mittels Schecks und Kreditkarten die Summe schließlich aufbringt, vergeht ein weiterer Nachmittag, bis geklärt ist, ob die Karten in Ordnung sind. Schließlich bekommen sie das Geld in bar ausgezahlt und dürfen es umgehend wieder einzahlen – Schilda lässt grüßen! Auch die spätere Auszahlung der Kaution erweist sich als nicht unproblematisch, denn »normalerweise bekommen Sie das Geld in polynesischen Francs zurückgezahlt«. »Ausnahmsweise« erhalten sie es schließlich doch in US-Dollar, um es anschließend wieder auf ihre Konten einzuzahlen ...

Doch, Gott sei Dank, erschöpfen sich die Begegnungen in der Südsee keinesfalls auf dieses Erlebnis. Auf Hawaii, ihrer ersten Etappe in Polynesien, werden sie außerordentlich freundlich empfangen. Da Fuchs sich nicht gerne auf eingefahrenen touristischen Pfaden bewegt, »entern« sie unmittelbar nach Honolulu die kleine Insel Molokai. Man glaubt es nicht, aber hier werden tatsächlich noch Kokosnüsse als Gastgeschenk auf das Boot gelegt. Auch wenn es nach Klischee anmutet, bei Einbruch der Dunkelheit kommen einige Hawaiianer mit Gitarre, Bongotrommel und Mundharmonika an Bord. Und als zwei Crewmitglieder sich ihrerseits mit Gitarre und Mundharmonika dazusetzen, spielt ein ganzes Orchester auf dem Deck der »Dagmar Aaen«.

Sie macht sich bei verschiedenen Menschen unterschiedlich bemerkbar, die Seekrankheit. Dem einen wird massiv schlecht, er muss sich übergeben, ist blass und apathisch und würde sich am liebsten die ganze Zeit in seiner Koje verkriechen. Für dieses Opfer hat die Seefahrt jegliche Freude verloren. Während dieser Unglückliche vielleicht bereits am nächsten Morgen frisch ausgeruht aufwacht und sein Organismus sich an die Schaukelei gewöhnt hat, braucht ein anderer womöglich Tage dazu, ist aber vielleicht nur ein wenig müde und hat Kopfschmerzen. Wieder andere bleiben ständig seekrank, einige werden es überhaupt nie. Die Welt ist ungerecht! Einige der Crewmitglieder werden immer aufs Neue seekrank, besonders nach längeren Landaufenthalten.

Arved Fuchs bleibt von dieser »Krankheit« weitestgehend verschont. Nicht, weil er gelernter Seemann ist und ein Schiff besitzt, sondern weil er einfach Glück hat. Sein Freund Rüdiger Nehberg, der den Atlantik mehrfach in kleineren Fahrzeugen überquert hat, wird ständig und immer wieder seekrank. Medikamente können durchaus entgegenwirken, wenn man sie frühzeitig einnimmt.

Wer keinen Spaß versteht und jederzeit körperlich unversehrt bleiben möchte, sollte niemals den Äquator auf dem Wasser überqueren. Die Crew auf der »Dagmar Aaen« jedoch überquert den Äquator freiwillig. Infolgedessen müssen diejenigen, die den Breitengrad null zum ersten Mal passieren, »schlimme Dinge« über sich ergehen lassen.

Nach alter Seefahrersitte verkleiden sich die Befahrenen (so nennt man die Getauften) als »Majestät Neptun«, »Gemahlin Thetis« sowie als Zeremonienmeister und als Pastor. Als Stärkungsgetränk erhalten die Täuflinge einen Mix aus Bilgenwasser, Spüli, Tabasco, Schmieröl, Senf und Haarwaschmittel. Dazu gibt es die »äquatorialen Kanapees«, bestehend aus Mehl, Stevenrohrfett, Zahnpasta, Chilischoten, gehackten Fischköpfen, großzügig mit Tabasco abgeschmeckt. Die Einzelheiten der Taufzeremonie, besser Tauffolter, erspart sich der Chronist. Eines steht jedenfalls fest: Wer diesen Schwachsinn überlebt, wird sich später als »Befahrener« an seinen Täuflingen bitter rächen. Den Beweis dieser Einschätzung erbringt Arved Fuchs »höchstselbst«, denn bei ihm zog sich die Äquatortaufe auf einem Frachter der »DDG Hansa« Mitte der 1970er-Jahre über zwei Tage hin.

Zurück zu Polynesien: Fuchs und seine Crew besuchen zahlreiche Inseln, mit und ohne Traumstrände. Oftmals sind die teilweise äußerst flachen Eilande erst »in letzter Sekunde« auszumachen. Daher säumen Schiffswracks jeder Größe manche dieser Inselchen. Als umsichtiger Skipper kennt Fuchs diese Gefahren und navigiert entsprechend.

Wie bei allen Expeditionen hat sich Fuchs auch auf die Südsee sorgfältig vorbereitet. So gilt sein Interesse unter anderem Felix Graf von Luckner, der wegen seiner draufgängerischen Kriegführung während des Ersten Weltkriegs auch »Seeteufel« genannt wurde. Luckner hat mit seinem Dreimast-Vollschiff »Seeadler«, das er als norwegisches Handelsschiff getarnt hatte, zahlreiche gegnerische Schiffe gekapert und versenkt. Dabei hat er nicht nur die Besatzungen und Passagiere geschont, sondern sie auch gut behandelt. Luckner wurde zum Inbegriff des Seekriegshelden, in Deutschland und bei den damaligen Kriegsgegnern.

Die Fahrt seines »Seeadlers« endete nicht durch Kriegseinwirkung, sondern am 8. Oktober 1917 auf einem Korallenriff vor der Südseeinsel Mopelia. Genau diese Insel besucht Fuchs, um nach dem Wrack zu tauchen. Von Haien und exotischen Fischen »umschwärmt«, entdecken Fuchs und seine Crewmitglieder Morgan und Roger den Motor des Schiffes, Anker, ein Geschütz, zahlreiche Munition und sogar Reste der Takelage. Zwar finden sie nicht den berühmten Schatz, von dem in vielen Abhandlungen über den Grafen die Rede ist, dafür nimmt Arved sich allerdings eine verbeulte Kartusche mit, die neben anderen Fundstücken in seinem Bad Bramstedter Refugium zu bewundern ist.

In tropischen Gefilden spielt sich das Leben an Bord überwiegend auf dem Deck ab. Hier stapeln sich Bücher; Kopfkissen und Schlafsäcke werden zu Rückenstützen umfunktioniert.

Wenn es windstill ist, was dem Skipper Fuchs leider viel zu oft vorkommt, suchen einige Crewmitglieder Abkühlung, indem sie auf hoher See ins Meer springen. Sie lassen sich von einem Tampen, der vom Schiff herunterhängt, hinterherziehen. Derweil passen andere auf, ob sich irgendwelche verräterischen Rückenflossen zeigen. Neben dem Vergnügen hat das Baden auf hoher See auch einen Aspekt: Selbst wenn man glaubt, das Schiff stünde still, gelingt es auch dem besten Schwimmer der Crew nicht, es einzuholen. Und das, obwohl man gewollt und überlegt ins Wasser gesprungen ist, zudem bei ruhiger See. Jedem an Bord wird dabei klar, dass eine über Bord gefallene Person aus eigener Kraft keine Chance hat, sich zu retten.

Das polynesische Trauma

Wohl keine der polynesischen Inseln hat den Nimbus des »Südseeparadieses«, wie Bora Bora. Allein der Name assoziiert traumhafte Strände, schöne und liebenswürdige Menschen und eine vollendete Harmonie in allen Lebensbereichen. Bora Bora steht stellvertretend für die fernen Atolle, für die Träume und naiven Vorstellungen von einem sorgenfreien, einfachen Leben fernab von jedem Zivilisationsstress.

Doch ganz so schlicht und einfach ist das Leben auf Bora Bora in der Realität nicht, wenngleich sich das nicht auf Anhieb erschließt. Bereits die Annäherung an die Insel, mit ihrem vorgelagerten Riff, auf dem sich schäumend die heranrollenden Seen brechen, verspricht etwas Besonderes: Hohe, über und über mit Grün bewachsene Berge, eine geschützte und wunderschöne Lagune, Schiffe vor Anker und im Stil polynesischer Hütten eingerichtete, komfortable Hotelanlagen.

Vor dem Bora Bora Yachtclub geht Fuchs vor Anker und kommt schnell mit Skippern aus aller Welt ins Gespräch. Auch jene Crew eines wunderschönen Schoners aus Port Townsend, der neben der

Von der 1674 Kilometer entfernten Insel Bora Bora begibt sich Arved Fuchs zum Mururoa-Atoll, um mit anderen Schiffen gegen die Kernwaffentests der Franzosen zu protestieren. 1996 werden die Versuche schließlich eingestellt.

»Dagmar Aaen« ankert, freut sich, dass Fuchs gerade dort sein Schiff instandgesetzt hat.

Fuchs und seine Crew übernachten im Yachtclub. Die Dusche teilt sich Arved mit der größten Kakerlake, die er bisher in seinem Leben gesehen hat. Sie liegt zu seinen Füßen und schaut ihn mit vorwurfsvollem Blick an, den er mutig erwidert. Beide kommen stillschweigend überein, sich gegenseitig zu ignorieren – sie hat schließlich das längere Wohnrecht hier.

Fuchs und seine Crew genießen die Tage des Faulenzens und möchten eigentlich weitere Ziele in Polynesien ansteuern. Doch ein aktueller Anlass bringt sie davon ab. Frankreich beabsichtigt, wie schon so oft, im Mururoa-Atoll einen Atombombentest zu machen. Seit 1966 soll Frankreich im Mururoa-Atoll und im benachbarten Fangataufa-Atoll mindestens 120 Kernwaffentests unternommen haben, davon allein 41 überirdisch. Fachleute befürchten, dass der durch die Tests malträtierte Felsensockel auseinanderbrechen könnte. Das würde zu einem unbeschreiblichen Desaster führen, das Pflanzen- und Tierwelt und letztlich auch Menschen in Gefahr bringen würde. Weltweite Proteste haben bisher nichts ausrichten können. Die »Grande Nation« lässt die »Muskeln spielen« und lässt sich durch nichts erschüttern. Das Greenpeace-Schiff »Rainbow Warrior«, das direkt in den Atoll einfahren wollte, wurde das erste Mal stark beschädigt und beim zweiten Mal erneut demoliert und beschlagnahmt. Arved und seine Crew sind ebenso wie viele andere empört und bringen das in einer von allen unterschriebenen Resolution zum Ausdruck. Außerdem begeben sie sich mit der »Dagmar Aaen« von Bora Bora zum 1674 Kilometer entfernten Mururoa-Atoll. An der Zwölfmeilenzone drehen sie bei und entrollen große Transparente mit der Aufschrift »No Nuclear Tests«. Prompt kommt ein französischer Militärhubschrauber, filmt und fotografiert das Schiff mit seiner Crew. Arved Fuchs weiß, dass er alleine nichts ausrichten kann, aber er handelt nach dem Prinzip »Steter Tropfen höhlt den Stein«. Die Franzosen machen unbeirrt ihren Test – sogar im Beisein der vor der Zwölfmeilenzone dümpelnden Protestflotte. Weitere Tests folgen, bis die Regierung das Programm im Januar 1996 endgültig einstellt. Der Druck der Weltöffentlichkeit wird dabei eine nicht unerhebliche Rolle gespielt haben.

Der lange Arm der Bounty

Wer hat den Film nicht gesehen oder das Buch nicht gelesen? Die »Meuterei auf der Bounty«. Nicht wenige werden die Geschichte um Kapitän Bligh und seinen Widersacher Fletcher Christian für eine fiktive Erzählung halten. Noch weniger Skipper, die sich in die Weiten des Pazifischen Ozeans begeben, werden ahnen, dass es reale Spuren dieser tatsächlichen Begebenheit gibt.

Nicht so Arved Fuchs, der die Geschichte bis ins Einzelne »studiert« hat. Ohne auf alle Einzelheiten der Bounty-Geschichte eingehen zu wollen: Um 1787/88 kam es auf der Bounty zu einer Meuterei mit der Folge, dass Kapitän Bligh mit 18 seiner Gefolgsleute in einer kleinen Schaluppe auf hoher See ausgesetzt wurde. Das kam eigentlich einem Todesurteil gleich. Doch Bligh, der ein hervorragender Seemann war, gelang mit einer nautischen Höchstleistung die Überfahrt bis zur indonesischen Insel Timor. Auf Umwegen erreichte er schließlich wohlbehalten England. Der Meuterer Fletcher Christian entdeckte nach einer Irrfahrt mit einem Rest der Mannschaft und polynesischen Frauen und Männern die Insel Pitcairn im Ostpazifik. Hier siedelten sie und verbrannten die Bounty, um nicht von vorbeifahrenden Schiffen entdeckt und identifiziert zu werden. Ausgerechnet diese Insel steuert Geschichtskenner Arved Fuchs vom 1200 Kilometer entfernten Mururoa-Atoll an.

Es gibt noch zahlreiche Nachfahren der Bounty-Meuterer auf Pitcairn. Sigga macht eine Inselrundfahrt.

Auch 200 Jahre nach der Inbesitznahme leben dort noch etwa 50 Nachfahren der Meuterer. Die 4,5 Quadratkilometer kleine Insel gehört heute zu Großbritannien und ist dessen kleinste und entfernteste Kolonie. Von Tahiti ist Pitcairn 2200 Kilometer, von Neuseeland 5310 Kilometer und von Panama gar 6600 Kilometer entfernt. Auf der Insel gibt es weder einen Arzt noch ein Krankenhaus, dafür jedoch einen Pfarrer mit dessen Ehefrau, die zugleich die Rolle der Lehrerin übernommen hat. Etwa ein Drittel der Inselbewohner sind direkte Nachfahren der Meuterer, was sich in den Familiennamen widerspiegelt. Auch einen Flugplatz gibt es auf diesem Eiland nicht. Zwei- bis dreimal jährlich kommt ein Versorgungsschiff aus Neuseeland mit tiefgefrorenen Nahrungsmitteln und Konsumgütern.

Fuchs und seine Crew sind gespannt, was sie erwartet. Hilfsbereite Bewohner kommen Fuchs mit ihren Langbooten entgegen, um sie durch die gefährliche Brandung zur Insel zu geleiten.»Tom

Christian«, stellt sich ein schlanker hochgewachsener Mann vor. Aufgrund der verdutzten Gesichter der »Dagmar Aaen«-Besatzung fügt er lächelnd hinzu: »Great-great-great grandson of Fletcher Christian.« Während die Crew im besten Englisch begrüßt wird, sprechen die Inselbewohner unter sich eine Sprache, die aus altem Englisch und Tahitianisch besteht, die Sprache wird auch Pitcairn-Englisch genannt. Als die Meuterer im Jahre 1790 auf Pitcairn landeten, hatten sie Tahitianerinnen im Gefolge. Aus dieser Verbindung ist im Laufe der Zeit ein Sprachengemisch entstanden, das sich bis heute erhalten hat.

Die Pitcairner erweisen sich als aufgeschlossen und gastfreundlich. Dabei sind sie keinesfalls weltfremde Eremiten. Über Amateurfunk halten sie Kontakt mit der ganzen Welt und sind erstaunlich gut informiert. Fast jeder von ihnen war bereits mindestens einmal in Neuseeland oder England. Das soziale Miteinander scheint gut zu funktionieren, der einzige Polizist auf der Insel hat wenig zu tun. Jedoch wird die Insel wohl über kurz oder lang überaltert sein, da junge Menschen zu Ausbildungszwecken ins ferne Neuseeland fahren. Von dort kommen sie höchstens noch einmal zu Besuch auf ihre Insel zurück. Die meisten heiraten dort, gründen Familien und entfernen sich dadurch immer weiter von ihrer Heimat. Für Fuchs und seine Crew jedenfalls ist es spannend, mit der Geschichte und dieser besonderen Lebensform konfrontiert zu werden. Als sie nach drei Tagen den Anker lichten, sind sich alle einig, dass die »Meuterer« eigentlich sehr nette Menschen sind. Doch dieser Anschein des Jahres 1995 täuscht gewaltig. Anfang des Jahrtausends werden auf Pitcairn zahlreiche Fälle sexuellen Missbrauchs von Minderjährigen aufgedeckt, die im Jahre 2004 zur Verurteilung in 35 Fällen führen. »Das Paradies auf Erden scheint es auch auf Pitcairn nicht zu geben«, resümiert Fuchs im Nachhinein.

Kurs Richtung Chile – Zwischenstopp Rapa Nui

Als sie Pitcairn verlassen, sind sie seit Port Townsend bereits 124 Tage unterwegs. Die Abläufe an Bord haben sich eingespielt, jeder weiß, was er zu tun hat. Es bedarf nicht vieler Worte, um das Schiff zu segeln. Die Bordroutine wird gelegentlich durch frisch gefangene Fische unterbrochen. Das größte Exemplar der Reise ist ein etwa 50 Kilogramm schwerer Thunfisch. Da auch die hungrigste Mannschaft außerstande ist, diesen Riesenfisch auf einmal zu essen, und sich an Bord kein Kühlschrank befindet, wird das rote Fischfleisch in dünne Streifen geschnitten, mit Kräutern und Gewürzen eingerieben und gesalzen. Die Streifen werden wie Wäschestücke auf eine Leine zum Trocknen aufgehängt. Wind und Sonne tun ihr Übriges, um den Fisch haltbar zu machen.

Der Kurs heißt Chile, auf dem Wege liegt Rapa Nui, wie die Einheimischen ihre Insel nennen. Der Rest der Welt nennt das Eiland Osterinsel. Mit der Geschichte der Insel, die seit 1888 zu Chile gehört, hat sich Fuchs intensiv beschäftigt. Das Mysteriöseste sind die in aller Welt bekannten überdimensionalen Figuren, die man »Moais« nennt. Seit vielen Jahren beflügeln sie die Fantasien von Wissenschaftlern mit vielen Erklärungsversuchen. Dennoch weiß niemand wirklich, wann und wie diese Figuren entstanden sind.

Die dunkle Geschichte dieser Insel ist, dass ihre Einwohner seit ihrer Entdeckung am Ostermontag, dem 6. April 1722, bis in die 1950er-Jahre unterdrückt wurden. Das änderte sich erst, als das Eiland 1955 nach Tor Heyerdahls achtmonatiger archäologischer Expedition in die Schlagzeilen der Weltöffentlichkeit geriet. Es folgten zahlreiche Besucher, die die Missstände auf der Insel anprangerten. Der chilenische Staat reagierte schließlich und erließ Gesetze zum Schutz der Bevölkerung.

Fuchs und seine Crew werden auf der Insel sehr freundlich empfangen, und auch der »Behördenkram« gestaltet sich außerordentlich unbürokratisch. Man spürt, dass Gäste auf der Insel gern gesehen sind.

Das patagonische Inlandeis lockt

Doch Fuchs' eigentliches Ziel ist Chile, darauf hat er sich bereits seit der Abfahrt gefreut. Er hat etwas ganz Besonderes vor – doch davon später. Zunächst läuft er am 22. September die Hafenstadt Valparaíso an. Hier trifft er sich mit seiner Mutter Gisela und einigen Freunden, die aus Deutschland angereist sind. In Valparaíso wechselt auch ein Teil der Crew, und ganze Paletten von Ausrüstungsgegenständen sind eingetroffen, die Fuchs und seine Crew für eine Expedition auf dem patagonischen Inlandeis benötigen wird.

Unter den Gästen aus Deutschland ist auch Fuchs' Büroleiterin Elke Hoffmann aus Bad Bramstedt. Hoffmann führt das Büro seit Jahren. Sie organisiert Vortragsreihen, Pressekonferenzen, erledigt die Korrespondenz, bucht Flüge, tröstet traurige Mütter oder auch schon mal aufgebrachte Freundinnen, wenn die Crew in der Ferne zu schreibfaul ist. Sie hält Kontakt zu Sponsoren, denkt an Geburtstage, die Fuchs sonst vergessen würde, korrigiert Manuskripte – die Liste ist endlos. Elke Hoffmann hat sieben Jahre in Chile gelebt, spricht fließend Spanisch und hat auch noch Freunde in der Nähe von Valparaíso.

Für die Patagonienexpedition bedarf es einiger Genehmigungen und Absprachen mit der chilenischen Marine. Im Hydrografischen Institut bittet man Fuchs, patagonische Kanäle zu vermessen beziehungsweise die bestehenden Karten auf Fehler zu überprüfen. Vor der Pazifikküste Chiles befindet sich ein weiträumiges System aus Fjorden und Kanälen, das bei weitem noch nicht vermessen und kartografiert ist.

Am 2. Oktober verlassen sie Valparaíso und tauchen erstmalig in das Kanallabyrinth der chilenischen Küste ein. Die Kanäle und Fjorde sind oftmals recht schmal, sodass beim Gezeitenwechsel starke Strömungen entstehen. Diese Strömungen in Verbindung mit Stürmen und unsichtigem Wetter bringen Fuchs und seine Crew gelegentlich an den Rand ihres seemännischen Könnens. Da das Kartenmaterial teilweise überaltert oder auch schlicht falsch ist, muss Fuchs häufig ausgesprochen vorsichtig navigieren. Gelegentlich stützt er sich dabei auf Beschreibungen und Berichte von Seeleuten, die sich in diesem Gebiet vor Jahren bewegt haben. So hat er viel von dem Seemann und Bergsteiger Harold William Tilman gelernt, der in den 1950er-Jahren mit seinem alten Lotsenkutter »Mischief« dieses Terrain ausgiebig befahren hat.

Tilman war es auch, der Arved vor vielen Jahren auf das patagonische Inlandeis aufmerksam gemacht hat. Der Engländer hatte dieses Eisfeld im Jahre 1956 von West nach Ost durchquert. Das »Hielo Patagónico Sur«, das »Südliche Patagonische Inlandeis« ist eine 400 Kilometer lange und 40 Kilometer breite Eisformation, die sich, eingebettet in die Küstenkordilleren, von Norden nach Süden erstreckt. Bedingt durch extreme Wetterlagen mit gewaltigen Stürmen, Regen- und Schneefällen sowie Nebel, ist es eine der einsamsten und zudem unzugänglichsten Gegenden Patagoniens. Um sich der ungeheuren Schnee- und Eismassen zu entledigen, schieben sich zu beiden Seiten des Eisfeldes gewaltige Gletscher zu Tal. Zerrissen, von Spalten und Eisfeldern durchwuchert, wird der Zugang über sie zum eigentlichen Hochplateau, das nur wenige Kilometer breit ist, zur Gratwanderung. Es gibt hier noch zahlreiche Berge, die noch nie ein Mensch betreten hat, ja, die noch keinen Namen tragen.

Genau das ist es, was Fuchs sucht. Wie nur wenige andere Landschaften verbindet Patagonien die Disziplinen Bergsteigen und Seefahrt nahtlos. Man verlässt das Schiff und steht am Fuße eines Berges. Fuchs und vier seiner Mitstreiter haben sich vorgenommen, das Patagonische Inlandeis von Norden nach Süden zu durchqueren. Dabei wollen sie auf Skiern laufen, jeder einen Pulkaschlitten hinter sich her ziehend, wie Fuchs es bereits bei seinen Polexpeditionen gemacht hat.

Er wählt zwei Teams aus, die die Expedition in einem Zeitraum von etwa 40 Tagen durchführen sollen. In seinem eigenen Team sind neben ihm Till Gottbrath und Roger Schmidt. Das zweite

Team bilden Sigga Sverrisdóttir und Pablo Besser. Pablo ist einer der chilenischen Topbergsteiger, den Arved durch ein anderes Crewmitglied kennengelernt hat. Er ist erst in Valparaíso zugestiegen. Zum Start für die Expedition ankert die »Dagmar Aaen« in der Jorge-Mont-Bucht am Fuße des gleichnamigen Gletschers. Das Kommando über das Schiff hat Arved dem Kieler Vollblutsegler Martin Friederichs übertragen. Friederichs, der ebenfalls in Valparaíso zugestiegen war, hat jahrelang die »Peter von Danzig« des ASC Kiel als Skipper geführt.

Der Aufstieg des Teams um Arved gestaltet sich noch recht einfach. Nach fünf Tagen befinden sie sich am Beginn des Inlandeises. Noch ahnt Arved nicht, was auf ihn noch zukommen wird.

Das erste Problem, mit dem die drei überhaupt nicht gerechnet haben, sind extreme Sonnenbrände, die trotz Gletscherbrandcreme mit höchsten Schutzfaktoren die Haut malträtieren. Als sich trotz aller Vorsorge keine Besserung einstellt, machen sich Fuchs und seine Mitstreiter so ihre Gedanken. Ist es das Ozonloch der Antarktis, das seit einigen Jahren bereits Neuseeland und Australien erreicht hat? Sollte es sich jetzt bereits im südlichen Teil von Südamerika bemerkbar machen? Arved Fuchs ist jedenfalls besorgt.

Nach einiger Zeit ist das schöne Wetter vorbei, und es stellt sich das legendäre »Patagonienwetter« ein, mit allem Drum und Dran. Es stürmt orkanartig, es gibt Schnee in allen Variationen und Nebel mit einer Sichtweite gleich null. Das Laufen bei mangelnder Sicht ist besonders gefährlich. Es ist das gefährliche »White-out«, ein Zustand, bei dem sich Luft und Boden scheinbar zu einer Materie verdichten. Es gibt keine visuelle Trennlinie, wie bei einem Flieger, dem der Horizont fehlt, und der Gleichgewichtssinn spielt einem einen Streich nach dem anderen. Letztlich weiß man nicht mehr, wo oben und unten ist, und bewegt sich nur noch tastend vorwärts. Das ist besonders in einem Gelände gefährlich, wo sich unvermittelt Spalten oder Abgründe auftun können.

Während das Team um Arved Fuchs das Inlandeis durchquert, bringt die »Dagmar Aaen« das zweite Team zum Peel-Fjord. Hier machen Sigga und Pablo den Aufstieg über den Margarita-Gletscher. Die beiden sollen auf dem Inlandeis der ersten Crew entgegenkommen und sich an der »Falla de Reichert« treffen. Die »Falla de Reichert« ist die entscheidende Schlüsselstelle des Patagonischen Inlandeises. Sie bildet eine rund 1000 Meter tiefe Senke im Inlandeis. Niemals ist es bisher gelungen, in diesen Kessel abzusteigen oder ihn zu erkunden. Alle Expeditionen haben davor kapituliert und schildern die Falla als unpassierbar. Mit der zweiten Crew wurde vereinbart, dass sie versucht, von passenden Bergen einen Ausblick auf die Falla zu gewinnen, um eine mögliche Route zu erkunden.

Entdeckungen und Erstbesteigungen – Fuchs scheut nicht die Gefahr

Für Fuchs ist der Abstieg in diesen bisher unbegangenen Kessel die Hauptaufgabe der Expedition. Wie und ob es danach weitergeht, ist für ihn eine andere Frage, aber er möchte den Schleier lüften und das damit verbundene Geheimnis um die Falla de Reichert lösen, die noch als weißer Fleck auf der Landkarte ist.

Derweil sammeln andere Crewmitglieder, die von der ankernden »Dagmar Aaen« Ausflüge unternehmen, fantastische Eindrücke. Kai Meibaum entdeckt Hufabdrücke, die er für Rehspuren hält. Da es aber keine Rehe in Patagonien gibt, muss es sich um ein anderes Tier handeln. Sie können es kaum glauben, was sie nach einer Zeit zu Gesicht bekommen. Es sind tatsächlich Huemules, Anden-Hirsche, eine Tierart, die vom Aussterben bedroht ist. Die Herde, die anscheinend noch nie Menschen zu Gesicht bekommen hat, nähert sich Kai neugierig. Dieser kann sein Glück kaum fassen und macht jede Menge Fotos von den Tieren, die sich in einer eigenartig wippenden Gangart nähern. Wie Fotomodelle positionieren sie sich und gehen dann ihres Weges. Aus Angst vor Dezimierung durch Wilderer werden die Aufenthaltsorte der Tiere von den Behörden wie Staatsgeheimnisse gehütet.

Aber auch im Ankerbereich der »Dagmar Aaen« geht es in der Luft sowie auf und unter dem Wasser »hoch her«. Über dem Schiff kreisen unablässig majestätisch die Kondore, während auf dem Wasser die patagonischen Caiquenes-Gänse und die plump wirkenden Dampfschiffenten schwimmen. Letztere tragen ihren Namen, weil sie flugunfähig sind und ihre verkümmerten Flügel wie die Räder eines Schaufelraddampfers einsetzen, um sich bei Gefahr in Sicherheit zu bringen. Wie eine kleine Dampfbarkasse wirbeln die Enten über die Wasseroberfläche und erreichen dabei Ausdauer und Geschwindigkeiten, vor denen selbst Kajakfahrer resignieren.

Bei ihren Tauchgängen im eiskalten Wasser findet die Crew eine prachtvolle Unterwasserlandschaft vor. In 18 Metern Tiefe entdecken sie einen mit Centollars bedeckten Meeresboden. Die Centollars sind große krebsartige Seespinnen, die mit den amerikanischen King Crabs verwandt sind. Wie in Alaska sind die Centollars auch in Chile übermäßig befischt worden mit dem Resultat, dass sie selten werden. Es gibt auch Unmengen von Seeigeln, und armdicker Seetang rankt vom Meeresgrund bis an die Oberfläche. Hier scheint die Welt noch in Ordnung zu sein.

Hilferufe – und niemand kann helfen

Im Gebirge jedoch scheint sich eines Abends ein Drama abzuspielen! Während Kai an Deck der »Dagmar Aaen« steht, hört er plötzlich Hilfeschreie. Zunächst glaubt er an ein Tier, dann wird ihm jedoch unheimlich zumute. Der Schiffsmotor wird abgestellt, und fünf weitere Crewmitglieder stürzen an Deck. Nach einer Weile wiederholen sich die Schreie, die aus einem Gebiet steiler Berge und Gletscher kommen. Die Rufe klingen nicht nur verzweifelt, sie scheinen höchste Not zu signalisieren. Die Crew ruft, so laut sie kann, zurück, erhält aber keine Antwort. Auch das Absuchen des Bergmassivs mit starken Präzisionsferngläsern bringt kein Resultat. Da es bereits dunkel wird, kann niemand zum Suchen losgeschickt werden. Die chilenische Marine ist über Funk derzeit nicht erreichbar. Am nächsten Morgen spitzt sich die Situation zu, da die Hilferufe immer verzweifelter klingen. Von der »Dagmar Aaen« werden zwei Suchmannschaften auf unterschiedlichen Routen losgeschickt. Parallel tutet Martin unentwegt mit dem Typhon des Schiffes. Als das auch nichts bringt, verlässt Friederichs, so schnell es geht, den Fjord, um mit der chilenischen Marine Kontakt aufzunehmen. Sie treffen auf ein Schiff, dessen Kapitän den Notruf umgehend weiterleitet. Die »Dagmar Aaen« macht sich umgehend auf dem Rückweg, um eventuell noch Hilfe leisten zu können. Als sie die Stelle im Peel-Fjord erreichen, schlägt das Wetter augenblicklich um. Der obere Teil des Bergmassivs hängt in dichten Wolken, Sturm und Regen behindern jede Sicht. Es ist der Beginn einer länger anhaltenden Schlechtwetterperiode.

Obwohl sie unablässig Wache gehen, gibt es kein Lebenszeichen mehr. Auch die beiden Suchtrupps, die spät und abgekämpft zurückkehren, haben nichts finden können. Bei den Behörden glaubte man zunächst, es könne sich um zwei Schweizer handeln, die das Inlandeis überqueren wollten. Doch die kamen, wie sich später herausstellte, wohlbehalten auf der argentinischen Seite an. Da die Chilenen von keiner Expedition wussten, haben sie auch keine weiteren Untersuchungen angestellt. Für Fuchs wieder einmal die Bestätigung, dass es immer sicherer ist, Expeditionen beim nächstgelegenen Staatsgebiet, der Region, in der man sich bewegt, anzumelden.

Ein Berg namens »Dagmar Aaen«

Im alpinen Bereich, wo sich derzeit Pablo und Sigga bewegen, passiert derweil Spektakuläres. Pablo hat vom »Chilenischen Geographischen Institut« den Auftrag erhalten, die Region auf dem Plateau des Inlandeises nach besten Möglichkeiten zu vermessen und bisher unbekannte Berge ebenfalls zu vermessen und zu besteigen. Als Lohn wird ihm die Möglichkeit zugestanden, den Bergen offiziell Namen zu geben. Dem ersten bestiegenen Berg gibt Pablo den Namen »Dagmar Aaen«. Der Berg hat eine Höhe von 2365 Metern. Als Arved das über Funk erfährt, ist er schon ein wenig gerührt. Kommt doch die alte Dame, mit der sie ja schließlich hierher gereist sind, für immer zu Ehren.

Doch dabei bleibt es nicht, denn Pablo gehört ja, wie gesagt, zu den Topbergsteigern Chiles. Er unternimmt sechs weitere Erstbesteigungen. Entsprechend den Besonderheiten dieser Berge vergibt er folgende Namen: »Cerro Centinela« (Wachturm), »Cerro Illusion«, »Cerro Mirador« (Aussichtspunkt), »Cerro Aparición« (Erscheinung), »Cerro Inmaculado« (Unberührte) und »Cerro Cuatro Vientos« (Vier Winde).

Nach den Vermessungen und Erstbesteigungen nähern sich Pablo und Sigga unablässig Arveds Team. Am 23. Tag nach Aufbruch des ersten und am 18. Tag nach Aufbruch des zweiten Teams treffen sich die fünf in 2000 Metern Höhe des Inlandeises, in der Nähe der »Falla de Reichert«.

Arved Fuchs geht es nicht gut. Er hat einen entzündeten Zeh und ständig Schüttelfrost. Hinzu kommen der nasse, klebrige und zudem reflektierende Schnee sowie die Steifheit des Geländes, die Arved auf den letzten 700 Höhenmetern bis zum Treffpunkt zu schaffen machen.

Die Einblicke, die die Teams bei klarem Wetter in die Falla hatten, ließen nichts Gutes ahnen. Der nördliche Zugang besteht aus einem zerrissenen Gletscher, der aus 2000 Metern Höhe in Kaskaden über Absätze und Steilhänge auf die Passhöhe abfällt. Eingerahmt wird er von hohen Bergen, deren steile Flanken ständig Schnee-, Eis- und Geröllawinen hinabsenden.

Der südliche Teil der Senke steigt wieder steil an. Er ist ebenfalls vergletschert, aber nicht so exponiert und gefährlich wie der nördliche Teil. Dort wartet die verhängnisvolle Stelle im oberen Teil der

Senke. Nach Erreichen des obersten Grades bricht das Eis etwa 400 bis 500 Höhenmeter senkrecht ab. Es ist ein einziges Chaos aus Wächten, Überhängen, Eisabbrüchen und Lawinen. Das Gelände ist gigantischer, steiler, gefährlicher und zerrissener, als die Abenteurer es sich vorgestellt haben. Eines ist sicher – zum Abstieg in dieses Höllental bedarf es einer guten Sicht.

Der Höllentrip

Da sich das Wetter ungünstig entwickelt hat, schlagen die fünf ihr Lager am Rande des Kessels auf und beschließen, erst hinabzusteigen, wenn die Sicht aufgeklart hat. Pablo ist von der Idee des Abstiegs nicht sonderlich begeistert. So warten sie Tag für Tag, doch statt besser wird das Wetter immer schlechter, ein Schneesturm jagt den nächsten. Zudem müssen sich alle fünf in einem Zelt aufhalten, da das Sommerzelt von Pablo und Sigga unbrauchbar geworden ist. Nässe kriecht ins Zelt, seine Bewohner schwitzen unentwegt.»Im Zelt stinkt es wie in einem Affenstall«, beschreibt Arved die Situation in seinem Buch »Abenteuer zwischen Tropen und ewigem Eis«.

Hinzu kommt, dass ihr einziges Funkgerät seit einigen Tagen nicht mehr sendet. So hören sie zwar laufend die sorgenvollen Funksprüche der »Dagmar Aaen«, können aber darauf nichts erwidern. Als das Wetter auch am neunten Tag noch nicht besser wird – zumindest hat der Sturm nachgelassen –, beschließen sie, den Abstieg zu wagen. Es wird zum Desaster. Sie kommen an einer Steilwand vorbei, von der Fels- und Eisbrocken pfeifend in die Tiefe sausen. An anderen Stellen donnern Lawinen hinab. Ihre Pulkaschlitten hängen wie Kletten an ihnen; sie können sie jederzeit in die Tiefe reißen. Es ist der wahre Höllentrip. Plötzlich packt eine Böe einen Schlitten und wirft ihn etwa 60 Meter tief in eine Gletscherspalte. Ausgerechnet auf diesem Schlitten befinden sich dringende, lebenswichtige Ausrüstungsgegenstände. Pablo, der exzellente Eiskletterer, seilt sich ab und versucht das gute Stück zu bergen. Es bedarf eines halben Tages und unendlich schwieriger Aktionen, bis dies endlich gelungen ist.

Das Wetter bleibt unverändert schlecht, und zu allem Überfluss stellen sich körperliche Probleme ein. Pablo schmerzen die Augen, da er sie sich verblitzt hat, Roger, ein sehr verträglicher und teamorientierter Mensch, bekommt in dem engen Zelt Platzangst. Till, der vor einigen Jahren einen Bandscheibenvorfall hatte, den er längst glaubte, überwunden zu haben, klagt über Rückenschmerzen, da er sich im engen Zelt nicht ausstrecken kann. Eine Situation, wie Arved Fuchs sie sich nicht gewünscht hat.

Als das Wetter kurz aufklart und sie im entfernten Piel-Fjord die »Dagmar Aaen« als winzigen Punkt wahrnehmen, schießen sie flugs eine Leuchtrakete ab mit dem vereinbarten Signal, dass es ihnen gut geht. Doch der Sturm verweht die Rakete, sodass sie unten nicht wahrgenommen wird.

Doch gut geht es ihnen keinesfalls. Sie erleben, wie soeben verlassene Standplätze plötzlich von Eislawinen verschüttet werden, wie so genannte Seracs, Eistürme, in sich zusammenfallen, wie Felsbrocken von der Größe eines Kopfes wie Geschosse aus der Wand fliegen und Lawinen abgehen. Die Gefahr, getroffen zu werden, ist unkalkulierbar groß.

Am 30. November, völlig unerwartet, tut sich in 1000 Metern Höhe ein Durchgang aus dem Kessel auf. Es ist schon beeindruckend: Im wolkenzerfetzten Blau des Himmels kreisen vier Kondore – das ist Patagonien pur. Höchstwahrscheinlich sind Arved und seine Crew die ersten Menschen, die hier stehen, aber so richtig genießen können sie es nicht. Bei Lichte betrachtet wird das Gelände auch nicht einfacher, daher beschließen sie ihren unmittelbaren Ausstieg. Als sie das Geröllfeld ihres Abstiegsgletschers erreichen, kreist über ihren Köpfen ein Flugzeug, das von der besorgten Schiffscrew geordert wurde. Per Handzeichen können sie dem Flugzeugführer klarmachen, dass sie okay sind.

In seinem Buch »Abenteuer zwischen Tropen und ewigem Eis« begründet Fuchs langatmig und wenig überzeugend seinen Entschluss, die »Falla de Reichert« zu begehen. Hier ist Arved Fuchs ausnahmsweise und entgegen seiner üblichen Überlegtheit ein vermeidbares Risiko eingegangen. Er und die anderen haben einfach außerordentliches Glück gehabt.

Ausgezeichnet hat sich bei dieser insgesamt 43-tägigen Expedition die 24-jährige Isländerin Sigridur Ragna Sverrisdóttir. Die angehende Geografin, die neben ihrer Muttersprache fließend Deutsch und Englisch spricht, beweist eine Energie und Ausdauer, wie sie selbst bei Männern selten anzutreffen ist. Dabei zieht, stemmt und bewegt sie Schlitten und Ausrüstungsgegenstände mit einer Kraft, die man der jungen Frau nicht zutraut. Mit Sigga wird Fuchs sicherlich noch eine Menge unternehmen.

Es geht heimwärts – doch Kap Hoorn hält, was es verspricht

Es ist Anfang Dezember, als Arved wieder in See sticht und durch das Labyrinth der südchilenischen Fjorde und Wasserstraßen nach Puerto Natales fährt. Auch hier werden sie mit beispielloser chilenischer Gastfreundschaft und Hilfsbereitschaft empfangen. Der deutschstämmige Hafenkapitän Otto Mrugalski-Meiser bereitet ihnen einen herzlichen Empfang. Der kleine aufstrebende Touristenort ist Ziel und Drehscheibe für Bergsteiger, Trekker und Wanderer.

Am 14. Dezember geht's von hier aus weiter in Richtung Punta Arenas. Nach drei Tagen passieren sie Kap Froward, bevor sie in die berühmte Magellan-Straße einschwenken. In Punta Arenas wechselt ein Teil der Crew, und Arved besucht einen alten Freund, bevor es von hier am 21. Dezember weitergeht. Heiligabend, den sie ruhig und fern allen Trubels begehen wollen, naht. Dafür suchen sie sich eine einsame Bucht im Labyrinth der Feuerlandinseln.

Feuerland ist für Arved keine unbekannte Region. Bekanntlich hatten ihn drei Expeditionen hierher geführt. Die tragische Geschichte der ausgestorbenen Feuerlandindianer ist ihm wieder gegenwärtig. Am Fuße des Berges Sarmientos, wo sie vor Anker liegen, wandelt Arved erneut auf den Spuren von Pater Agostini. Und, es ist kaum zu glauben, er findet tatsächlich das alte Basislager von der damaligen Erstbesteigung des Sarmientos im Jahre 1956.

Der Heiligabend auf Feuerland gestaltet sich außerordentlich harmonisch. Das Festmenü würde einem Gourmetrestaurant alle Ehre bereiten: Als Vorspeise gibt es Tomatensuppe aus frischen Tomaten, dazu Knoblauch-Croûtons und Avocadocreme, als Hauptgericht Ziegenkeule, Bäckerinart, nicht gratinierte Kartoffeln und Karotten und als Dessert Bayerisch Creme. Dazu werden erlesene chilenische Weine gereicht sowie Mokka und Cognac. Nach dem Essen gibt's Geschenke, die jeder vorher selbst gekauft und anonymisiert in einen Sack gelegt hat. Das Ganze ist wie eine Art Julklapp, ein Brauch, wie er in Dänemark und Norddeutschland praktiziert wird.

Nachdem alle ausgeschlafen haben, werden am Nachmittag die Segel gesetzt. Dieses Mal soll es um das berüchtigte Kap Hoorn gehen. Dort herrscht zwar nicht an 365 Tagen im Jahr Sturm, aber niemals sollte man es unterschätzen. Arved erinnert sich, dass er das legendäre Kap bereits im Jahre 1984 umschiffte, doch damals war sein Boot deutlich kleiner. Auch hielten es manche seinerzeit damals für unanständig, dass jemand es wagt, diese bedeutende Passage mit einem Faltboot zu umfahren.

Die gesamte Crew ist gespannt und hat sich auf die Umrundung eingestellt. Bis auf das Toppsegel sind alle Segel gesetzt. Es herrscht Nordwind, sie sind somit unter Landabdeckung. Diese ist ungewöhnlich ruhig, aber gerade deshalb ist Arved misstrauisch. Plötzlich nimmt die Sonne eine weiße, diffuse Farbe an, als schiene sie durch eine Milchglasscheibe. Die Wolken färben sich grün, das Barometer stürzt ab. Als sie das Kap querab haben, ist es, als wolle es der Crew zeigen, dass es seinem schlechten Ruf gerecht wird. Der

Wind dreht von einer Minute zur anderen auf Südwest. Bereits eine halbe Stunde später weht er mit 45 bis 50 Knoten, entsprechend der Stärke neun bis zehn nach der Beaufort-Skala. Regenschauer peitschen die See, schnell baut sich Seegang auf. »All hands on deck!«, lautet das Kommando. Sie binden erst das zweite, dann das dritte Reff ins Großsegel. Zwei Mann sind im Klüvernetz und bergen den wild schlagenden Klüver. Nur die Sicherheitsgurte verhindern, dass sie von den Seen, in die sie immer wieder bis zur Hüfte eintauchen, aus dem Netz gewaschen werden. Schließlich laufen sie nur unter Fock und gerefftem Großsegel.

Endlich, als sie das Kap gerundet haben, können sie auf Steuerbordbug laufen und Wind und Seen mit dem Heck in einem günstigen Winkel nehmen. Nun liegt das Schiff ruhig und nimmt die achterlichen Seen mit gutmütigen Bewegungen. Sah das Kap eben noch harmlos und grün aus, so wirkt es jetzt kalt und abweisend ...

Die unterschätzte Le-Maire-Straße

Am nächsten Tag erreichen sie Puerto Williams, die chilenische Garnisonsstadt. Hier startete Arved 1984 mit seinem Faltboot zur Umrundung von Kap Hoorn. In dem gut geschützten Naturhafen liegt ein alter Dampfer auf Grund, quasi als Mole. Es handelt sich um einen in Deutschland gebauten Rheindampfer, der auf abenteuerlichen Wegen nach Puerto Williams kam.

Hier treffen sie zahlreiche Segler aus aller Welt, und auf einem von der Marine zur Verfügung gestellten Grillplatz feiern sie bei sommerlichen Temperaturen Silvester. »Es ist einer der schönsten Silvesterabende, die ich je erlebt habe«, erinnert sich Arved Fuchs.

Bevor es auf dem Atlantik gen Norden geht, lichtet Fuchs am 2. Januar die Anker und steuert eine Region an, die genauso viel Beachtung findet, wie das eigentliche Kap Hoorn: die Staateninsel mit der Le-Maire-Straße. Die Staateninsel wurde 1884 im Rahmen einer Expedition von dem argentinischen Leiter Augusto Lassarre offiziell für Argentinien in Besitz genommen. Dabei ist es bis heute geblieben.

In der Le-Maire-Straße, die die Staateninsel von Feuerland trennt, spielen sich regelmäßig Dramen ab. Die Insel ist immer wieder Schauplatz von Schiffskatastrophen, da es für die Kapitäne der kürzeste Weg zum Kap Hoorn ist. Was jedoch übersehen wird, ist, dass in der Passage eine starke Strömung mit einer Geschwindigkeit von bis zu zehn Knoten herrscht. Hinzu kommt, dass sich die Strömung drehen kann, die Gezeiten sie verändern können und Stürme sowie schlechte Sicht ihr Übriges dazutun. Selbst stark motorisierte Schiffe können in Bedrängnis kommen. Ortskundige Fischereischiffe meiden die Passage wie die Pest.

Unkundige Segler, die das Kap umrunden, werden regelmäßig gewarnt, es den Fischern gleichzutun. Zu gewissen Zeiten war die Zahl der Schiffbrüchigen auf der Staateninsel so gewaltig, dass man sich veranlasst sah, eine Rettungsstation einzurichten, die Nahrungsmittel und warme Kleidung bereithielt. In gewissen Abständen wurden die gestrandeten Seeleute von einem Regierungsschiff abgeborgen.

Fuchs steuert die berüchtigte Cook-Bucht an, wo früher die Strafgefangenen vegetierten und die Leuchttürme und anderen Bauwerke auf der Staateninsel errichten mussten. Dort ist auch der Friedhof, auf dem viele der ertrunkenen Seeleute und Passagiere ihre letzte Ruhe gefunden haben. Fuchs macht an einer so genannten Mooring-Tonne fest und setzt zusätzlich den Anker. Als er den Anker am nächsten Tag hieven will, hat er sich offenbar in der Verankerung der Tonne verfangen. Es bedarf zahlreicher Tauchgänge im eiskalten Wasser und zweier Tage, bevor sie das Schiff wieder befreien können.

Am 6. Januar schließlich verlassen sie die Staateninsel und befinden sich nach längerer Zeit wieder im Atlantik. Im Sommer 1993 haben sie den Ozean im Norden verlassen, jetzt sind sie über den Süden zurückgekehrt. In Höhe der Falkland-Inseln zeigt ihnen der Atlantik mit Windgeschwindigkeiten zwischen 40 und 50 Knoten, was er draufhat. Da Fuchs zwischenzeitlich in Deutschland geschäftliche Dinge zu regeln hat, steuert er den La Plata in Uruguay an. 130 Kilometer stromaufwärts findet er einen kleinen Hafen namens Juan Lacasse, wo das Schiff für zwei Monate verbleiben kann. Bis dahin liegen seit Port Townsend 28 300 Kilometer hinter ihnen. Am 26. Januar fliegt Fuchs nach Deutschland. Während dieser Zeit betreuen Kai, Morgan, Sigga und Thomas wechselweise das Schiff. In Deutschland hält Fuchs zahlreiche Vorträge und regelt all die Dinge, die während seiner langen Abwesenheit liegen geblieben sind. Dabei ist er mehr auf der Straße und in Hotels als zu Hause, als in seinem Domizil. »Das Geld für das Privileg, solche Reisen unternehmen zu dürfen, will eben verdient werden«, konstatiert er.

Nach zwei Monaten hektischer Betriebsamkeit fliegt Fuchs zurück zu seinem Schiff nach Südamerika. In seiner Begleitung sind drei Crewmitglieder, von denen zwei eine Teilstrecke mitfahren werden und der »Vater« des Callesen-Motors, Egon Fogtmann, der die »Dagmar Aaen« bis nach Deutschland begleiten wird.

Am 10. April verlässt das Schiff Juan Lacasse, macht aber noch einen Zwischenstopp in Rio de Janeiro. Während die brasilianischen Frauen der männlichen Crew Atemnot und schlaflose Nächte bereiten, beschäftigen sich Arved und Manuel von morgens bis abends mit den brasilianischen Behörden. Es braucht drei Tage, bis sie endlich ausklarieren können. Mit einer Crew von nur sechs Personen machen sie den Sprung über den Großen Teich, wobei sie bis zu den Azoren rund 43 Tage brauchen. Danach segeln sie nach Hamburg, wo sie am 11. Juni des Jahres 1996 ankommen.

Seit Anbeginn dieser bisher längsten Expedition waren sie fünf Jahre, zwei Monate und 22 Tage unterwegs und haben dabei insgesamt rund 98 000 Kilometer zurückgelegt. Damit haben sie den Erdball auf der theoretischen Äquatorlinie nahezu zweieinhalbmal umrundet. Dabei war es überhaupt das erste Mal, dass ein Segelschiff den gesamten amerikanischen Kontinent umrundet hat.

ARCTIC PASSAGES – Nach Spitzbergen und Grönland auf den Spuren von Andrée & Petermann

Für das Nachstellen der Situation, in der sich die damals gestrandeten Ballonfahrer befanden, müssen immer wieder neue Eisschollen gefunden werden, auf denen gedreht wird. Ganz ungefährlich ist das nicht, denn gelegentlich bricht das Eis, und Arved und seine Crew müssen das Filmteam Hals über Kopf in Sicherheit bringen.

Ballonfahrten sind nichts für die Arktis

»Der Ponton war schwarz vor Menschen, der Held des Tages gezwungen, ein Bad in der Menge zu nehmen«, beschreibt das »Hamburger Abendblatt« den fulminanten Empfang im Hamburger Hafen nach der Umrundung Amerikas. »Erst mal die Zivilisation genießen« ist einer der ersten Sätze, die Arved Fuchs von sich gibt. Und es gibt reichlich Defizite, die er hat: »Deutschland kannte ich nur noch im Winter. Ich wollte endlich mal wieder in kurzen Hosen Fahrrad fahren, in Biergärten sitzen und ein Bier trinken, Freunde besuchen, gut essen, ins Theater gehen und einmal nicht an Schnee, Eis, eine Crew und die Verantwortung denken.«

Doch bald sind die Defizite ausgeglichen. »Ich fuhr Fahrrad, bis mir die Zunge auf dem Lenker hing, zog den Duft frisch gemähter Wiesen ein, döste unter schattigen Bäumen und löschte meinen Durst im Biergarten. Der kulturelle Hunger wurde ebenso befriedigt wie der Wunsch, Freundschaften aufzufrischen und Zeit mit der Familie zu verbringen.« Der Mann hat nun mal »Hummeln in der Hose«, wie er selbst von sich sagt.

Fuchs weiß, dass sich im nächsten Jahr die Andrée-Expedition zum 100. Male jährt. Und zwar hatte der schwedische Ingenieur Salomon August Andrée 1897 als Erster versucht, mit einem Ballon von Spitzbergen aus den Nordpol zu erreichen. Der Versuch misslang, er und seine beiden Begleiter kamen dabei ums Leben. Vor acht Jahren war Arved bereits im Rahmen der ICESAIL-Expedition

Die »Dagmar Aaen« und ein Heißluftballon vor Spitzbergen. Zum 100. Jahrestag der gescheiterten Andrée-Expedition von 1897 testet Arved Fuchs, ob Ballonfahren in polaren Regionen möglich ist.

am Startpunkt des damaligen Geschehens. Jetzt würde er gerne den Ballonversuch an Ort und Stelle nachvollziehen, auch um festzustellen, unter welchen Bedingungen Ballonfahren in der Arktis möglich ist. Doch wie bekommt man einen Ballon? Und wie bekommt man ihn in die Arktis?

Und wenn schon in Spitzbergen, ist auch Grönland nicht mehr weit. Bisher ist Fuchs die deutsche Polarforschung zu kurz gekommen. Die begann nämlich bereits 1868 mit der »Ersten Deutschen Nordpolexpedition« unter Kapitän Carl Koldewey, der mit dem Segler »Grönland« zum Nordpol wollte. Der deutsche Geograf August Petermann glaubte, dass das Meer um den Nordpol herum offen und nur von einem Packeisgürtel umschlossen sei. Folgerichtig müsse man den nur passieren, dann wäre man mit dem Schiff am Nordpol. Koldewey segelte in den Gewässern um Spitzbergen und Grönland, sah aber keine Möglichkeit, den Packeisgürtel zu durchbrechen, und kam wieder zurück nach Deutschland.

Die »Zweite Deutsche Nordpolexpedition« wurde mit zwei Schiffen schon wesentlich aufwendiger geführt. Mit dem Dampfsegler »Germania« fuhr wieder der Kapitän Koldewey gen Norden, das zweite Schiff, den Segler »Hansa«, befehligte Kapitän Paul Friedrich August Hegemann. Für Hegemann endete die Expedition mit einem Desaster, da er sein Schiff durch Eispressungen verlor. Er und seine Mannschaft konnten sich allerdings nach einer langen Odyssee auf eine Eisscholle retten.

Koldewey, der zum zweiten Mal sah, dass es einen Durchgang zum Nordpol nicht geben kann, fuhr einen Teil der Ostküste Grönlands ab und überwinterte in der Nähe von Sabine Island. Er machte zahlreiche geologische, topografische und astronomische Beobachtungen und Messungen. Wohlbehalten kam er ein Jahr darauf mit Schiff und Mannschaft in Bremerhaven an.

Fuchs ist fest entschlossen, bereits im folgenden Jahr auf den Spuren dieser Expedition zu wandeln. Obwohl er lediglich ein halbes Jahr Zeit hat, gelingt ihm wieder mal alles nach Plan, wobei ihm allerdings auch das Glück zu Hilfe kommt. Er gewinnt für sein Projekt den norddeutschen Unternehmer Franz Taucher, der mit Ballonfahrten sein Geld verdient. Fuchs kalkuliert die Expedition mit etwa 450 000 Mark und überzeugt seinen bisherigen Hauptsponsor »Jack Wolfskin«, sich zu beteiligen. Als zweiten Sponsor gewinnt er die Firma Fisherman's Friend.

Das Glück kommt ihm auch in Form des ZDF zu Hilfe, das just im nächsten Jahr eine Dokumentation über die missglückte Andrée-Ballonfahrt plant. Fuchs soll sozusagen die logistische und technische Begleitung des Filmprojekts übernehmen.

Zuvor muss sein Schiff, das während der fünfjährigen Expedition arg gelitten hat, noch in die Werft. Schließlich bekommt er alles unter einen Hut und startet am 15. Mai 1997 zu seiner 18. Expedition, die er ARCTIC PASSAGES nennt und die rund 17 Monate dauern wird. Das Schiff ist voll gepackt mit dem gesamten Equipment eines Heißluftballons sowie Requisiten für den Film. Er macht unterwegs noch einige Zwischenstopps und erreicht schließlich Longyearbyen auf Spitzbergen am 27. Juni.

Damit die Filmaufnahmen so realistisch wie möglich wirken, fährt Fuchs mit der »Dagmar Aaen« nördlich von Spitzbergen in das Eis hinein. Für das Nachstellen der Situation, in der sich die damals gestrandeten Ballonfahrer befanden, müssen immer wieder neue Eisschollen gefunden werden, auf denen gedreht wird. Ganz ungefährlich ist das Ganze nicht, denn gelegentlich bricht das Eis, und Arved und seine Crew müssen das Filmteam Hals über Kopf in Sicherheit bringen. Die drei rumänischen Schauspieler brauchen ihre Angst gar nicht zu spielen, sie steht ihnen ins Gesicht geschrieben. Nach einigen Tagen sind die Filmarbeiten abgeschlossen, und das ZDF-Team fliegt nach Hause.

Die offizielle Jubiläumsfeier findet pünktlich am 11. Juli statt, exakt 100 Jahre nach dem Start des »Adler«, auf den Ruinen des ehemaligen Hangars, direkt bei der Virgobucht. Neben dem Sysselmann nimmt eine Reihe von Wissenschaftlern und Repräsentanten Spitzbergens teil. Da Arved persönlich verhindert ist, vertreten ihn als Abordnung der »Dagmar Aaen« der Ballonfahrer Franz Taucher und das Crewmitglied Raphael Pechel. Wetterbedingt muss die Feier verkürzt werden, sodass die Honoratioren ziemlich Hals über Kopf auf ihren Schiffen, mit denen sie gekommen sind, wieder »abdampfen«.

Der geplante Ballonaufstieg von historischem Boden gelingt erst nach einigen Tagen, da das Wetter zunächst nicht mitspielt. Im Gegensatz zu Andrée, der einen Gasballon hatte, wählt Taucher einen Heißluftballon. Für kurze Zeit tut sich ein günstiges »Wetterfenster« auf, und Franz lässt den Ballon mehrfach mit wechselnden Crewmitgliedern aufsteigen. »Es lässt sich nicht leugnen, es ist ein imposantes Bild, sowohl von unten wie von oben«, schwärmt Fuchs. Doch Franz und Arved können sich absolut nicht vorstellen, mit einem Ballon ins nördliche Eismeer zu fahren.

Nach diesem Test resümiert Arved Fuchs drei Erkenntnisse: Erstens, man muss unbedingt Geduld haben. Trotz aller verfügbaren Wetterstatistiken und -prognosen – der Wind ist heute noch genauso launisch und eigenwillig wie zu Andrées Zeiten. Zweitens, wer zu risikofreudig ist, kommt um. Das gilt für damals wie für heute. Und drittens, ein Ballon ist extrem »wetterfühlig«, das heißt, dass sowohl das Gas wie auch die Heißluft ausgesprochen temperaturabhängig sind. Fazit: Ein Ballon ist kein geeignetes Verkehrsmittel für den polaren Bereich.

Gletscherabstieg gefährdet die Crew – eine Lawine die »Dagmar Aaen«

Parallel zu den Filmarbeiten unternimmt ein fünfköpfiges Skiteam von Arveds Crew eine dreiwöchige Expedition durch das westliche Spitzbergen. Die Tour endet direkt am Mayerbreen-Gletscher, der sich in den Möller-Fjord ergießt. Arved holt die fünf Skiläufer mit der »Dagmar Aaen« ab und »birgt« die Schlitten direkt von der Abbruchkante des Gletschers, indem sie die Pulkas von dort abseilen. Obwohl Arved die Skiläufer per Funk zu den Stellen geleitet, die für das Abseilen akzeptabel aussehen, erscheint das Unterfangen hochgefährlich zu sein.

Ein Gletscher kann immer und zu jeder Zeit unverhofft »kalben«; dann hat jemand, der sich im Abbruchgebiet befindet, kaum eine Überlebenschance. Die Skiläufer selbst gehen vernünftigerweise seitlich über ein Geröllfeld hinunter, das nicht ganz so gefährlich erscheint.

Am 26. Juli schließlich, der erste Teil der ARCTIC PASSAGES ist beendet, sticht die »Dagmar Aaen« in See und fährt über Jan Mayen und Island an die Ostküste Grönlands ins Winterlager. Nach einigen Erkundungsfahrten innerhalb des Scoresby Sound findet Arved in diesem 300 Kilometer langen Fjord – es ist der längste Fjord der Erde – einen relativ geschützten Liegeplatz. Das Schiff liegt vom 16. September an in der Nähe des unaussprechlichen Ortes Ittoqqortoormiit.

Es wird ein Winter, der es in sich hat, beginnend mit einem Orkan, der die Befestigungsleinen reißen lässt und das Schiff beinahe aufs Land drückt. Dann gibt es Ärger mit einem der drei

Crewmitglieder, die zur Überwinterung bleiben. Ein Spanier muss schließlich nach Hause geschickt werden.

Kurz nach Neujahr stürmt es erneut, und eine Lawine vom nahe gelegenen Berg, die alles mit sich reißt, was in ihrem Weg steht, kommt wenige Meter vor der »Dagmar Aaen« zum Stehen. Die Lawine ist derart schwer, dass sie das Fjordeis und mit ihm das Heck der »Dagmar Aaen« unter Wasser drückt. Das eingefrorene Heck muss mühsam freigehackt werden, damit das Eis nicht die Schiffsschraube und das Ruderblatt beschädigt. Das ist in diesem Winter noch nicht der letzte Sturm, und die Temperaturen in der polaren Nacht sinken bis auf 43 Grad minus.

Arved, der das Schiff am 15. Oktober verlässt, erwartet in Deutschland ein voller Terminkalender mit Vortragstournee, Pressearbeit und tausend anderen Dingen. Am 16. März 1998 ist er wieder bei seinem »heiß geliebten« Schiff. Nach und nach trudeln auch die anderen Crewmitglieder ein. Dabei sind auch Brigitte Ellerbrock, Armin Wirth und Frank Mertens, mit denen Arved eine 60-tägige Skiexpedition unternimmt. Der Marsch unter der Bezeichnung »Greenland Challenge« geht über 800 Kilometer entlang der grönländischen Ostküste, von Ittoqqortoormiit bis Danmarks Havn.

Nach rund 350 Kilometern stoßen sie auf Mauerreste und sonstige Hinterlassenschaften des Observatoriums der »Zweiten Deutschen Nordpolexpedition« von Kapitän Koldewey, der hier mit seinem Schiff »Germania« 1869/70 überwinterte. Es ist die Insel Sabine, die auch Sternwarteninsel genannt wird. Fuchs und seine Crew finden die Reste eines weiteren Observatoriums. Arved weiß, dass er nunmehr auf der Spur von Koldeweys »großer Schlittenreise nach Norden« ist, der er bis Danmarks Havn folgt. An der Stelle, an der Koldewey seine Schlitten stehen ließ, um die letzten Kilometer bis zum 77. Breitengrad zu laufen, steht heute die Wetterstation Danmarks Havn. Eine dänische Expedition von 1906 hat schließlich aufgrund der Erkenntnisse Koldeweys diesen Platz für eine Überwinterung gewählt und gleichzeitig den Beweis erbracht, dass

Grönland eine Insel ist. Für Arved und seine Crew endet diese Expedition, und sie werden am 3. Juni mit einer Twin Otter zurück zum Schiff geflogen. Mitte Juli ist das Schiff wieder eisfrei, doch es soll noch bis zum 23. August dauern, bis die »Dagmar Aaen« sich aus eigener Kraft vom Packeis vor der grönländischen Küste befreien kann. Beinahe wäre es zu einer weiteren Überwinterung gekommen, das neue Eis hatte sich bereits gebildet.

Während Fuchs mit seinem Schiff und dem Eis zu tun hat, erlebt der Ort Ittoqqortoormiit mit seinen 500 Einwohnern einen »schwarzen Sonntag«. Am Freitag zuvor hatte es Geld gegeben, und das wird von einem Teil der Bevölkerung umgehend in Bier und Schnaps umgesetzt. Abgesehen von den vielen »Schnapsleichen«, die überall herumlungern, greift eine Frau zur Flasche und nimmt sich wenig später das Leben durch Erhängen. In einem anderen Haus erschießt ein betrunkener Mann seine Frau. In einem weiteren Fall sticht ein Junge auf seinem Vater ein und verletzt ihn schwer. Obwohl die Kommune ein befristetes Alkoholverbot bis zum 24. August verhängt, nützt das wenig, denn viele brennen sich ihren Schnaps zu Hause selbst. Das sind die verhängnisvollen Folgen der »übergestülpten« Zivilisation und das Wegbrechen der vertrauten Dorfstrukturen, die den Menschen jahrtausendelang ihren Halt gaben.

Auf der Rückfahrt durch den Nordatlantik macht Arved Station auf Island, den Färöer- und Shetland-Inseln sowie in Bergen, bevor er am 7. Oktober 1998 mit nicht ganz so »großem Bahnhof« wie nach der Amerikaumrundung in Hamburg einläuft. Ausgerechnet auf der letzten Etappe in der Nordsee bricht der Klüverbaum – bei einer Windstärke von sechs Beaufort...

10 Mit der »James Caird II« auf den Spuren von Shackleton

»Wer hätte schon geglaubt, dass die schwierigsten Dinge einer solchen Reise das An- und Ausziehen und das Aufs-Klo-Gehen sind? Darüber hat sich auf der ›Hanseatic‹ bestimmt noch nie einer Gedanken gemacht. Und wer wie wir einen wunden Hintern hat, dem ist es letztlich egal, ob die Sonne scheint oder ob es ein bisschen stürmt.«

Die Entscheidung, es wirklich zu tun

»Meine größte Sorge war, dass das Boot von einer großen See überrollt wird. Das ist passiert, und wenn das Wetter noch schlechter geworden wäre und es mit mehr als 65 Knoten geweht hätte, hätte das Boot an der schwächsten Stelle im Cockpitbereich auseinanderbrechen können. Dein Begleitschiff kann genauso gut in Deutschland sein, wenn es wirklich stürmisch wird. Unser Begleitschiff war bei jedem schlechten Wetter weit entfernt und mit sich selbst beschäftigt. Der einzige Weg, um zusammenzukommen, waren Funk und GPS. Hätte eines davon versagt, wären wir heute noch draußen.«

Das schrieb Jamie, einer der Iren, die in den 1990er-Jahren versucht hatten, die Route Shackletons von Elephant Island nach Südgeorgien nachzusegeln, an Arved Fuchs. Die Iren mussten ihr Brot nach drei 180-Grad-Kenterungen aufgeben. Fuchs wusste genau, worauf er sich einlassen würde, wenn er mit einem Bötchen von gerade mal sieben Metern Länge und zwei Metern Breite eine Strecke von rund 1500 Kilometern durch den Antarktischen Ozean segeln wollte.

Er hat es sich nicht leicht gemacht. Wie mit anderen Polarforschern, hat er sich auch sehr intensiv mit »seinem« Shackleton beschäftigt. Fuchs wusste, es waren ja nicht die großen Erfolge, von denen Ernest Shackleton eher wenige vorzuweisen hatte, sondern die menschliche Größe des Briten, ein Projekt aufzugeben, wenn er und seine Männer ernsthaft in Gefahr gerieten, es nicht zu überleben.

Zur Legende wurde der Polarforscher, als er und fünf seiner Männer im Jahre 1916 mit der »James Caird«, einem Rettungsboot seines im Eis verloren gegangenen Dreimasters »Endurance«, nach Südgeorgien segelten und dadurch letztendlich die restliche 22-köpfige schiffbrüchige Besatzung retten konnten.

Als Arved Fuchs 1989/90 mit Reinhold Messner 92 Tage durch die Antarktis marschierte, hatte er viel Zeit zum Nachdenken. Dabei Shackleton im Kopf zu haben, war naheliegend, da Fuchs und Messner gerade das verwirklichten, was dem Polarforscher vor 75 Jahren misslang. Damals überlegte Fuchs, ob es wohl auch möglich wäre, die James-Caird-Fahrt nachzuvollziehen. Doch es sollen noch sieben Jahre vergehen, ehe Fuchs im Jahre 1997 im Rahmen einer Ausstellung »Arktis – Antarktis« in Bonn unverhofft die »James Caird« im Original vor sich stehen sieht. Damit hat er nicht gerechnet, denn er wusste nicht, dass Shackleton das Boot seinerzeit barg, nach England überführen ließ und seiner alten Schule, dem »Dulwich College« in London, schenkte.

»Es dauerte einen Moment, bis ich dies alles realisiert hatte. Staunend und ein wenig ehrfurchtsvoll stand ich vor dem Boot. Das sieben Meter lange und zwei Meter breite Rettungsboot wirkte tatsächlich noch kleiner und zerbrechlicher, als ich es mir vorgestellt hatte. Plötzlich wanderte ich wieder über das antarktische Inlandeis, plötzlich waren die alten Überlegungen wieder präsent, und als ich das Süll des Bootes mit beiden Händen umfasste, machte es ›klick‹. Ohne genau zu wissen, warum und wieso, stand von dem Moment an für mich fest, diese Reise Shackletons nachzuvollziehen«, beschreibt Fuchs in seinem Buch »Im Schatten des Pols« den Moment seiner Entscheidung für die Extremtour.

Das Double der James Caird

Er hatte im Laufe der Jahre ausreichend an Erfahrungen gesammelt, dass er es sich nun zutraute, die Extremfahrt zu machen. Zwar wusste er noch nicht genau, wie, wann und mit wem er die Expedition durchführen würde, aber sein Entschluss stand fest.

Zahlreiche Aufgabenstellungen werden sich ergeben, die zu lösen sind.

- Woher bekomme ich ein passendes Boot?
- Welche Mannschaft nehme ich, mit welcher Personenzahl?
- Wie bekomme ich das Boot in die Antarktis?
- Welches Begleitschiff nehme ich?
- Wie löse ich die logistischen Probleme?
- Wie finanziere ich das Projekt?

Eines von Fuchs' Erfolgsgeheimnissen ist die Nutzung seines umfangreichen Netzwerks, das er im Laufe der letzten 20 Jahre geknüpft hat. Allein durch seine Expeditionen mit der »Dagmar Aaen« kennt er zahlreiche Leute, die Crewmitglied sind oder waren. Während seinen internationalen Expeditionen hat er am »Wegesrand« viele Menschen kennengelernt und mit ihnen zusammengearbeitet. Er hat hervorragende Kontakte zu den Medien, und durch seine Vortragsarbeit hat er ebenso Verbindungen zu Multiplikatoren aller Ebenen.

Zunächst entscheidet Fuchs, die »James Caird« eins zu eins nachzubauen. Das ist die elementare Voraussetzung, um Shackletons »Höllenfahrt« annähernd authentisch nachzuvollziehen. Das »Dulwich College« erlaubt ihm, die genauen Maße und Spantformen des Rettungsbootes aufzunehmen. Als Nächstes verarbeitet sein Crewmitglied Helmut Radebold, Ingenieur bei einem Schiffskonstruktionsbüro in Hamburg, die Daten und rekonstruiert die »James Caird« per Computer. Es ist sehr naheliegend, dass Fuchs die Christian-Jonsson-Werft in Egernsund mit dem Nachbau beauftragt; es ist jene Werft, die seit mehr als zehn Jahren die »Dagmar Aaen«

instandhält. Alles soll stimmen, das gleiche Holz und alle Materialien, wie sie damals verwendet wurden.

Parallel dazu entwickelt Professor Günter Grabe, Dozent an der Fachhochschule Kiel, im Fachbereich Maschinenwesen, die Anordnung von Masten, Segeln sowie des stehenden und laufenden Guts. Auf diese Weise entsteht in Laufe des Sommers 1999 die »James Caird II«. Feierlicher Stapellauf ist am 2. Oktober 1999. Es folgen längere Testfahrten der zukünftigen Crew, um ein Gefühl für das Boot zu bekommen und das eine oder andere Detail nachzubessern. Am 8. November schließlich wird der Nachbau in einen 40-Fuß-Container im Hamburger Hafen verladen, von wo er zwei Tage später auf die Reise nach Ushuaia (Argentinien) auf Feuerland geht.

So nah wie möglich an Shackleton

Natürlich ist zwischenzeitlich alles organisiert. Der Expedition, die in der zweiten Januarhälfte starten soll, ist eine mehr als zweijährige Planungsphase vorausgegangen. Das Begleitschiff wird die »Dagmar Aaen« sein. Die Finanzierung ist größtenteils gesichert. Die IFAGE dreht im Auftrag des ZDF mehrere Dokumentarfilme.

Die Crew der »James Caird II« besteht aus vier Leuten: Das ist neben Arved Fuchs, der Geograph und langjährige Wegbegleiter Martin Friederichs. Friederichs wird auch die »Dagmar Aaen« in die Antarktis überführen. Weitere Crewmitglieder sind die langbewährte Isländerin Sigridur Ragna Sverrisdóttir, genannt Sigga, und der ebenso langjährige Wegbegleiter Henryk Wolski. Henryk, gebürtiger Pole, lebt seit 20 Jahren in Deutschland und ist von Beruf Segellehrer. Die Crew weiß, worauf sie sich einlässt. Sie sind allesamt erfahrene Polarreisende und sich des Risikos bewusst, das sie eingehen.

Die letzte logistische Herausforderung, nämlich die Überführung der »James Caird II«, von Feuerland zu der Esperanza-Bucht

Wie eine Nussschale wirkt die »James Caird II«, mit der sich Arved Fuchs und drei Mitstreiter durch den Antarktischen Ozean kämpfen. Fuchs segelt die Rettungsfahrt von Shackleton nach, mit der dieser 1916 seine Männer rettete.

oder Hope Bay, auf der antarktischen Halbinsel, übernimmt kein Geringerer als das Kreuzfahrtschiff »Hanseatic« der Reederei Hapag Lloyd. Dem »Polarfuchs« gelingt es, die namhafte Reederei von seinem Vorhaben zu überzeugen.

Am 12. Januar 2000 setzt der Kreuzfahrer die »James Caird II« in der Esperanza-Bucht ab. Bevor es am 19. Januar endgültig losgeht, warten sie noch auf die »Dagmar Aaen«, die bereits seit ihrer Abreise in Deutschland rund 16 500 Kilometer gefahren ist. Das Filmteam der IFAGE ist an Bord des Haikutters und filmt den Start der »James Caird II«.

Als Shackleton am 9. April 1916 die brüchige Scholle, auf der er und seine Männer fünfeinhalb Monate verharrt hatten, verließ, war das ungefähr in Höhe der Esperanza-Bucht. Bis zur Insel Elephant Island, die Shackleton nach einer Woche erreichte, sind es etwa 150 Kilometer. Dass der Polarforscher nicht King George Island ansteuerte, obwohl diese Insel nur 40 Kilometer entfernt ist, lag an der starken Oberflächenströmung, die kaum überwunden werden konnte.

Arved Fuchs möchte der Route von Shackleton so nah wie möglich folgen. Dabei steht er Shackleton durchaus kritisch gegenüber, er will möglichst »hautnah« herausfinden, ob es in der jeweiligen Situation der Schiffbrüchigen auch Alternativen gab. Die gab es in diesem Fall offensichtlich nicht.

Fuchs' Idee, nicht erst von Elephant Island zu starten, soll sich als klug erweisen. Denn Arved und seine drei Mitsegler stellen fest, wie schwierig und langwierig es ist, bereits diese vergleichsweise kurze Distanz zu überwinden. Außerdem bekommen sie vom ersten Tag einen Vorgeschmack des Segelns im antarktischen Meer. Da sich das Leben und Arbeiten auf dem engen Boot nach drei Tagen schwieriger erweisen als gedacht, ein Ansteuern von Elephant Island nicht möglich ist und sich das Wetter sichtbar verschlechtert, ankern sie in einer geschützten Bucht auf Gibbs Island. In dieser Bucht liegen zahlreiche gestrandete Eisberge, die wie Wellenbrecher das Innere der Bucht schützen. Am Ufer wälzen sich träge Pelzrobben, die noch nie einen Menschen gesehen haben. Daher haben sie auch keine Angst, sondern zeigen durch ihre Gesten, dass man sich vor ihnen ja in Acht nehmen soll. Fuchs und seine drei Mitstreiter haben bisher nicht viel gegessen und freuen sich auf eine warme Mahlzeit, die sie sich mithilfe des mitgeführten Primus-Kochers an Bord zubereiten wollen. Es muss wohl die Müdigkeit sein, die sie davon abgehalten hat, den dramatischen Wetterumschwung zu beobachten. Ehe sie sich's versehen, slippt der Anker, und eine starke Böe treibt sie in die Bucht hinein.

Es kommt schlimmer als gedacht

Die Situation spitzt sich dramatisch zu; da sie das Deck nicht aufgeklart haben, können sie nicht umgehend Segel setzen. Währenddessen treibt sie der Wind auf die Klippen der Bucht zu. Dort bricht sich bereits donnernd die Brandung. Sie versuchen zu pullen, stellen aber fest, dass es bei dem Wind und Seegang nicht geht. Das Boot ist zu schwer und zu eng, als dass sie die Riemen richtig einsetzen können. Bedrohlich kommen sie den Klippen näher. Nur mühsam gelingt es ihnen, auf dem schwankenden Deck zunächst den Anker einzuholen und die Fock und das Großsegel zu setzen. Es ist sehr schwierig, sich freizukreuzen, da ihnen die Eisberge den Wind aus den Segeln nehmen. Schließlich schaffen sie es, aus der Bucht herauszusegeln.

Dort jedoch erwischen sie der Wind und die See mit aller Macht. Verzweifelt versuchen sie, wieder in die Bucht hineinzukreuzen – vergeblich. Es soll ganze 14 Stunden dauern, bis sie in die Bucht einlaufen können. 14 Stunden, in denen es mehr als nur ungemütlich ist und sich jeder an Bord kritisch fragt, warum das so sein musste.

Drastisch bringt Hendryk zum Ausdruck, was alle rückblickend in Bezug auf das unaufgeklarte Deck denken: »Das Durcheinander an Deck war eine große Scheiße! Ich habe ausgerechnet, dass wir zusammen zirka 100 Jahre Seeerfahrung haben, und keiner von uns hat jemals zuvor so ein Chaos erlebt. Wir sollten uns alle schämen!«

Vor dem Hintergrund dieses Erlebnisses haben sie noch mehr Respekt vor der Leistung Shackletons. Dabei darf Shackletons Leistung aus mehreren Gründen höher bewertet werden als die von Fuchs' Crew. Der britische Polarforscher und seine Mannschaft waren seit vielen Monaten Schiffbrüchige mit allen daraus erwachsenden psychischen und physischen Folgen. Die Rückfallebene eines Begleitschiffes gab es nicht. Die unzureichende Kleidung und die dürftige Nahrung taten ihr Übriges.

Und ein ganz gravierender Unterschied beider Expeditionen ist, dass bei Shackletons Aufbruch am 24. April 1916 von Elephant Island der antarktische Winter bereits Einzug gehalten hatte, während Fuchs vernünftigerweise am 30. Januar 2000, also noch während des antarktischen Sommers, von derselben Insel in See stach.

Shackleton benötigte von seiner Eisscholle bis Elephant Island eine Woche, Fuchs für etwa dieselbe Strecke zehn Tage.

Wie es an Bord von Shackletons »James Caird« mit seiner sechsköpfigen Crew zuging, kann man nur ahnen.

Nass und kalt – kalt und nass

Arved Fuchs, der in seinem baugleichen Boot mit insgesamt »nur« vier Leuten »campiert«, gibt einen Einblick über die Abläufe an Bord: Während auf großen Schiffen im Vierstundenrhythmus Wache gehalten wird, hat sich die Crew auf einen Dreistundentakt verständigt. »Nach drei Stunden ist man bei jedem Wetter, ganz gleich, wie viel Fleece-Kleidung man übereinandergezogen hat, vom Scheitel bis zur Sohle durchgefroren. Spätestens zu diesem Zeitpunkt lässt die Konzentration nach, die unbedingt erforderlich ist, um das Boot sicher zu segeln.«

Die »Unter-Deck-Wache« bringt dagegen nur wenig Linderung. Die Temperatur hat sich dort der Seewassertemperatur angeglichen, und die ist bereits beim Start um den Gefrierpunkt. Hinzu kommt die Luftfeuchtigkeit im Inneren des Bootes – Nässe wäre wohl das angemessenere Wort. Die Decke ist wie eine Tropfsteinhöhle, an der sich die Feuchtigkeit in Form von Wassertropfen niederschlägt. Der Atem, die durchnässte Kleidung, der Dampf, der beim Wasserkochen entsteht – so richtig trocken wird das Boot nicht.

Der Platz, wo man einigermaßen sitzen kann, ohne das Kinn auf die Brust ziehen zu müssen, ist das Klo. Es besteht aus einem verzinkten Eimer, der genau unter dem Niedergang steht. Der potenzielle Benutzer lässt zwar diskret zu beiden Seiten ein Stück Segeltuch abrollen, ein absolutes Minimum an Intimsphäre, aber die Köpfe der beiden unglückseligen Schläfer links und rechts der Toilette sind nur Zentimeter von dem Ort des Geschehens entfernt. Es ist, als säße man auf dem Präsentierteller, aber für Animositäten ist an Bord ohnehin kein Platz.

10 Mit der »James Caird II« auf den Spuren von Shackleton

Sofern das Klo nicht benutzt wird, liegt ein Holzbrett darüber, das als Sitzfläche für den Wachgänger dient. Ein grundsolider Magen ist Voraussetzung für eine solche Bootsreise. Besonders unter Deck braucht man hartgesottene Nerven. Die Luft riecht säuerlich und abgestanden nach einem Gemisch aus nassen Socken, Seewasser, Essensresten und gelegentlich nach Toilette. Unter den Bodenbrettern schwappt das Bilgenwasser mit Keksskrümeln und Papierresten durchsetzt. Und dann sind da schließlich die allgegenwärtigen und niemals enden wollenden Schiffsbewegungen, die koordinierte Bewegungen nahezu unmöglich machen.

Außer in der Koje, in der man sich einigermaßen ausstrecken kann, verharrt man ständig in irgendwelchen unbequemen Hock-, Knie- oder Sitzposition. Die begrenzte Wärme, die unter Deck nach einer gewissen Zeit durch den Körper strömt, macht regelmäßig in Höhe der Kniescheiben halt. Die Unterschenkel und Füße bleiben bei allen Crewmitgliedern die ganze Reise über kalt.

Mehr als tausend Worte zeigt dieses Bild, was Arved Fuchs bei der Fahrt durch die Eishölle Südgeorgiens im Nachbau der »James Caird« empfindet.

Arved und Martin haben aufgrund ihrer Körperlänge die »Deluxe-Kojen« im Vorschiff erhalten, Sigga und Henryk, die etwas kleiner sind als die beiden, nehmen die Schlafplätze links und rechts der Plicht. Diese Schlafnischen sind nicht nur extrem eng, sie bekommen auch leicht eine Dusche des Eismeeres ab, wann immer jemand durch den Niedergang steigt. Nach einigen Tagen sind sowohl alle Schlafsäcke wie die Kleidung nass, kalt und ungemütlich.

Während ihrer zwölftägigen Reise erleben Fuchs und seine Crew alle Wetterlagen, die man sich nur vorstellen kann. Bereits am achten Reisetag wettern sie ihren dritten Sturm ab. Dabei erleben sie Windstärken um zehn Beaufort.

Das Boot ist an manchen Tagen nicht mehr segelbar. Sie setzen dann ihren Treibanker, der wie ein Fallschirm aussieht, mit einem Durchmesser von drei Metern. Ein roter Schwimmer hält ihn in etwa zwei Metern Wassertiefe, und eine über 150 Meter lange Trosse stellt die Verbindung zum Vordersteven des Bootes her, sodass das Boot die Wellenberge abreiten kann.

Eis und immer wieder Eis

Das Allerschlimmste auf ihrer Fahrt durch den unruhigen Ozean ist aber das Eis. Dabei sind es nicht irgendwelche kleine Eisbrocken, sondern gigantische Eisberge und Treibeisfelder. Die Treibeisfelder haben alle samt und sonders einen einzigen Ursprung: einen riesigen Tafeleisberg, etwa zehnmal so groß wie die Insel Sylt, der sich vom antarktischen Schelfeis löste, durch den Ozean trieb und schließlich an den Shag Rocks strandete, das sind Klippen nordwestlich von Südgeorgien.

Es gibt in letzter Zeit vermehrt Meldungen solcher Tafeleisberge, jedenfalls sind während der Fuchs-Expedition etliche von diesen Giganten unterwegs. Ob sie früher einfach unbemerkt von der

Schifffahrt durch die Ozeane trieben oder ob sie durch das Global Warming heute vermehrt auftreten, ist schwer zu sagen. Da es aber zur Zeit des Walfangs durchaus zahlreiche Schiffe in diesen Gewässern gab, ist es eher unwahrscheinlich, dass man sie nicht bemerkt hätte. Kleinere Eisberge oder Brocken gab und gibt es immer mal wieder entlang der Küste. Die Eisbergdichte, die Fuchs hingegen vorfindet, ist mehr als ungewöhnlich.

Das Problem, was den Seglern ernsthaft Sorge bereitet, ist das Durchfahren von zwei Eisbergen bei Dunkelheit beziehungsweise bei schlechter Sicht. Hier befindet man sich für eine gewisse Zeit im Windschatten des einen Eisberges und kann bei rauer See in eine der Aushöhlungen geraten. Die folgende Welle würde das Boot anheben, die Masten würden gegen die Eisdecke krachen und vermutlich den Schiffsboden durchstoßen. Das Boot würde zersplittern und sinken. Eine einzige Welle würde reichen, um das Boot in Treibgut zu verwandeln und die Crew in triste Wasserleichen.

Kurz vor Erreichen der Küste Südgeorgiens ist die Gefahr realer denn je. Wegen der Eisdichte und der bevorstehenden Klippen verzichten sie darauf, bei Eintritt der Dunkelheit den Fjord, in dem sich die King Haakon Bay befindet, anzusteuern. Die folgende Nacht ist rabenschwarz, dass man die Hand vor Augen kaum sehen kann. Als der Morgen graut, liegen sie in einer wogenden See zwischen den Massen zweier Eiskolosse so nah, dass sie meinen, mit ihnen zusammenstoßen zu müssen. Offen bekennt Fuchs, dass sie die Nacht nicht wegen ihren seglerischen Qualitäten, sondern glücklichen Umständen zu verdanken haben.

Fuchs muss bei der Fahrt auch immer an Shackleton denken, der im Winter unterwegs war. Dabei hatte seine Entscheidung, nach Südgeorgien zu segeln, noch eine andere Brisanz. Falls der Polarforscher und seine fünf Mitstreiter unterwegs umgekommen wären oder Südgeorgien verfehlt hätten, hätte seine zurückgelassene

Mannschaft so gut wie keine Überlebenschance mehr gehabt. Denn die beiden weiteren Rettungsboote waren zugunsten der »James Caird« derart ausgeschlachtet worden, dass sie kaum noch als seetüchtig bezeichnet werden konnten. Andererseits ist die großartige navigatorische Leistung seines Crewmitglieds Frank Worsley, die Insel unter den damaligen Umständen zielsicher zu treffen, in die Geschichte der Seefahrt eingegangen. Worsley war der Kapitän der im Eis zerbrochenen »Endurance«, mit der Shackleton seine Expedition begonnen hatte.

Fuchs hat zum Navigieren ein kleines GPS-Gerät dabei, Martin Friederichs gleicht aber zwischendurch mit einem Sextanten den Kurs ab. Dies ist auf der schwankenden Nussschale, wie zu Zeiten Shackletons, besonders schwierig. Zu den Eigenheiten von Arved Fuchs gehört es, dass er sich weder auf hoher See noch in den polaren Regionen allein auf die Technik verlässt. Wie kaum ein Zweiter hat er das »Handwerk« des polaren Reisens gelernt und verinnerlicht.

Zweimal kreuzt die »James Caird II« ihr Heimat- und Begleitschiff »Dagmar Aaen« zwecks Film- und Fotoaufnahmen. Zum ersten Mal sieht Fuchs sein eigenes Schiff in schwerer See und wünscht sich nichts sehnlicher, als auf seinem Haikutter zu sein. Gerade von der Außenperspektive wird deutlich, wie seegängig sich die alte Lady doch verhält.

Die Natur ist noch steigerungsfähig

Nach zwölf Tagen durch die Eishölle Südgeorgiens, was nach ihren Erlebnissen durchaus wörtlich zu nehmen ist, kommt es noch einmal ganz dick. Bei Windstärke zehn stellen sie zur »Dagmar Aaen«, die vor der Insel kreuzt, unter unseligen Mühen eine 150 Meter lange Leinenverbindung her. »Als die Dunkelheit endgültig über uns hereinbricht, beginnt die vielleicht schlimmste Nacht meiner Seefahrerlaufbahn«, erinnert sich Fuchs, der mit solchen Superlativen ausgesprochen sparsam umgeht. Von der »Dagmar Aaen«, die sich mit ihrem Anhängsel in den Wind legt, sehen Fuchs und seine drei Mitfahrer nur die Hecklaterne und den gespenstischen Suchscheinwerfer, mit dem die Crew ununterbrochen die See nach Eis absucht. Immer wieder muss der Haikutter Ausweichmanöver fahren, wenn der Strahl des Suchscheinwerfers unvermittelt von einem gleißenden Eisstück zurückgeworfen wird. Auf der »James Caird II« werden sie regelmäßig komplett von Brechern überrollt. Die Wucht des Aufpralls ist so heftig, dass es körperliche Schmerzen bereitet und die Crew nach Luft ringen muss. Obwohl sie an der Leine hängen, droht das kleine Boot immer wieder quer zu den Segeln zu laufen, was ein Kentern zur Folge hätte.

Auf offener See würden sie jetzt ihren Treibanker ausbringen, den Niedergang schließen und unter Deck abwarten. Vor der Küste inmitten der Eisfelder allerdings könnten sie ebenso gut selbst ein Loch in den Schiffsrumpf hacken. Sigga, die von 18 bis 21 Uhr an Deck ist, bezeichnet die Nacht »als die schlimmste ihrer gesamten seglerischen Laufbahn«. Auch die Isländerin neigt eher dazu zu untertreiben. Die Schläge der See sind derart hart, dass es unter Deck dröhnt, als würde das ganze Boot auseinanderfallen. Henryk, den Fuchs um Mitternacht ablöst, wirkt regelrecht verzweifelt. »Noch niemals in meinem ganzen Leben ist mir so kalt gewesen wie auf dieser Wache«, sagt er, der sich sonst so gut wie nie beklagt. Die See bäumt sich derart auf, als wolle sie den »James Caird II«-Seglern sagen: »Wagt euch mit dieser Nussschale ja nicht noch mal in meine Gefilde!«

Als die nicht enden wollende Nacht endlich vorbei ist, klart es auf, und die See beruhigt sich, sodass die Crew am Mittag mit einem brillanten Ausblick auf Südgeorgien und die zahlreichen Eisberge entschädigt wird. Sie gehen längsseits an der inzwischen ankernden »Dagmar Aaen« und lassen sich am 16. Februar mit dem Schlauchboot zum »Pegotty Camp« bringen, wie Shackleton damals sein Basislager nannte.

Während Shackleton das Hochgebirge mit seinen Gletschern am 19. und 20. Mai 1916 in nur 36 Stunden überquerte, können sich Fuchs und seine Crew Zeit lassen. Dass der Brite seinerzeit den 42 Kilometer langen Weg lebend übersteht, ist genauso glücklichen Umständen zu verdanken wie eigentlich die gesamte Fahrt durch das Antarktische Meer. Shackleton zieht mit zwei seiner Männer los und lässt die übrigen drei zunächst in der Landungsbucht zurück. Er geht ohne jegliche Zeltausrüstung, da er möglicherweise nicht weiß, dass sich das Wetter auch auf der Insel schlagartig ändern kann. Es mag auch das Glück des Tüchtigen sein, dass er ankommt.

Als er und seine Männer abgemagert, zerlumpt und mehr tot als lebendig dem Walfang-Stationsleiter Thoralf Sörlle in Stromness gegenüberstehen, soll sich folgende Szene abgespielt haben: »Well?«, fragt Sörlle. Woraufhin Shackleton vortritt und leise fragt: »Don't you know me?« Verunsichert erwidert der Stationsleiter: »I know your voice.« – »My name is Shackleton«. Die Überraschung ist so total, dass sich der hartgesottene Walfänger angeblich umgedreht und geweint haben soll.

Drei Versuche, die 22 verbliebenen Schiffbrüchigen auf Elephant Island mit drei verschiedenen Schiffen zu retten, scheitern am undurchdringlichen Eisgürtel. Die britische Admiralität, tief in die Schlachten des tobenden Ersten Weltkrieges verwickelt, sieht sich außerstande, Shackleton zu helfen. Dem der Verzweiflung nahen Polarforscher leiht die chilenische Regierung schließlich den Schlepper »Yelcho«, dem es am 30. August 1916, mehr als vier Monate nach dem Ablegen der »James Caird«, gelingt, alle Schiffbrüchigen lebend zu retten.

Nach einem triumphalen Empfang in Punta Arenas kabelt der Brite seiner Frau Emily: »Ich habe es geschafft. Verflucht sei die Admiralität! Ich frage mich, wer für ihre Haltung mir gegenüber verantwortlich ist. Nicht ein Leben verloren, und dabei sind wir durch die

Hölle gegangen. Bald werde ich zu Hause sein, und dann werde ich mich ausruhen.« Schließlich gelingt es Shackleton, nach vielen entwürdigenden Anläufen auch die Besatzung des Schiffes »Aurora«, die im Rossmeer, auf der anderen Seite der Antarktis, verharrt, zu retten. Dort haben allerdings drei Männer das Abenteuer nicht überlebt, was dem Briten nicht anzulasten ist.

»Schöne Belohnung«

Die Durchquerung von Südgeorgien soll für die »James Caird II«-Crew gewissermaßen die Belohnung sein für die Strapazen, die sie während ihrer gefährlichen Bootsfahrt erlitten hat. Es schließt sich als fünfter Begleiter Fotograf und Kameramann Torsten Heller an. Zwar sind die vier Bootsfahrer immer noch etwas wackelig auf den Beinen und haben Koordinations- und Konditionsprobleme, dennoch befinden sie sich in einer viel komfortableren Position als seinerzeit Shackleton. Ausgestattet mit einer kompletten Hochgebirgsausrüstung, beginnen sie mit dem Aufstieg. Wegen der Film- und Fotodokumentation wollen sie sich Zeit lassen. Die erste Nacht im Zelt verläuft genau so, wie sie es sich vorgestellt haben: erträgliche Temperatur, Glucksen eines Baches und angenehmer Geruch, den das Land verströmt. Auch der erste Gang über einen Gletscher erweist sich als unproblematisch, da das gesamte Spaltensystem schneefrei begehbar ist.

Am nächsten Tag verschlechtert sich das Wetter schlagartig, Nebel zieht auf, der Wind ist böig und aggressiv. Da sie völlig ohne Sicht sind, machen sie ihr Lager auf. Am dritten Tag sieht es zunächst nach Wetterbesserung aus, doch kaum haben sie ihre Steigeisen untergeschnallt, wird die Sicht erneut schlecht. Jegliche Kontraste verschwinden, der Nebel ist der Fluch dieser Landschaft. Sie tapsen wie trunken vor sich hin, manövrieren sich durch die

Spaltenzonen. Als am Nachmittag wieder Wind und Regen einsetzen, stellen sie zunächst ein Zelt auf in der Hoffnung, dass es bald besser wird.

Sie sind eben unverbesserliche Optimisten. Völlig unerwartet bricht innerhalb einer halben Stunde ein brachialer Orkan über die fünf herein, wie Fuchs ihn bisher nur in der »Falla de Reichert«, an der Ostküste Grönlands und auf den Aleuten erlebt hat. Hätten sie das Zelt nicht aufgestellt, wäre es jetzt grausam. Zu fünft sitzen sie wie die Sardinen zusammengedrängt in dem Dreimannzelt. »Die Böenwalzen kommen mit der Geschwindigkeit und dem Geräusch eines ICEs herangebraust, sodass jeweils zwei von ihnen mit dem Rücken die Zeltbögen stützen müssen, damit sie unter der Wucht des Anpralls nicht brechen. Wind und Schnee drücken die Zeltwände nach innen; es bleibt noch weniger Platz, als ohnehin vorhanden ist. Als die Nacht hereinbricht, orgelt der Sturm mit einer derartigen Macht über das Plateau, dass sie sich kaum noch verständigen können. Keinen Gedanken verschwenden sie daran, das zweite Zelt aufzubauen, es würde innerhalb von Sekundenbruchteilen zerfetzen.

»Das ist also die Belohnung, die du uns versprochen hast«, höhnt Henryk durch das lärmende Geknatter der Zeltwände. »Und wir haben dir geglaubt und uns auf eine ruhige und beschauliche Wanderung gefreut, ohne Nässe, Kälte und Sturm«, ergänzt Martin mit einem Schmunzeln.

Nach dem Schneefall bricht ein wahrer Regensturm hervor, sodass kaum noch ein Teil ihrer Ausrüstung trocken ist. Zwar legt sich der Sturm am nächsten Tag, aber der Regen hält an. Wieder ist es furchtbar kalt, und durch den Dauerregen sind die Lederstiefel völlig durchnässt. Das Wasser schwappt und klitscht zwischen den Zehen, und die Durchblutung der unteren Extremitäten ist noch längst nicht wieder so, wie sie sein sollte. Am Abend sind Fuchs' große Zehennägel blau unterlaufen, am Ende der Reise wird er sie verlieren.

In der Hoffnung, stürmischer kann es nicht mehr werden, erwischt es Fuchs wie ein Dampfhammer, als er durch eine so genannte Felsscharte geht. Obwohl er Steigeisen an den Füßen hat, einen 30 Kilogramm schweren Rucksack trägt und mit seinen 80 Kilogramm Körpergewicht nicht gerade zu den Fliegengewichten gehört, wird er von einer Böe emporgewirbelt, vollführt einen Salto vorwärts und landet wenig später recht unsanft mit verdrehten Gliedmaßen im Geröll. Ein Wunder, dass er sich nichts gebrochen hat. »An der Haltung und besonders der Landung muss noch ein wenig gefeilt werden« meint Sigga, »schließlich ist es kein gestandener Salto gewesen, aber ansonsten war das schon recht passabel«, flachst die Isländerin.

Der Felsendurchlass wirkt wie eine Düse, sodass der Wind eine unvorstellbare Geschwindigkeit erreicht. Obwohl alle fünf am Seil gesichert sind, reißt es sie immer wieder von den Beinen. Sobald sie eine starke Böe sehen oder hören, hocken sie sich sofort hin und warten ab. »Bei diesen Wetterlagen hätten Shackleton und seine Crew ohne jede Ausrüstung nicht einmal den Hauch einer Überlebenschance gehabt«, konstatiert Arved Fuchs.

Bevor die fünf Wanderer nach sieben Tagen, die wesentlich anstrengender sind, als sie es sich vorgestellt haben, ankommen, erwartet sie am Fuße eines Gletschers noch eine »Prüfung«: Sie müssen einen eiskalten, schlammigen und mehrere hundert Meter breiten Gletscherfluss überqueren. An einigen Stellen reicht das Wasser bis zu den Hüften, insbesondere bei Sigga. Die Tänze, die sie am anderen Ufer aufführen, um wieder warm zu werden, würden dem wildesten Indianerstamm zur Ehre gereichen.

Als sie abgespannt, müde, aber wohlbehalten die Ruinen der ehemaligen Walfangstation Stromness erreichen, ist ihnen bewusst, was es bedeutet, in einem sieben Meter langen Boot von der Antarktis nach Südgeorgien zu segeln und im Anschluss daran sogar noch das Hochgebirge der Insel Südgeorgien zu überwinden. Welcher Mut, welche Verzweiflung und welche übermenschliche Willensanstrengung damals erforderlich waren und letztlich auch welches Geschick und Können – nicht nur um zu überleben, sondern auch um anzukommen, können Fuchs und seine Crew nach dieser Tortur in Ansätzen ermessen.

Arved Fuchs ist sich im Klaren darüber, dass es viele Menschen geben wird, die den Sinn und Zweck seiner Reise nicht verstehen werden. »Die berühmte Frage, ›Wem nützt denn das eigentlich?‹ wurde uns schon oft gestellt«, schreibt Fuchs. »Sicherlich wird sie auch nach dieser Reise nicht ausbleiben, als ob die Legitimation zu einer solchen Reise in einem höheren Ziel begründet liegen müsse. Der Finanzbeamte, der Fernsehmoderator, Tina Turner, Michael Schumacher – sie alle dienen keinem höheren Zweck und fordern das für sich auch gar nicht ein. Es nützt einfach uns«, begründet der Abenteurer sein Tun.

Einmal auf Südgeorgien, lässt Fuchs es sich nicht nehmen, das Grab von Sir Ernest Shackleton zu besuchen, das auf dem Friedhof von Grytviken liegt. Früher war Grytviken die bekannteste Walfangstation Südgeorgiens, im Jahre 2000 ist hier noch der Sitz einer britischen Militäreinheit, die hier nach dem Falkland-Konflikt von 1982 ihre Präsenz zeigt.

Die »James Caird II«, bringt Fuchs nach Deutschland zurück, und er übereignet sie im Jahre 2007 dem »Internationalen Maritimen Museum« Hamburg, das sich in der Speicherstadt befindet.

Nachzutragen wäre, dass Sigga, eines der härtesten Crewmitglieder, während der Expedition bemerkte, dass sie schwanger war. Sie brachte Anfang August einen gesunden Sohn zur Welt. Sie sagte zu Anfang der Tour: »Ich empfinde die Tour als eine Herausforderung, die sowohl im Zusammenleben an Bord wie auch in der Auseinandersetzung mit der Natur besteht. Man lebt so unglaublich intensiv. Man lebt selbst – und lässt nicht leben.«

Arved Fuchs wird später sagen, dass er diese Tour keinesfalls wiederholen würde. Das Risiko lag doch höher, als er es zuvor eingeschätzt hatte; sie hatten auch eine Menge Glück. »Zum zweiten Mal soll man das Schicksal ja nicht herausfordern«, bekennt er heute.

11 Beharrlichkeit zahlt sich aus – Vollendung der Nordpolumrundung mit erstem Segelschiff

Eisfahrten sind immer wie ein Schachspiel: Indem man die Eisfelder erreicht, eröffnet man das Spiel; das Eis macht den nächsten Zug, mal gutmütig, mal verhalten, dann wieder aggressiv und unerwartet. Man ist ständig in der Defensive und rechnet mit dem Schlimmsten.

Nichts wird dem Zufall überlassen

Als Arved Fuchs im September 1994 den russischen Hafen Prowidenija verlässt, befreit er das Deck der »Dagmar Aaen« vom Ruß und Kohlenstaub der sibirischen Stadt. Er ist mit dem Thema Russland durch. Er ist frustriert, enttäuscht, wütend und traurig zugleich. Nein, Russland und die Nordostpassage sind für ihn kein Thema mehr.

Doch Arved hat die »Rechnung« ohne seinen langjährigen Weggefährten und das Crewmitglied Slava Melin gemacht. Bei einem Besuch in Bad Bramstedt im Frühjahr 2001 schafft es der gebürtige Russe, Arveds Neugierde und Sehnsüchte für die legendäre Passage und Sibirien neu zu wecken. Er hat vergessen, vielleicht auch verdrängt, dass eigentlich die russischen Behörden schuld daran waren, dass er die Nordostpassage nicht zügig angehen konnte. Ob er es wirklich geschafft hätte, wenn die Bürokratie ihn nicht daran gehindert hätte, ist zwar nicht erwiesen, aber die damaligen Wetterdaten und Eisverhältnisse hatten ein Durchkommen innerhalb eines bestimmten Zeitfensters wahrscheinlich werden lassen.

Ob sich die Situation nach neun Jahren verbessert hat, weiß Fuchs zwar nicht – er hofft es zumindest.

Auch glaubt er, sich gegenüber der russischen Bürokratie besser denn je vorbereitet zu haben. Nicht nur, dass er bei fünf verschiedenen Stellen fünf Genehmigungen einholen musste, sicherheitshalber konsultiert er noch den Bundestagsabgeordneten Franz Thönnes, der bereits im Mai 2001 den Bundeskanzler anschrieb, der seinerseits das Außenministerium einschaltete.

Damit nicht genug: Parallel schreibt Fuchs dem Vizepräsidenten der russischen Duma, Arthur Chilingarov. Der Politiker gilt als Polarexperte, der sich auch aktiv für Expeditionen einsetzt. Bei der internationalen Antarktisexpedition »Transantarktika« in den Jahren 1989/90 war Chilingarov Schirmherr. Diese Hundeschlittenexpedition verlief damals parallel zur »Antarktis Transversale« mit Arved Fuchs und Reinhold Messner. Arved Fuchs und Slava Melin werden sogar persönlich von Chilingarov in Moskau empfangen. Und, man glaubt es kaum, der Politiker bietet Fuchs für die Expedition durch die Nordostpassage seine Schirmherrschaft an.

Nach seinen Erfahrungen in Russland hat Fuchs nichts dem Zufall überlassen. Ob er sich auf die Bewilligungen, Genehmigungen und Zusagen verlassen kann?

Die Einzige, auf die er sich verlassen kann, außer seiner Crew natürlich, ist die »Dagmar Aaen«. Denn die inzwischen 71 Jahre alte Lady hat rund 200 000 Kilometer auf den Weltmeeren zurückgelegt. Damit das Schiff in Zukunft auch seine Aufgaben erfüllt, erhält es zum dritten Mal ein komplett neues Rigg. Zur Erneuerung gehören Mast, Baum, Gaffel und Klüverbaum. Da auch das gesamte stehende und laufende Gut ausgewechselt wird, lässt Arved ein neues Rigg zeichnen. Die »Dagmar Aaen« hat fortan eine Stenge, einen Mast mit größerem Durchmesser, ein Toppsegel und einen Flieger. Die Rah für die Breitfock entfällt. Am spektakulärsten erweist sich der um sechs Meter höhere Mast. Er wird der alten Dame zu deutlich verbesserten Leichtwindsegeleigenschaften verhelfen. Die damit verbundene neue Stabilitätsberechnung fällt positiv aus, da der Ballastanteil auch für die neue Konfiguration ausreicht. Das Großsegel hat allein eine Fläche von 100 Quadratmetern, und der Baum mit seinen zwölf Metern Länge wiegt rund 500 Kilogramm.

Nach einem zweimonatigen Probetörn auf der Ostsee werden auch der Bug, die Aufbauten sowie die gesamte Schiffstechnik geprüft, überholt und, soweit erforderlich, instand gesetzt. Danach wird das Schiff anlässlich einer Trainings- und Probereise nach Oslo einer harten Erprobung unterzogen.

Parallel zu den Umbauten wird die Mannschaft von einem Rettungssanitäter in Seminaren auf den Ernstfall vorbereitet, dazu gehören das Legen von Infusionen und Nähen von Wunden an einer Schweinshaxe. Denn dort, wo sie segeln werden, gibt es keinen Notarzt. Wie sinnvoll solche Schulungen in Verbindung mit einer gut ausgestatteten Bordapotheke sind, werden sie noch knallhart erfahren.

Die Investitionen und Kosten für das Schiff und die Expedition sind immens. Allein würde Arved Fuchs es nie stemmen können. So arbeitet er eng mit den Sponsoren »Jack Wolfskin« und »Globetrotter« zusammen. Als Medienpartner findet er keinen Geringeren als das »National Geographic Magazine«.

Es geht los – Nordostpassage, die vierte

Am 28. Mai 2002 verabschiedet sich Arved Fuchs auf dem Feuerschiff im Hamburger Hafen vor großem Medienaufgebot zu seiner vierten Expedition in die Nordostpassage. »Die offene Rechnung am Nordpol«, titeln die Blätter am nächsten Tag wohlwollend. Schiffsführer der »Dagmar Aaen« auf der ersten Etappe von Hamburg bis Tromsø ist zunächst Martin Friederichs. Fuchs, der noch zahlreiche Verpflichtungen hat, steigt Ende Juni in Tromsø zu.

In Tromsø kommt auch Rainer Ullrich an Bord, Kunstmaler seines Zeichens. Ulli, wie er an Bord genannt wird, führt in Hamburg ein Atelier. Er ist aber auch Skipper und besitzt ein ähnliches Schiff wie die »Dagmar Aaen«, namens »Frieda«. Als Arved ihn in Flensburg fragt, ob er als Expeditionsmaler mitfahren wolle, sagt er spontan zu. So hat Arved nicht nur ein Traditionsschiff, sondern wie die damaligen Forscher Nordenskjöld, Amundsen und Nansen auch einen malenden Chronisten dabei. Es ist wie das Tüpfelchen auf dem »i«, Ulli wird in seinem Skizzenbuch Motive aus gedachten Perspektiven einfangen, die einem Fotografen schlicht verwehrt sind. Der Künstler fertigt im Laufe der Expedition Zeichnungen, Skizzen und Aquarelle, die man in seinem Buch »Skizzen aus der Nordostpassage« wiederfindet.

Da die »Dagmar Aaen« erst für Mitte Juli in Murmansk avisiert ist, nutzen Fuchs und seine Crew die Zeit für Exkursionen westlich und östlich des Nordkaps. Sie besuchen Hjelmsoy im Akkarfjord, eine alte verlassene Fischersiedlung, wie sie in einem Wildwestfilm nicht besser präsentiert werden kann. Ein Eldorado für den Kunstmaler und den Fotografen.

Arved Fuchs ist bekannt, dass sowjetische Wissenschaftler in den 1960er-Jahren Riesenkrabben, King Crabs genannt, vom Pazifik in die Barents-See gebracht haben. Die Kamtschatka-Krabben, wie sie in Russland genannt werden, vermehren sich explosionsartig, da sie keine natürlichen Feinde haben. Sie fressen alles und werden, wenn sie nicht entsprechend befischt werden, den Meeresboden ratzekahl fressen. Die Schalentiere, die bis zu zwölf Kilogramm wiegen, breiten sich inzwischen an der norwegischen Küste immer weiter nach Süden aus. Den Fischern ist dieser neue Segen aus dem Meer gar nicht so unrecht, sie haben sich auf die Kamtschatka-Krabben eingestellt. Die Fischereiaufsicht hat inzwischen sogar Fangquoten erlassen. Fuchs sieht die Entwicklung kritisch: »So wohlschmeckend die Krabben auch sind, auch hier hat der Mensch in das Regulativ der Natur eingegriffen. Die Krebse gehören dort einfach nicht hin. Bleibt zu hoffen, dass sich daraus nicht auch eine biologische Zeitbombe entwickelt.« Er meint, man täte gut daran, die Tierchen kräftig zu befischen.

Spießrutenlaufen wie vor zehn Jahren

14. Juli 2002, 16:30 Uhr: Die »Dagmar Aaen« erreicht russisches Hoheitsgebiet. Arved setzt die russische Flagge, und Crewmitglied Henryk Wolski, gebürtiger Pole, singt die russische Nationalhymne. Ob's hilft?

Am anderen Morgen um 3:15 Uhr wird Fuchs von der russischen Küstenwache aufgefordert, die Maschine zu stoppen, abzuwarten und die Papiere bereitzuhalten. Zwei Marineoffiziere kommen an Bord. Das Ganze ist schon merkwürdig, denn Fuchs hatte sich den Vorschriften entsprechend per Fax angemeldet, zehn Tage vorher, 24 Stunden vorher und zuletzt zehn Stunden vorher. Doch man glaubt ihnen nicht und wolle in Murmansk nachfragen. Inzwischen ist es sechs Uhr morgens, ein ungünstiger Zeitpunkt, denn vor neun Uhr ist dort keine Behörde ansprechbar. Den beiden Offizieren ist die Sache peinlich, denn die Übertragungsprotokolle sind sauber im Logbuch nachgewiesen.

Elise Fleer, die als Smutje mitfährt, wirft die Angel aus und fischt mit den beiden Offizieren Dutzende Dorsche. Nachdem auch um zehn Uhr die Faxe der »Dagmar Aaen« nicht gefunden werden, wird einer der beiden Offiziere zurückbeordert, während der andere das Schiff in den Hafen von Murmansk geleiten soll. Das Schiff ist somit aufgebracht und die Mannschaft sozusagen verhaftet. »Warum bin ich nur wieder in diese Passage gefahren? Ich hätte doch wissen müssen, dass sich nichts geändert hat«, denkt sich Fuchs.

Bei der Einfahrt in den Murmansk-Fjord passieren sie die traurigen Reste von Frachtern und Kriegsschiffen, die halb abgesoffen an der Küste ihrem Ende entgegenrosten. Im Hafen von Murmansk sieht es nicht anders aus.

Um 14 Uhr dann ein Lichtblick, die Anmeldung wurde gefunden. Doch so einfach ist die Sache auch wieder nicht, denn »schuld« dürfen auf keinen Fall die Russen sein, sondern ausschließlich die Crew der »Dagmar Aaen«. Wenn Fuchs die Schuld auf sich nimmt,

70 Euro Bußgeld zahlt, dann können sie weiterfahren. Fuchs weiß, dass er keine Wahl hat, und ist einverstanden. Crewmitglied Slava Melin, der zu diesem Zeitpunkt in Murmansk eintrifft, ist außer sich vor Wut, hält sich aber klugerweise auch zurück.

Doch der Spießrutenlauf fängt jetzt erst richtig an: Jeden Tag müssen sie zwischen elf und 14 Uhr bei der »Murmansk Shipping Company« antreten, endlose Diskussionen führen und Formulare ausfüllen. Bei alldem geht es angeblich primär um den technischen Zustand beziehungsweise um die Eignung der »Dagmar Aaen« für den Nördlichen Seeweg. Alle Verweise auf die ICESAIL-Expedition, die neunmonatige Überwinterung im Eis des Jenisseis oder gar die Durchfahrung der Nordwestpassage hinterlassen keinen Eindruck. Der Nördliche Seeweg – so lässt man Fuchs wissen – sei nun einmal etwas Besonderes.

Doch als das ausgestanden ist, muss Fuchs sich auch noch mit der obersten Hafenbehörde herumschlagen, die für sich in Anspruch nimmt, »die kompetenteste und wichtigste Instanz in Sachen Nördlicher Seeweg überhaupt zu sein«. Beim Zoll, der sich im Freihafen befindet, noch mal das gleiche Theater. Dorthin kommt man nur über einen Passierschein, aber den bekommt nur Slava als Russe. Auch ein Vertrag, der überraschenderweise mit der »Murmansk Shipping Company« zu schließen ist, bereitet noch unzählige Probleme. Am zwölften Tag kommt ein Inspektor aus Moskau, den Arved von der Hauptverwaltung des nördlichen Seeweges kennt, und gibt seinen Segen.

Ein Problem gibt es noch, sie brauchen einen Eislotsen. Der einzig verfügbare heißt Boris Volny (70), und der sitzt in Odessa am Schwarzen Meer. Den will Fuchs aber nicht, weil er ihn bereits 1991 »kennengelernt« hat. Volny, der bereits vor zehn Jahren körperlich angeschlagen war, ist nicht von großer Flexibilität geprägt. Schließlich darf Slava Melin den Lotsen machen, denn er hat viele Jahre auf Polarstationen in der Nordostpassage verbracht.

An der Pier liegt ein weiteres Boot namens »Vagabond«, das durch die Nordostpassage möchte. Es ist eine stabile 13-Meter-

Yacht, die dem Franzosen Eric Brossier gehört. Das Boot wurde auch aufgebracht und liegt seit fünf Wochen in Murmansk. Skipper Brossier, der glaubte, frei reisen zu können, weilt seit zwei Wochen in Moskau, um die ausstehenden Genehmigungen einzuholen. Jedenfalls bekommt Brossier den Lotsen Volny zugeteilt ...

Fuchs kann es noch nicht so recht glauben, aber am 27. Juli darf er tatsächlich den Hafen Murmansk verlassen, südöstlicher Kurs um die Insel Kildin herum. Eigentlich beginnt jetzt erst die Nordostpassage.

Die See lässt Murmansk schnell vergessen

Während die Crew noch über die »Ungerechtigkeit« von Murmansk diskutiert, setzt unverhofft ein Wind ein, der sich auf 50 Knoten steigert. Das Schiff hat noch zu viel Segel oben, sodass jemand in den Niedergang brüllt: »All hands on deck!« Dieser Befehl, den jeder geben darf, kommt in ernsten Situationen zum Tragen. Die »Dagmar Aaen« holt weit über, sodass der Großbaum bereits durch das Wasser pflügt. Obwohl die Crew versucht, das Segel einzuholen, rührt sich nichts. Arved, der am Steuer steht, luvt an, um in den Wind zu gehen, und befiehlt, den Klüver zu bergen. Doch der Klüver lässt das Schiff trotz Ruderlage wieder abfallen, die Krängung ist so stark, dass die Backbordseite bereits überspült wird. Irgendein Stagreiter klemmt – oder das Fall. Die Leute im Vorschiff werfen die Schot los, das Segel schlägt wie wild, bewegt sich aber immer noch nicht. Irgendwie gelingt es schließlich, den Klüver zu bergen, und gleich darauf binden die Seeleute zwei weitere Reffs ins Großsegel, sodass sich das Schiff schließlich stabilisiert.

Fuchs weiß, dass dies die Nachteile eines gaffelgetakelten Kutterriggs sind. Die Segelfläche des Großsegels ist enorm, hinzu kommen der schwere Baum und die Gaffel. Wird der richtige Zeitpunkt zum Reffen verpasst, wird ein Reffmanöver immer zu einer ernsten Angelegenheit.

Vor der Erneuerung des Riggs hatte Fuchs ernsthaft darüber nachgedacht, das Schiff als Schoner oder Ketsch umzutakeln. Denn kleinere Segelflächen verteilt auf zwei Masten lassen sich in jedem Fall leichter händeln, und man kann bei schlagartig wechselnden Wetterlagen schneller reagieren. Es spricht tatsächlich vieles dafür. Einen Kutter in dieser Größe zu segeln ist schon ein sehr sportliches Unterfangen. Aber sowohl Fuchs als auch seine Crew waren gegen den Umbau. Zudem ist ein gaffelgetakelter Kutter eine Augenweide. Außerdem macht es Fuchs Spaß, mit einer eingespielten Mannschaft das Schiff zu segeln. Dafür muss man dann auch bereit sein, die Nachteile in Kauf zu nehmen.

Der Wettergott lässt ihnen keine Ruhe, die Zeichen stehen weiterhin auf Sturm. Unter dreifach gerefftem Großsegel und der Fock laufen sie fast sieben Knoten. Der Wetterumschwung hat auch sein Gutes, plötzlich ist Murmansk in weite Ferne gerückt ...

Merkwürdig erscheint, dass ihnen seit Murmansk mit Ausnahme einiger russischer Trawler keine Schiffe begegnet sind. Sie sind allein auf weiter Flur. Bei den täglichen Besuchen bei der »Murmansk Shipping Company« hatte Fuchs versucht, herauszubekommen, warum die Eisbrecherflotte untätig im Hafen liegt. Warum gibt es kein Frachtaufkommen innerhalb der Passage? Einen Konvoi, der die gesamte Passage befährt, gibt es offenbar in diesem Jahr nicht. Nach dem Grund befragt, erntet Fuchs nur ein Schulterzucken – no comment!

Das Eis macht die Vorgaben – doch Information ist alles

In der Nordostpassage gibt es klar definierte Schlüsselstellen, die man aufgrund der Eislage zu einem ganz bestimmten Zeitpunkt erreichen beziehungsweise passieren muss. Das sind die Kara-Straße, das Nordenskiöld-Archipel, Kap Tscheljuskin als der Knackpunkt schlechthin, die Dimitri-Laptev-Straße, das Ayon-Eis sowie die als Schiffsfriedhof berühmt-berüchtigte De-Long-Straße. Es gilt zum richtigen Zeitpunkt an der richtigen Stelle zu sein – das ist Fuchs' Strategie.

Das Wissen um die Wetterentwicklung ist für die Durchfahrt der Nordostpassage äußerst wichtig, weil das Eis mit dem Wind driftet. Verfügt man über eine verlässliche Prognose über die Weiterentwicklung der nächsten Tage, ist die Entscheidung darüber leichter zu fällen, ob man ins Eis hineinfährt oder besser nicht. Ablandiger Wind treibt das Eis von der Küste fort und lässt dadurch eine eisfreie Rinne entstehen, auflandiger Wind schiebt das Eis und gegebenenfalls das Schiff auf die Küste – mit einem möglicherweise katastrophalen Ausgang.

Allerdings stehen Fuchs beim jetzigen Versuch bessere Informationsquellen zur Verfügung als vor zehn Jahren. Damals war er fast ausschließlich auf die Information der Russen angewiesen, die oftmals unzureichend, manchmal sogar falsch waren. Lars Kaleschke, ein junger Wissenschaftler der Uni Bremen, hatte sich angeboten, der »Dagmar Aaen« per Satellit jeweils die neuesten Eiskarten zu übermitteln. Täglich bereitet er die Informationen auf, die er wiederum vom Wetterbeobachtungssatelliten erfährt, fertigt danach eine Karte für Fuchs und schickt sie per E-Mail an Bord. Es ist bei weitem die genaueste Eisvorhersage, die Fuchs jemals auf einer Expedition bekommen hat. Daneben bekommen sie täglich einen äußerst genauen Wetterbericht vom Deutschen Seewetterdienst, mit dem Fuchs für diese Expedition eine Kooperation vereinbart hat.

Sozusagen als Gegenleistung hat sich Fuchs verpflichtet, als Wetterbeobachtungsschiff zu agieren. Bis zu sechsmal täglich werden genaue Wetterbeobachtungen nach einer Vorgabe des DWD durchgeführt und anschließend über »Inmarsat« nach Hamburg durchgegeben. Da nahezu alle russischen Wetterstationen ihren Dienst eingestellt haben, fehlen von dort die Messdaten, die ausgerechnet Fuchs jetzt liefern kann. Absprachegemäß sendet Fuchs die Wetterdaten auch in komprimierter Form täglich an das Moskauer Büro von Arthur Chilingarov.

An Bord befindet sich zudem eine NOAA-Empfangsanlage, mit deren Hilfe die Satelliten beim Überflug empfangen werden und das dabei entstehende Foto auf dem Monitor sichtbar gemacht wird. Allerdings funktioniert das nur bei wolkenfreiem Himmel – eine Wetterlage, die leider Gottes in der Nordostpassage nur selten anzutreffen ist. Trotz aller technischen Möglichkeiten kommt Fuchs nie umhin, seine Erfahrungen und seinen Verstand zu gebrauchen. Eisfahrten erscheinen immer wie ein Schachspiel. Indem man die Eisfelder erreicht, eröffnet man das Spiel. Das Eis macht den nächsten Zug. Mal verhalten, mal gutmütig, dann wieder aggressiv und unerwartet. Man ist ständig in der Defensive und rechnet immer mit dem Schlimmsten.

Interessant bei dieser Reise ist auch, dass die unerfahrenen Crewmitglieder, zu denen auch der Kunstmaler gehört, das Eis kaum erwarten können. Die Eiserfahrenen sehen das ganz anders.

Am 18. August 2002 durchfahren sie die Kara-Straße. Es ist der erste Flaschenhals in Sachen Eis. Die starken westlichen Winde der vergangenen Tage haben das Eis überwiegend aus der Enge geblasen, aber dahinter lauert es. Im Norden zeigen sich die Umrisse von Nowaja Semlja, einer strengstens verbotenen Insel, der man sich nicht nähern, geschweige denn die man betreten darf. Die lang gestreckte Insel – ursprünglich ein Naturparadies – ist im unteren Drittel von der so genannten Matoshin Shar durchbrochen. Dieser Fjord, der noch im 19. Jahrhundert Schutzhafen und Zugangsmöglichkeit zur Kara-Straße war, ist heute offenbar hochgradig nuklear verseucht. Die größte jemals gezündete Bombe soll eine Sprengkraft von 50 Millionen TNT gehabt haben, was der 4000-fachen Sprengkraft der Hiroshima-Bombe entspricht. Das kontaminierte Terrain wartet immer noch auf eine Sanierung, sofern dies technisch überhaupt machbar ist. Die Region wurde zum Sperrgebiet erklärt, Informationen, wie es dort heute aussieht, unterliegen nach wie vor der Geheimhaltung.

Murmansk macht Stress

Obwohl Murmansk empfiehlt, einen nördlichen Durchgang durch die beginnenden Eisfelder zu nehmen, wählt Fuchs einen südlicheren, da die Eiskarten dort günstigere Verhältnisse ausweisen. Irgendwo weiter im Norden soll der Eisbrecher »Sovietski Sojus« auf Station liegen. Man hat Fuchs wissen lassen, dass jeder Tag, an dem der Eisbrecher helfen würde, 44 000 US-Dollar kosten würde.

Die ersten Eisfelder lassen nicht auf sich warten, das Schiff versucht ihnen im Zickzackkurs auszuweichen. Dennoch passiert es, dass der Rudergänger gegen eine harte Eisscholle fährt. Fuchs ist verärgert, aber gleichzeitig schärft es den Blick aller anderen bei Eisfahrten.

Als wenn die Crew nicht mit dem Eis genug zu tun hätte, wird Fuchs' Adrenalinspiegel durch das Fax aus Murmansk nochmals aufs Höchste getrieben. In barschem Ton wird Fuchs aufgefordert, unverzüglich beigefügte Erklärung zu unterschreiben und nach Moskau zu faxen – andernfalls würden sie im nächsten Hafen festgenommen werden. Slava ist empört. »Wir haben doch alle Papiere, sämtliche Genehmigungen. Was soll das nun schon wieder?« Wäre der Tonfall nicht so streng, könnte man das Papier für kurios halten. Zusammengefasst lautet die Botschaft: Sie müssen zusichern, keinerlei militärische Anlagen zu fotografieren – und sie nicht einmal zu beobachten! Wie das »Nichtbeobachten« funktionieren und kontrolliert werden soll, weiß zwar niemand, aber »des Menschen Wille ist sein Himmelreich«. Brav unterschreiben sie und haben wieder einmal die Bestätigung, dass die russische Bürokratie nicht berechenbar ist.

Das Wetter bleibt schlecht, sie haben Gegenwind und kämpfen mit dem Callesen-Diesel gegenan. Im Mündungsgebiet der Flüsse Ob und Jenissei treffen sie auf ganze Felder von Baumstämmen, die teilweise sogar senkrecht treiben und schwer auszumachen sind. Anfang der 1990er-Jahre gab es noch etliche Holzfrachter, jetzt sehen sie keinen mehr. Eine ganze Region mit einem ungeheuren

Potenzial scheint brachzuliegen und in einen Dornröschenschlaf versunken zu sein.

Dikson, die vergessene Stadt

Anfang August erreichen sie Dikson und erleben die gleiche baufällige Silhouette, dasselbe Schiffswrack, das unweit der Hafeneinfahrt auf den Klippen liegt, die verfallene Pier und einen Schlepper. Die Küstenwache, die sie in den Hafen geleitet und kontrolliert, behandelt sie dieses Mal für russische Verhältnisse ausgesprochen unkompliziert. Sie sind offensichtlich von Moskau und Murmansk informiert worden.

An der Pier wird Fuchs unvermittelt »Arved, Arved, Dagmar Aaen« begrüßt. Er ist verdutzt und entdeckt seinen guten alten Bekannten Wassia. Er ist Mechaniker im örtlichen Kraftwerk, und Fuchs hatte ihn 1992 kennengelernt und sich mit ihm angefreundet. Der Russe hatte sich damals unglaublich aufgeschlossen gezeigt.

Die Crew wird in Dikson ausgesprochen freundlich und zuvorkommend behandelt. Bürgermeister und Stellvertreter machen ihre Aufwartung, als Gastgeschenk gibt es für die Mannschaft ein ganzes gefrorenes Rentier. Bedrückend ist, dass der Ort, der ursprünglich einmal eine Art Drehscheibe der Nordostpassage war, jetzt nur noch 1500 Einwohner hat und streng genommen überflüssig ist. Doch der Bürgermeister ist optimistisch und hofft, den Ort einmal mit Tourismus beleben zu können.

Zwei Tage nach der Ankunft der »Dagmar Aaen« trifft auch die »Vagabond« in Dikson ein. Nach sieben Wochen Aufenthalt durfte auch sie endlich von Murmansk abreisen. Lotse Boris sieht mit seinen 70 Jahren erstaunlich fit aus, offenbar geht es ihm gesundheitlich besser als vor zehn Jahren. Ausgesprochen freundlich begrüßt er Arved. Noch zeichnet sich nicht ab, ob Brossier mit seiner »Vagabond« eine Art Wettfahrt veranstalten will. Arved jedenfalls kann sich das zu diesem Zeitpunkt nicht vorstellen.

Zwei Crewmitglieder müssen sich in Dikson verabschieden, die zwei Ersatzleute können die »Dagmar Aaen« wegen schwieriger Flugverbindungen und wegen des Status einer »geschlossenen Stadt« nicht mehr in einem vertretbaren Zeitrahmen erreichen. Das ist insofern sehr unglücklich, als dass Karsten Steinbach Pilot ist und bei dieser Expedition als Einziger das Ultraleichtflugzeug »Polaris« fliegen kann. Gerade am Kap Tscheljuskin wäre das eine wichtige Hilfe. Das andere Ersatzmitglied Lars Jessen wäre nicht weniger wichtig, soll er Smutje Elise Fleer ablösen, die in Deutschland wieder ihren Pflichten als Lehrerin nachgehen muss.

Murmansk lässt nicht locker – Slava wandelt auf den Spuren der Vergangenheit

Die Zeit eilt, sie können nicht länger warten und brechen am 9. August auf. Es gibt wenig Eis, sodass sie bereits zwei Tage später auf die Prawda-Insel zusteuern. »Es geht ja schneller als gedacht«, freut sich Skipper Fuchs. Er hat sich zu früh gefreut, denn er erhält aus Murmansk die strikte und unmissverständliche Anweisung, umgehend die Tyrtov-Insel anzusteuern und auf weitere Instruktionen zu warten. Ein Eisbrecher sei in Richtung Cap Tscheljuskin unterwegs und werde die »Dagmar Aaen« in einigen Tagen passieren. Fuchs weiß, dass diese Anweisung purer Unsinn ist, denn er hat zwischenzeitlich zuverlässigere Informationen über die Eislage als Murmansk. Da er sich vertraglich verpflichtet hat, den Anweisungen zu folgen, tut er dies zähneknirschend, um keinen Ärger zu bekommen.

Als wenn er es geahnt hätte – ehe er sich's versieht, wird er genau dort, wo er hin sollte, vom Eis umschlossen. Wider besseren Wissens ist er in eine Falle getappt. Doch er hat wieder einmal das Glück des Tüchtigen. Der Wind dreht, und nach einer gewissen Zeit kann er sich im Zickzackkurs aus der Umklammerung befreien.

Kurz vor der Einfahrt in die Vilkitzki-Straße, die um das legendäre und gefährliche Kap Tscheljuskin herum führt, liegt die kleine

Insel Ostrov Geyberg. Diese Insel beherbergte früher eine Polarstation, auf der Slava Melin zwei Jahre gearbeitet hat – »zwei glückliche Jahre«, wie er betont. Vor Monaten hat er Arved das Versprechen »abgeluchst«, auf Ostrov Geyberg anlanden zu dürfen. »Du weißt, was du mir versprochen hast«, erinnert Slava angesichts der Insel, die in Sichtweite ist.

Die Eislage ist überschaubar, was sich aber in der Nordostpassage jederzeit ändern kann. Auch besitzt die »Dagmar Aaen« keine Genehmigung, die Insel ansteuern zu dürfen. Arved weiß, was er an Slava hat und was er ihm letztlich zu verdanken hat. Manch anderer Expeditionsleiter wäre angesichts des Anlandungsverbots und der bevorstehenden Schlüsselstelle Tscheljuskin weitergefahren, und niemand hätte es ihm verdenken können. Nicht so Arved: Slava lotst Fuchs in eine Bucht, wo die »Dagmar Aaen« sicher ankert. Slava ist sehr berührt, während er auf den Spuren seiner Vergangenheit wandelt. Auf der Station, die vor Jahren aufgegeben wurde, hat sich nicht viel verändert. Nur haben hungrige Eisbären auf der Suche nach Nahrung die Inneneinrichtungen der Räume verwüstet. In einem großen Stück Seife findet Slava den Gebissabdruck eines Bären. Es hat ihm offensichtlich nicht geschmeckt ...

Früher gab es in der russischen Arktis über 60 Wetter- und Polarstationen, die nahezu alle ihren Dienst eingestellt haben. Auch wenn heute die technischen Möglichkeiten die große Anzahl der Polarstation überflüssig machen, ganz ohne sie geht es offenbar nicht. So finden keine Sondenaufstiege mehr mit Wetterballonen statt. Es gibt keine Stationsmeldungen mehr, die in die Rechenmodelle der Wettercomputer einfließen. Bis zu sechsmal täglich übermittelt die »Dagmar Aaen« dem deutschen Wetterdienst aktuelle Daten – Aufgaben, die früher von den Stationen wahrgenommen wurden. Wissenschaftler haben in diesem Bereich der Arktis keine Möglichkeit mehr, vor Ort die Auswirkungen des »Global Warming« zu untersuchen. In Alaska, Kanada, Grönland, Spitzbergen

11 Beharrlichkeit zahlt sich aus

– überall gibt es bestens ausgestattete Forschungsstationen, die ganzjährig von Wissenschaftlern besetzt sind.

Wieder an Bord seines Schiffs erfährt Arved, dass sich die »Vagabond« bereits in der Vilkitzki-Straße mit Kurs auf Kap Tscheljuskin befindet. Entgegen vergangener Jahre ist die Meeresenge nahezu eisfrei. Ist es eine Laune der Natur, oder handelt es sich einfach nur um einen ungewöhnlich milden Sommer? So beruhigend das in Fuchs' derzeitiger Situation ist, so ungewöhnlich ist es im Hinblick auf die geografische Breite. Slava, der viele Jahre in diesen Breiten gearbeitet hat, schüttelt ungläubig den Kopf. So eisfrei hatte er das Meer noch nie erlebt. Auch Fuchs ist irritiert und nimmt sich vor, sich diesem Thema noch zu widmen.

Am Kap Tscheljuskin, das der Schwede Adolf Erik Nordenskiöld erstmalig 1878 umrundete, ankert Fuchs, um einzuklarieren. Auf dem Kap, dessen aufgeweichter Permafrostboden mit Diesel und Öl getränkt scheint, befindet sich eine Militäranlage. Das Kap ähnelt einer beispiellosen Mülldeponie, auf der Schrott von Jahrzehnten herumliegt. Auf einer kleinen Felsnase, dem eigentlichen Kap, schaut Fuchs sich einen Steinmann an, den Roald Amundsen im Jahre 1918 errichtete.

Point of no Return

Als die »Dagmar Aaen« nach kurzer Zeit wieder aufbricht, haben sie den »Point of no Return« überschritten. Vom Kap an gerechnet macht es keinen Sinn mehr, an eine Umkehr zu denken. Während sie in die Laptev-See einfahren, haben sie die Nabelschnur zum Westen gekappt. Es gibt jetzt nur noch ein Ziel, das heißt Bering-Straße.

Obwohl die Eislage erneut schwierig wird, will Fuchs eine Überwinterung in Sibirien auf jeden Fall vermeiden. Denn ein Crewwechsel an einem entlegenen Platz in der sibirischen Tundra, wo's nicht einmal Dörfer oder Ureinwohner gibt, ist im Prinzip unmöglich. Er muss das »Schachspiel mit dem Eis« einfach gewinnen.

Dennoch kommt ihnen der Blick für die Natur nicht abhanden. Sie sehen Walrosse, die vor den Menschen keine Angst haben. Sie dürfen nur von den Ureinwohnern der Region gejagt werden, also den eskimoischen Völkern sowie den Tschuktschen.

Kunstmaler Ulli lässt sich auf einer Eisscholle aussetzen, um die Stimmungen der Eislandschaft besser einzufangen. Arved muss ihm »hoch und heilig« versprechen, ihn in jedem Falle wieder abzuholen. Ulli ist ganz schön mutig, denn die Eisscholle teilt sich während der »Sitzung«.

Sie kommen vorbei am Flussdelta der Lena, welches derart versandet ist, dass nur noch ein Flussarm schiffbar ist. Einige Stunden später, am 17. August, machen sie im Hafen von Tiksi fest. Der Ort und sein Hafen sind total verwahrlost, intakte Schiffe gibt es dort kaum noch. Die Krananlagen aus der ehemaligen DDR sind zu 90 Prozent defekt. Tiksi war Umschlagplatz für Waren, die über die Lena ins Landesinnere gebracht oder umgekehrt von dort exportiert wurden. Da wegen der geringen Wassertiefe der Lena nur flach gehende Flussschiffe ins Landesinnere gelangen konnten, musste umgeladen werden. Gleichzeitig wurden Reparaturen durchgeführt. Das alles findet nicht mehr statt, auch die Ersatzteile, ursprünglich von großem Wert, rosten leise vor sich hin.

Durch die weggebrochenen Infrastrukturen und den damit verbundenen Verlust von Arbeitsplätzen leben in Tiksi von vormals 15 000 Einwohnern lediglich noch 5000 Menschen.

Allerdings eines funktioniert noch: Der Inlandssicherheitsdienst, eine Nachfolgeorganisation des KGB. So werden Arved Fuchs und Slava Melin am dritten Tag nach ihrer Ankunft verhaftet und abtransportiert. Sie seien angeblich illegal eingereist. Erst als Slava mit Moskau droht, werden sie wieder freigelassen. Das alte System lässt grüßen.

Im Hafen treffen sie auch wieder auf die »Vagabond«; Fuchs hat das Gefühl, dass sie als Erste durch die Passage fahren wollen. Sie streiten das zwar ab, aber die Pressemeldungen sagen etwas anderes. Auf

Auf einer Eisscholle lässt sich Expeditionsmaler Rainer Ullrich in der Nordostpassage aussetzen, um ungewöhnliche Perspektiven einzufangen. »Ihr holt mich doch ab?!«, fragt er vor dem Ausstieg.

ein Wettrennen will sich Fuchs keinesfalls einlassen, dazu sind die arktischen Gefilde nicht geeignet.

Die beiden Ersatzmitglieder für die Crew, die Dikson nicht erreichen konnten, sollen nun über Irkutsk nach Tiksi fliegen. Arved zögert den Aufenthalt auf eine Woche hinaus, aber wieder klappt es nicht. Die beiden müssen das Flugzeug in Irkutsk verlassen, da es überladen ist. Wann es wieder eine Verbindung gibt, steht in den Sternen. Das ist auch für die beiden Ersatzmitglieder bitter. Denn der eine hat jetzt Probleme mit seiner Urlaubsregelung, der andere hatte konsequenterweise seine Wohnung gekündigt, das Auto verkauft und zu guter Letzt die Freundin aufgeben müssen.

Frustriert schmeißt Arved mitten in der Nacht den Motor an, wirft die Leinen los und steuert vorsichtig aus dem Hafen, um ja kein verborgenes Wrack zu treffen. Schlechtes Wetter lässt auch nicht auf sich warten. An der nächsten Schlüsselstelle, der Dimitri-Laptev-Straße, erwartet sie eine stürmische See. Die Seen kommen in so kurzen Intervallen und sind dabei derart steil und unregelmäßig, dass sich das Schiff ungestüm in der See wälzt. Schiff und Crew leiden ungemein. Alle Niedergänge und Skylights sowie Windhutzen sind geschlossen. Unter Deck riecht die Luft säuerlich und schal nach feuchten Socken und verbrauchter Luft. Zu allem Überfluss fallen schlagartig zwei Lenzpumpen aus. Bei der einen ist der Keilriemen gerissen, bei der anderen holt Arved nach mühseligem Zerlegen eine Socke aus dem Pumpengehäuse heraus. Es ist äußerst selten, dass zwei Systeme gleichzeitig ausfallen, aber es zeigt die Notwendigkeit, das Schiff mit entsprechenden Redundanzen auszustatten.

Slava bricht sich Rippen – ein Tierarzt hilft

Da passiert es! Zu allem Unglück fällt Slava bei starkem Seegang so unglücklich, dass er sich gleich fünf Rippen bricht. Der Ärmste hat starke Schmerzen und weiß nicht, wie er sich legen soll. Er erhält starke Schmerzmittel und wird, so gut es eben geht, in seiner Koje gepolstert. Ein Crewmitglied kümmert sich ständig um ihn. Im Umkreis von 1000 Kilometern gibt es keine wirkliche Hilfe. Der nächste Ort wäre Tiksi, doch dort ist kein Hubschrauber stationiert, der Slava abholen könnte.

Fuchs spricht über Satellitentelefon mit der Deutschen Luftrettung; aber auch die kann nicht helfen. Es gibt keine Gesellschaft zur Rettung Schiffbrüchiger, keinen SAR-Hubschrauber, keinen Notarzt, kein Krankenhaus um die Ecke; die Crew befindet sich mittlerweile in der ostsibirischen See, nördlich von nirgendwo. Um sie herum nur Wildnis. Als hilfreich erweist sich das Training mit der DRF, es gibt eine gewisse Selbstsicherheit in derartigen Situationen.

Endlich, am 30. August, erreichen sie die Wrangel-Insel, für die Fuchs allerdings keine Genehmigung hat. Slava und Fuchs können den anwesenden Militärs überzeugend erklären, dass ein Notfall vorliegt und man Hilfe benötige. Einen Arzt gibt es auf der Insel nicht, dafür aber einen Tiermediziner, der Slava erfolgreich versorgt. Nachdem das medizinische Prozedere erledigt ist, dürfen sich Fuchs und die Crew die Insel in aller Ruhe ansehen. Die Soldaten, die in dieser Einsamkeit ihren Dienst tun, machen das gerne; einer lebt dort bereits seit 18 Jahren und möchte auf keinen Fall weg. Nach anfänglicher Zurückhaltung tauen sie allmählich auf. Die Sauna wird angeheizt, und man lädt sich gegenseitig ein. Flora und Fauna sind beeindruckend. Auf der Insel gibt es Rentiere, Moschusochsen, Wölfe, Polarfüchse, Schneeeulen und natürlich Eisbären, Walrosse und Robben. Wrangel ist geradezu eine Ansammlung zoologischer Highlights. Fuchs ist beeindruckt, er hat sich Wrangel ganz anders vorgestellt.

Das Eis schläft nicht – doch wo früher etwas war, ist heute keines mehr: Auch die Tschuktschen spüren die Kapriolen der Natur

Wie so oft bei diesen Expeditionen, die Natur schläft nicht. Als Martin Friederichs von einer Anhöhe das Fernglas ansetzt, traut er seinen Augen nicht. Dichte Eisfelder ziehen sich um die Insel herum und treiben weiter nach Süden. Bei der Crew schrillen die Alarmglocken; Hals über Kopf verlassen sie die Insel und sind wegen der Eisfelder gezwungen, auf das sibirische Festland zuzusteuern. Sie queren die gesamte De-Long-Straße in Nord-Süd-Richtung und erreichen am 1. September das Kap Otto Schmidt.

Dass es hier neben der Polarstation eine ganze Stadt gibt, war bisher nicht bekannt, ist auch nirgends verzeichnet. Selbst Slava, der jahrelang in der Arktis gearbeitet hat, ist überrascht.

Dann kommt eine Stelle, an der einige Leute nachdenklich werden. Es sind Henryk, Slava, Brigitte und Arved. Denn es ist die Position 68° 26' N und 177° 50' W. Genau an dieser Stelle, am 20. August 1994, mussten sie umkehren, weil das Eis undurchdringlich war. Im September 2002 befindet sich an dieser Stelle kein Stückchen Eis.

Genau genommen sind sie jetzt an dem Punkt, an dem die »Dagmar Aaen« als erstes Schiff überhaupt – nicht nur als Segelschiff – den Nordpol aus eigener Kraft und ohne Eisbrecherhilfe umrundet hat.
In der Nacht zum 6. September überqueren sie den Polarkreis, am 13. Juni hatte die »Dagmar Aaen« den Polarkreis an der norwegischen Küste mit Nordkurs passiert. Jetzt steuern sie Südkurs. Um 8:45 Uhr laufen sie in die Bering-Straße ein und haben Kap Deshnew auf Steuerbord querab. Die »Vagabond« hat einige Tage zuvor die Straße durch; sie ist anscheinend doch auf Rekordfahrt. Arved Fuchs ist es schlicht egal.

Auf der Halbinsel Tschukotka besuchen sie noch ein Dorf der Tschuktschen. Diese wurden früher immer fälschlicherweise als Eskimos bezeichnet. In Wahrheit haben die Tschuktschen ihre eigene Kultur und Sprache; sie stellen ein eigenständiges und zugleich sehr selbstbewusstes Volk dar. Den Stolz dieser Menschen sollten schon der Zar und später die Kommunisten zu spüren bekommen. Den Ausrottungsbefehlen des Zaren widersetzten sich die Tschuktschen genauso erfolgreich wie der Forderung nach Steuerabgaben. Als ihre Rentiere im Zuge der kommunistischen Machtübernahme verstaatlicht werden sollten, töteten sie kurzerhand ihre Herden.

Die Kommunisten hatten kein Interesse an den unterschiedlichen nationalen Kulturen. Ihnen war daran gelegen, ein einziges Sowjetvolk zu kreieren, an dem die ethnologischen Unterschiede nach und nach verwässern sollten. Durch gezielte Umerziehung und die geplante Zerstörung der überlieferten Lebensformen, wie etwa durch die Abschaffung des tief in den Wurzeln der sibirischen Völker verankerten Schamanismus, gerieten die Menschen zunehmend in eine Identitätskrise. Lediglich jene Völkergruppen, die als Nomaden in völlig abgelegenen Regionen umherzogen, entgingen weitgehend der Einflussnahme.

Bei den Tschuktschen unterscheidet man zwischen den See-Tschuktschen, die wie die Eskimos von der Jagd auf Wale, Robben und Walrosse leben, und den Rentier-Tschuktschen. Letztere ziehen als Nomaden mit ihren Herden durch die Tundra. Für Fuchs ist es immer wieder ein Erlebnis, sich auf fremde Menschen und Kulturen einzulassen. Diese Begegnungen sind für ihn wesentlicher Bestandteil seiner Expeditionen. Doch bei dieser Expedition lässt Fuchs sich nicht nur auf die Kultur dieser Menschen ein, sondern möchte auch wissen, ob sich in der Natur etwas verändert hat. Nach einigem Zögern öffnen sie sich und erzählen, dass die Fische, die sie früher gefangen haben, wegbleiben, dafür ihnen neue Fischsorten ins Netz gehen, die sie überhaupt nicht kennen. Auch die Pflanzenwelt habe sich verändert, die Baumgrenze sei nach Norden gewandert. Auch, dass der Permafrostboden, der seit Menschengedenken selbst im Sommer niemals aufweicht, jetzt blühende Pflanzen hervorbringt, können die Menschen nicht verstehen.

Überraschung in Providenija

In Providenija, wo Fuchs noch ausklarieren muss, erlebt er eine Überraschung. Den Hafenkapitän, der ihn 1994 zur Weißglut getrieben hat, gibt es nicht mehr und auch keinen Lotsen. Gleich am Hafen entdeckte er einen Container, der bis zum Rand mit alten Batterien gefüllt ist. Auch der Schrott ist sortiert, hier abholbereit der Metallschrott, dort die entsorgten Batterien sozusagen als Sondermüll, an anderer Stelle lagert Bauschutt. Irgendjemand muss den Kampf mit den jahrzehntelangen Hinterlassenschaften aufgenommen haben. Die Fernheizleitungen werden erneuert, und auch sonst ist offensichtlich, dass man in dieser Stadt nach Kräften bemüht ist, wieder aufzubauen und zu reparieren.

Immer wieder fällt der Name Roman Abramovich. Er ist erst 35 Jahre alt und der neue Gouverneur der 70 000 Einwohner zählenden Provinz Tschukotka. Er sei angeblich Milliardär und würde einen großen Teil seines Vermögens in die Infrastruktur der Provinz stecken. Überprüfen kann Fuchs das nicht, aber es sollen ja noch Zeichen und Wunder geschehen.

Am 11. September 2002 verlassen sie Russland und segeln zur Küste Alaskas mit Unterbrechung in Dutch Harbor. Die Überfahrt nach Sitka, das sie am 3. Oktober 2002 erreichen, ist eine Abfolge von Stürmen. Sie sind heilfroh, als sie schließlich den schützenden Hafen erreichen.

Rund 15 000 Kilometer liegen hinter der »Dagmar Aaen«. Sie waren 127 Tage unterwegs und haben in der Zeit vom 28. Juli bis 3. Oktober 2002 130 Wettermeldungen an den Deutschen Wetterdienst gegeben. Im selben Zeitraum sind außer von der »Dagmar Aaen« keine Wettermeldungen aus der Nordostpassage abgegeben worden.

Aleuten und Durchquerung der Nordwestpassage

Auf den bisherigen Expeditionen, die Arved Fuchs unternahm, war die Neugierde stets sein Hauptmotiv, ihn immer wieder aufbrechen zu lassen. Nachdem Fuchs innerhalb der letzten 25 Jahre Beobachtungen gemacht hat, die auf einen Klimawandel hindeuten, möchte er noch einmal die Nordwestpassage durchfahren, um zu vergleichen, was sich dort seit seiner ersten Durchfahrt im Jahre 1993 verändert hat. Gleichermaßen will er wissen, ob sich die Beobachtungen, die er im Jahre 2002 in der Nordostpassage gemacht hat, mit denen auf der gegenüberliegenden Seite des Nordpols decken.

Doch bevor er die Nordwestpassage befährt, möchte er sich noch einmal einige Monate den Aleuten widmen. Hier kennt er einige der abgelegenen und unwirtlichen Inseln von früheren Reisen, unter anderem von der Kajakexpedition, die er 1986 dorthin unternommen hatte. In ihrer Gesamtheit sind die Inseln in den vergangenen Jahrzehnten nur selten besucht worden. Er erinnert sich an die starken Gezeitenströme, die zwischen den Inseln, den so genannten Passes, laufen. Kein einfaches Revier, weder mit dem

Faltboot noch mit einem Segelkutter. Nach wie vor faszinieren Fuchs einsame Inseln, besonders jene, die nur mit dem Schiff erreichbar sind. In eine einsame Bucht einzulaufen, dort zu ankern und dann das Land zu erkunden, übt auf ihn einen unwiderstehlichen Reiz aus. Er spürt, dass die Landschaften, die Inseln ihm auf eine sehr eindringliche Art und Weise ihre Geschichte erzählen.

Zuvor jedoch verspürt Arved etwas ganz anderes, nämlich, dass es an der Zeit ist zu heiraten. Einen Tag vor seinem 50. Geburtstag ehelicht er seine Brigitte, mit der er seit 23 Jahren zusammenlebt. Nicht einmal seine engsten Mitarbeiter wissen, dass er am 25. April 2003 auf »seiner« Insel Sylt vor den Standesbeamten tritt. Brigitte Ellerbrock hat sich in Bad Bramstedt und Umgebung als Architektin einen Namen gemacht und behält diesen auch.

Zu ihrer »dienstlichen« Hochzeitsreise brechen die beiden am 1. Mai 2003 nach Sitka/Alaska auf, wo die »Dagmar Aaen« nach Abschluss der Nordostpassage überwinterte. Die erste Station ist Dutch Harbor, wo er sich bestens auskennt. Er hat einmal nachgezählt, dass die »Dagmar Aaen« hier öfter war als in Kiel. Er bunkert hier noch einmal nach und steuert in Richtung Osten zur unbewohnten Insel Kiska. Hier besteigt der US-amerikanische Extrembergsteiger Scott Darsney, der als Crewmitglied dabei ist, den 1220 Meter hohen Vulkan, der wie die Insel Kiska heißt.

Indessen erkunden Fuchs und andere Crewmitglieder die Unterwasserwelt und auf ausgedehnten Exkursionen die Insel mit ihren Hinterlassenschaften aus dem Zweiten Weltkrieg. Neben anderem Kriegsschrott finden sie ein Zweimann-U-Boot der Japaner.

Weitere Höhepunkte sind die Besteigung des Mount Moffett auf der Insel Adak sowie des noch aktiven Vulkans Mount Cleveland auf den Islands of the Four Mountains. Dass mit der Natur nicht zu spaßen ist, erfahren Darsney und Heller bei der Besteigung des Vulkanbergs. Nicht nur, dass ihnen die Gesteinsbrocken aus dem Vulkanschlund wie Wurfgeschosse um die Ohren fliegen. Wegen der sich heftig aufbauenden See muss Arved Fuchs mit seinem Schiff das offene Meer erreichen, andernfalls würde es an der Küste zerschellen. Die Kletterer müssen an Land bleiben und können erst am nächsten Abend wieder an Bord gehen. »Die Nacht auf der Insel war sehr ungemütlich«, berichtet Heller, als er wieder auf dem Haikutter angelangt ist.

Danach steuert Fuchs Atka, die kleinste der Aleuteninseln, an. Hier erlebt er eine Überraschung, die er sich vor 17 Jahren nicht hätte träumen lassen. Damals war er in Nicholski auf Umnak und erlebte dort einen überalterten Ort mit gerade mal 33 Einwohnern, deren Durchschnittsalter bei 60 Jahren lag. Fast alle jungen Leute blieben nach ihrer Ausbildung auf dem Festland. Es war nur noch eine Frage der Zeit, wann dieser Ort aussterben würde – und mit ihm die alte Kultur.

Hier auf der Insel Atkamit mit ihren 150 Einwohnern bemüht sich eine Lehrerin außerordentlich erfolgreich, die alte Sprache und die alten Traditionen der Insulaner lebendig zu halten. Um die Eindrücke zu dokumentieren, führt Fuchs zahlreiche Interviews, und Torsten Heller visualisiert das Geschehen mit Fotoapparat und Kamera. Arved ist begeistert und meint, dass es sich lohnen würde, dieses Thema einer breiten Öffentlichkeit zugänglich zu machen. Auch hier erlebt er wieder einmal: Es steht und fällt oftmals mit einzelnen Persönlichkeiten, die einfach ihren Traum verwirklichen.

Wenngleich Fuchs nicht alles erledigen kann, was er sich auf den Aleuten vorgenommen hat, ist er mit dem, was er erlebt hat, hochzufrieden, als er am 1. August »seinen Hafen« Dutch Harbor ansteuert, um sich für die Nordwestpassage auszurüsten. Er will die Eissituation des Jahres 2003 mit der von 1993 vergleichen.

Start in die Nordwestpassage
Am 7. August 2003 lichtet Fuchs erneut die Anker zu einer schwierigen Expedition durch die Nordwestpassage. Wie immer, will er »links und rechts des Weges« so viel erkunden und dokumentieren wie irgend möglich. Was macht eigentlich Nome, die alte Goldgräberstadt? Nach fünf Tagen und 1200 Kilometern erreicht er den kleinen Ort, der einmal im Jahr im Fokus der Öffentlichkeit steht, da er Zielort des berühmtesten und härtesten aller Hundeschlittenrennen, des Iditarods, ist. Über eine Distanz von rund 1900 Kilometern rasen die Gespanne mit bis zu 16 Hunden an acht bis 15 Tagen von Anchorage, im Süden Alaskas, bis Nome.

Aufgrund der Abgeschiedenheit und der nicht ganz billigen Flugverbindungen kommen außerhalb der Hundeschlittensaison nur wenige Besucher nach Nome. Doch, man glaubt es kaum, die Goldgräber sind nach wie vor da. Nicht wie früher mit Schlüssel und Sieb, sondern mit aufwendiger Technik, bestehend aus Pontons und Hochleistungspumpen. Taucher in Wärmeschutzanzügen saugen den goldhaltigen Sand vom Meeresboden auf einen Ponton, wo das Edelmetall herausgewaschen wird.

Von Nome ist es nicht mehr weit in die Bering-Straße, dem »Gateway to the Artic Ocean«. Um Mitternacht erreichen sie die »Diomede Islands«, die genau in der Bering-Straße liegen. Sie sind die Übrigbleibsel von Beringia, einer Landbrücke, die Sibirien mit Alaska bis vor rund 12 000 Jahren verband. Die große Diomede-Insel gehört zu Russland, die kleine zu den USA.

Genau zwischen diesen beiden Inseln verläuft die Grenze der beiden Länder, außerdem befindet sich hier auch die internationale Datumsgrenze. Während es auf der amerikanischen Insel Montag zwölf Uhr mittags ist, zeigen Kalender und Uhr auf der russischen Insel Dienstag neun Uhr. Beide Inseln sind bewohnt. Die russische – wie auch sonst – kann nur unter erschwerten Bedingungen besucht werden, bei der amerikanischen Diomede-Insel machen sie kurz darauf fest. Eine Straßenlaterne erleuchtet die amerikanische Siedlung auf Little Diomede. Torsten Heller feiert hier am

17. August seinen 37. Geburtstag; es ist das fünfte Mal, dass er sein Wiegenfest während einer Expedition begeht.

Arved ist außerordentlich beeindruckt; es ist der seltene Fall, dass in der Bering-Straße klare Sicht herrscht und die Küstensilhouette Sibiriens von der flach unter dem Horizont liegenden Sonne beleuchtet wird. »Das sind Momente, die für manche Unbilden entschädigen, die man bei Expeditionen durchlebt«, sinniert der Skipper.

Bald werden die Anker gelichtet, und in der Tschuktschen-See herrscht das gewohnte »Grau-in-Grau-Wetter«. Fuchs will vorankommen, denn Mitte August ist üblicherweise der beste Zeitpunkt, um in die Passage einzufahren – und Mitte September sollte man nach Möglichkeit schon wieder aus ihr heraus sein, weil danach die schweren Herbststürme einsetzen. Die Tage werden kürzer, es beginnt zu frieren, und an einigen Stellen bildet sich bereits wieder Neueis.

Dramatische Folgen des Klimawandels

Dennoch lässt Fuchs es sich nicht nehmen, in Barrow Station zu machen. Es ist der nördlichste Zipfel Alaskas, gelegen auf der Landzunge Point Barrow. Dort ist auch die Wendemarke, an der Schiffe, die durch die Nordwestpassage wollen, ihren Kurs Richtung Ost ändern müssen. Hier werden Fuchs und seine Crew drastischer mit den Folgen des Klimawandels konfrontiert, als sie es vermutet hätten. Bereits am Strand stapeln sich kilometerweise Sandsäcke, die die Steilküste von Barrow vor der Erosion bewahren sollen – mit mäßigem Erfolg.

Der Permafrostboden ist bis weit in das Landesinnere aufgetaut, sodass die Steilküste durch die Brandung des Meeres permanent abbröckelt. Häuser, die vor Jahren noch weit vom Strand entfernt standen, stehen nur noch wenige Meter vor der erodierenden Küste. Wie Fuchs erfährt, betrifft dieses Problem nicht nur Barrow. Andere Siedlungen entlang der Küste wie Shishmaref und Kivalina müssen wahrscheinlich sogar versetzt werden, da ihre Häuser ins Meer abzurutschen drohen. Der Aufwand für diese Maßnahme wird auf zehn Millionen Dollar geschätzt.

Eine in Barrow wohnende amerikanische Geschäftsfrau, die die Entwicklung seit Jahren beobachtet, ist felsenfest davon überzeugt, dass die Ursache im »Global Warming« begründet ist. Die Folgen der Klimaveränderung sind in jeder Hinsicht weitreichend. Selbst für ortskundige im Inupiat ist die früher einsetzende Schnee- und Eisschmelze schwer vorhersehbar. Jäger, die mit ihren Schneemobilen weite Strecken über das Packeis zurücklegen, werden immer häufiger durch aufbrechendes Eis und abdriftende Eisfelder vom Festland getrennt. Durch aufwendige – und entsprechend teure – Rettungsflüge mit Hubschraubern können sie zum Glück meist gerettet werden, für die betroffenen Jäger ist das aber eine völlig neue Erfahrung. »Die Leute sind besonders darüber besorgt, dass die Veränderungen so schnell voranschreiten«, erläutert die Amerikanerin.

Weiterhin ist zu beobachten, dass in Teilen der normalerweise sumpfigen und baumlosen Tundra, in der außer Gräsern und Moose nur wenige Pflanzen gedeihen, plötzlich kleine Bäumchen wachsen – eine Erscheinung, die auch im gegenüberliegenden Sibirien beobachtet wird. Dramatisch auch die Entwicklung im Süden Alaskas, wo etwa 40 Millionen Bäume vom Borkenkäfer befallen sind.

Keine guten Nachrichten

Das Schiff stampft an der Küste Alaskas durch die Beaufort-See in östlicher Richtung. Die Fernsicht ist wieder mal phänomenal. Die Crew blickt auf die schneebedeckten Berge der Brooks Range, einer Gebirgskette, die 150 oder sogar 200 Kilometer von der Schiffsposition entfernt ist. Es sieht aber so aus, als wären die Berge gerade mal 20 Kilometer entfernt. Am seewärtigen Horizont bilden sich im Sonnenlicht Fata Morganen, Luftspiegelungen, die der Crew gewaltige Eisberge vorgaukeln. Dabei sind es nur gespiegelte und vergrößert abgebildete Eisfelder.

In seinem Buch »Nordwestpassage – der Mythos eines Seeweges« beschreibt »Philosoph« Fuchs seine Stimmung: »Die Kraft der Stille, der Einsamkeit, der Klarheit der Wahrnehmung berühren mich immer wieder aufs Neue. Hier gibt es keine Ablenkung, alles ist unmittelbar und intensiv. Für jemanden wie mich, der aus dem von Termingerangel beherrschten, hektischen, dicht besiedelten Deutschland kommt, wirkt die Stille wie ein Sanatorium für die Seele. Auch hier gibt es Verbindlichkeiten gegenüber dem Alltag, gibt es Zeitabläufe, die einzuhalten sind. Aber alles ist unmittelbarer, wahrhaftiger und naturbestimmt. Das macht den Unterschied aus, der mich innerlich tief durchatmen lässt.«

Nachdem die »Dagmar Aaen« den so genannten »Demarcation Point«, das ist die Grenze zwischen Alaska und Kanada, passiert hat, treffen sie vor Herschel Island auf die ersten dichteren Eisfelder. Arved weiß aus Erfahrung, dass das nur die ersten Vorboten sind.

In Herschel Island stoßen sie – keinesfalls zufällig – auf das Kreuzfahrtschiff »Bremen« der Reederei »Hapag Lloyd«. An Bord der »Bremen« ist Henryk Wolski, ehemaliges Crewmitglied der »Dagmar Aaen«. Hendryk arbeitet auf dem Kreuzfahrer als »Expedition Leader«. Kapitän Daniel Felgner, der Fuchs und seine Crew auf sein Passagierschiff einlädt, hält interessante Informationen über die Eislage bereit. Die Situation sieht für Fuchs und seine Crew keineswegs rosig aus.

Dass die »Bremen« die Passage, aus der sie gerade kommt, durchfahren konnte, verdankt sie primär dem Eisbrecher »Terry Fox« der »Coast Guard«. »Trotz des Eisbrechers war es sehr schwierig«, berichtet der Kapitän. »Das Eis im Peel Sound und im Larsen Sound war so massiv, dass die Bremen nur mit großer Mühe dem vorausfahrenden Eisbrecher folgen konnte. Selbst für die ›Terry Fox‹ war es zeitweilig nicht einfach, eine Rinne zu brechen.« Dabei verfügt die »Bremen« über die Eisklasse 1A Super, die höchste für Schiffe, die nicht als Eisbrecher klassifiziert sind. Da die »Bremen« offenbar durch das Eis einen Schaden an der Ruderanlage abbekommen hat, muss sie zudem in die Werft. Die Reederei hat entschieden, die bereits im nächsten Jahr geplante Durchfahrt der Nordwestpassage abzusagen.

Noch ist es nicht zu spät – ein Versuch sei gestattet

Obwohl Fuchs seine Chancen nach diesen Erkenntnissen eher für gering hält, möchte er es dennoch nach wie vor versuchen. In seinem vorgenannten Buch rechtfertigt er seine Vorgehensweise: »Bei allen meinen Reisen ins Eis gab es nie die Sicherheit des Gelingens. Entscheidend ist, dass man seine Möglichkeiten nutzt und seine Grenzen erkennt. Gerade das Wissen um die Wahrscheinlichkeit des Scheiterns an den Naturgewalten spornt einen zu Höchstleistungen an und lässt einen jeden zugleich sein ganzes Know-how und seine Instinkte einsetzen. Wir konsumieren nicht, wir müssen uns die Erfolge erarbeiten – gerade darin liegt für mich der Reiz.«

Sehr detailliert begründet er den Unterschied zwischen dem Kreuzfahrer und seinem Schiff. Während die »Bremen« die Nordwestpassage zu einem Zeitpunkt durchfuhr, als das Eis jahreszeitlich bedingt noch gar nicht weg sein konnte und das Passagierschiff zudem einen »Fahrplan« einhalten muss, wird Fuchs dieses Terrain später befahren, und er braucht auch keine Fahrzeiten einzuhalten.

Seit sie Herschel verlassen haben, ist die See mit Eis bedeckt, mal mehr, mal weniger. Der Ausguck in der Eistonne ist rund um die Uhr besetzt, um den günstigsten Routenverlauf zu bestimmen. Beim Passieren von Kap Bathurst entscheidet Fuchs, den Weg über den Amundsen-Golf und die Dolphin-and-Union-Straße zu nehmen. Fuchs hat sie alle studiert, die Berichte über die Arktisexpeditionen von Amundsen über Franklin und Perry bis Ross. Zudem hat er eigene Erfahrungen mit der Nordwestpassage. Dieses Wissen, gepaart mit den modernen Möglichkeiten der Kommunikation und Navigation, versetzt Fuchs wie keinen Zweiten in die Lage, diesen Seeweg mit hoher Wahrscheinlichkeit passieren zu können. Wie bei allen seinen Vorgängern, die es geschafft haben, gehören allerdings eine Portion Intuition und ein Quäntchen Glück dazu. Er muss einfach in diesem engen Zeitfenster des arktischen Sommers zur richtigen Zeit am richtigen Ort sein.

Am 31. August 2003 erreicht Fuchs Cambridge Bay, Drehscheibe, Schul-, Versorgungs- und Verwaltungszentrum für den nördlichen Teil der kanadischen Arktis. Obwohl der Ort nur 1309 Einwohner zählt, gibt es einen Flughafen für Jets, Supermärkte, Hotels, Schulen, eine Bank, auf der man mit EC-Karte Geld abheben kann, sowie eine Post- und Polizeistation.

Cambridge Bay ist von zentraler Bedeutung

Auch für Arved Fuchs soll Cambridge Bay während dieser Expedition noch von zentraler Bedeutung werden. Er trifft hier überraschenderweise Brent Boddy wieder, der ihn zusammen mit dem ICEWALK-Team 1989 für den Gang zum Nordpol trainiert hat. Arved lernt den Briten David Cowper kennen, der sich mit seiner Motoryacht »Polar Bound« der »Dagmar Aaen« anschließen möchte. Das Schiff ist eisgängig, was man von zwei weiteren Seglern nicht sagen kann. Zu ihrem eigenen Glück scheitern die Greenhorns, bevor sie in ernste Gefahr geraten.

Dann ist da noch der Kanadier Doug Stern, der am liebsten mit Genuss die inneren und äußeren Weichteile der Karibuköpfe verspeist. Arved wird ihn später als Crewmitglied rekrutieren, da er seit 20 Jahren in der Arktis lebt und Kenner des Terrains ist. Als Glücksfall für Arved erweist sich der gebürtige Deutsche Willi Laserich. Willi, der nach dem Krieg von Deutschland auswanderte, stellt sich als Pilot vor. Ein nettes Understatement, denn er gilt als echter Flugpionier, da er Such- und Rettungseinsätze fliegt, wenn sonst niemand mehr aufsteigt. Laserich gehört die Fluggesellschaft, mit der er die ärztliche Versorgung – das sind die Medivac-Flüge – aufrechterhalten wird; zudem gehört ihm der Learjet, der Cambridge Bay mit der übrigen Welt verbindet.

Wann immer es passt, werden Arved und sein Kamerateam zu Erkundungsflügen in Willis zweimotoriger Twin Otter mitgenommen. Dadurch kann Fuchs sich ein Bild über Teile der Nordwestpassage machen, zudem entstehen herrliche Film- und Fotoaufnahmen, an die die Expedition sonst niemals gekommen wäre.

Nach drei Tagen nimmt die »Dagmar Aaen« Kurs auf das 480 Kilometer entfernte Gjoa Haven. Diesen auf King William Island gelegenen »schönsten kleinen Hafen, den es überhaupt geben kann«, wie Roald Amundsen ihn nannte, entdeckte der Polarforscher im September 1903. Die »Dagmar Aaen« ist in Größe, Bauart und Takelung Amundsens Schiff »Gjoa« recht ähnlich. Arved, der selten etwas dem Zufall überlässt, weiß, dass Gjoa Haven just an dem Tag, an dem er einfahren wird, sein 100-jähriges Jubiläum feiert.

Und richtig, das Timing kann nicht besser sein: Eis und Wetter haben es zugelassen, dass Fuchs nach 5000 Kilometern seit Dutch Harbor pünktlich auf den Tag genau in den Hafen, dessen Namensgeber Amundsen war, einfahren kann. Wie erhofft, ist der festlich gewandete Ort überrascht und erfreut zugleich, dass am Jubiläumstag ein Traditionssegler einfährt, der der »Gjoa« zum verwechseln ähnlich sieht. Alles passt: Man feiert, lädt sich gegenseitig ein, und das anwesende CBC-Kamerateam ist überglücklich, mit der »Dagmar Aaen« einen dramaturgischen Hintergrund für die Fernsehdokumentation zu haben.

Nun ist Arved Fuchs nicht in erster Linie des Feierns wegen in die Arktis gekommen, denn der schwierigste Teil der Passage harrt noch seiner Bewältigung. Durch die James-Ross-Straße kommen sie noch recht gut, doch von der Kent Bay, einer Bucht der Boothia-Halbinsel, kommen sie nur noch schleppend voran, obwohl der »nur« 150 Kilometer entfernte Peel Sound bis zur Bellot-Straße eisfrei ist. Sie schaffen es noch einmal bis zu den Tasmania Islands, müssen dort aber bald wieder umkehren, bis sie das Eis schließlich auf der Höhe von Cape Hopson festsetzt. Auch der zu Hilfe gerufene Eisbrecher »Pierre Radisson« der kanadischen »Coast Guard« kann ihnen nicht mehr helfen. Der freundliche Kapitän Serge Brulé macht zusammen mit Arved eine Probefahrt, und Fuchs kann vom Heck des Riesenschiffs beobachten, was mit seiner »Dagmar Aaen« passieren würde, wenn ihm die tonnenschweren Eisbrocken aus dem Mahlstrom des Eisbrechers treffen würden.

Anders als in russischen Gewässern würde diese Hilfe noch nicht einmal etwas kosten, da Fuchs sich immer ordnungsgemäß anmeldet, alle Genehmigungen hat und sich auch sonst professionell verhält. Das zahlt sich dann nach acht Tagen Gefangenschaft im Eis noch einmal aus, indem der bereits abfahrbereite Kapitän Fuchs noch einmal zu sich auf die Brücke bittet und ihm zeigt, wie er in Kürze dem Eis entkommen kann. Allerdings nicht in Richtung Nordwestpassage, sondern zurück nach Cambridge Bay – zum Überwintern. So hat das Eis wieder mal gesiegt, doch mindestens die Hälfte der Passage ist ja bewältigt – warum soll es mit der zweiten Hälfte im nächsten Jahr nicht klappen?!

Zum Überwintern gibt es keinen besseren Platz als Cambridge Bay. Hier stimmt die Infrastruktur, und hier ist man der Expedition ausgesprochen freundlich gesonnen. Wie immer findet Fuchs Crewmitglieder und sogar Brent Boddy sowie Doug Stern, die sich die Winterbewachung der »Dagmar Aaen« teilen.

Am 24. September 2003 schreibt Fuchs ins Logbuch: »Schiff winterfest gemacht. Auf der Reise von Sitka bis Cambridge Bay wurden an insgesamt 126 Reisetagen 6433 Seemeilen (11 940 Kilometer) zurückgelegt. Als erste Wintercrew bleiben Martin, Torsten und Tillman an Bord. Alle anderen fliegen am 30. September zurück nach Deutschland.«

Im Übrigen, David Cowper mit seiner Motoryacht »Polar Bount« hat es auch nicht geschafft. Im Kielwasser der »Dagmar Aaen« ist auch er zur Überwinterung in Cambridge Bay gestrandet.

Sommer 2004 – neues Spiel, neues Glück

Arved Fuchs hat im vierten Anlauf die Nordostpassage geschafft. Die Nordwestpassage hat er bereits im Jahre 1993 von Osten nach Westen bewältigt, um dann als Erster mit einem Segelschiff den Nordpol zu umrunden. Beweisen muss der ausgewiesene Polarexperte niemandem mehr etwas, doch zu Ende bringen möchte er die Nordwestpassage auch in Gegenrichtung. Denn er möchte sehen, was sich in den letzten zehn Jahren verändert hat. Beim Wetter, beim Eis und beim Meereswasser. Denn alles, was er wahrnimmt, sieht und misst, dokumentiert er, setzt es in Beziehung und leitet es an die Institute weiter. Auch bei der einheimischen Bevölkerung hat er Veränderungen festgestellt – positive wie negative.

Positiv ist anzumerken, dass sich Kanada und Alaska um die einheimische Bevölkerung sorgen. Sei es die gewährte Hilfe für die Menschen, die durch das Aufweichen des Permafrostbodens geschädigt sind, sei es, um durch Alkoholverbote den Alkoholismus in den Griff zu bekommen, oder sei es, um die Selbstverwaltung der Inuit zu verbessern.

So hat der kanadische Staat im äußersten Norden das neue Territorium Nunavut mit Iqualuit als Hauptstadt, dem ehemaligen Frobisher Bay, geschaffen. Dieses Territorium gehörte bis Ende der 1990er-Jahre zu den Northwest Territories mit Yellowknife als Regierungssitz.

Nunavut ist rund sechsmal so groß wie die Bundesrepublik Deutschland, weist aber nur 28 Siedlungen auf, von denen die meisten nur wenige hundert Einwohner haben. Von den etwa 30 000 Menschen, die dort leben, sind rund 26 000 Inuit. Auch dass die Geburtenrate in Nunavut vergleichsweise hoch ist, gibt Anlass zur Hoffnung.

Kritisch ist anzumerken, dass der Einzug der »Moderne« den Menschen zunehmend ihre kulturelle Identität nimmt. Die alten Sitten und Gebräuche werden überwiegend nur noch von den Älteren gepflegt, wenngleich es auch schon Gegentendenzen gibt.

Durch das Ansteigen der Temperaturen und den Rückgang des arktischen Eises gehen den Inuit die Jagdgründe und damit ihre Lebensgrundlagen verloren. Das wiederum hat eine noch stärkere Alimentierung durch den Staat zur Folge.

Arved Fuchs registriert dieses alles und macht es in seinen Vorträgen, Büchern und Interviews einer breiten Öffentlichkeit zugänglich. Insbesondere versucht er auf internationalem Wege die Jugend zu sensibilisieren. Dazu mehr in Kapitel 14.

Nachdem die Wintercrews und die »Dagmar Aaen« die Frostperiode bei Minustemperaturen von bis zu 48 °C (unter Berücksichtigung des Chillfaktors 60 °C und tiefer) gut überstanden haben, kommen Arved Fuchs und ein Crewmitglied am 1. Juli 2004 wieder an Bord. Das Eis, in dem die »Dagmar Aaen« liegt, und das im Winter auf eine Stärke von 2,30 Meter anwuchs, beginnt allmählich zu tauen.

Erkundungsflüge mit Willi ergeben allerdings, dass sich das Eis in diesem Sommer erheblich langsamer als gewöhnlich auflöst. Fuchs ahnt, dass die Chance, in diesem Jahr durch die Passage zu kommen, um keinen Deut besser ist als im zurückliegenden Jahr, eher noch schlechter, weil das Eis im vergangenen Jahr nicht geschmolzen, sondern während des zurückliegenden Winters noch fester und dicker geworden ist.

Es soll noch bis zum 13. August dauern, bis Fuchs eine erste Fahrt unternehmen kann. Der Trip, bei dem auch die neue Crew trainiert wird, geht zu einer Inuitsiedlung im Bathurst Inlet. Bei diesen Begegnungen wird auch ein Vorhaben diskutiert, bei dem es um den Bau eines Tiefwasserhafens und die Anlage eines Öllagers geht. Die Meinung der Bevölkerung ist gespalten: Auf der einen Seite das Schaffen dringend benötigter Arbeitsplätze – andererseits mögliche Gefahren für die Umwelt. Fuchs kann beide Seiten verstehen, hält sich aber klugerweise aus der Diskussion heraus. Auf der Rückfahrt nach Cambridge Bay gerieten sie in einen Sturm der Windstärke zehn, sodass die Feuertaufe für die Neuen keiner Simulation mehr bedarf.

Ein Orkan – für die einen ein Drama, für Fuchs der Befreiungsschlag

Bevor sie endlich am 20. August nach rund elf Monaten Aufenthalt in Cambridge Bay die Anker hieven, kann sich Fuchs auf dem Eisbrecher »Sir Wilfried Laurier« die letzten Eisinformationen abholen. Hier trifft er auf Kapitän Norman Thomas, den er bereits bei seiner ersten Passage im Jahre 1993 kennengelernt hat. Arved hat eben einen großen Bekanntenkreis in arktischen Gefilden.

Doch allzu weit kommen sie nicht, vor der James-Ross-Straße, unmittelbar an der Boothia-Halbinsel, liegen sie fest. Einige Crewmitglieder erkunden die Halbinsel, auf der es reichlich Karibus gibt. Zwei von Jägern erlegte Tiere bekommen sie geschenkt, die Doug Stern, inzwischen Crewmitglied, fachgerecht zerlegt. Diesmal macht er sich über die geviertelten Köpfe der Tiere in Gegenwart der Crew her, die es tapfer erträgt.

Die »Dagmar Aaen« bewegt sich bereits einen ganzen Monat am Eingang der James-Ross-Straße, kommt aber nicht wesentlich weiter, da nach Norden alles vereist ist. In dieser Situation gibt es nur eine schwache Hoffnung, nämlich dass ein östlicher Sturm die Eismassen so weit verdrängt, dass dadurch eine Fahrrinne frei wird.

Dieser beginnt tatsächlich am 21. September und baut sich in der Nacht zu einem ausgewachsenen Orkan auf. Das Inferno entwickelt sich derart, dass in Gjoa Haven Häuser abgedeckt werden und eine Frau erfriert, die sich im Schneetreiben verirrt hat. In Resolute Bay muss das Entladen eines Tankers unterbrochen werden, Stromleitungen reißen aufgrund massiver Vereisungen. Nachdem der Anker der »Dagmar Aaen« zum fünften Mal ausbricht, versucht Arved das Schiff unter Maschine auf Position zu halten.

Dann erhalten sie über die Eiszentrale Ottawa die alles entscheidende Nachricht, dass sich entlang der Küste im Larsen und Peel

Sound eine zehn Seemeilen breite Rinne aufgetan hat. Die schwierige Bellot-Straße ist sogar eisfrei. Unter voller Maschinenkraft prescht Fuchs gen Norden, in seinem Kielwasser die »Polar Bound«, die sich immer in der Nähe der »Dagmar Aaen« aufgehalten hat. Allerdings ist der Skipper allein an Bord, und ohne Ablösung muss er irgendwann vor Müdigkeit umkippen. Tatsächlich bittet David Cowper Arved Fuchs nach einer gewissen Zeit, eine Pause einzulegen, was Fuchs in Anbetracht des »Eisfensters«, dessen Öffnungszeit niemand einschätzen kann, ablehnen muss. Allerdings bietet Arved ihm Brent Boddy zur Ablösung an, was David Cowper dankend annimmt.

Ein Unterwasserfelsen, der da nicht sein soll

Durch Drehung des Windes gibt es zwischendurch doch wieder Eisbarrieren, durch die sich Fuchs geschickt durchwindet. Dann passiert es! In einem Gebiet, wo die Seekarte 50 Meter Wassertiefe anzeigt, liegt ein Felsen, auf den die »Dagmar Aaen« aufläuft. Während sich das Vorschiff bereits wieder in tiefem Wasser befindet, liegt die Ruderhacke, die den größten Tiefgang des Schiffes hat, bombenfest auf dem Felsen. »Genau das hab ich mir gewünscht, jetzt, wo alles sonst so gut läuft«, flucht Fuchs.

Doch gerade in solchen Situationen zeigt sich das Improvisationsgeschick von Skipper und Mannschaft, die mit ihrem Schiff auf Du und Du stehen. Fuchs lässt den Großbaum fieren und die gesamte Mannschaft auf dem Baumnock postieren, sodass sich das gekrängte Schiff vom Hindernis löst. Dass Arved die »Polar Bound« hat mitfahren lassen, zahlt sich jetzt auch aus. Diese erhält nämlich eine Schlepptrosse, und unter dem »Jetzt-ab-Kommando« von Skipper Fuchs führen alle die vereinbarte Bewegung aus, während die »Polar Bound« mit voller Kraft vorausfährt. Sie schaffen es tatsächlich, das Schiff frei zu bekommen, ohne dass es auch nur den geringsten Schaden davongetragen hat. Fuchs trägt die Untiefe in

11 Beharrlichkeit zahlt sich aus

seine Karte ein und meldet sie an die »Coast Guard« sowie an das Hydrographische Institut.

Kurze Zeit später steuern sie den Westeingang zur Bellot-Straße an, wegen des enormen Gezeitenstroms ein außerordentlich gefährliches Revier. Am Ausgang der Bellot-Straße ankern sie und statten der verlassenen Handelsstation Ford Ross einen Besuch ab. David Cowper ist auch an Land gegangen, er hat hier zweimal hintereinander überwintert. Es ist historischer Boden, auf dem seinerzeit McClintock auf der Suche nach dem verschollenen Franklin einen so genannten Steinmann errichten ließ. Eine Herde Moschusochsen weidet ohne Scheu in einer abwechslungsreichen Landschaft.

Hier könnte man länger bleiben, wenn nicht, ja wenn nicht das Eis wäre, dass Arved in weiter Ferne im Prince Regent Inlet entdeckt. Unvermittelt stürmt er Richtung mittschiffs, wo er Torsten antreibt, umgehend seine Dreharbeiten abzuschließen. Dieser ist verärgert, fügt sich aber. Mit Unverständnis reagiert auch David Cowper, der Fuchs' Sorge nicht teilt und noch für eine Weile auf der Insel bleiben möchte. Auch neueste Eiskarten, die Fuchs auf der »Dagmar Aaen« soeben erhält, können den Skipper der »Polar Bound« nicht überzeugen.

Schon bald wird er diese Entscheidung bereuen, denn Arveds »sechster Sinn« stellte sich wieder einmal zur rechten Zeit ein. Während sich die »Dagmar Aaen« auf direktem Weg Richtung Lancaster Sound befindet, schließt sich der Ausgang der Bellot-Straße, und für die »Polar Bound« ist das Durchfahren der Nordwestpassage zumindest zu diesem Zeitpunkt nicht möglich. Zum Glück befindet sich ein Eisbrecher auf dem Rückweg von Kugaaruk, dem früheren Pelly Bay, nach Norden und eilt zu Hilfe. Nur diesem Umstand ist es zu verdanken, dass die »Polar Bound« durch das gebrochene Eis genügend Freiraum erhält, um dem vorausfahrenden Schiff zu folgen. Es bedarf noch eines weiteren Eisbrechers, der David Cowper letztlich doch noch dazu verhelfen kann, die Nordwestpassage abzuschließen. Währenddessen hat Arved Fuchs bereits am 27. September 2004 Lancaster Sound verlassen und fährt in der Baffin Bay in Richtung Grönland.

Als Arved Fuchs am 11. November 2004, nach rund zweieinhalb Jahren Abwesenheit und zirka 37 000 Kilometern, in den Hamburger Hafen einläuft, hat er ein weiteres Mal den Nordpol umrundet und damit wieder einmal Geschichte geschrieben. Der Empfang in Hamburg ist überwältigend.

12 Zwischen Atlantik und Nordpolarmeer

»Nichts ist mehr so, wie es mal war, der Klimawandel verändert den gesamten arktischen Raum im geradezu atemberaubenden Tempo. Am Nordpol bricht das Eis auf und treibt in Regionen, die zuvor als eisfrei galten. Die alten Gesetzmäßigkeiten scheinen außer Kraft gesetzt zu sein!«

»Ultima Thule« – das Dach der Welt

Die Enge und der Gestank in dem Flugzeug sind nichts für schwache Nerven. Zwischen elf Schlittenhunden, dem Komatik, zwei toten Robben, diversen Alukisten, Benzinkanistern sowie einem Schneemobil für das Kamerateam haben sich Arved Fuchs und ein Kameramann hineingezwängt. Der Gestank in der Kabine rührt von den Hunden her, die langsam aufzutauen beginnen. Die Tiere werden im Dorf üblicherweise an langen Ketten, den so genannten »Stake-out«, gehalten. Da der Lagerplatz nicht sauber gehalten wird, liegen sie irgendwann in ihrem eigenen Kot, der dann in ihrem dichten Fell festklebt, gefriert und zur Kruste gerät, die erst im Sommer abtaut.

Als zuverlässiges »Arbeitspferd« in polaren Regionen gilt die Twin Otter, mit der Fuchs oftmals fliegt.

Im warmen Luftstrom der Kabinenheizung beginnt diese Kruste jetzt zu tauen – und zu stinken. Zusätzlich scheint die Aufregung einigen Hunden auf den Darm zu schlagen, was nachhaltig zur Intensivierung des Geruchscocktails beiträgt. Die Luft ist explosiv und zum Schneiden dick.

Arved ist wieder mal unterwegs auf einer Expedition und befindet sich auf dem Flug von Resolute Bay nach Eureka, im Norden von Ellesmeere Island. Mit ihm dabei sind Ehefrau Brigitte Ellerbrock, Torsten Heller, Falk Mahnke und ein zweiköpfiges Kamerateam des Fernsehens. Dieses Mal geht es per Schlittenhundegespann auf Skiern und zu Fuß durch das eis- und schneebedeckte Eiland, das von den Inuit als »nördliches Dach der Welt« bezeichnet wird. Fuchs nennt seine Expedition »Ultima Thule«, was in der Antike für einen sagenumwobenen Ort am nördlichen Rand der Welt stand.

Die nachhaltigsten Erlebnisse im polaren Reisen, die ihn auch in seinem späteren Werdegang prägten, hatte Arved in der kanadischen Arktis und auf Grönland. Hier hat er die »Ursprünglichkeit des Reisens«, wie er es ausdrückt, entdeckt und lieben gelernt. Bei den unendlichen Dimensionen dieser Regionen ist immer »etwas liegen geblieben«. Dazu gehört auch, dass Arved immer wieder die Motivation, Wege und Entscheidungsgrundlagen der Polarforscher verstehen und nachvollziehen möchte. Ein großes Terrain bieten ihm dabei die Inseln Ellesmeere Island, Grönland und Spitzbergen.

Dennoch wird die Zeit knapp, die Arktis so zu erleben, wie sie seit Jahrtausenden bestand. Der nicht mehr zu leugnende Klimawandel ist die Ursache dafür, dass sich die Landschaften total verändern. Aber auch der Ansporn für Arved, noch möglichst viel zu sehen und Vergleiche anstellen zu können, was und in welchem Umfang sich in den letzten Jahren verändert hat.

Ein Hundeschlitten statt zwei – auf der Spur der weißen Wölfe

So erkundet Arved im Frühjahr 2006 den nordwestlichen Teil von Ellesmeere Island von Eureka aus, der nördlichsten Wetterstation. Es ist eine Tour mit kaum zu bewältigenden Hindernissen. Anders als vereinbart steht in Grise Fjord nur ein Hundeschlitten anstatt zwei zur Verfügung, was eine doppelte Belastung für die Tiere bedeutet. Jeder der elf Vierbeiner benötigt pro Tag ein Kilogramm Futter, das mitgeschleppt werden muss. Die Crew löst das, indem sie in den ersten Wochen mehrfach hin- und herfährt, um Depots anzulegen.

Bereits am ersten Tag verheddert sich Falk Mahnke in einer Leine des Gespanns. Mit verletztem Knie muss er in 14 Tagen 150 Kilometer bewältigen. »Da half nur auf die Zähne zu beißen«, wie er später erzählt. Eine weitere Aufregung gibt es kurz nach dem Start in Eureka. Ein siebenköpfiges Wolfsrudel zeigt keinerlei Scheu und attackiert die Schlittenhunde. Die Polarwölfe sehen die Hunde als Nahrungskonkurrenten, die in ihr Revier eindringen. Am Tage wimmelt das Team die weißen Tiere mit der Peitsche ab, nachts müssen sie bei 40 Grad minus wechselweise Wache halten.

Wenn sich Polarwolf und Husky begegnen, zeigt der kleinere Hund, wer der »Boss« ist.

Fest daran glauben, dass Wölfe dem Menschen nichts tun, müssen Brigitte Ellerbrock und Torsten Heller, die auf Skiern mehrere Kilometer vorauseilen, um den Weg zu spuren. Zeitweise stehen die Tiere links und rechts Spalier. »An das Gewehr wären wir im Ernstfall nicht so schnell herangekommen, falls die Wölfe angegriffen hätten, das lag auf dem Pulkaschlitten«, erzählt Heller später.

Das Vorwärtskommen gestaltet sich extrem schwierig, immer wieder gilt es schwere Eispressungen zu überwinden. Je weiter das Team nach Norden vordringt, desto stärker macht sich der Einfluss des Arktischen Ozeans bemerkbar, der Eis zusammenschiebt und dadurch neue Hindernisse aufbaut. Am 28. April zeigen sich erste Spuren der historischen Robert-Peary-Expedition aus dem Jahre 1906; Fuchs findet einen Steinmann wieder, den auch der deutsche Geologe Dr. Hans Erich Krüger 1930 auf seiner schicksalhaften Expedition fand. Er hinterließ dort eine Nachricht, die erst rund 20 Jahre später gefunden wurde. Von Krüger selbst fehlt bis heute jede Spur. Für Fuchs wieder mal ein bewegender Moment, den stillen Zeitzeugen zu sehen, den nur ganz wenige Menschen vor ihm gesehen haben. Vorzeitig im April hält der Frühling Einzug in der Arktis und lässt die Temperaturen schlagartig über den Gefrierpunkt ansteigen. Knietiefer Schnee und dichter Nebel verhindern ein Fortkommen von Mensch und Tier. Zu diesem Zeitpunkt hat die Expedition ihren nördlichsten Punkt in der Yelverton Bay erreicht, 875 Kilometer Luftlinie vom Nordpol entfernt. Nach 44 Tagen mit einer Laufleistung von 500 Kilometern beendet Fuchs die Expedition am 20. Mai 2006. »Auch wenn wir unser ursprüngliches Ziel, den Lage-Hazen-See, nicht erreichten, haben wir viele Eindrücke und Dokumentationen von der zehntgrößten Insel der Welt sammeln können«, bilanziert Fuchs die strapaziösen Reise.

Ostgrönland – Historie und Klima

Kaum ist Arved Fuchs von Ellesmeere Island zurück, bricht er am 14. Juli mit der »Dagmar Aaen« von Flensburg aus in Richtung grönländische Ostküste auf. Er knüpft an seine Expedition »Greenland Challenge« von 1997/98 an, bei der er nach 800 Kilometern auf Skiern Danmarks Havn erreichte. Genau diesen Ort erreichte auch im Jahre 1906 die »Danmark Expedition« unter Leitung des dänischen Grönlandforschers Ludvig Mylius-Erichsen. Ziel war es damals, das letzte Stück der grönländischen Ostküste zu erforschen. Während Mylius-Erichsen sein Schiff »Danmark« im Jahre 1906/07 einfrieren ließ, errichtete er die erste meteorologische Station auf Grönland am 77. Breitengrad, bei Danmarks Havn, und machte mit seiner Crew zahlreiche Vermessungen und Untersuchungen. Zur Mannschaft gehörte auch der bekannte deutsche Forscher Alfred Wegener.

Mylius-Erichsen und zwei seiner Gefährten kehrten von einer Vermessungsfahrt auf Hundeschlitten nicht mehr zurück. Später wurde lediglich die Leiche des Schlittenführers Jørgen Brønlund gefunden.

»Neben dem geschichtlichen Aspekt der Tour spielt die Klimaerwärmung erneut eine entscheidende Rolle«, erklärt Fuchs bei der Abreise. »Auf der benachbarten Insel Spitzbergen werden seit dem vergangenen Dezember kaum vorstellbare Temperaturschwankungen gemessen, die die vergletscherten Inseln zum ›Hot Spot‹ der Klimaproblematik werden lassen.« Fuchs interessiert dabei besonders, wie sich die Gletscher und die Eisdichte im Laufe der Jahre entwickelt haben. Diese Daten ermittelt der angehende Geograf Matthias Berg im Rahmen seiner Diplomarbeit. Außerdem vermisst der Diplomand Eisberge, von denen der größte, fast rechteckige Koloss eine Kantenlänge von 500 mal 280 mal 60 Meter aufweist. Wobei die Höhe nur der Teil ist, der aus dem Wasser ragt. Sieben Achtel liegen unter der Wasseroberfläche.

Die extremen Temperaturausschläge sind ein Indiz für die Erwärmung des Arktischen Ozeans. Das teilweise eisfreie Meer ermöglicht es Arved Fuchs, mit der »Dagmar Aaen« bis vor dem 75. Breitengrad, in Höhe der Siedlung Daneborg, vorzudringen. Da die Eislage von da an ein weiteres Vordringen nach Norden nicht mehr zulässt, geht es ab Ende August wieder südwärts die Küste entlang bis Tasiilaq.

Bei der Überfahrt nach Island geraten sie in einen Sturm der Stärke zehn mit frontalen haushohen Wellen. Sie müssen vor dem Sturm ablaufen. An Deck sind Sicherheitsleinen gezogen, Strecktaue gespannt, und immer wieder steht die Deckwache bis zu den Knien im eisigen Wasser. Auch wenn der Wind ab Reykjavík abflaut, bleibt es bis in die Ostsee nass und windig bei Windstärken zwischen sieben und acht Beaufort.

Pünktlich zum Tag der Deutschen Einheit, am 3. Oktober 2006, läuft Fuchs mit der »Dagmar Aaen« in die Kieler Förde ein. Er wird vom damaligen Ministerpräsidenten des Landes Schleswig-Holstein Peter Harry Carstensen persönlich empfangen. Das Land Schleswig-Holstein ist im Jahre 2006 Gastgeber der Feierlichkeiten zur Wiedervereinigung Deutschlands.

»Svalbard 2007« auf Spitzbergen – der Schuh des Schröder-Stranz

Die Situation in den Gewässern um Spitzbergen ist ähnlich dramatisch wie auf Ellesmeere Island. Wo früher nur ein Befahren mithilfe von Eisbrechern möglich war, kann Fuchs den Archipel mit seinem Haikutter »einfach so« umrunden, da sich das Packeis zurückgezogen hat. Hier bewegt er sich sogar nördlich des 82. Breitengrades, womit er vom Nordpol ganze 930 Kilometer entfernt ist. »Wir dürfen den Klimawandel nicht länger bagatellisieren« ist seine Forderung.

»Steinmänner« in der Arktis sind Wegmarken und zugleich Depots für Lebensmittel und Nachrichten.

Alarmiert durch seine Beobachtungen an der grönländischen Ostküste im vergangenen Jahr, begibt er sich am 12. Juni 2007 mit seinem Segler nach Spitzbergen. Fuchs möchte mit eigenen Augen sehen, ob sich die Situation auf Spitzbergen bestätigt. Mit von der Partie ist der Hamburger Meereseisforscher Dr. Dirk Notz vom Max-Planck-Institut. Arved möchte sich nicht allein auf seine Beobachtungen stützen, sondern die Situation durch wissenschaftliche Begleitung objektivieren lassen. Auch Notz, der sich als Wissenschaftler mit extremen Bewertungen eher zurückhält, sieht die Entwicklung dramatisch. »Das Eis schmilzt schneller, als sämtliche Modelle es vorhersehen, die wir erarbeitet haben. Wir wollen herausfinden, ob das am Salzgehalt oder der Wassertemperatur liegt oder an mehreren Indikatoren«, erläutert der Experte. Notz lässt sich während der Expedition auf mehreren Eisschollen aussetzen, um dort Eisbohrkerne zu ziehen, die nach der Rückkehr am Max-Planck-Institut analysiert werden. Fuchs geht es auch darum, jüngeren Wissenschaftlern die kostenfreie Möglichkeit zu Feldstudien zu geben.

Arved verbindet auch diese Expedition wieder mit einem historischen Ansatz. Es geht ihm diesmal um den Deutschen Polarforscher Herbert Schröder-Stranz, der in den Jahren 1912/13 eine Expedition nach Spitzbergen unternahm. Bei dieser Reise, die eigentlich nur als Vorexpedition für eine spätere Erforschung der Nordostpassage dienen sollte, kamen Schröder-Stranz und sieben seiner Begleiter ums Leben; ihre Überreste wurden allerdings nie gefunden. Dafür aber die so genannte »Villa Rave« im Wijdefjord, die 1912 einigen Expeditionsteilnehmern zwei Monate als Notquartier diente. Im Jahre 1937 fand ein norwegischer Walfänger weitere Reste der Schröder-Stranz-Expedition im Duvefjord.

Hier schaute Arved Fuchs noch einmal genauer nach und fand einen alten Schuh, eine gebrochene Schlittenkufe sowie ein altes Stück Hanfseil. Fuchs beließ die Fundstücke an Ort und Stelle und dokumentierte exakt ihre Position. Ein fotografischer Vergleich der Kufe mit den Resten der in einem Leipziger Museum liegenden Fundstücke beweist, dass Fuchs tatsächlich das Gegenstück gefunden hat.

Als Fuchs am 5. Oktober 2007 nach 110-tägiger Expedition zurückkehrt, ist er hinsichtlich der Folgen des »Global Warming« ziemlich aufgewühlt. Die Ausdehnung des Polareises ist zu diesem Zeitpunkt um 2,5 Millionen Quadratkilometer kleiner – das ist siebenmal die Fläche Deutschlands – als im langjährigen Mittel. Auch auf Spitzbergen sieht er bereits erste Auswirkungen auf die Natur, vor allen Dingen bei den Eisbären, deren Lebens- und Jagdraum zusehends schwindet. »Sie sind viel magerer als früher«, resümiert er.

»Nordpoldämmerung« auf Nordwestgrönland und Ellesmere Island

»Nordpoldämmerung« nennt Arved Fuchs seine mehr als einjährige Expedition nach Nordwestgrönland und Ellesmere Island im Jahre 2009. Es ist offensichtlich, dass der Klimawandel die Lebensgewohnheiten rund um den Nordpol verändert. Gleichermaßen mit Sorge beobachtet Fuchs das beginnende Ringen um die Bodenschätze mit allen denkbaren Folgen im polaren Bereich und den einsetzenden Tourismus.

»Daher steht ›Nordpoldämmerung‹ sinnbildlich für die einschneidenden Veränderungen in der Arktis – gleichzeitig aber auch für die erfolgreiche Expedition der ›Dagmar Aaen‹ zur Nordwestküste Grönlands«, betont Fuchs bei seiner Abreise in Hamburg. Wahrscheinlich absichtlich soll das Substantiv eine Assoziation mit dem Begriff »Götterdämmerung« herstellen. Denn diese bedeutet nach der nordischen Mythologie »Der Untergang der Götter im Weltenbrand, aus dem eine schönere Welt hervorgeht« oder, verkürzt gesagt: Das »Global Warming« könnte zu einer Schicksalsfrage der Menschheit werden.

Nun ist Fuchs beileibe kein Fatalist, er möchte sich auch die Freude an seinen Expeditionen nicht nehmen lassen. So hat er bei dieser Reise nicht nur seine »Klimaziele« im Auge, sondern begibt sich auf die Spurensuche der legendären Greely Expedition von 1881/84. Der Amerikaner Adolphus Greely war mit seiner »Proteus« nach Ellesmeere Island aufgebrochen und hatte in der Lady Franklin Bay, die erste Polarstation, errichtet. Unter seiner Leitung wurden umfangreiche wissenschaftliche Beobachtungen zu Magnetismus, Klima und Gezeiten vorgenommen. Greely schlug damit ein neues Kapitel der Polarforschung auf, ging es den beteiligten Nationen zur damaligen Zeit doch bis dahin lediglich um nationales Prestige im Wettlauf zum Nordpol.

Die Expedition »Greely« kann heute als Grundlage der modernen Erkundung der Arktis und Antarktis angesehen werden. Obwohl sich die Forschungsarbeiten in der Polarstation auf Ellesmere Island zunächst äußerst effektiv gestalten, endete die Expedition nach drei Jahren in einem Desaster, bei dem von 25 Teilnehmern neben Greely noch fünf weitere Männer überlebten. Große Eismassen verhinderten Versorgungsfahrten und die rechtzeitige Abholung der Crew. Im Juni 1884 schließlich wurden die Überlebenden von einem ehemaligen Walfangschiff auf Pim Island beim Kap Sabine gefunden und gerettet.

Persönlich konfrontiert wird Fuchs mit dem Schicksal der Greely-Expedition, als er 1989 zufällig die Nichte des deutschstämmigen Charles Henry Buck in Hannover kennenlernt, den Greely wegen »Lebensmitteldiebstahls« kurz vor der Rettung exekutieren ließ. »Erika Beyer, so hieß die Nichte, wollte mir den Nachlass des Getöteten überlassen«, erinnert sich Fuchs. Bevor er den wertvollen Nachlass sichern kann, bemächtigt sich jedoch ein Bekannter von Fuchs der historischen Unterlagen, der vorgibt, im Auftrage des Bramstedters zu handeln. Fuchs ist derweil auf seiner Südpolexpedition und erfährt später, dass das Material meistbietend verscherbelt worden ist.

Ein Schauder überfällt Fuchs und seine Crew, als sie die Reste der Greely-Expedition auf Pim Island finden. »Selten erlebte ich einen derart düsteren Ort wie in diesem Sommer am Kap Sabine, wo Greelys Crew fast ein Jahr vegetieren musste«, berichtet der Expeditionsleiter nach seiner Rückkehr. Fuchs findet und dokumentiert neben dem Fundament der Greely-Hütte ein altes Segeltuch, einen Kochtopf, Socken, Kleiderreste, Knöpfe und Dosen. Vermoderte Schlafsäcke sind stumme Zeugen der Tragödie. Auch den Cementary Ridge, den Friedhof, wo die Toten seinerzeit verscharrt wurden, finden Fuchs und seine Crew.

Der Beweis ist erbracht

Eigentlich bedurfte es keinen weiteren Beweises: Als Fuchs in die Meeresenge zwischen Ellesmere Island und dem südlich gelegenen Devon Island einfährt, ist dies ein deutliches Zeichen einer Klimaveränderung. »Noch vor sechs Jahren wäre eine Fahrt durch diese Meeresenge nicht möglich gewesen«, beschreibt Fuchs die veränderte Situation aus eigener Kenntnis früherer Expeditionen. Das Eis des Polarmeeres bricht heute zwei Monate früher auf, während die Eisbildung im Herbst erst zwei Monate später einsetzt.

Bei zahlreichen Gesprächen mit Grönländern erfährt Fuchs, dass selbst das Meereis im Winter derart dünn und unsicher geworden ist, dass die Jäger nicht mehr zu ihren angestammten Jagdgründen gelangen können. Die einzig sicheren Fahrten können nur noch auf dem Fjordeis unternommen werden.

»Das gesamte traditionelle Leben der Inuit hat sich dramatisch verändert«, berichtet Fuchs. Früher unternahmen die Einheimischen regelmäßige Hundeschlittenfahrten nach Kanada – in der heutigen Zeit ist das undenkbar. Das Fleisch muss neuerdings gesalzen werden, da es sonst bei der Trocknung von Fliegen verdorben wird.

Auch bei dieser Expedition hat Fuchs wieder zeitweise Dr. Dirk Notz dabei, der neuartige Messinstrumente einsetzt, die genauen Aufschluss über Eis- und Wasserbeschaffenheit sowie über die Zusammensetzung der örtlichen Atmosphäre geben sollen. »Dank der Expedition durch Arved Fuchs sparen wir sehr viel Geld, das man für Exkursionen mit Forschungsschiffen aufwenden müsste«, konstatiert Notz.

Mitte Januar 2010: Der arktische Winter hat seinen Höhepunkt erreicht, dennoch liegt die »Dagmar Aaen« in der grönländischen Bucht von Upernavik im eisfreien Wasser. Bereits Mitte Dezember und Anfang Januar gab es heftige Stürme und Regen, die das Thermometer auf fünf Grad plus steigen ließen.

Endlich, Anfang Februar, fängt es an zu frieren, und es bildet sich eine Eisschicht, die in diesem Winter 30 Zentimeter nicht überschreiten wird. Auch in dieser Zeit werden Messungen von den drei Crewmitgliedern vorgenommen, die das Schiff während der Überwinterung betreuen. Einer von ihnen ist Martin Varga, der gleichzeitig eine Fernsehdokumentation von der Überwinterung dreht. Obwohl es auf dem Schiff ständig etwas zu tun gibt, fällt den dreien der Aufenthalt besonders bei der extremen Dunkelheit nicht immer leicht. Aufmunterung erfahren sie durch den

Die Eistonne ist das »Krähennest« der »Dagmar Aaen« – wichtig für Arved Fuchs, um einen Weg durch die Eisfelder zu finden.

seltenen Kontakt, den sie mit den Einheimischen in dem 1150 Einwohner zählenden Ort Upernavik haben. Arved Fuchs, der während des Winters sein Geld in Deutschland verdienen muss, besuchte die Überwinterer zweimal. Erst Anfang Juni gibt das Eis die »Dagmar Aaen« wieder frei.

Ausgedehnte Nordatlantikreise

Höhepunkt seiner diesjährigen Reise ist für Fuchs die Atlantikinsel Sable Island. »Für mich geht ein Kindheitstraum in Erfüllung«, schwärmt er beim Betreten des kleinen Eilandes. Mit seinen Wildpferden, 300 Vogel- und fünf Robbenarten gilt es als eines der letzten weitestgehend unberührten Refugien.

Arved befindet sich auf der Rückreise von Grönland über den Atlantik nach Deutschland und macht einen Zwischenstopp auf der »Insel seiner Träume«, die sich 160 Kilometer östlich von Nova Scotia (Neuschottland) befindet. Als Zwölfjähriger entdeckt er dieses

Eiland auf seinem Schulatlas und fragt sich: »Sable Island. Was war dort? Wie sah es dort aus? Lebten dort Menschen, wenn ja, welche? Waren es vielleicht Piraten?« Seine Fantasie geht mit ihm durch, aber der Entschluss, irgendwann einmal diese Insel zu besuchen, ist fortan in seinem Kopf eingebrannt. 45 Jahre soll es dauern, bis Arved diesen Traum verwirklicht – und es ist einer von tausend Träumen, die dieser gestandene Mann mit 57 Jahren noch zulässt.

Freundlich wird die Crew auf der 42 Kilometer breiten und zwei Kilometer schmalen Düneninsel vom Inselvogt und Naturschutzbeauftragten Garry Forbes empfangen. Sable Island ist Naturschutzgebiet und beherbergt eine meteorologische Station. Außer dem Naturschutzbeauftragten und einer Hand voll Wissenschaftlern ist diese Insel unbewohnt. Besiedelungsversuche scheiterten im Laufe der Jahrhunderte immer wieder; ständige Bewohner sind die Nachkommen von Ponys, die 1738 eingeführt wurden und verwilderten.

Vorgelagert »beherbergt« die zunächst harmlos aussehende Insel mit ihren 300 Schiffswracks einen der größten Schiffsfriedhöfe des Atlantiks. Sable Island liegt an einer viel befahrenen Schifffahrtroute des Nordatlantiks, dort, wo der kalte Labradorstrom auf den warmen Golfstrom stößt, was zu unberechenbaren Strömungen und Nebel an 122 Tagen im Jahr führt. Mehr als 10 000 Seeleute haben seit 1583 hier ihr Leben lassen müssen.

Arved, der eigentlich zwei Tage bleiben will, muss die Insel schon nach einem Tag fluchtartig verlassen, weil plötzlich aufkommender Sturm und eine hohe Brandung der »Dagmar Aaen« gefährlich werden. Doch eines hinterlässt Arved auf seiner Trauminsel: Ein Fohlen, das bei Arveds Besuch geboren wurde, hat Inselvogt Forbes spontan auf den Namen »Dagmar« getauft.

Die zweieinhalbmonatige Atlantiküberquerung, die von einem Team des Fernsehsenders »arte« für eine fünfteilige Dokureihe gefilmt wird, erweist sich wieder einmal als interessante und spannende Reise der »Dagmar Aaen«. Das beginnt schon bei der ersten Station auf Neufundland, wo sie die 1961 ausgegrabene

Eine Atkantiküberquerung wie hier im Jahre 2010 ist nichts für schwache Nerven. Doch die »Dagmar Aaen« ist hochseetüchtig, was sie seit Jahrzehnten unter Beweis stellt.

Wikingersiedlung L'Anseaux Meadows besuchen. Sie gilt als Beweis, dass die Wikinger bereits um das Jahr 1000 unter Leif Eriksson den amerikanischen Kontinent von Grönland aus erreichten. »Man bekommt dort einen guten Eindruck vom Leben der Wikinger. Es ist schon bemerkenswert, was sie damals geleistet haben, als sie mit den Langbooten von Grönland hierher segelten. Wir haben das ja mit unserem Haikutter selbst erlebt«, staunt der Expeditionsleiter. Die alten Legenden berichten, dass auf der Reise von Island über Grönland von 24 gestarteten Schiffen nur elf ankamen.

Bei stürmischem Wetter segelt der Haikutter nach Rocky Harbor auf Neufundland, das unmittelbar am Gros-Morne-Nationalpark liegt, einem Ausläufer der Appalachen. Eine Besonderheit des zweitgrößten Parks im atlantischen Kanada ist der Western Brook Pond, ein mit reinstem Süßwasser gefüllter Fjord, der nach dem Schmelzen der Eismassen während der Eiszeit die Verbindung zum Meer verloren hat.

In der Nähe von Rocky Harbor liegt Norris Point, wo Professoren Feldforschungen zum Rückgang von Lachsen und weiteren Fischarten betreiben. Überfischung und Zerstörung der Lebensräume seien die Ursache. »Wir haben uns ausführlich mit den Wissenschaftlern über deren Arbeitsweise unterhalten«, erläutert Fuchs. Sie betäuben die Fische im Fluss, bestimmen sie, zählen sie und setzen sie dann wieder aus. Trotz eines totalen Fangverbots haben sich in einigen Gebieten auch die Dorschbestände nicht mehr erholt. Der Heilbutt beispielsweise durfte in diesem Jahr gerade einmal für exakt 40 Stunden gefangen werden. »Das hat natürlich Auswirkungen auf das Leben der Menschen und ihre Küstenkultur«, stellt Fuchs fest. »Die Küstenfischer sind verärgert und verzweifelt.«

Immer wieder werden Fuchs und seine Crew auch an die möglichen Folgen des Klimawandels erinnert. Als sie Anfang Juli St. Peters auf Nova Scotia erreichen, herrschen dort 32 °C. Das hatte man in dieser Gegend nie zuvor erlebt. Normalerweise steigt die Temperatur zu dieser Jahreszeit auf maximal 20 Grad.

Eine überraschende Begegnung gibt es in St. Peters: Im Sportboothafen liegt die Segelyacht »Northabout« von Fuchs' irischem Freund und Kollegen Paddy Barry. Das unverhoffte Wiedersehen wird spontan bei irischer Musik gefeiert. »Es ist schon erstaunlich, an welchen Stellen der Welt man sich zufällig begegnet«, befindet Fuchs.

Über Halifax geht's dann nach Lunenburg, die älteste deutsche Siedlung Kanadas mit ihrem wunderschönen Stadtkern, bestehend aus bunten Holzvillen und Kapitänshäusern in einer eindrucksvollen Holzarchitektur, ebenfalls ein Weltkulturerbe.

Nach Sable Island dann die Atlantiküberfahrt – bis Irland 3200 Kilometer Wasser, nichts als Wasser. Die Wetterbedingungen sind größtenteils zufrieden stellend, zeitweilig gibt es allerdings dichten Seenebel, sodass sie sich an fünf Tagen strikt auf das Radar verlassen müssen. Für Abwechslung sorgen Wale und Delphine, die sie fast täglich sichten. Einmal kommt ein riesiger Pottwal nah an das Schiff heran; es scheint, als blinzele er der Crew zu.

Das Leben an Bord ist während einer solchen Überfahrt vom Wachsystem bestimmt. Wie immer gibt es drei Wachen im regelmäßigen Rhythmus. Fuchs als Skipper ist davon freigestellt, aber jederzeit »on call«, also abrufbereit. Auch fürs Essenzubereiten sind die Wachen zuständig, weil während der Atlantiketappe kein Koch an Bord ist. Brot backen, Geschirr spülen, Toiletten reinigen, den Fußboden wischen – Langeweile kommt selten auf.

Nach nur 15 Tagen kann die »Dagmar Aaen« im irischen Dingle festmachen, wo die Crew wechselt und das Schiff einem viertägigen Check unterzogen wird. Auf dem kleinen Eiland Tory Island nordwestlich Irlands wird ein Zwischenstopp eingelegt.

Spannend wird's noch einmal auf der Inselgruppe St. Kilda mit ihren zahlreichen Kultstätten aus historischen und prähistorischen Zeiten. Der Archipel der Äußeren Hebriden war jahrtausendelang bewohnt, bis er vor rund 80 Jahren von den letzten Menschen nach einem entbehrungsreichen Leben verlassen wurde. Einige Häuser sehen aus, als habe man sie gestern verlassen. Nachdem Fuchs den Orkney-Inseln einen Besuch abstattet, geht's auf direktem Weg durch die Nordsee nach Hamburg, wo die »Dagmar Aaen« am 21. September 2010 von vielen Menschen begrüßt und von einigen sehnsüchtig erwartet wird, unter ihnen Mutter Gisela, die ihren Arved freudig in die Arme schließt.

Nordostgrönland – Eisbarriere vom Polarmeer

Wenn es eine Region gibt, in der sich Arved Fuchs auskennt, da er dort seit Jahrzehnten unterwegs ist und infolgedessen die klimatischen Veränderungen wahrnimmt wie kein Zweiter, dann ist es Grönland. Diese Rieseninsel mit ihrer Ausdehnung von mehr als zwei Millionen Quadratkilometern und ihrem bis zu 3,4 Kilometer mächtigen Eispanzer ist quasi der Sensor für die Temperaturentwicklung der nördlichen Hemisphäre.

Da Fuchs die Entwicklung weiterhin beobachten, verstehen und dokumentieren möchte, begibt er sich mit der »Dagmar Aaen« am 2. Juli 2011 erneut auf den Weg nach Nordostgrönland.

Er verknüpft mit dieser Expedition zwei weitere Ziele: Fuchs möchte die Spuren einer norwegisch-französischen Polarexpedition der Jahre 1938/39 verfolgen. Damals fuhren die Norweger Willie Knutsen und Karl Nicolaisen mit Unterstützung des französischen Arktisliebhabers und Millionärs Gaston Micard mit ihrem Robbenfänger »En Avant« zur grönländischen Nordostküste. Zunächst erreichten sie Danmark Havn, wobei ihnen dichtes Packeis die Weiterfahrt nach Norden verwerte. Doch einsetzende Stürme ermöglichten schließlich die Weiterfahrt bis zum 77. Breitengrad, wo sie das nördlichste Winterlager errichteten, das es je gab. Sie tauften es auf den Namen »Micardbu« und installierten dort eine Wetterstation. Viermal am Tag übermittelten sie diverse Daten nach Norwegen. Zudem gelangen ihnen für die damalige Zeit erstklassige Aufnahmen der Nordlichter.

Diese Expedition endete ausnahmsweise nicht in einem Desaster, und Fuchs möchte gerne Näheres wissen. Auslöser für dieses Interesse ist wieder mal der »Kommissar Zufall«. Fuchs lernte während seiner letztjährigen Expedition in Liverpool auf Nova Scotia den Kanadier Ulf Snarby kennen. Snarby ist ein Nachfahre des Maschinisten Sigmund Snarby auf der »En Avant«.

72 Jahre später möchten Ulf Snarby und sein Sohn, der in Norwegen lebt, gemeinsam mit Arved Fuchs versuchen, die Spuren der damaligen Expedition aufzunehmen in der Hoffnung, bei guten Eisbedingungen sogar die Hütte »Micardbu« zu finden. Es ist immer dasselbe: Wer sich mit Arved Fuchs über historische Expeditionen unterhält, muss wissen, dass das unabsehbare Folgen haben kann.

Das dritte Ziel, das Fuchs verfolgt, ist die Aktion »SOS Eisberg«. In Anlehnung an den Titel dieses alten Spielfilms aus dem Jahr 1933 wird Arved Fuchs in diesem Sommer 2011 am nördlichsten Punkt der Expedition eine digitale Flaschenpost aussetzen. Da sich die Arktis durch den Klimawandel rasant verändert, werden die Menschen anhand einer »mobilen Eisscholle« die Drift dieser Scholle als

»digitale Flaschenpost« über Fuchs' Website verfolgen können. Auch nach dem Schmelzen der Scholle sendet die schwimmfähige Boje weiterhin ihre Signale.

Diese Flaschenpost dient während der Expedition sozusagen als roter Faden. Parallel zur Drift der Eisscholle gibt es auf der Homepage aktuelle Berichte, Videos und Bilder der entsprechenden Region. Vor allem werden damit die Veränderungen in der Arktis und deren Auswirkungen auf die Küstenregion Ostgrönlands sinnbildlich dargestellt. Fuchs möchte mit dieser Aktion ein Signal setzen und die Öffentlichkeit hinsichtlich der bevorstehenden Klimakonferenz in Durban sensibilisieren.

Die Aktion »SOS Eisberg« entwickelt sich für Fuchs schließlich zum vollen Erfolg. Nachdem er die Boje Mitte August an der Ostküste Grönlands aussetzt, nimmt die digitale Flaschenpost nicht vorausehbare Wege. Zunächst hangelt sie sich südwärts die Küste entlang, driftet in den nördlichen Teil des Kaiser-Franz-Joseph-Fjordes und umrundet die Bontekoe-Insel. Die Aktion wird von vielen tausend Menschen »angeklickt«, zumal die Medien die Kampagne unterstützen. Niemand hat erwartet, dass die Boje schließlich nach mehreren tausend Kilometern im Sommer 2012 vor der norwegischen Küste bei Bodö landet, wo sie schließlich verstummt.

Eingedenk dieser positiven Erfahrung schlägt Arved Fuchs auf seiner Internetseite vor: »Vielleicht sollte man auf einer anderen Expedition diese Driftbojen vermehrt und auf unterschiedlichen Positionen aussetzen – eventuell sogar mit einer Webcam bestückt.«

Zurück zum Expeditionsverlauf: Nach dreiwöchiger Atlantikfahrt erreicht Fuchs den isländischen Hafen Húsavík. Hier findet wieder einmal erfolgreich das internationale Jugendcamp »Ice Climate Education« statt (siehe Kapitel 14). Fuchs nutzt seinen Aufenthalt auf Island außerdem zur Teilnahme am Seglertreffen »Húsavík Sail«. Hier besucht ihn die isländische Premierministerin Jóhanna Sigurðardóttir auf der »Dagmar Aaen«. Nach einer ausgiebigen

Besichtigung des Haikutters lobt Sigurðardóttir Arved Fuchs: »Ich freue mich, dass Sie dazu beitragen, dass solche Traditionsschiffe erhalten bleiben.«

Nachdem Fuchs Island Ende Juli verlassen hat, trifft er von Grönland bereits auf die ersten Eisfelder. Hinzu kommt dichter Nebel, sodass er zunächst umdrehen muss und erst im zweiten Anlauf einen Durchschlupf in den Scoresby-Sund findet. In Ittoqqortoormiit ist die »Dagmar Aaen« das erste Schiff der Saison. Da der Eisgürtel zirka 70 Meilen breit ist, haben sogar zwei Kreuzfahrtschiffe ihren Besuch abgesagt.

Obwohl das vereinbarte Treffen mit Ulf Snarby und seinem Sohn auf Island wegen einer Erkrankung nicht stattfindet, möchte Arved Fuchs es auf eigene Faust versuchen, die damalige Wetterstation »Micardbu« zu erreichen. Zumindest möchte er so weit wie möglich nach Norden vordringen. Doch das gelingt ihm nur eingeschränkt, da die Eislage an der Ostküste immer schwieriger wird. Schließlich erreicht er Mitte August die kleine Insel Ella Ø im Kaiser-Franz-Joseph-Fjord – das ist lediglich auf der Höhe des nördlichen Breitengrades 73° 28' 98".

Das ungewöhnlich viele Eis entlang der gesamten Küste liegt an dem so genannten Ostgrönlandstrom, der das im Nordpolarmeer aufbrechende Eis zum großen Teil hier abführt. Und da am Nordpol in diesem Sommer sehr viel Eis aufgebrochen ist und sogar ein neuer Minusrekord in der Eisschmelze zu verzeichnen ist, gibt es eben enorm viel Eis, das die Küste Grönlands entlangtreibt. »Irgendwo muss das Eis ja schließlich hin«, erklärt Fuchs auf seiner Website.

Es erscheint paradox, ist aber dennoch logisch, dass in diesem Sommer sowohl die Nordwest- als auch die Nordostpassage komplett eisfrei sind. Als Arved Fuchs am 21. September 2011 wohlbehalten in den Flensburger Hafen einläuft, verbreitet er folgende Meldung: »Nichts ist mehr so, wie es einmal war, der Klimawandel verändert den gesamten arktischen Raum im geradezu atemberaubenden Tempo. Am Nordpol bricht das Eis auf und treibt in Regionen, die zuvor als eisfrei galten. Die alten Gesetzmäßigkeiten scheinen außer Kraft gesetzt zu sein!«

»Avanersuaq«, »der Platz im entlegensten Norden«

Mit ersten Widrigkeiten muss Arved Fuchs nach seiner Ankunft im grönländischen Qaanaaq kämpfen. Von 21 Schlittenhunden, die er wenige Wochen vor seiner Expedition sorgfältig ausgewählt und erworben hatte, sind nur noch 13 Tiere für zwei Schlitten vorhanden. Die Inughuit hatten die übrigen acht Schlittenhunde einfach für Ausflüge gut zahlender Touristen »abgezweigt«. »Die Mentalität hier ist einfach eine Besondere«, klagt Fuchs. Obwohl die Grönländer unglaublich hilfsbereit sind und man das vierköpfige Expeditionsteam quasi in die Dorfgemeinschaft aufgenommen hat, halten sich nur wenige Jäger an Absprachen. Fuchs erwirbt acht Ersatztiere, die teilweise jung und unerfahren sind. Mühsam müssen sie trainiert und dabei in das »Team« der vorhandenen Hunde integriert werden.

Des Klimas wegen ist Arved Fuchs wieder auf Grönland – er kann nicht wegsehen. Nachdem er im vergangenen Jahr die dramatischen Vorgänge an der Ostküste erlebt hat, möchte er nun sehen, wie es um die großen Gletscher auf der Nordwestseite bestellt ist. Er nennt seine Expedition »Avanersuaq«, das heißt in der Landesprache »der Platz im entlegensten Norden«. So heißt auch die Region, in der sich Fuchs, seine Ehefrau Brigitte Ellerbrock, der kanadische Hundeschlittenführer Brent Boddy und der deutsche Kameramann Martin Varga auf Skiern und per Hundeschlitten bewegen.

Und genau in der Avanersuaq-Region befindet sich der Petermann-Gletscher, der vor zwei Jahren Schlagzeilen machte, als sich urplötzlich eine Eisinsel löste, die mit 260 Quadratkilometern viermal so groß war wie Manhattan. Die riesige Eiszunge, die etwa ein

Viertel der gesamten Gletschermasse ausmachte, driftete nach ihrem Abbruch ins offene Meer. Der Petermann-Gletscher liegt rund 1000 Kilometer südlich des Nordpols und ist einer der beiden größten Grönlands.

Wie der Petermann-Gletscher zieht sich auch der Humboldt-Gletscher weiter zurück. Dieser größte Gletscher der Insel mündet in das Kane-Becken, welches zwischen der arktischen Nares-Straße und dem kanadischen Ellesmere Island liegt. Bei einer Mündungsbreite von über 100 Kilometern ist er zugleich der breiteste auf der Nordhalbkugel. Beide Gletscher zusammen haben ein Einzugsgebiet von 121 000 Quadratkilometern. Ziel der Expedition ist es, die beiden Gletscher zu begehen und nach etwaigen Bruchstellen zu untersuchen. »Interessant ist für mich, welche Einflüsse die Erderwärmung auf das Gebiet zwischen dem 70. und 80. nördlichen Breitengrad hat«, erläutert Fuchs.

Doch das soll er schneller erfahren, als ihm lieb ist. Bereits bei der ersten Etappe von Qaanaaq bis zur kleinen Gemeinde Siorapaluk, die noch recht unkompliziert abläuft, sehen sie an einigen Stellen offenes Wasser, wo es um diese Jahreszeit nicht sein darf. Zwar hat das Eis bei Siorapaluk noch eine wenn auch eher magere Dicke von 1,10 Metern, doch von der Seeseite her ist das Eis an vielen Stellen bereits aufgebrochen. Der geplante Weg um die Kaps herum ist für das Team nicht mehr durchführbar, sie würden einbrechen. Das hat zur Folge, dass sie den relativ einfachen Clements-Markham-Gletscher für den Aufstieg ins Inlandeis nicht nehmen können.

Hilfe erfährt Fuchs von seinem japanischen Freund Ikuo, der auch bei der Vorbereitung der Expedition geholfen hat. Ikuo kann dem Team einheimische Jäger vermitteln, die noch die alten Techniken ihrer Vorfahren beherrschen. Sie müssen den extrem steilen Aufstieg über den Meehan-Gletscher wagen. Um ihre Schlitten auf das Plateau zu ziehen, werden vier Hundegespanne hintereinander geschaltet. Der Weg führt sie von Meereshöhe null auf 1400 Meter.

Arved hat Derartiges in seinen 35 Expeditionsjahren nicht erlebt. Sowohl für das vierköpfige Team als auch für die Tiere bedeutet Aufstieg Schwerstarbeit. Ikuo und die einheimischen Jäger sind wahre Meister ihres Faches. »In den fünf Tagen des Aufstiegs habe ich mehr über das Hundeschlittenfahren gelernt als in all den Jahren zuvor«, lobt Fuchs. »Selbst im steilen Gelände sind die Jäger immer Herr der Lage, einfach unglaublich.«

Es folgt ein nicht minder extremer Abstieg, bei dem man schnell die Kontrolle über die schweren Schlitten verlieren kann. Sie müssen die Schlitten mit Ketten unter den Kufen bremsen. »Das war wortwörtlich ein wilder Ritt«, resümiert die vierköpfige Truppe beim Erreichen der Rensselaer-Bucht.

Damit nicht genug, anschließend bewältigen sie noch ungefähr 40 Kilometer durch bergiges und steiniges Gelände. Nach ihrer Ankunft müssen sie die Schlitten komplett entladen, um die Kufen glattzuhobeln, da diese von den Steinen völlig zerfurcht sind. Es ist tatsächlich eine Expedition wie in alten Zeiten – bis hierher lief ohne Grönländer überhaupt nichts, danach sind sie auf sich allein gestellt.

Das Wetter ist überwiegend gut, die Sonne geht jetzt nicht mehr unter. Nachts fällt das Thermometer auf minus 28 °C, tagsüber sind es um die 15 °C minus. Die Stimmung in dem erfahrenen Team ist ausgesprochen positiv, alle genießen das Reisen in dieser eindrucksvollen Landschaft. Sie kochen während ihrer Etappen immer abwechselnd, jeden zweiten Tag ist ein Schlittenteam an der Reihe.

Die Hunde sind inzwischen gut trainiert, topfit und munter. Die Zusammenarbeit funktioniert immer besser. Die schwere Etappe über den Meehan-Gletscher haben die Gespanne zusammengeschweißt. Alle 21 Tiere sind gesund. Damit das auch so bleibt, ist bei den Vierbeinern regelmäßig Pediküre angesagt. Damit sich keine Schneeballen unter den Tatzen ansammeln, werden die insgesamt 84 Pfoten von überflüssigen Haaren befreit und gereinigt, was allerdings auch seine Zeit kostet.

Humboldt-Gletscher erreicht – Bedingungen lassen Petermann-Gletscher nicht mehr zu

Anfang Mai schließlich erreichen Fuchs und seine Mitstreiter das Südende des gewaltigen Humboldt-Gletschers und überqueren das so genannte Kane Basin in Tagesetappen von 20 bis 25 Kilometern. Das Basin ist der breiteste Teil der Nares Strait, die die Baffin Bay im Süden mit der Lincoln-See, einem Nebenmeer des Arktischen Ozeans, im Norden verbindet. Elisha Kane war 1853 der erste westliche Forscher, der das Gewässer erreichte; daher erhielt das Basin seinen Namen.

Allerdings gestaltet sich das Reisen über das Kane Basin recht schwierig, bei dieser unglaublichen Mündungsbreite des Gletschers. Zudem ist der Schnee extrem scharfkantig, womit die Hunde bei längeren Tagesetappen große Probleme haben. Daher kürzen sie ihren täglichen Etappenplan. Der gefrorene Schnee kann über einen längeren Zeitraum zu Verletzungen an den Pfoten der Hunde führen.

Durch starken Schneefall, sie sinken ein und müssen »spuren«, gestaltet sich der Aufstieg auf den Humboldt-Gletscher mühsamer als gedacht. Die Eisfront des Gletschers hat sich deutlich verändert, wenngleich am Eisstrom nicht unbedingt abzulesen ist, welche Massen an Substanz permanent verloren gehen. Dafür ist das Eis im Küstenbereich ersichtlich früher aufgebrochen, als es in den Vorjahren der Fall war. Daher müssen sie zeitweise auf dem »Eisfuß« fahren – das ist an Land angefrorenes Eis.

Durch die Verzögerung mit den Hunden und den extrem steilen Aufstieg zu Beginn der Expedition ist es nicht mehr möglich, den ursprünglich anvisierten Petermann-Gletscher zu erreichen. Aber genau das ist Fuchs' Stärke, dass er Expeditionen niemals »auf Biegen und Brechen« durchführt.

Auch bei dieser Expedition gibt es wie üblich ein Auf und Ab. Sie müssen einen kräftigen Schneesturm abwettern, erleben dann wieder steigende Temperaturen und über weite Strecken einen Pulverschnee, der Mensch und Tier einsinken lässt und das Fortkommen erheblich erschwert. Es ist alles in allem eine strapaziöse Reise.

Unglaublich, obwohl man Fuchs zu Beginn der Expedition mit den »abgezweigten« Schlittenhunden in eine prekäre Situation brachte, können es die ersten Jäger kaum erwarten, die nunmehr gut trainierten Hunde zu übernehmen. Doch für die Crew ist

Riesenhummer vor Nova Scotia. Smutje Raimer Fuhlendorf »zelebriert« ein Festessen.

der teilweise recht schnelle Abschied von den lieb gewonnenen Tieren nicht so einfach, sie haben sich über die letzten Wochen doch sehr an die Hunde gewöhnt.

Nach all den kalten und anstrengenden Tagen auf dem Inlandeis ist es schon eine gewaltige Umstellung, nach Qaanaaq zurückzukommen. Es herrschen frühlingshafte Temperaturen, der Schnee schmilzt überall, und das Eis bricht viel früher auf als sonst, das erste Versorgungsschiff soll bereits Anfang Juni, zwei Monate früher als sonst, hier ankommen. Martin Varga schließt seine Dreharbeiten für eine spätere Dokumentation erfolgreich ab.

Inwieweit Arved Fuchs sich diese strapaziösen Expeditionen mit seinen nunmehr 59 Jahren auch in Zukunft zumuten wird, ist nicht abzusehen. Nicht zuletzt durch regelmäßiges Krafttraining in seinem Bad Bramstedter Privatstudio in Verbindung mit Laufen und Radfahren hält sich der »Abenteurer« fit. Crewmitglieder sagen, er gehöre an Bord zu den stärksten Männern – einige sagen, er sei der stärkste auf dem Schiff …

13 Arved Fuchs, Mahner in Sachen Klimaschutz – Schulterschluss mit der Wissenschaft

»Ich betrachte den Klimawandel als eine der größten Herausforderungen dieser Zeit. Er greift in alle Bereiche des politischen, sozialen und wirtschaftlichen Lebens ein; ihn zu ignorieren ist meiner Meinung nach fahrlässig.«

Klimawandel oder nicht? – Das Schlüsselerlebnis in der Nordostpassage

Seit mehr als 35 Jahren bereist Arved Fuchs die entlegensten Winkel dieser Erde. Im Vordergrund stehen dabei eine gute Vorbereitung, das Aneignen von Fertigkeiten »vor Ort« und schlicht die Minimierung des Risikos, um in polaren Regionen überleben zu können. Ihn interessieren die Menschen in der Arktis und anderswo. Er kommuniziert mit ihnen und lernt von ihnen. Er beobachtet und dokumentiert alles, was um ihn herum passiert, die Flora, die Fauna, die Topografie, das Wetter und die Besonderheiten der Landschaften, in denen er sich bewegt. Von Wissensdurst und Neugier getrieben, entgeht ihm kaum etwas.

Bereits zu Anfang seiner Expeditionen wird er dabei Zeuge von Entwicklungen, von deren Tragweite er zu diesem Zeitpunkt noch nichts ahnt. Auch Umwelt- und Klimaschutz spielen bei seinen Reisen zunächst noch keine große Rolle. Allerdings arbeitet Fuchs bereits seit Anfang der 1980er-Jahre mit Ämtern und wissenschaftlichen Instituten eng zusammen. Bei seiner ersten Expedition in die kanadische Arktis im Jahr 1980 sammelt er für das Seewetteramt Hamburg eine Reihe meteorologische Daten. Dafür wird er für seine zweite Arktisexpedition von den Hamburger Seewetterexperten mit präzise geeichten Instrumenten ausgestattet, um die Datenreihe nach genauen Vorgaben fortzusetzen.

Im Zusammenhang mit seiner Grönlandexpedition im Jahre 1983 bittet ihn die Deutsche Geodätische Kommission, Balisen ausfindig zu machen und zu messen, die die Deutsch-Französische Internationale Glaziologische Grönland-Expedition (EGIG) 1972 gesetzt hat. Wie beschrieben, findet Fuchs auf 100 Kilometern neun von zehn Balisen und misst sie neu ein. Fuchs' Messergebnisse veröffentlichte die Kommission, die der Bayerischen Akademie der Wissenschaften angegliedert ist, in ihrem Heft »Angewandte Geodäsie« Nummer 281, Reihe B, von 1986.

Außerdem kooperiert Arved Fuchs mit dem Hamburger Max-Planck-Institut für Meteorologie (MPI-M) und weiteren Instituten. Seit dem Jahre 2007 begleitet Dr. Dirk Notz, Leiter der Forschungsgruppe »Meereis im Erdsystem« beim MPI-M, Arved Fuchs bei Expeditionen. Notz nimmt dabei Eis- und Wasserproben, stellt vielfältige Messungen und Untersuchungen an.

Bei seiner ersten Borneoexpedition im Jahre 1978 fallen Arved Fuchs und seinen Begleitern die Rodungen im tropischen Regenwald der Insel auf. Doch erst bei seiner zweiten Expedition im September 1987 sind ihm die Dimensionen und Folgen der Brandrodung und des Holzeinschlags klar. Nicht nur, dass durch das rigorose Abholzen tropischer Edelhölzer eine einzigartige Flora vernichtet wird und die Ureinwohner sowie seltene Tierarten ihren Lebensraum verlieren, zum ersten Mal vermutet Fuchs auch Folgen für das Klima der Erde. Es ist noch nicht der Klimawandel, der die Welt Anfang der 2000er-Jahre bewegen wird, sondern die Vermutung, dass durch die Reduzierung des sauerstoffspendenden Waldes bei gleichzeitigem CO_2-Ausstoß durch die Verbrennung der Hölzer die Atemluft knapp werden könnte.

Bereits im Juli 1987 bei seiner missglückten Kajaküberquerung der Nordsee beschäftigt ihn das Thema »Umweltschutz«. In den 1980er-Jahren nehmen die Einbringung von Dünnsäure und die Verbrennung von Giftmüll auf der Nordsee bedenkliche Dimensionen an. Angesichts der damals bevorstehenden zweiten Nordseekonferenz prangern Fuchs und sein Freund Neuber das Problem mit ihrer Kajakfahrt an.

Mit einem Umweltproblem besonderer Art wird Fuchs anlässlich der ICEWALK-Expedition zum Nordpol im Jahre 1989 konfrontiert: Wie im Kapitel 5 beschrieben, ist es die »Arctic Haze«, der aus den Industrieländern herübergewehte Smog, der sich in der Arktis niederschlägt. Ebenso die in den Tierkadavern der Arktis nachgewiesenen PCB-Rückstände geben Fuchs zu denken.

Spätestens nach dem Marsch durch die Antarktis mit Reinhold Messner, bei dem er mit eigenen Augen sieht, wie manche Industriestaaten dort ihren Schrott und zum Teil giftigen Müll entsorgen und dass eine ungezügelte Ausbeutung des sechsten Kontinents nicht mehr ausgeschlossen werden kann, beschließt er, sich des Themas »Umweltschutz« noch aktiver als bisher anzunehmen. So übergibt er zusammen mit Vertretern der »Umweltstiftung WWF Deutschland« dem damaligen Bundesaußenminister Hans-Dietrich Genscher 320 000 Unterschriften für eine Kampagne »Weltpark Antarktika«.

Im Jahr 1990, als das Thema »Umweltschutz« in der Sowjetunion noch ein Fremdwort und in Deutschland noch nicht so recht verankert ist, organisieren Fuchs und seine Mithelfer Umweltexpeditionen mit Jugendlichen, wechselweise in die Sowjetunion und in Deutschland. Diese und zahlreiche andere Aktivitäten festigen seinen Ruf in der öffentlichen Wahrnehmung als »Naturschützer«. Daraus resultieren auch die bereits beschriebenen Aktivitäten, praktische Umwelttipps über einen Privatsender zu verbreiten.

Wie viele Menschen, kann auch Arved Fuchs bis zum Jahre 2002 nicht so recht an den Klimawandel glauben, den wissenschaftliche Gremien wie das Intergovernmental Panel on Climate Change (IPCC) des UN-Weltklimarates prognostizieren.

Eine Art Schlüsselerlebnis erfährt Arved Fuchs im Spätsommer des Jahres 2002 beim Durchfahren der Nordostpassage. Im Gegensatz zu den Jahren 1993/94, als es ihm zum zweiten und dritten Mal nicht gelang, die Passage wegen undurchdringlichen Eises zu bewältigen, erweist sich die Situation im Jahre 2002 diametral anders. Bereits bei den ersten beiden Schlüsselstellen, der so genannten Kara-Straße und dem Nordenskjöld-Archipel, gibt es vergleichsweise weniger Eis als acht und neun Jahre zuvor. Völlig überrascht ist Fuchs, dass das berüchtigte Kap Tscheljuskin völlig eisfrei ist. Sie können dort sogar ankern und der russischen Station einen Besuch abstatten, was früher zu dieser Jahreszeit schier unmöglich war. Der gesamte Osten der Meeresenge, einschließlich der sonst so schwer zugänglichen Wrangel-Insel, ist eisfrei.

Doch nicht nur das Eis ist nahezu verschwunden, der Permafrostboden, der über Jahrtausende einen festen Sockel an der Küste bildete, ist flächendeckend aufgeweicht. Fuchs möchte mehr darüber erfahren und nimmt Kontakt mit den Einheimischen, den Tschuktschen, auf. Die Ureinwohner, die mit dem Begriff »Klimawandel« nichts anfangen können, erzählen ihm, dass sie seit einiger Zeit Fische fangen, deren Namen sie gar nicht kennen. Und die, die sie immer gefangen haben, bleiben aus. Pflanzen, die es sonst nur weiter im Süden gegeben habe, träten jetzt plötzlich auch im Norden auf.

Fuchs ist bestürzt und möchte wissen, ob diese Veränderungen in der Nordostpassage nur ein lokales russisches Phänomen sind oder ob sich diese Veränderungen auch in der Nordwestpassage zeigen, die er bereits im Jahre 1993 durchfahren hat.

So nimmt er im Jahre 2003 noch einmal Kurs auf die Meeresenge zwischen dem amerikanischen Kontinent und dem Polarmeer.

»Global Warming« wird sein Thema

Zuvor jedoch, während die »Dagmar Aaen« den Winter über in Sitka ankert, steigt er tiefer in die Materie ein und liest alle Veröffentlichungen zum Thema »Global Warming«, derer er habhaft werden kann. Er spricht mit Wissenschaftlern, hört deren Gegenargumente, die besagen, dass es gar keinen Klimawandel gebe, sondern nur Klimaschwankungen, und dass dies ein völlig normaler Vorgang sei. Das lässt aber trotzdem viele Fragen offen. Etwa warum und wieso sollte sich ein Klimawandel so schnell und drastisch vollziehen können? Lediglich durch CO_2-Emission? Oder war dafür vielleicht ganz anderes verantwortlich? Jedenfalls ist Arved Fuchs sensibilisiert, nachdem er sich mit dem Pro und Contra beschäftigt hat, und er wird bei seiner nächsten Expedition noch genauer hinschauen.

Während er die Nordwestpassage, diesmal in östlicher Richtung, befährt, macht er in Barrow Station. Es ist der nördlichste Zipfel Alaskas, gelegen auf der Landzunge Point Barrow. Dort ist auch die Wendemarke, an der Schiffe, die durch die Nordwestpassage fahren, ihren Kurs Richtung Ost ändern müssen.

Barrow ist auf Permafrostboden gebaut, und der taut seit einigen Jahren immer weiter auf. Die Steilküste, auf der der Ort steht, war früher einmal hart gefroren wie Beton, das hatte Fuchs noch 1993 selbst wahrgenommen. Jetzt ist der Boden weich und morastig und bietet der Brandung keinen Widerstand mehr. Zugleich ist das Meer über einen längeren Zeitraum hinweg eisfrei. Als Drittes gibt es auch häufiger Stürme. Über dem nahezu eisfreien Wasser baut sich ein deutlich höherer Seegang auf, als es früher der Fall war. Der so genannte Fetch, die Strecke, die der Wind über eisfreies Wasser zurücklegt und dabei Seegang generiert, hat erheblich zugenommen. Das wiederum führt dazu, dass der Küstenerosion Tür und Tor geöffnet werden. Der Klimawandel ist in der Lebenswirklichkeit der Menschen von Barrow längst angekommen. Hier wird nicht mehr über das »Ob« diskutiert, sondern vielmehr darüber, wie mit den Auswirkungen umgegangen werden soll und wer letztlich die Zeche bezahlt. Denn der Verlust von Haus und Land kostet natürlich viel Geld.

Auf gleiche Probleme trifft Fuchs nicht nur in Barrow, sondern in der gesamten Region. Siedlungen, in denen seit Tausenden von Jahren Menschen leben, werden einfach fortgespült. Doch damit nicht genug, der Klimawandel hat auch auf dieser Seite des Polarkreises Auswirkungen auf Flora und Fauna. Es gibt plötzlich Insekten, die Eier in das im Freien zum Trocknen aufgehängte Dörrfleisch legen und es damit ungenießbar machen. Die Population lebenswichtiger Jagdtiere geht zurück – nicht nur der Eisbären und Robben. Auch die Anzahl der Karibuherden ist stark rückläufig.

Schwer zu sagen, ob der Klimawandel ursächlich daran schuld ist – die Jäger glauben es zumindest. Die arktischen Regionen stellen ein hochsensibles Ökosystem dar. Geringe Klimaschwankungen können eine Kettenreaktion auslösen. Neue, bislang unbekannte Schädlinge treten auf und bringen das biologische Gleichgewicht durcheinander. So breitet sich in den Wäldern Alaskas und Kanadas der Borkenkäfer geradezu epidemisch aus.

Obwohl Arved Fuchs bei dieser Expedition nicht mit »einem Rutsch« durch die Nordwestpassage kommt, sondern wegen des starken Eises in der James-Ross-Straße in Cambridge Bay überwintern muss, stellt sich die Eislage in den folgenden Jahren total anders dar. Während in den Jahren 2006 bis 2008 die so genannte südliche Amundsen-Route immer eisfreier wurde, öffnete sich seit 2008 sogar die Nordroute durch den Jones Sound, eine Passage, die immer durch dickes Eis verschlossen war.

Während seinen Expeditionen nach Nordwestgrönland im Jahre 2009 machte Fuchs selbst einen Abstecher in den Jones Sound nach Grise Fiord. Hier besuchte er seinen alten Freund und Lehrmeister Larry Audlaluk. »Was meinst du? Gibt es den Klimawechsel in der Arktis, oder ist alles nur Panikmache?«, fragt Arved seinen alten Freund. »Nein, den Klimawechsel gibt es definitiv«, ist sich Larry sicher. »Wir haben in den letzten Jahren eine Reihe von Naturereignissen erlebt, die nur dadurch zu erklären sind. Auch in den Gesprächen mit den ›Elders‹ (die alten Jäger) hört man immer wieder, dass sich die Natur verändert hat. Es gibt hier plötzlich Moskitoschwärme – das ist neu. In den vergangenen Wochen gab es außerdem gerade sintflutartige Regenfälle, die unsere Wege fortgespült und erheblichen Schaden angerichtet haben.« Tatsächlich sieht man die Spuren überall im Ort. »Sogar ein Gewitter hat es gegeben«, fährt er fort. »Und kein Einziger im Dorf kann sich daran erinnern, jemals von einem Gewitter in Grise Fiord gehört zu haben. Es gibt also ganz andere Wetterlagen als früher.« Zum Eis im Jones Sound berichtet Audlaluk: »Es kommt später, und es geht früher. Wann genau das sein wird, kann heute keiner mehr voraussagen. Außerdem ist das Eis viel dünner als früher, die Eisstärke lag nie unter 1,80 Meter.«

Fuchs' Bild über das »Global Warming« vervollständigt sich im Laufe der folgenden Jahre aufgrund von Beobachtungen hinsichtlich der Gletscherentwicklungen auf Ellesmere Island, Grönland und Spitzbergen. Alle diese Erkenntnisse deuten darauf hin, dass das Eis wesentlich schneller abschmilzt, als es in früheren Jahren der Fall war.

Arved Fuchs publiziert mit fünf Wissenschaftlern

Im Jahre 2010 entschließt sich Arved Fuchs, das Thema »Klimawandel« einer breiten Öffentlichkeit zugänglich zu machen. Zusammen mit fünf namhaften Wissenschaftlern bringt er das Buch heraus: »Blickpunkt Klimawandel – Gefahren und Chancen«.

Seit Jahren dient die »Dagmar Aaen« Wissenschaftlern als Plattform für ihre Arbeiten. Hier zieht Dr. Dirk Notz vom Max-Planck-Institut Hamburg Eisbohrkerne für seine Forschungen.

Neben Arved Fuchs zeichnen als Autoren Olav Homeyer, Professor für Energie- und Ressourcenwirtschaft an der Universität Flensburg, Claudia Kemfert, Professorin für Energieökonomie und Nachhaltigkeit an der Hertie School of Governance in Berlin, Dr. Dirk Notz, Leiter der Forschungsgruppe »Meereis im Erdsystem« am Hamburger Max-Planck-Institut für Meteorologie, Stefan Rahmstorf, Professor für Physik der Ozeane, Leiter der Abteilung Erdsystem Analyse am Potsdam-Institut für Klimafolgenforschung, und Rüdiger Wolfrum, Professor für Öffentliches Recht und Völkerrecht, Direktor am Max-Planck-Institut für Ausländisches Öffentliches Recht und Völkerrecht, verantwortlich.

Die Experten stellen fest, dass die Hauptursache für den Anstieg der globalen Erwärmung, die seit 1880 (Beginn der Industrialisierung) 0,8 °C beträgt, im vermehrten Ausstoß von Kohlendioxid (CO_2) begründet ist. Seit Ende der 1950er-Jahre ist nachgewiesen, dass die

CO_2-Menge in der Luft tatsächlich ansteigt. Dieser Anstieg ist zweifelsfrei von Menschen verursacht, wie unter anderem Isotopenanalysen zeigen. Bis heute hat sich die CO_2-Konzentration in der Atmosphäre von 280 auf 387 ppm (parts per million) erhöht – das ist die bei weitem höchste Konzentration seit mindestens 800 000 Jahren. Dabei hat sich in der Atmosphäre rund die Hälfte der insgesamt vom Menschen freigesetzten CO_2-Menge angesammelt. Die andere Hälfte ist nicht in der Luft verblieben, sondern wurde von Ozeanen und Wäldern aufgenommen.

Im Frühjahr 2012 erreicht der ppm-Wert in der Arktis sogar die magische Grenze von 400.

Als Folge des Temperaturanstiegs nehmen die Eisdicke und das Eisvolumen des Arktischen Ozeans rapide ab. Dazu kommt noch ein negativer Rückkopplungseffekt: Wenn im arktischen Sommer größere Ozeanflächen eisfrei sind, dann nehmen sie wesentlich mehr Sonnenwärme auf als zuvor die gefrorenen Flächen. Weißes Eis reflektiert 90 Prozent der Sonnenstrahlung, dunkles Meerwasser nicht einmal zehn Prozent – so verstärkt der Abtaueffekt die Erwärmung zusätzlich. Gleichzeitig wird ein weltweites Abschmelzen von Gletschern sowie der Kontinentaleismassen Grönlands und der Arktis beobachtet. In Verbindung mit der Ausdehnung des Meerwassers durch Erwärmung steigt der globale Meeresspiegel seit 1880 um 20 Zentimeter, davon allein in den Jahren 1993 bis 2008 um 3,5 Millimeter pro Jahr.

Der Weltklimabericht des IPCC von 2007 rechnet bis zur Jahrtausendwende mit einem Anstieg um 18 bis 59 Zentimeter, zuzüglich der Eisdynamik, den das IPCC für nicht quantifizierbar hält. Seither hat sich die Erkenntnis durchgesetzt, dass wahrscheinlich mit einem Anstieg von 50 bis 150 Zentimetern bis zum Jahr 2100 zu rechnen ist. Schon ein Anstieg von 50 Zentimetern würde an vielen Orten der Erde die Sturmflutgefahren dramatisch erhöhen. Mehr als 100 Millionen Menschen leben derzeit weniger als einen Meter über Meeresniveau.

Hinsichtlich des grönländischen Inlandeises schreibt Dr. Notz: »Es gilt als sicher, dass dieser Eispanzer bereits angefangen hat abzuschmelzen und zurzeit mit knapp einem Millimeter pro Jahr zum Meeresspiegelanstieg beiträgt. Es besteht durchaus die Möglichkeit, dass sich dieses Abschmelzen des grönländischen Inlandeises ab einem gewissen Punkt nicht mehr stoppen ließe, sodass dieser Eispanzer in den nächsten Jahrhunderten komplett abschmelzen und damit auf lange Sicht irreversibel verschwinden könnte. Ein solches komplettes Abschmelzen würde den globalen Meeresspiegel auf lange Sicht um etwa sieben Meter ansteigen lassen. Im Verlauf dieses Jahrhunderts«, so Notz weiter, »dürfte der Beitrag Grönlands zum Meeresspiegelanstieg maximal im Bereich einiger Dezimeter liegen. Dieses langsame Abschmelzen des grönländischen Inlandeises wird vermutlich im Laufe dieses Jahrhunderts zu spürbaren Änderungen der Ozeanzirkulation führen und damit, vom Meeresspiegelanstieg abgesehen, weit über die Arktis hinaus von Bedeutung sein.«

Prognosen werden ständig korrigiert

Dass Prognosen hinsichtlich der Geschwindigkeit des Abschmelzens des polaren Eises ständig korrigiert werden müssen, zeigt sich gegen Ende des Sommers 2012: Die Eisfläche, die im September übrig geblieben ist, ist so klein wie nie zuvor seit Beginn der Satellitenmessung im Jahre 1973. Deutsche Eisforscher von der Universität Hamburg präsentieren zu diesem Zeitpunkt einen Wert, der selbst pessimistische Erwartungen unterbietet.

Die nordpolare Eisfläche misst nur noch 3,37 Millionen Quadratkilometer. Damit ist das sommerliche Minimum nicht einmal mehr halb so groß wie vor drei Jahrzehnten. Der Minusrekord liegt 23 Prozent unter dem größten bisherigen Rekord im Jahre 2007. Und auch dieser Rekord lag 23 Prozent niedriger als der vorangegangene Rekord. Vom Jahr 2012 aus gesehen, nimmt das

Minimum in einem Jahrzehnt um 2,73 Millionen Quadratkilometer ab.

Prognostizierte man im Jahre 2002 noch, dass bis Mitte des Jahrhunderts der Arktische Ozean nur noch zu 40 Prozent mit Eis bedeckt sein wird, so können sich mehrere Wissenschaftler im Jahre 2012 vorstellen, dass das Polarmeer bereits in zehn bis 15 Jahren, spätestens bis 2050, eisfrei ist.

Positiv wird in Fuchs' Buch »Blickpunkt Klimawandel« angemerkt, dass die Staatengemeinschaft als Ergebnis des Klimagipfels im Dezember 2009 in Kopenhagen anerkennt, die globale Erwärmung auf maximal 2 °C zu begrenzen. Arved Fuchs selbst dagegen betrachtet in einem Textbeitrag den Kopenhagener Gipfel eher als gescheitert.

Allerdings waren sich Dr. Dirk Notz und Professorin Claudia Kemfert bei der Buchpräsentation im Jahre 2010 einig, dass die von Bundeskanzlerin Angela Merkel 2007 angestoßenen so genannten 20er-Ziele ernsthaft umgesetzt werden müssten. Seinerzeit wurde beim europäischen G8-Gipfel beschlossen, bis zum Jahre 2020 den CO_2-Ausstoß und den Energieverbrauch um 20 Prozent zu senken und gleichzeitig die erneuerbaren Energien um 20 Prozent zu steigern.

Optimistisch prognostiziert die Professorin, dass Politik und Gesetzgeber schon in den nächsten zwei bis drei Jahren aus Verantwortung für zukünftige Generationen, aber auch aus Gründen globaler Gerechtigkeit Regeln festschreiben werden, die den ungebremsten Ressourcenverbrauch des letzten Jahrhunderts stoppen oder zumindest verschärft regulieren werden. »Ähnlich wie wir es bereits in der Vergangenheit beim ›Ozonkiller‹ FCKW erlebt haben, werden die Gesetzgeber der ganzen Welt sich auch in Bezug auf CO_2 und andere Klimagase auf Regularien und Verbote einigen«, schreibt sie in ihrem Beitrag.

Außerdem ist sich Wirtschaftsexpertin Kemfert sicher, dass der Klimawandel ein handfestes unternehmerisches Thema von heute ist. »Schon in wenigen Jahren werden die so genannten Anpassungskosten an den Klimawandel so stark gestiegen sein, dass man sie nicht länger ignorieren kann. Wer die wirtschaftlichen Aspekte des Klimawandels betrachtet und die Grundregeln der Wirtschaft kennt, weiß, dass es sowohl Verlierer geben wird wie Gewinner. Klimaschutz ist keine Last, sondern der Wirtschaftsmotor der Zukunft, sofern Investitionen und Innovationen auch weiterhin Deutschlands Markenzeichen bleiben.«

Das von Fuchs aufgelegte Buch verknüpft das reiche Erfahrungspotenzial des Expeditionsleiters mit fundierten Beiträgen, Illustrationen und aufschlussreichen Grafiken der Wissenschaftler und offenbart damit weitere wichtige Facetten und Zusammenhänge des Klimawandels und dessen Hintergründe. Das Buch belegt, dass aus Arved Fuchs, der vielleicht zu Anfang seiner Expeditionen noch als exzentrischer Abenteurer belächelt wurde, ein ernst zu nehmender Sachwalter in Sachen Klimaschutz geworden ist.

Genau so sieht das auch Professor Mojib Latif vom Helmholtz-Zentrum für Ozeanforschung in Kiel, der gesondert interviewt wurde. »Arved Fuchs ist Zeuge der Entwicklung, er bringt einen Erfahrungsschatz mit, dokumentiert es dort, wo es am schnellsten passiert, nämlich in der Arktis. Die Arktis ist die empfindlichste Region der Welt, die auf den Klimawandel reagiert. Die Südhalbkugel reagiert nicht so schnell, weil sie mehr Wasser hat, das Grönlandeis schmilzt schneller als die Antarktis. Fuchs ist gewissermaßen der Praktiker; ich bin mehr der Theoretiker«, so Latif.

»Er hat einen langen Atem und liefert uns die Bilder, die das Ganze erfahrbar machen. Wir brauchen diesen langen Atem, damit die Menschen etwas haben, auf das sie sich verlassen können, die Orientierung. Ich kann nur die Satellitenbilder zeigen, wie es 1980 aussah und wie es heute aussieht. Als Mensch finde ich Arved Fuchs sympathisch, er hat keine Staralüren und spricht druckreif; Fuchs ist einfach liebenswert.«

Arved Fuchs erhält renommierten Umweltpreis

Latif ist auch der Laudator anlässlich der Verleihung des renommierten internationalen B.A.U.M.-Preises, den Fuchs im Juni 2012 aus der Hand des Bundesumweltministers Peter Altmaier erhält. Das Kürzel B.A.U.M. bedeutet »Bundesdeutscher Arbeitskreis umweltbewusstes Management e. V.«. Der Preis wurde im Jahre 2012 zum 20. Mal vergeben. Eine hochkarätig besetzte Jury aus Wissenschaftlern, der beispielsweise auch der ehemalige Generalsekretär des Club of Rome, Uwe Möller, angehört, hat sich einstimmig für die Auszeichnung von Fuchs entschieden.

Der Vorsitzende der Jury Prof. Dr. Gege, der Fuchs als »international renommierten Expeditionsleiter und Schriftsteller« bezeichnet, schreibt in der Begründung über die Verleihung:

»Seit 1977 hat Fuchs zahlreiche Expeditionen, vor allem in arktische Gebiete, durchgeführt und sich dabei auf vielfältige Weise für den Umwelt- und Klimaschutz engagiert. Die Ergebnisse und Eindrücke seiner Unternehmungen hat Arved Fuchs in einer Vielzahl von Vorträgen und Publikationen der Öffentlichkeit zur Verfügung gestellt und weist hierin bereits seit langem auf die Problematik des Klimawandels hin. Ein besonderes Anliegen ist es ihm, aus diesem Grunde vor allem auch die junge Generation für dieses Thema zu sensibilisieren. Mit der Initiierung des jährlich stattfindenden ICE-CLIMATE EDUCATION-Camps liefert Arved Fuchs einen großen Beitrag dazu, folgende Generationen für die Auswirkungen des Klimawandels zu interessieren und den Handlungsbedarf zu verdeutlichen.«

Unter anderem sagt Fuchs in seiner Dankesrede: »Ich betrachte den Klimawandel als eine der größten Herausforderungen dieser Zeit. Er greift in alle Bereiche des politischen, sozialen und wirtschaftlichen Lebens ein; ihn zu ignorieren ist meiner Meinung nach fahrlässig.«

Im Anschluss an die Verleihung werden Fuchs und die weiteren Preisträger persönlich vom Bundespräsidenten Joachim Gauck im Schloss Bellevue empfangen.

14 Einbeziehung der Jugend aus aller Welt – nur sie kann nachhaltig etwas verändern

Bemerkenswert sind dabei der Zugang und die außerordentliche Akzeptanz, die Arved Fuchs bei den Jugendlichen genießt. Eltern und Erzieher sind erstaunt, dass die Schüler genau die Hinweise und Empfehlungen annehmen, die zuvor jahrelang von Schule und Elternhaus ohne größere Resonanz »gepredigt« wurden.

Jugendhilfe und Umwelt

Bereits Ende der 1980er-Jahre geht Arved Fuchs mit der Idee »schwanger«, auch Jugendliche in seine Projekte einzubeziehen. Er hat in zahlreichen Ländern die unterschiedlichsten Menschen, deren Kultur und Gastfreundschaft kennen und schätzen gelernt. Er sah, wie leichtfertig oftmals mit dem Thema »Umweltschutz« umgegangen wird. »Damit sich nachhaltig etwas ändert, muss die Jugend sensibilisiert werden«, ist sich Fuchs sicher.

Anregungen bekommt er im Jahre 1989 durch ICEWALK-Initiator Robert Swan, der mit seinem Projekt »Students Expedition« bei Jugendlichen auf großes Interesse stößt. Das Projekt, das der Engländer parallel zur ICEWALK-Expedition nach dem Motto organisiert: »Man kann die Natur nicht zu den Jugendlichen bringen, also muss man die Jugendlichen zur Natur führen«, läuft außerordentlich erfolgreich. Aus der sicheren Distanz der kanadischen Forschungsstation Eureka in der Arktis verfolgen die 22 ausgewählten Jugendlichen aus 15 Ländern den Marsch zum Nordpol. Sie arbeiten mit Wissenschaftlern zusammen, werden für das empfindliche

Ökosystem sensibilisiert und fahren zurück in ihre Länder mit dem Bewusstsein, dass es sich lohnt, sich für die polaren Landschaften einzusetzen. Wie in Kapitel 5 beschrieben, gewinnt Fuchs auch zwei deutsche Teilnehmer und macht dabei wertvolle Erfahrungen.

Diese Erfahrungen setzt er bereits im Sommer 1990 zusammen mit seinem bei der ICEWALK-Expedition gewonnenen Freund Dr. Misha Mikhail Malakhov um. Von seinem Heimatort Bad Bramstedt aus organisieren die beiden mit zahlreichen deutschen und russischen Helfern ein Umwelt-Jugendcamp in Mishas Heimatort Rjasan, 250 Kilometer südöstlich von Moskau. Und diese »Umweltexpedition«, wie sie auch genannt wird, findet zu einer Zeit statt, als die Sensibilität für Umweltprobleme in Deutschland noch nicht ausgeprägt und in der noch bestehenden Sowjetunion überhaupt noch kein Thema ist.

Bei diesen ersten Begegnungen ist Arved, Misha und ihren Helfern nicht verborgen geblieben, dass sich die Versorgungslage in Rjasan dramatisch verschlechtert hat. Explosionsartig gestiegene Lebenshaltungskosten rauben vielen Menschen die Existenzgrundlage. Es sind natürlich besonders die Kinder und Jugendlichen, die unter dieser Situation zu leiden haben. Arved und seine Mitstreiter sammeln tonnenweise Hilfsgüter und bringen sie mit ausgemusterten Militärlastern nach Russland. Gleichermaßen versorgt wird das Krankenhaus in Rjasan mit Medikamenten und medizinischen Ausrüstungen, die von Apotheken, Ärzten und Kliniken gespendet werden.

Das Ganze nimmt derartige Dimensionen an, dass Arved und sieben weitere Helfer den gemeinnützigen Verein »Youth Friendship International e. V.« (YFI) gründen. Zweck des Vereins sind die Förderung der internationalen Völkerverständigung, die Unterstützung wirtschaftlich hilfsbedürftiger Personen, Jugend- und Erwachsenenaustausche sowie Bildungs- und Kulturaustausche auf internationaler Ebene.

Es folgen noch zahlreiche Hilfstransporte und Begegnungen, die sich nicht nur auf Russland beschränken, sondern auch fünf weitere osteuropäische Länder ausgeweitet werden. Die aus dieser Zeit stammenden Begegnungen von Musikern aus Bad Bramstedt und Rjasan bestehen auch noch nach 20 Jahren. Beim Internationalen Musikfest in Bad Bramstedt im Jahre 2012, das in Dreijahresintervallen stattfindet, sind wie immer Musiker aus der russischen Stadt zu Gast.

Im Jahre 2004 wird der YFI umgewandelt in einen Verein, der sich um Hauptschüler kümmert, die aus eigener Kraft keinen Ausbildungsplatz bekommen. Die Gründe sind vielfältiger Natur, wie schlechtes Zeugnis, mangelndes Bewerbungs-Know-how oder kein optimales Auftreten. Neben Fuchs beteiligen sich Verantwortungsträger aus Wirtschaft, Politik und Verwaltung am Coaching der Jugendlichen. Vor der eigentlichen Betreuung gibt es regelmäßig Auftaktgespräche mit den Schülern unter Beteiligung mindestens eines Elternteils. Soweit Fuchs sich nicht auf Expeditionsreisen befindet, bringt er sich aktiv in das Coaching ein.

Bemerkenswert sind dabei der Zugang und die außerordentliche Akzeptanz, die Arved Fuchs bei den Jugendlichen genießt. Eltern und Erzieher sind erstaunt, dass die Schüler genau die Hinweise und Empfehlungen annehmen, die zuvor jahrelang von Schule und Elternhaus ohne größere Resonanz »gepredigt« wurden. Arveds natürliche Autorität und seine Authentizität scheinen der Schlüssel dafür zu sein.

Jugend und Klimawandel – Gründung Jugendcamp ICE-CLIMATE EDUCATION

Keine Ruhe lässt Arved das Thema »Jugend und Klimawandel«. Nach den positiven Erfahrungen zum Thema »Jugend und Umweltschutz« in den 1990er-Jahren hält Fuchs im Jahre 2007 die Zeit für reif, etwas ganz Neues auf die Beine zu stellen: Wissenschaftler in aller Welt haben für März 2007 den Beginn des Internationalen Polarjahres IPY 2007/08 ausgerufen. Der Bundespräsident hat die Schirmherrschaft für die deutsche Beteiligung übernommen. Ein Schwerpunkt ist die Bildung des wissenschaftlichen Nachwuchses, der Wissenstransfer aus der Polarforschung in die Schulen und in die breite Öffentlichkeit.

Mit Unterstützung eines bekannten Outdoorausrüsters gründet Fuchs das internationale Jugendcamp ICE-CLIMATE EDUCATION. Die Thematik »Global Warming« bildet den Schwerpunkt in diesem Camp. Diese Idee trifft auch deshalb allenthalben auf Zustimmung, da die Klimaproblematik zu diesem Zeitpunkt in den Medien noch immer nicht ausführlich genug behandelt wird. Fuchs will den teilnehmenden Jugendlichen aus aller Welt die Augen öffnen, und er erarbeitet zusammen mit dem Wissenschaftler Dr. Dirk Notz und dem Lehrer Ulrich Jordan von der Erich-Kästner-Gesamtschule Hamburg ein Konzept.

Die Grundidee ist, die Jugendlichen für die Klimaproblematik zu sensibilisieren. Würden sie direkt vor Ort sehen, welchen Einfluss der Klimawandel auf die Arktis hat, könnten sie an ihren Schulen vielleicht mehr bewegen und durch eigene Vorträge andere Mitschüler und Lehrer inspirieren, sich ebenfalls für den Klimaschutz einzusetzen. Dieser emotionale Aspekt ist für Arved Fuchs sehr wichtig. Zwar erfahren die Schüler im »normalen« Schulunterricht Fakten über den Klimawandel, in einem »Klimacamp« werden sie jedoch vor Ort mit den Auswirkungen konfrontiert.

Es sind nur kleine Gruppen von zehn bis 14 Teilnehmern, die neben den Vorträgen von Wissenschaftlern speziell in Diskussionen Lösungsansätze suchen sollen, wie sie nach der Rückkehr in die Heimat mit dem Erlernten umgehen sollen. Dies ist ein wichtiger Bestandteil der Camps – jeder Teilnehmer macht sich während und

2007 veranstaltet Arved Fuchs zum ersten Mal das internationale Jugendcamp ICE-CLIMATE EDUCATION. Für die Jugendlichen aus aller Welt wird das »Global Warming« erfahrbar und ist keine theoretische Größe mehr.

nach dem Aufenthalt in der Arktis seine eigenen Gedanken, transportiert sie in seine Heimat und versucht dort, andere Schüler und Freunde anzustecken, Aktionen ins Leben zu rufen. Jeder kleine Schritt hilft weiter. Für Arved Fuchs ist es wichtig, dass die Teilnehmer nicht nur Fakten lernen, warum das Eis in der Arktis schmilzt und welche Auswirkungen dies haben wird.

Es ist hilfreich, dass sie lernen, dass jeder seinen kleinen Beitrag leisten kann, um den Klimawandel einzudämmen. Stoppen kann man ihn nicht. Aber wer nach einem Camp nach Hause reist und in Zukunft darauf achtet, regionale Produkte zu kaufen, und auch Menschen in seinem Umfeld davon überzeugt, den Stecker aus der Steckdose zu ziehen, wenn die Kaffeemaschine nicht benutzt wird, wer mit dem Fahrrad zum Bäcker fährt statt mit der großen Limousine, der hat schon viel gelernt in dieser Woche. Wer es dann noch schafft, im Freundeskreis andere anzustecken, hat die Grundidee des Projekts verstanden.

Das erste ICE-Camp soll in Longyearbyen auf Spitzbergen stattfinden. Über das Internet starten Fuchs und Lehrer Jordan einen weltweiten Wettbewerb, der sich an Schülerinnen und Schüler vom 16. bis zum 19. Lebensjahr richtet. Die Jugendlichen haben folgende Themen zur Auswahl, zu denen sie einen Beitrag einreichen können:
- Bestandsaufnahme 2007
- Zukunftsvision für die Arktis im Jahre 2040
- Umwelt- und Biotopschutz in der Gegenwart

Die Resonanz ist außerordentlich erfreulich. Es reichen 123 Jugendliche aus fünf Nationen ihre Projektarbeiten ein. »Ich bin wirklich begeistert von der Anzahl, aber besonders von der Qualität der eingereichten Beiträge«, ist Fuchs' erste Reaktion. Beiträge wie »Was passiert, wenn die Arktis schmilzt?«, »Nanoq auf zu dünnem Eis« oder »Ich bin Nordwind, eine Eisbärendame ...« begeistern das Auswahlteam und machen die Entscheidung nicht leichter. Schließlich werden 14 Jugendliche mit ihren Beiträgen ausgewählt, wobei der weiteste Gewinner aus China kommt.

Jugendcamp ICE-CLIMATE EDUCATION – eine Erfolgsstory

Das neuntägige Auftaktseminar auf Spitzbergen hält, was es verspricht. Es ist eine Mischung aus Vorträgen, Gruppenarbeiten, Exkursionen und Ausflügen. Die Jugendlichen werden auf einen Gletscher geführt, besichtigen eine Hundeschlittenfarm und erleben einen Törn auf der »Dagmar Aaen« durch ein Labyrinth von Eisbergen. Die anspruchsvollen Vorträge teilen sich Dr. Dirk Notz, Dr. Holger Auer (Biologe aus Bremen), Ulrich Jordan, Arved Fuchs und Referenten der örtlichen University Svalbard (UNIS). Zum Ende des Jugendcamps halten die Jugendlichen Abschlussreferate. Einige von ihnen stellen ihre Beiträge und Tagebuchaufzeichnungen aus dem

ICE-CLIMATE EDUCATION-Camp ins Internet unter www.arved-fuchs.de.

Das Jugendcamp, das in den Folgejahren überwiegend auf Island stattfindet, erweist sich als »Renner« schlechthin. Im Laufe von sieben Jahren haben rund 100 Jugendliche aus 22 Nationen am Camp teilgenommen. Darunter sind Teilnehmer aus Namibia, Kolumbien, Nicaragua, Südafrika, Uganda, Russland und Zypern. Sowohl die Aufgabenstellungen von Arved Fuchs und seinem Team sind anspruchsvoll als auch die Projektarbeiten, die die Jugendlichen abliefern. Beispielhaft einige der Aufgabenstellungen:

Für Arved Fuchs ist die Zusammenarbeit mit jungen Menschen der Schlüssel für die Bewältigung künftiger Probleme.

- Die Übersäuerung speziell des arktischen Meeres, verursacht durch den menschlichen CO_2-Ausstoß und Überfischung in einem globalen Maßstab, im Kontext zum Internationalen Jahr der Artenvielfalt
- Das Schicksal der hoch entwickelten Narwal-Population, bedroht durch das zurückgehende Meereseis, Tiefseeprobebohrungen, zunehmende Seeschifffahrt und Wassererwärmung
- Die Roadmap von Kopenhagen

Weitere Aufgabenstellungen beschäftigen sich mit der Waldzerstörung durch den Klimawandel, regenerativen Energien oder mit der »Bewegung Shishmaref«, einem inzwischen bekannten Inuitdorf Alaskas, dessen Permafrostboden wegtaut.

Nicht minder interessant sind die Projektarbeiten der Jugendlichen, die in aller Regel von ihren Schulen unterstützt werden:
- Eine Gymnasiastin aus München beschäftigt sich mit dem Thema »Auswirkungen der wachsenden Industrie und der Klimaerwärmung auf Rentierherden in der Arktis«.
- Ein finnischer Schüler beschreibt fiktiv »A TRAIN JOURNEY FROM HELSINKI TO DUDINKA IN 2062« mit apokalyptischen Szenarien von Afrikaflüchtlingen, die in den Norden drängen.
- Eine Schülerin vom Gymnasium Gaienhofen beteiligt sich mit einer Toparbeit zum Thema »Bedrohte Narwal-Population« unter der Überschrift »The last Unicorn«. Ihre Geschichte aus der Sicht eines Narwals, die im Jahre 2061 endet, ist in Teilen poetisch, manchmal märchenhaft, aber dennoch sehr realistisch. Sie schreibt, ihr Ziel sei es, »die persönliche Betroffenheit des Einzelnen (zu erzeugen) und damit vielleicht ein Bewusstwerden der prekären Situation in der Arktis, und dies durchaus stellvertretend für viele Bereiche der Welt. Die Jugend von heute sind die Entscheidungsträger von morgen«. Die umfangreiche Stoff- und Quellensammlung kommt einer Diplomarbeit gleich. Die Gymnasiastin hat sich offensichtlich mit der Gesamtproblematik »Global Warming« intensiv beschäftigt und daraus Empfehlungen formuliert, die weiterverfolgt werden sollten.
- Bemerkenswert eine 16-jährige Gymnasiastin, die ausdrücklich nicht von ihrer Schule unterstützt wird und sich dennoch mit einem interessanten Aufsatz über einen Konflikt zwischen dem indigenen Volk der Nenzen und dem russischen Energieriesen Gazprom qualifiziert und ins Camp kommt.

Sehr aufschlussreich erweist sich die Aufgabenstellung, einen Teil der UN-Klimakonferenz zu simulieren. Die 16- bis 19-jährigen Schüler übernehmen dabei die Rollen diverser internationaler Vertreter aus Entwicklungsländern und Industrienationen. Die Aufgabenstellung des ersten Camps lautet beispielsweise, sich in ausgiebigen Diskussionen über die Einführung eines neuen Düsentriebwerks zu verständigen, das die CO_2-Emission um 50 Prozent verhindern soll. Dabei wird deutlich, wie schwierig es ist, die verschiedenen Standpunkte unterschiedlicher Nationen auf einen gemeinsamen Nenner zu bringen. Bereits nach kurzer Zeit haben die Schüler ihre Rollen derart verinnerlicht, dass sie genauso argumentieren, wie es die betroffenen Nationen in der Realität tun. Mit gewohnter Hartleibigkeit nimmt eine Schülerin aus Schleswig-Holstein die Position Russlands ein. Sie muss sich zudem mit China einigen.

Der Schüler, der die USA vertritt, zeigt sich genauso uneinsichtig, wie man es von den Vereinigten Staaten in der Vergangenheit gewohnt war. Der simulierte Teilnehmer aus Afrika sieht überhaupt nicht ein, dass sein Land die Probleme »ausbaden« soll, die sich die Industrienationen der Welt über Jahrzehnte eingebrockt haben. Erst nach zwei langwierigen Konferenzen mit unerbittlichen Diskussionen können sich die »Simulanten« auf eine Resolution einigen. Am Ende sind die Schüler dann doch vernünftiger als »die Großen«. Wie hieß doch gleich ein Popsong der 1980er-Jahre: »Kinder an die Macht«.

Welchen Stellenwert Fuchs' Initiative genießt, zeigt sich daran, dass er für das ICE-CLIMATE EDUCATION-Camp das YouthXChange-Logo erhält. Dabei handelt es sich um eine UNEP-Initiative für Jugendliche für ein umweltbewusstes Verhalten beziehungsweise einen sparsamen Umgang mit unseren Ressourcen. Parallel dazu erhält das Camp auch das Logo des UNEP-SCP-Centers in Wuppertal. Diese Einrichtung führt das Konzept von YouthXChange in Deutschland weiter und macht es publik.

15 Resümee – es hat sich gelohnt

Aus der Retrospektive kann ein Mann, unter dessen überwiegender Verantwortung im Laufe von 35 Jahren mehr als 100 Menschen wohlbehalten nach Hause kamen, obwohl sie an Expeditionen teilnahmen, die alles andere als »Ferienfahrten« waren, grundsätzlich nicht so viel falsch gemacht haben.

ARVED FUCHS UMFASSEND ZU beschreiben ist außerordentlich schwierig. Das fängt bereits bei der Berufsbezeichnung an: »Abenteurer« geht nicht, »Expeditionsleiter« schon eher, aber auch »Projektmanager« ist treffend. Als Unternehmer, der er eigentlich ist, passen auch die Bezeichnungen »Marketingchef«, »Vortragsredner« oder »Organisator«. »Skipper« ist er zeitweise, »Kapitän« will er nicht hören, dafür ist der Gaffelsegler vielleicht auch zu klein. Da er seit frühster Jugend schreibt, ist wohl auch »Journalist« oder »Autor« richtig. Genauso treffend wären »Fotograf« und »Filmemacher«. Das Finanzamt führt ihn unter der Berufsbezeichnung »Publizist«. Der Mann ist eben ein Multitalent mit unendlich vielen Facetten, der so viel erlebt und erfahren hat wie andere nicht in drei Leben.

Nestwärme schafft Vertrauen

Seine Kindheit und sein schulischer Werdegang lassen nicht vermuten, was aus diesem Jungen einmal werden wird. Das dürfte auch die erste Botschaft an Eltern, Erzieher und Pädagogen sein. Nicht Schulformen, Schullaufbahnen oder Schulnoten sind von alleiniger Bedeutung, sondern mindestens auch ein liebevolles und verständnisvolles Elternhaus, so man das Glück hat, in ein solches hineingeboren zu werden. Die Eltern von Arved haben es erst gar nicht ver-

Großen Medieninteresses erfreut sich Fuchs vor und nach seinen Expeditionen. »Fuchs ist Zeuge einer Entwicklung, dort, wo es am schnellsten passiert«, bescheinigt ihm Professor Mojib Latif vom Helmholtz-Zentrum für Ozeanforschung.

sucht, den Willen des »aufsässigen« Jungen zu brechen. Dennoch haben sie sich mit ihm auseinandergesetzt und ihm zu verstehen gegeben, dass nur er alleine am Ende dafür verantwortlich ist, ob ein Zeugnis gut oder weniger gut ausfällt, ob Schuljahre wiederholt oder nicht wiederholt werden müssen. Er konnte sich jederzeit sicher sein, dass die Eltern ihn nicht wegen seiner Leistungen lieben. »Genau diese Einstellung meiner Eltern hat mir die Kraft und Sicherheit gegeben, die bis heute nachwirkt«, resümiert Fuchs.

Selbst als Arved mit bereits 27 Jahren beschließt, sich mit Abenteuerreisen seine Existenz aufzubauen, trifft das bei den meisten Familienmitgliedern auf Unverständnis und Ablehnung. Zu der Zeit ist die Erwartungshaltung, ein normales Leben zu führen, wohl noch ausgeprägter als heute. Hier ist es wieder seiner Mutter Gisela zu verdanken, die zwar nicht hoch erfreut ist, aber dennoch seinen Wunsch respektiert und an ihn glaubt.

Führungsstil kooperativ – bisweilen situativ

Man kann nicht sagen, dass Arved als Führungskraft geboren wird. Als Drittgeborener und einziger Junge ist er eher das Nesthäkchen der Familie, das verwöhnt wird. Um seinen Status braucht er nicht zu kämpfen. Daraus entwickelt sich ein ruhiger und ausgeglichener Charakter. Das gutbürgerliche Elternhaus vermittelt ihm Bildung und ein humanistisches Weltbild, das von Toleranz, Gewissens- und Gewaltfreiheit geprägt ist.

Derart ausgestattet wird er bereits in der Schule bei seinen Klassenkameraden als natürliche Autorität wahrgenommen. Das gibt ihm auch die innere Sicherheit, sich gegenüber der Lehrerschaft als »Rebell« zu behaupten. Um die Führungsrolle reißt er sich eigentlich nie, sie fällt ihm einfach zu. Das zeigt sich auch während seiner ersten Reisen und Expeditionen, soweit nicht mehr als drei bis vier Leute dabei sind. Hier bestätigen damalige Mitreisende, dass Arved unausgesprochen eine Art Leitfigur wird, ohne formell ihr Führer zu sein.

Erstmalig bei der Nordpolexpedition ICEWALK erlebt Arved, was es bedeutet, wenn acht Individualisten, von denen einige das »Alphatier« spielen wollen, sich ohne stringente Führung und Regeln auf den Weg machen. Einige Monate später kommt es für Arved »führungsmäßig« noch heftiger, als er mit Reinhold Messner durch die Antarktis marschiert und der Extrembergsteiger Arveds ruhige und ausgeglichene Art wohl eher als Schwäche ausgelegt. Obwohl sein Mitstreiter in diesem Terrain nicht zu Hause ist – natürlich seine eigenen Stärken einbringt –, hält dieser sich für den natürlichen Leader der Expedition. Daran trägt Arved auch eine gewisse Mitschuld, denn er hätte die Strategie des Marsches und die Rollenverteilung mit Messner besser absprechen müssen. Nachhaltig geschadet hat ihm übrigens der spätere Streit nicht.

Die erste Nagelprobe

Echte Führung mit allem, was dazugehört, muss Arved auf seinem Schiff »Dagmar Aaen« bei seiner ersten Expedition in die Nordostpassage einbringen. Das gelingt ihm nur zum Teil, da er es versäumt, klare Regeln aufzustellen. Selbstkritisch stellt er heute fest: »Ich bin mit der Einstellung hinausgefahren, dass wir alle Freunde sind und das Gleiche wollen. Aber ich war der ›Macher‹ und habe dann festgestellt, dass jeder mit der Reise etwas anderes verbindet.

Gerade mit dem Schiff hatten die Expeditionen Dimensionen angenommen, die auch eine hohe Professionalität im kaufmännischen, insbesondere Marketingbereich erforderten. Dazu gehörte, sich kommerziell aufzustellen und neu zu strukturieren.

Mein Fehler war es, das nicht von Anfang an zu klären, keine klaren Regeln aufzustellen und Konflikte nicht offensiv auszutragen, nach dem Motto: Unter Freunden wird das schon klappen. Das war so meine Haltung, das ist mir danach nie wieder passiert. Daraus habe ich viel gelernt.«

Doch ganz so schnell, wie Fuchs sich heute erinnert, schien das doch nicht zu gehen. Wenn man mit Crewmitgliedern spricht und seine Bücher studiert, dann dauerte dieser Prozess bis zum etablierten und unumstrittenen »Führer« noch eine Weile. An Fuchs' Werdegang ist deutlich zu erkennen, dass es das Patentrezept für »Führung« nicht zu geben scheint.

Fuchs pflegt eine Mischung aus kooperativem und situativem Führungsstil.

Er beschreibt ihn wie folgt:

»Ich bringe den Mitarbeitern viel Vertrauensvorschuss entgegen, dafür erwarte ich, dass sie sich mit der Aufgabenstellung identifizieren und dass sie entsprechenden Input bringen. Es ist wichtig, dass die Mitarbeiter im Rahmen der Zielvorgaben einen relativ hohen Handlungsspielraum haben. Dass Fehler gemacht werden, ist ganz klar, ich mache auch Fehler; das muss man dann besprechen, und man macht das das nächste Mal besser. Da gibt es dann keine Sanktionen oder sonst irgendetwas.

Ich bin jemand, der an sich selbst sehr hohe Anforderungen stellt. Da muss ich aufpassen, dass ich das nicht unmittelbar auf andere übertrage. Selbstkritisch betrachtet, neige ich gelegentlich dazu. Allerdings erwarte ich absolute Loyalität. Das ist für mich die Grundlage des gegenseitigen Vertrauens. Schlussendlich erwarte ich, dass die Mitarbeiter sich kreativ einbringen, mich auf etwas aufmerksam machen, auch kritisch mit mir umgehen; das gehört einfach dazu.«

In Fuchs' Umfeld ist zu beobachten, dass er bei Menschen, die guten Willens sind und sich ersichtlich anstrengen, eine unendliche Geduld an den Tag legt. Auch wenn diese Mitarbeiter mehrere Anläufe brauchen, bis sie den Anforderungen entsprechen, erhalten sie bei Arved in aller Regel mehr als eine Chance. Sobald allerdings jemand meint, diese Gutmütigkeit ausnutzen zu können, und Fuchs hintergeht, führt dies meist zu einer unmittelbaren Trennung mit allen Konsequenzen. Fuchs ist dann auch nicht bereit, sich mit diesem Zeitgenossen weiter zu beschäftigen.

Der Beweis ist erbracht

Aus der Retrospektive kann ein Mann, unter dessen überwiegender Verantwortung im Laufe von 35 Jahren mehr als 100 Menschen wohlbehalten nach Hause kamen, obwohl sie an Expeditionen teilnahmen, die alles andere als »Ferienfahrten« waren, grundsätzlich nicht so viel falsch gemacht haben.

Im Gegenteil, sein Buch »Grenzen sprengen« und seine gleichnamige Vortragsreihe belegen seine Führungskompetenz. Wenn Fuchs vor hochkarätigen Verantwortungsträgern erläutert, wie er und seine Crew mit extremen Situationen in polaren Regionen fertig werden, in denen es nichts nützt, die Notrufnummer 112 zu wählen, ist es immer ganz still im Saal. Und der Zuhörer, der noch vorhatte, im Laufe der sich üblicherweise anschließenden Diskussion die Frage zu stellen: »Herr Fuchs, wie soll ich das machen, wenn sich Abteilung A mit Abteilung B nicht verträgt«, sagt dann lieber nichts.

Wie sucht sich Fuchs seine Mannschaft aus – welche Leute sind das?

Fuchs findet neue Leute durch Empfehlungen anderer Crewmitglieder. Das ist ihm das Sympathischste, weil er weiß, sie würden niemanden empfehlen, der nicht ins Team passt. Er bekommt aber relativ viele Bewerbungen, muss davon eine Menge vorsortieren.

Bewerbungsgespräche laufen im Vergleich zu Vorstellungen, wie sie beispielsweise in der Wirtschaft üblich sind, total atypisch ab. »Die Bewerber sind natürlich ungeheuer heiß und blenden alles Unangenehme aus«, berichtet Fuchs. »Ich konfrontiere sie dann mit vielen unangenehmen Dingen, zum Beispiel, was im Falle eines Ablebens mit ihnen zu tun sei, was sie natürlich nicht hören wollen.« Nach diesen Gesprächen grenzt sich die Anzahl der Bewerber schon deutlich ein. Hinzu kommt, dass Fuchs eine gewisse Altersstruktur anstrebt, bestehend aus jüngeren und älteren, weiblichen und männlichen Crewmitgliedern. Ganz wichtig ist ihm dabei die Kompetenzverteilung, dazu zählen sowohl die Fach- wie die Sozialkompetenz. Dass jemand gut segeln kann, reicht bei weitem nicht aus. Jedes Crewmitglied muss teamfähig sein, die Bereitschaft mitbringen, sich auf seine Mitsegler einzustellen, tolerant gegenüber anderen sein, ohne sich selbst dabei zu vernachlässigen.

Einige Male hat Fuchs, wie er sagt, auch in die »Kloschüssel« gegriffen, da auch er nicht den »Stein der Weisen« besitzt und sich wie jeder andere irren oder Fehleinschätzungen unterliegen kann. Einmal habe er einen amerikanischen Hochstapler nach Hause schicken müssen. Der Mann behauptete, segeln zu können, was nicht stimmte, und auch den Unterschied zwischen Mein und Dein bekam er nicht auf die Reihe.

Aber die Fehleinschätzungen bewegen sich in Grenzen, weil Bewerber der engeren Wahl über kürzere Segeltörns an die Aufgaben herangeführt werden. Dazu Fuchs: »Man lernt nicht jemanden am Tisch kennen, sondern wenn er zehn Tage an Bord ist bei nicht immer schönem Wetter. Wie er sich bewegt, wie er mit den Leuten, mit Müdigkeit und mit Ängsten umgeht. Wir vereinbaren dann: ›Du fährst von A nach B mit, und wir entscheiden uns in B‹, wie es weitergeht. Dann kann er ohne Gesichtsverlust sagen: ›Es war nett, aber nicht noch mal‹, und ich kann's genauso sagen.«

Fuchs' öffentliche Präsenz und seine als spannend empfundene Tätigkeit ziehen natürlich auch Individualisten an, die ihre besondere Vita haben, welche auch mit Problemen behaftet sein kann. Deshalb ist es oftmals nicht der klassische Mitarbeiter, wie man ihm im täglichen Leben begegnet. Es sind oftmals ausgeprägte Individualisten mit besonderen Eigenarten. Letztlich zählt sich Fuchs selbst auch dazu.

Wie bereitet Fuchs seine Reisen vor?

Die Vorbereitung einer komplexen Expedition ist nichts anderes als ein Projektmanagement. Die Vorstellung, dass sich ein paar gleichgesinnte Abenteurer zusammensetzen und bei einem Glas Bier den Beschluss fassen, »mal eben durch die Nordostpassage zu segeln«, hat mit der Realität nicht das Geringste zu tun.

Doch vor der Planung liegt die Idee, die Arved Fuchs für sich bis zu einer gewissen Reife entwickelt. Es ist eine Eigenart von ihm, dass nur er allein und sonst niemand das Expeditionsziel bestimmt. Weil er sich nicht anmaßt, in allen Bereichen Bescheid zu wissen, macht er sich sachkundig. Im weiteren Schritt bespricht er sich mit einem Vertrauten, der möglicherweise mitfahren würde.

Seine Frau Brigitte spielt dabei eine wesentliche Rolle, auch bei

Projekten, bei denen sie nicht mitfahren würde. Sie ist nicht nur langjähriges Crewmitglied, sondern auch eine kritische Beraterin mit profunden Kenntnissen über den Ablauf und die Risiken einer Expedition. Sie kann die Dinge gut einschätzen. Die Strategie und die Entscheidung für ein Projekt entwickelt Fuchs in jedem Falle selbst.

Vor dem »Point of no Return« redet er nicht öffentlich über das Projekt, um in seiner Umgebung und in der Öffentlichkeit keinen Erwartungsdruck zu erzeugen.

»Das ist dann wirklich deine eigene Sache«, erläutert Fuchs. »Du steckst da ganz anders drin, überschaust den ganzen Komplex und weißt auch, was du verantworten kannst. In der Vorbereitungsphase geht es um extrem viele Dinge, nicht nur um die Expedition, es geht auch um private Dinge.«

Mitunter unterhält er sich mit Leuten, die nicht wissen, worum es geht. Aus vielen Mosaiksteinen ergibt sich für ihn ein Gesamtbild. Dann heißt es, es wird oder wird nicht gemacht. Dann spricht er, soweit erforderlich, mit dem Bootsbauer, um gegebenenfalls spezielle Probleme zu lösen. Nicht jede Expedition erfolgt mit der »Dagmar Aaen«.

Erst nachdem Fuchs alle Fragen für sich ausreichend geklärt hat, beginnt die eigentliche Vorbereitung der Expedition.

Allein der Aufbau eines Teams, das über Monate hinweg auf extrem engem Raum unter spartanischen Lebensbedingungen leben und funktionieren muss, erfordert nicht nur, wie beschrieben, eine äußerst sorgfältige Personenauswahl; der zeitliche Expeditionsverlauf muss auch mit den Ferien-, Urlaubs- und Berufsplänen der zukünftigen Crewteilnehmer harmonieren. Planmäßige Crewwechsel sind gleichermaßen zu berücksichtigen.

Daneben muss das Projekt finanziert und die Medienverwertung geregelt werden. Genehmigungen von den Behörden und Visa von den Konsulaten müssen rechtzeitig eingeholt werden und die gesamte Logistik muss erstellt werden. Wie beschrieben, wird eine etwaige Heuer für Crewmitglieder nicht gezahlt. Es gilt das unter Skippern übliche Prinzip »Hand gegen Koje«. Das bedeutet, man segelt kostenlos mit und wird im Gegenzug mit allen oder speziellen Arbeiten an Bord betraut.

Was zeichnet Arved Fuchs in seinem Kern aus?

Arved Fuchs besitzt eine Reihe von Eigenschaften, die ihn befähigen, sich in der Liga zu behaupten, in der er sich seit vielen Jahren bewegt. Er ist mutig, jedoch kein Hasardeur. Er beherrscht das »Handwerk« des polaren Reisens wie aus dem Effeff. Gleichermaßen hat Fuchs sich im Laufe der Jahrzehnte ein profundes Wissen hinsichtlich der Geschichte, der Geografie, der Kulturen sowie des Klima- und Umweltschutzes in polaren Regionen angeeignet, das seinesgleichen sucht.

Fuchs möchte zu Recht nicht als Forscher und Wissenschaftler gelten, aber besser als mancher Wissenschaftler ist er in der Lage, komplexe Zusammenhänge einfach darzustellen und zu vermitteln. Seit Jahren arbeitet er mit Wissenschaft und Forschung zusammen und tauscht sich aus.

Vor und während seinen Expeditionen überlässt er selten etwas dem Zufall und versucht die Risiken, soweit es geht, abzuchecken und zu minimieren.

Er ist ein ausgezeichneter Rhetoriker, man sagt, er spreche druckreif; dabei hilft ihm sein gutes Gedächtnis. Er beobachtet sehr scharf und setzt seine analytischen Fähigkeiten zielgerichtet ein. Die Rohtexte für seine zahlreichen Bücher schreibt er bereits während der Expeditionen.

Im Zusammenhang mit der »Shackleton-Tour« brachte er Folgendes zu Papier: »Es gibt ein Energiepotenzial, das nicht willentlich abrufbar ist, das aber den Willen maßgeblich beeinflusst. Wir wollen es ganz einfach, und je mehr es schmerzt, desto größer ist unser Wille. Frei nach dem Motto: ›Du hast dich in diese Situation gebracht, nun sieh verdammt noch mal zu, dass du auch wieder heil daraus hervorgehst.‹

Ich werde oft gefragt, ob ich ein religiöser Mensch bin oder es zumindest in derartigen Situationen werde. Die Vermutung liegt nahe, dass man unter derartigen Bedingungen Zuflucht bei einer imaginären höheren Macht, beim Gebet, sucht. Ich würde mich nicht als Atheisten bezeichnen, aber sicher auch nicht als einen gläubigen Menschen im Sinne der Kirche. Für mich ist das, was um mich herum ist, die Schöpfung. Ich glaube an die Naturgesetzmäßigkeiten, sehe in der Natur selbst eine höhere Instanz, aus der wir alle entstanden sind, zeit unseres Lebens dazugehören, der wir uns unterzuordnen haben und irgendwann gehen wir auch wieder in sie ein. Aber ich glaube nicht an ein Leben danach. Mit der kirchlichen Lehre kann ich nur wenig anfangen. Einmal davon abgesehen, dass ein sieben Meter langes Boot zumal während einer Sturmfahrt kaum der geeignete Ort ist, um still ein Gebet zu sprechen – ich würde es auch nicht tun, weil ich nicht dahinterstünde und es dann sogar als einen Akt der Feigheit betrachten würde.«

Was sagen die Wegbegleiter?

Das Sicherheitsgefühl, was Arved seinen Gefährten vermittelt, beschreibt sein alter Freund Rainer Neuber im Rahmen der Nordseetour mit Faltbooten wie folgt:

»Nachdem ich nachts gekentert bin, dachte ich: ›So 'n Scheiß, ich bin ja völlig nass, wie ärgerlich.‹ Mir war aber dann auch klar, das war's jetzt für diese Tour. Wir müssen jetzt sehen, dass wir da irgendwie herauskommen. Fuchs an meiner Seite zu haben war jedoch sehr beruhigend. Wenn es nicht anders geht, kann ich bei ihm einsteigen, da passiert mir auch nichts. Das war schon sehr toll, mit ihm da zu sein.«

Der Journalist Ulli Weih, zeitweise Crewmitglied, sagt: »Ich segle schon lange, aber von Arved und seiner Art, das Schiff zu führen, kann ich nur lernen; jemand, der ganz ruhig führt, rechtzeitig gute Entscheidungen trifft. Projekte, die auf den ersten Blick sehr riskant erscheinen, so organisiert und umsetzt, dass es immer gut funktioniert.«

Manfred Hell, ehemals Chef von »Jack Wolfskin« und Sponsor, stellt in einem Filminterview fest: »Bei allem, was er macht, was er erreicht hat, ist er fast unverdorben geblieben. Er ist einfach er selbst, da ist nichts gestellt. Er ist ein ganz normaler, unverfälschter Mensch.«

Der Grönländer Jens Napatoq, ehemals Bürgermeister Ittoqqortoormiit, kennt Arved seit vielen Jahren. Er meint: »Nein, ich habe keinen verrückten Kerl gesehen, ich habe einen Menschen gesehen, der etwas erforschen will. Etwas ausprobieren will, das über die menschlichen Grenzen hinausgeht. Nicht jeder fährt in die arktische Natur, um dort herumzureisen. Das hat etwas damit zu tun, dass er die Natur liebt und in Harmonie mit der Natur leben will.«

Dazu muss man wissen, dass die Grönländer freundlich sind, aber verschlossen. Fremde lassen sie nicht so einfach an sich heran. Fuchs aber ist bei ihnen anerkannt.

Arved Fuchs hört solche »Lobeshymnen« nicht gerne, muss sie allerdings ertragen. Diese Zurückhaltung ist nicht gespielt. Bei aller Eloquenz bei öffentlichen Auftritten könnte man ihn für introvertiert halten. Aber auch das trifft den Kern nicht ganz, denn im Familien- und Freundeskreis erlebt man einen Menschen, der die Rockmusik liebt. Eric Clapton, Deep Purple, Joe Cocker und Lynyrd Skynyrd gehören zu seinen Favoriten. Bei einer privaten Fete mit Tony Sheridan rockt er mit seiner Brigitte ab, was das Zeug hält. Gleichermaßen begeistern ihn Irische Folklore, Shanties und Neil Young, zu denen er am Lagerfeuer oder nach getaner Arbeit auf seinem Schiff kräftig, wenn auch nicht immer den Ton treffend, mitsingt. Weitere Hobbys sind Segeln – nicht immer mit der »Dagmar Aaen« –, Radfahren, Skilaufen und Fotografieren.

Arved Fuchs interessiert sich nicht nur für die Geschichte der Forscher und Entdecker. Die Frühgeschichte und die kulturelle Entwicklung der Menschheit reizen ihn gleichermaßen. Ebenso klassische und moderne Malerei, dabei natürlich herausragend die maritime. Über seinen Freund und Weggefährten, den Expeditionsmaler Rainer »Ulli« Ullrich, sagt Fuchs: »Ich, der ich bestenfalls mit einem Lineal gerade Striche ziehen kann, bin fasziniert von der Art, was er mit Farben, Stiften, Fingern und Pinsel zu Papier bringt. Bei den Expeditionen überträgt sich diese Faszination auf alle an Bord.«

Nicht zuletzt durch seine »Architektenfrau« Brigitte angeregt, hat er einen Blick für Architektur und »charakterstarke« Bauten, wie er sie nennt. Brigitte und er sind gerade dabei, sein Elternhaus, das er vor einigen Jahren zurückerworben hat, in seinen »Urzustand« zu versetzen. »Man glaubt nicht, wie viel Spaß mir das bereitet.«

In seiner Heimatstadt Bad Bramstedt vermisst Fuchs gelegentlich Kneipen mit dieser pubähnlichen Atmosphäre, in der man abends entspannt seinen Absacker trinken kann. Seinen Kaffee trinkt er an liebsten stark und tiefschwarz.

Eine Begebenheit sei noch erlaubt, die der Biograf von dritter Seite erfuhr: Als Fuchs einmal von einer längeren Expedition zurückkommt, gibt es eine Pressekonferenz auf Sylt. Es ist vorgesehen, dass er und ein weiteres Crewmitglied den Medienvertretern die Expedition erläutern. Dieser Expeditionsteilnehmer, ein exzellenter Mann, der heute noch dabei ist, hält sich nicht so für den »Kameratyp« und bittet Fuchs, er möge doch das Einstiegsstatement geben. Fuchs und sein Mitstreiter wissen aber nur zu gut, dass der Nichtauftritt des Kollegen von den Journalisten missverstanden und möglicherweise als Schwäche ausgelegt werden könnte.

Fuchs findet eine unkonventionelle Lösung. Er tritt vor die Mikrofone und Kameras und präsentiert den Journalisten eine zerrupfte Blume. »Wir stimmen uns immer ab, wer von uns sprechen darf. Damit sich keiner benachteiligt fühlt, haben wir gelost, und zwar so, wie es sonst die Verliebten tun – durch das Abreißen von Blüten. Ich habe diesmal gewonnen und darf zu Ihnen sprechen.«

Fuchs' Kollege, der mit auf der Bühne steht, lächelt dankbar und zufrieden, während Fuchs, druckreif, wie immer den Verlauf der Expedition erläutert. Fragen beantworten dann beide. Natürlich spricht sich diese Haltung auch unter den Crewmitgliedern herum, was dem Leader nicht zum Nachteil gereicht ...

Klimawandel – es gibt Hoffnung

Im Zusammenhang mit der Forderung nach Vermeidung von CO_2-Emissionen sagt Fuchs in seinem Buch »Blickpunkt Klimawandel«: »Wir müssen dazu übergehen, die Natur im Gesamtkontext zu sehen und zu verstehen. Die Natur darf in unserer Wahrnehmung nicht auf den Stadtpark oder den eigenen Garten reduziert werden – die Natur ist überall und unser aller Lebensgrundlage. Es muss – unabhängig aller Ökodoktrinen und von sogenannten alternativen Lebensformen – ein neues Naturverständnis geschaffen werden. Dabei besteht überhaupt keine Veranlassung, in Depressionen zu verfallen nach dem Motto ›Hat doch eh alles keinen Sinn‹. Die neuen Technologien (der Vermeidung von Emissionen) stehen weitgehend zur Verfügung und sind zum großen Teil auch einsatzbereit. Man muss sie nur anwenden. Aber natürlich gibt es einen enormen Forschungsbedarf, der auch staatliche Subventionen erfordern wird.«

Preise und Ehrungen

Fuchs hat im Laufe der Jahrzehnte zahlreiche Ehrungen, Preise und Auszeichnungen erhalten. Die sechs wichtigsten seien hier genannt:
- **hanseboot-Preis** 1985
- **Fellow of the Royal Geographical Society** 1996, eine Ernennung, die selten einem Deutschen zuteil wird
- **Ehrenkapitän der Rickmer Rickmers** 2000
- **Tilman-Medaille des Royal Cruising Club** 2005

- Das **GOLDENE LOT** 2008, die höchste Auszeichnung des Verbands Deutscher Vermessungsingenieure (VDV)
- **B.A.U.M.-Preis** Bundesdeutscher Arbeitskreis umweltbewusstes Management e. V. 2012

»Es war ja immer mein Lebenstraum, die Welt zu entdecken. Aber es gab dann die bewusste Entscheidung, ›Mach es oder mach es nicht‹. Ich hab's nie bereut, ich würde es immer wieder machen. Ich glaube, wenn ich es nicht gemacht hätte, wäre ich heute zutiefst unzufrieden. Ich wäre sicherlich in Lohn und Brot, würde wohl wirtschaftlich und finanziell gut zurechtkommen, aber es wäre nicht das gewesen, was ich mit meinem Leben hätte anstellen wollen.

Okay ist vor allem die Tatsache, dass das Leben nicht so verplant war und ist. Wenn ich das nicht mehr machen könnte, das würde mich nicht aus dem seelischen Gleichgewicht werfen.

Den renommierten B.A.U.M.-Preis erhält Arved Fuchs im Jahre 2012. Es folgt ein Empfang beim Bundespräsidenten Joachim Gauck auf Schloss Bellevue.

Das ist vielleicht leicht daher gesagt, aber es muss ja nicht immer eine schwere Erkrankung, es können ja auch andere Umstände sein. Ich glaube, ich würde immer etwas finden, was mich interessieren und was mich antreiben würde.

Dass man das Leben auch als eine Möglichkeit betrachtet, den eigenen Lebensweg zu gestalten, und nicht einfach nur mit Scheuklappen auf den sturen Weg hinterher trotten, den alle anderen gehen.«

Resümee – Ich hab's nie bereut

Arved Fuchs hat in den Jahren von 1977 bis 2012 dreißig Expeditionen überwiegend erfolgreich absolviert. Insgesamt 106 Personen haben ihm dabei in unterschiedlichen Stärken und Zusammensetzungen zur Seite gestanden, davon 16 Frauen. Über seine Erlebnisse hat er 17 Bücher verfasst. Zahlreiche Fernsehdokumentation sind über ihn gedreht worden. Mit seinem Haikutter »Dagmar Aaen« hat er seit 1989 rund 370 000 Kilometer auf eigenem Kiel zurückgelegt, das entspricht mehr als der neunfachen Erdumrundung.

»Gebt mir Scott als wissenschaftlich-geografischen Expeditionsleiter, gebt mir Amundsen für eine rasche und effiziente Polarexpedition, aber gebt mir Shackleton, wenn sich das Schicksal gegen mich verschworen zu haben scheint und ich einen Ausweg suche.«
Apsley Cherry-Garrard (1886–1959) britischer Polarforscher, »The worst Journey in the World, Vol. I«

»Wenn ihr jedoch jemanden sucht, der die Fähigkeiten dieser drei Polarforscher in sich vereinigt und der Welt erklären kann, welche Botschaften die Polregionen bereithalten für das zukünftige Überleben der Menschheit, dann konsultiert Arved Fuchs.«
Bernhard-Michael Domberg

Quellen

Zeitungen und Zeitschriften

abenteuer und reisen, Auf den Spuren einer tragischen Expedition, 1/2/1999
Anzeiger Bad Bramstedt, Umwelttipps von Arved Fuchs, 22.11.1990
Anzeiger Bad Bramstedt, Neuer Hilfstransport startet Richtung Rjasan, 17.11.1992
Anzeiger Bad Bramstedt, Neuer Hilfsgütertransport startet Richtung Ryazan, 4.8.1993
Anzeiger Bad Bramstedt, Entdeckungsreise in die Vergangenheit, 17.6.1998
Anzeiger Bad Bramstedt, »Rolling home«, 14.10.1998
Anzeiger Bad Bramstedt, Fuchs-Tage: Kultur statt Selbstdarstellung, 21.12.2005
Anzeiger Bad Bramstedt, Klimawandel: Arved Fuchs ist besorgt, 29.9.2010
Ärztliches Reise & Kultur Journal, South Nahanni – ein Fluß wird zur Legende, 3/1986
AVZ – Aachen, Mit Heinsberger »Nahrung« zum Nordpol, 19.1.1980
Badische Zeitung, Smog in der Arktis, 2.10.1989
B.A.U.M. e. V., Presseinformation Int. B.A.U.M.-Sonderpreis 2012 wird an Arved Fuchs vergeben, 5.6.2012
Berliner Morgenpost, Mit Segelkutter um den Nordpol, 4.11.1990
Berliner Morgenpost, Arved Fuchs zieht es in eisige Gewässer, 21.2.1991
Berliner Morgenpost, Zurück aus dem Eis – Polarforscher Arved Fuchs, 25.10.1998
Bild, Arved will zu Fuß zum Nordpol gehen, 22.10.1979
Bild, Ein Mann auf dem Weg zum Nordpol – zu Fuß, allein, 17.1.1980
Bild, Mißverständnis in Grönland – Fuchs und Neuber haben's geschafft, 20.7.1983
Bild, Arved Fuchs segelt als erster Mensch rund um den Nordpol, 24.10.1990
Bild, Weltumsegler Arved Fuchs – Loch auf der Probefahrt, 27.3.1991
Bild, Wird Abenteurer Arved Fuchs gestoppt?, 21.8.1991
Bild, Liebe ist – wenn's in Sibirien funkt, 14.11.1992
Blick, Spuren im Eis – Arved Fuchs, 15.12.1983
Blick, Arved Fuchs wieder unterwegs! Expedition in ein bedrohtes Reich, 20.8.1987
Bramstedter Nachrichten, Trotz 35 Grad minus hat Fuchs ruhig geschlafen, 22.12.1979

Arved Fuchs

Bramstedter Nachrichten, Wimpel der Heimatstadt soll am Nordpol flattern, 20.2.1980
Bramstedter Nachrichten, Vorbereitung auf vollen Touren, 18.2.1981
Bramstedter Nachrichten, Arktis-Expedition startet heute, 27.3.1981
Bramstedter Nachrichten, Eisbärenpranken zerfetzten das Zelt und zerstörten Teile der Ausrüstung, 20.6.1981
Bramstedter Nachrichten, »Ich wollte nicht die Mahlzeit des großen Eisbären werden!«, 26.6.1981
Bramstedter Nachrichten, Polar-Fuchs zum See-Fuchs, 25.7.1981
Bramstedter Nachrichten, Eisbär hielt sich nicht an die »Spielregeln«, 21.8.1981
Bramstedter Nachrichten, »Transatlantik«, 31.12.1981
Bramstedter Nachrichten, Arved Fuchs startet Expedition, 22.2.1983
Bramstedter Nachrichten, Bildunterschrift mit Bürgermeister, 10.3.1983
Bramstedter Nachrichten, Arved Fuchs kehrte von Expedition zurück, 25.7.1983
Bramstedter Nachrichten, »Polarfuchs« mußte im Eis Zahnarzt spielen, 11.10.1983
Bramstedter Nachrichten, Magnetischer Nordpol ist das Ziel einer weiteren Kajaktour, 3.8.1985
Bramstedter Nachrichten, Abenteurer Arved Fuchs war am magnetischen Nordpol, 5.10.1985
Bramstedter Nachrichten, Wir konnten das Risiko immer einschätzen, 7.2.1986
Bramstedter Nachrichten, Fuchs sitzt schon in den Startlöchern, 4.4.1986
Bramstedter Nachrichten, Listiger Fuchs bewachte Unternehmen Arved Fuchs, 4.6.1986
Bramstedter Nachrichten, Ausverkauf der Natur verhindert, 15.8.1987
Bramstedter Nachrichten, Borneo: schlimmer als erwartet, 1.10.1987
Bramstedter Nachrichten, Bad Bramstedts höchste Auszeichnung: Die Ehrennadel für Arved Fuchs, 12.3.1990
Bramstedter Nachrichten, Junge Bad Bramstedter unternehmen eine Umweltexpedition in die Sowjetunion, 14.7.1990
Bramstedter Nachrichten, Sex auf Eis gelegt, 11.9.1990
Bramstedter Nachrichten, Antarktis-Marschierer als Buchautoren: Fuchs kontra Messner – Der Streit 3. Akt, 27.9.1990
Bramstedter Nachrichten, Arved Fuchs will den Nordpol umsegeln, 24.10.1990
Bramstedter Nachrichten, Arved Fuchs' neues Abenteuer: In drei Jahren rund um den Nordpol, 24.10.1990
Bramstedter Nachrichten, Er gehört in die Garde der ganz großen Abenteurer, 3.5.1991
Bramstedter Nachrichten, Kleine Russen wurden modisch eingekleidet, 1.8.1991
Bramstedter Nachrichten, Sascha aus Rjazan fiel als erstes die Autobahn auf, 1.8.1991
Bramstedter Nachrichten, Rjasaner Musiker bedanken sich mit einem klingenden Geschenk, 18.1.1992

Quellen

Bramstedter Nachrichten, Es ist wie im Schlaraffenland, 25.6.1992
Bramstedter Nachrichten, Tonnenweise Lebensmittel und Spielsachen sollen nach Rußland, 9.7.1992
Bunte, Zwei Deutsche schaffen das Unmögliche, 6.10.1983
Bunte Nr. 47, Unterwegs in die Eiszeit, 14.11.1985
Courier – Neumünster, Allein und zu Fuß 766 Kilometer über das ewige Eis, 16.2.1980
Der Insel-Bote, Zum Frühstück und Mittag Müsli – abends das aufbauende, »Menü«, 21.10.1989
Die Woche, Sie Frostbeule, Reinhold Messner!, 14.7.1995
Die Zeitung am Sonntag, Messner – Arved Fuchs schlägt zurück, 14.10.1990
Donnerstags Anzeiger Bad Bramstedt, Arved Fuchs will allein zum Nordpol – zu Fuß!, 27.9.1979
Donnerstags Anzeiger Bad Bramstedt, Arved Fuchs: Mit Bramstedt-Wimpel zum Nordpol, 21.2.1980
Donnerstags Anzeiger Bad Bramstedt, Polarexpedition scheitert an den Behörden, 19.6.1980
Donnerstags Anzeiger Bad Bramstedt, Arved Fuchs berichtet, 3.7.1980
Donnerstags Anzeiger Bad Bramstedt, 70 Tage quer durch Grönland, 28.7. 1983
Donnerstags Anzeiger Bad Bramstedt, Arved Fuchs – Spuren im Eis, 15.12.1983
Donnerstags Anzeiger Bad Bramstedt, Vom Ewigen Eis ins Bad Bramstedter Schloß, 14.6.1989
dpa, Messner muß Nordpolexpedition abbrechen – Dramatisches Ende im Eis, 10.3.1995
Fit For Fun, Auf den Spuren einer legendären Pol-Expedition – der große Exclusivbericht, 12/2007
Flensburg Avis, Bei den Ureinwohnern Borneos, 22.12.1978
Flensburger Tageblatt, 26jähriger Student will zu Fuß allein zum Nordpol, 22.10.1979
Flensburger Nachrichten, »Polar-Fuchs« sagt Prost für 1991, 31.12.1990
Flensburger Nachrichten, Durchs Eis zur Wiege der Stürme, 31.12.1990
Flensburger Tageblatt, »Dagmar Aaen« trotzt Sturm und Eis, 7.3.1991
Flensburger Tageblatt, Sportprominenz macht sich stark für Ausländer, 26.3.1994
Flensburger Zeitung, Zwei Schleswig-Holsteiner aus ewigem Eis Grönlands gerettet, 19.7.1983
Frankfurter Rundschau, Auf Treibeis endete die Abenteurerexpedition, 20.7.1983
Frankfurter Rundschau, Unterschriften für Antarktis, 17.11.1990
Fränkische Nachrichten, 2800 Kilometer durch einsamste Arena der Welt, 20.12.1990
Funkschau, Hundeschlitten-Navigation, 11.11.1983
Funkuhr, Tierliebe war stärker als die Sucht nach Ruhm, 8.10.1983
Für Sie, Wenn die Gefühle verrückt spielen, 16.3.1994

401

General Anzeiger Bonn, »Die eisige Schönheit verzeiht keinen Fehler«, 6.10.1990
Geo Nr. 3, Abenteuer: In Sturm und Eis durch Feuerland, 27.2.1989
Globetrotter Handbuch, Bildunterschrift: Arved Fuchs und Rainer Neuber beim Start, 1989
Hamburger Abendblatt, Wie ich höre, 3.10.1979
Hamburger Abendblatt, Rahlstedter Nordpol, 4.11.1979
Hamburger Abendblatt, Allein in die Arktis, 5.3.1981
Hamburger Abendblatt, Grönland-Expedition gerettet, 19.7.1983
Hamburger Abendblatt, Die Abenteurer und die Damen vom Hausfrauen-Bund, 23.7.1983
Hamburger Abendblatt, Mit dem Kajak zum Pol, 31.7.1985
Hamburger Abendblatt, Mit dem Faltboot um Kap Horn – Auszeichnung auf der »hanseboot«, 21.10.1985
Hamburger Abendblatt, Im Kajak über die Nordsee – aus Protest, 17.7.1987
Hamburger Abendblatt, Sturmböen – Das Ende kam vor Texel, 24.7.1987
Hamburger Abendblatt, Deutscher am Nordpol, 16.5.1989
Hamburger Abendblatt, Das Abenteuer Natur, 24.10.1990
Hamburger Abendblatt, Typisch hanseatisch, 26.11.1990
Hamburger Abendblatt, Arved Fuchs: Heimkehr eines Abenteurers, 12.7.1996
Hamburger Abendblatt, Arved Fuchs – Arktis statt Frühling, 28.3.2006
Hamburger Abendblatt, Fuchs-Expedition belegt dramatischen Klimawandel, 15.10.2009
Hamburger Abendblatt, »Ärmel hochkrempeln«, 9.4.2010
Hamburger Abendblatt, Arved Fuchs kehrt aus der Welt des Eises zurück, 26.9.2010
Hamburger Abendblatt, Arktis-Eis schmilzt schneller als je zuvor, 29.8.2012
Hamburger Abendblatt, Arktis verliert ihr Sommer-Eis, 20.9.2012
Hamburger Abendblatt, Schippern wie vor 100 Jahren, 8.10.2012
Hamburger Abendblatt, Amundsens Porlarschiff »Maud« kommt ins Museum, 27.11.2012
Hanseboot Messeführer 1985, hanseboot-Auszeichnung: Zum 1. Mal für die ungewöhnlichste maritime Leistung, 1985
Holsteinischer Courier, Grönland-Abenteurer wohlbehalten in Sicherheit, 20.7.1983
Hörzu Nr. 17, Wettlauf in den Tod, 24.4.1998
Kaltenkirchener Nachrichten, Glücklich zurück vom »Tanzboden des Teufels«, 12.12.1983
Kieler Nachrichten, Grönland-Abenteurer »on the rocks«, 23.7.1983
Kieler Nachrichten, Arved Fuchs paddelt als erster Mensch zum magnetischen Nordpol, 31.7.1985
Kieler Nachrichten, Zu Fuß durch Packeis-Labyrinth, 5.1.1989
Kieler Nachrichten, Ohne Ozonschicht müssen wir sterben, 11.2.1989
Kieler Nachrichten, Noch einmal mit Messner? Wohl kaum!, 7.3.1990

Kieler Nachrichten, Arved Fuchs' neues Abenteuer: In drei Jahren rund um den Nordpol, 24.10.1990
Kieler Nachrichten, Arved Fuchs startet von Kiel zur Fahrt an die Eisgrenze, 14.2.1991
Kieler Nachrichten, Arved Fuchs trainierte auf der Kieler Förde – die KN waren dabei, 18.2.1991
Kieler Nachrichten, Diese Crew segelt mit zum Nordpol, 18.2.1991
Kieler Nachrichten, Arved Fuchs: Vom unbekannten Abenteurer zum Medienstar, 12.4.1991
Kieler Nachrichten, Arved Fuchs auf großer Fahrt: Richtung Nordpol, 12.4.1991
Kieler Nachrichten, Vorbilder gegen Gewalt, 26.3.1994
Kieler Nachrichten, Arved Fuchs' letzte Icesail-Etappe, 31.3.1994
Kieler Nachrichten, Zweiter Anlauf durch das sibirische Packeis, 19.8.1994
Kieler Nachrichten, Expedition in die Kälte, 10.6.2009
Kieler Nachrichten, Große Sorgen um die Zukunft, 22.9.2010
Kieler Nachrichten, Kurs Nord – ins arktische Eis, 4.7.2011
Lübecker Nachrichten, Ein Abenteurer mußte aufgeben, 5/1983
Lübecker Nachrichten, Kühlhaustraining für grönländische Eistemperaturen, 19.2.1983
Lübecker Nachrichten, Drei Abenteurer im Kampf gegen Eis und bittere Kälte, 20.3.1983
Lübecker Nachrichten, Grönland-Abenteurer sind auf dem Weg in die Kälte, 6.4.1983
Lübecker Nachrichten, Wegener:»... im Kampf gegen den weißen Tod«, 12.6.1983
Lübecker Nachrichten, Vor ihnen lauert das Eis, 12.6.1983
Lübecker Nachrichten, Vermißte Abenteurer im ewigen Eis entdeckt, 14.7.1983
Lübecker Nachrichten, Grönland-Expedition nach 70 eisigen Tagen beendet, 19.7.1983
Lübecker Nachrichten, Ein aufgebrochener Fjord stoppte die Abenteurer, 22.7.1983
Lübecker Nachrichten, Zu Fuß durch die Antarktis, 15.1.1989
Lübecker Nachrichten, Kurs auf Sibirien-Route, 31.3.1994
Main Post, Kühle Gefühle nach der Reise durchs Eis, 14.12.1990
Moin Moin, Der Flensburger Arved Fuchs geht zu Fuß zum Nordpol, 29.11.1979
Morgenpost, Zoff erst nach der Sendung, 12.3.1990
Morgenpost, Das Abenteuer Nordpol lockt, 24.10.1990
Neue Westfälische, Arved Fuchs will den nördlichsten Punkt der Erde allein und ohne fremde Hilfe zu Fuß erreichen, 31.1.1980
Neues Deutschland, Goethe hat schon recht:»Wenn ihr's nicht fühlt, ihr werdet's nicht erjagen«, 9.1.1993
Nord Express, Ehrung für Eiswanderer Fuchs, 14.6.1989
Nord Express, Auf zum Projekt »Ring of Fire«, 30.9.2003
Nord Express, Arved Fuchs zeigte Bilder seiner jüngsten Expedition, 17.12.2003

Nord Express, Toller Erfolg für ersten Stiftungsball, 28.1.2004
Nord Express, Leinen los heißt es Anfang August, 21.7.2004
Nord Express, Fuchs übergab sein Boot neuem Museum, 9.5.2007
Nord Express, Arved Fuchs zurück von der Spitzbergen-Expedition, 10.10.2007
Nord Express, Ein echtes Heimspiel für Arved Fuchs, 27.12.2007
Nord Express, Arved Fuchs leitet Camp mit Jugendlichen in Island, 13.8.2008
Nord Express, »Botschafter der Arktis« geschult, 27.8.2008
Nord Express, Dramatische Veränderungen für arktische Gefilde, 21.10.2009
Nord Express, Arved Fuchs ist wieder zuhause, 29.9.2010
Nord Express, Fuchs-Vortrag war spannender als ein Krimi, 12.3.2011
Nord Schleswiger, Kalter Segeltörn lockt mehr als warme Küche, 20.2.1991
Nord Schleswiger, Probefahrt im Eismeer, 21.2.1991
Nord Schleswiger, Vom Alsensund zum Icesail-Training, 22.2.1991
Nord Schleswiger, Bildunterschrift, 13.11.1992
Norddeutsche Rundschau, Polarforscher übt im Kühlhaus, 22.10.1979
Norddeutsche Rundschau, Müssen die Geretteten die Suchaktion bezahlen?, 20.7.1983
Norddeutsche Rundschau, Auf Schiffsplanken ins ewige Eis, 24.10.1990
Norddeutsche Rundschau, Zehn Mann in einem Boot zum Nordpol, 12.4.1991
Norddeutsche Rundschau, Erst mal die Zivilisation genießen, 12.7.1996
Norddeutsche Rundschau, Zurück aus der Eiswüste, 8.10.1998
Norderstedter Zeitung, Der Schock kam nach dem Abenteuer, 22.7.1983
Norderstedter Zeitung, Nordsee-Expedition ins Wasser gefallen, 29.7.1987
Norderstedter Zeitung, Ehrennadel für Arved Fuchs und nachdenkliche Worte, 12.3.1990
Norderstedter Zeitung, Mutter sorgt sich um Abenteurer Arved Fuchs, 21.8.1991
Norderstedter Zeitung, Ob im Osten oder Westen – Kinder sind überall gleich, 21.8.1991
Norderstedter Zeitung, Gewinnaktion – Abenteurer Fuchs entführt Sie in die Welt der Arktis und der Antarktis, 20.1.2006
Norderstedter Zeitung, Heute geht's nach Spitzbergen, 12.6.2007
Norderstedter Zeitung, Arved Fuchs berichtet von seiner Expedition, 30.11.2007
Norderstedter Zeitung, Junge, komm bald wieder!, 10.6.2009
Norderstedter Zeitung, Arved Fuchs' Leute überwintern auf Grönland, 5.2.2010
Norderstedter Zeitung, So trainierte Arved Fuchs für die Arktis, 19.4.2010
Norderstedter Zeitung, Für Müßiggang bleibt keine Zeit, 20.8.2010
Norderstedter Zeitung, Mit 15 Minuten Verspätung zurück aus der Arktis, 22.9.2010
Nordschleswiger, Das Abenteuer beginnt am Nübel Noor, 1.11.1990
Nordwest-Zeitung, Ich bin kein Hasardeur, 12.9.1990
NRZ, Polarmarsch im Kühlhaus getestet, 24.10.1979
Osnabrücker Zeitung, Sechs Tage im engen Zelt, 9.8.1983
Petra, Die 66 besten Partien Deutschlands, 7/1990

Quellen

Praline, Der Wahnsinnstrip durch die Antarktis, 1989
Pressestelle des Bundeskriminalamtes, Bundeskriminalamt macht Schriften einer Polarexpedition von 1873 sichtbar, 2.9.1994
Prima Sonntag, Der Abenteurer. Arved Fuchs macht sich Sorgen um das Global Warming, 18.12.2005
Prisma, Abenteuer in der Arktis, 8.10.1983
Quick, Auf Schusters Rappen allein zum Nordpol, 24.1.1980
Revue, Abenteuer im ewigen Eis, 3/1983
Segeberger Zeitung, Arktis-Expedition startet heute, 26.3.1981
Segeberger Zeitung, Heute Start ins Ewige Eis, 7.4.1981
Segeberger Zeitung, Segeberger Presseball jetzt mit eigener Erkennungs-Melodie, 31.5.1981
Segeberger Zeitung, Grauer Himmel und schwarzes Meer, 28.7.1987
Segeberger Zeitung, Kein Bruder Leichtfuß, 13.10.1989
Segeberger Zeitung, Neuer Hilfstransport bringt Russen (Über)Lebensmittel, 10.11.1992
Segeberger Zeitung, Nur 4 Seiten Zeitung – weil Papier knapp ist, 17.11.1992
Segeberger Zeitung, Völkerverständigung am Lagerfeuer, im Zelt und auf den Spuren der Wikinger, 15.4.1993
Segeberger Zeitung, Grüße aus dem ewigen Eis nach Bad Bramstedt, 31.7.1993
Segeberger Zeitung, Abendbrot bei Koppelins mit dem Außenminister, 17.3.1994
Segeberger Zeitung, »Polar-Fuchs« geht wieder an Bord, 31.3.1994
Segeberger Zeitung, Arved Fuchs fand uralte Flaschenpost, 2.9.1994
Segeberger Zeitung, Arved Fuchs erneut auf arktischer Spurensuche, 16.5.1997
Segeberger Zeitung, Moschusochse unterm Plastik-Tannenbaum, 24.12.1997
Segeberger Zeitung, Historische Spuren im ewigen Eis, 12.6.1998
Segeberger Zeitung, Fuchs' Klüverbaum brach erst zum Schluß, 9.10.1998
Segeberger Zeitung, Respekt vor den Pionieren im Eis, 27.10.1998
Segeberger Zeitung, Arved Fuchs' modernes Abenteuer zum Mitzittern, 21.11.1998
Segeberger Zeitung, Fuchs' Abenteuer: Mit Behörden, Stürmen und vergessenen Städten, 14.12.2002
Segeberger Zeitung, Mit Menschen sprechen, statt Reden schwingen, 26.2.2003
Segeberger Zeitung, Nordostpassage auf 224 Seiten: Nicht nur für Abenteurer, 12.3.2003
Segeberger Zeitung, Träume treiben ihn an, 15.3.2003
Segeberger Zeitung, Fuchs erforscht die letzten weißen Flecken des Globus, 24.4.2003
Segeberger Zeitung, Fuchs steuert in den Hafen der Ehe, 26.4.2003
Segeberger Zeitung, Die Aleuten reichen Fuchs nicht, 14.8.2003
Segeberger Zeitung, Endlich warme Duschen, 3.9.2003
Segeberger Zeitung, Fuchs bricht Expedition ab, 24.9.2003
Segeberger Zeitung, Polarmeer eignet sich nicht für Wettrennen, 10.10.2003

Arved Fuchs

Segeberger Zeitung, Arved Fuchs: Vom Feuer ins Eis, 3.12.2003
Segeberger Zeitung, Fuchs zeigte Bilder einer fremden Welt, 13.12.2003
Segeberger Zeitung, Rauschende Ballnacht: Stiftung kann starten, 26.1.2004
Segeberger Zeitung, Fuchs-Expedition aus der Sicht eines Malers, 17.3.2004
Segeberger Zeitung, Wer liest in Bramstedt? – Stimmen zum Tag des Buches, 22.4.2004
Segeberger Zeitung, Fuchs will Klimawandel mit Nordwest-Passage beweisen, 30.6.2004
Segeberger Zeitung, Über Grönland nach Hause, 2.10.2004
Segeberger Zeitung, Salutschüsse für Fuchs im Hamburger Hafen, 12.11.2004
Segeberger Zeitung, Bilder aus der Arktis, 31.1.2005
Segeberger Zeitung, Wettlauf mit dem Eis in Film und Buch, 14.10.2005
Segeberger Zeitung, Die Arktis wird dramatisch wärmer, 12.12.2005
Segeberger Zeitung, Anschaulicher Querschnitt aus 30 Jahren Abenteuer, 21.12.2005
Segeberger Zeitung, Einblick in polare Welten, 21.1.2006
Segeberger Zeitung, Ausstellung von Arved Fuchs wird verlängert, 28.1.2006
Segeberger Zeitung, Jeder 10. Bramstedter besuchte Fuchs-Ausstellung, 13.2.2006
Segeberger Zeitung, Mit Schlittenhunden in den entlegensten Winkel der Arktis, 28.3.2006
Segeberger Zeitung, Zurück vom Kampf mit Eis und Wölfen, 31.5.2006
Segeberger Zeitung, Fuchs erreicht Ostküste Grönlands, 11.8.2006
Segeberger Zeitung, Eisige Abenteuer im Land der weißen Wölfe, 3.2.2007
Segeberger Zeitung, Prominente Osterspaziergänge. Arved Fuchs liebt das Ohlautal, 7.4.2007
Segeberger Zeitung, Arved Fuchs übergab sein Boot Peter Tamm, 7.5.2007
Segeberger Zeitung, Nach 94 Jahren: Arved Fuchs auf den Spuren alter Polarforscher, 12.6.2007
Segeberger Zeitung, Arved Fuchs geht auf Spurensuche in der Arktis, 12.6.2007
Segeberger Zeitung, Arved Fuchs findet Schuh von verschollenem Polarforscher, 14.9.2007
Segeberger Zeitung, Arved Fuchs nimmt Kurs auf Bad Bramstedt, 29.9.2007
Segeberger Zeitung, Arved Fuchs zurück aus dem Eis, 6.10.2007
Segeberger Zeitung, Eisbären werden immer magerer, 6.10.2007
Segeberger Zeitung, Heimspiel für Arved Fuchs im Kurhaustheater, 17.12.2007
Segeberger Zeitung, Arved Fuchs geht wieder mit Jugendlichen auf Reisen, 6.8.2008
Segeberger Zeitung, Arved Fuchs zeigt Schülern den Klimawandel – auf Island, 6.8.2008
Segeberger Zeitung, Arved Fuchs und seine jungen »Botschafter der Arktis«, 23.8.2008
Segeberger Zeitung, »Mit zunehmendem Alter will ich auch hinter die Kulissen schauen«, 6.12.2008

Quellen

Segeberger Zeitung, Für die »Dagmar Aaen« war noch kein Weg zu weit, 4.4.2009
Segeberger Zeitung, Fuchs sucht Spuren eines Dramas im ewigen Eis, 10.6.2009
Segeberger Zeitung, Fuchs zieht es wieder ins Eis, 10.6.2009
Segeberger Zeitung, Arved Fuchs findet Reste der Greely-Tragödie im Eis, 27.8.2009
Segeberger Zeitung, Immer noch kein Eis vor Grönland, 12.1.2010
Segeberger Zeitung, Verkehrte Welt: Dauerfrost in Holstein, Tauwetter in Grönland, 12.1.2010
Segeberger Zeitung, Expeditionen sind keine Urlaubsreisen, 10.4.2010
Segeberger Zeitung, Arved Fuchs und der Klimawandel: Wissenschaftler bestätigen ihn, 12.4.2010
Segeberger Zeitung, Arved Fuchs beendet die Winterpause, 28.5.2010
Segeberger Zeitung, Nach 8700 Kilometern Nordatlantik nimmt Fuchs Kurs auf Hamburg, 27.8.2010
Segeberger Zeitung, Fuchs kehrt besorgt vom zu warmen Nordmeer zurück, 22.9.2010
Segeberger Zeitung, Fuchs ließ sein Publikum die Faszination der Arktis miterleben, 19.2.2011
Segeberger Zeitung, Arved Fuchs berichtet bei Markus Lanz im ZDF von seinen Südpol-Erfahrungen, 1.3.2011
Segeberger Zeitung, Digitale Flaschenpost als Mahnung, den Klimawandel zu stoppen, 1.7.2011
Segeberger Zeitung, Arved Fuchs peilt ab Montag Grönland an, 23.7.2011
Segeberger Zeitung, Klimawandel beschäftigt Arved Fuchs immer wieder, 12.12.2011
Segeberger Zeitung, In der Wetterküche brodelt es, 21.3.2012
Segeberger Zeitung, Fuchs untersucht Folgen des Klimawandels auf Grönland, 24.3.2012
Segeberger Zeitung, Grönlandeis mit Hunden erforschen, 24.3.2012
Segeberger Zeitung, Fuchs startete mit Hindernissen, 16.4.2012
Segeberger Zeitung, Schlittenhunde brauchen Pediküre in der Eiswüste, 28.4.2012
Segeln, Unter Segeln rund um den Nordpol, 12/1990
Sindelfinger Zeitung, »Kein Hasardeur, eher ein Handwerker«, 1.10.1990
Spiegel, Der letzte Trip auf Erden, 20.11.1989
Spiegel, Der letzte Trip auf Erden, 11.12.1989
Spiegel, Der letzte Trip auf Erden, 25.12.1989
Spiegel, Der letzte Trip auf Erden, 8.1.1990
Spiegel, Der letzte Trip auf Erden, 22.1.1990
Spiegel, Der letzte Trip auf Erden, 12.2.1990
Spiegel, Der letzte Trip auf Erden, 19.2.1990
Sports, Unternehmen »Icesail«, 04/1991
Stern, »Jetzt gehen wir in verschiedene Richtungen«, 8.3.1990

Stern, Reinhold Messner: »In Wahrheit bin ich ein ängstlicher Mensch«, 10/1989
Stormarner Tageblatt, Arved Fuchs fand, »Matsch-Klumpen«: Rätsel gelöst, 3.9.1994
SWF-Journal, Überleben fraglich?, 11.11.1989
Trierischer Volksfreund, Zu Fuß und allein Marsch ins ewige Eis zum Nordpol, 24.10.1979
TV, Um in der arktischen Eiswüste zu überleben, nehmen sie unglaubliche Torturen auf sich, 04/1983
TV Hören und Sehen, Kurz vor dem Ziel scheiterten die deutschen Grönland-Abenteurer, 20.8.1983
»Vor sich und der Natur bestehen, 14.12.1990« – Quelle nicht zu ermitteln
Walser, Aileen, Beitrag zur International Ice-Climate Education Competition 2011: The last Unicorn, 1.5.2011
WAZ, Zu Fuß und allein zum Pol, 24.10.1979
Welt, Zum Nordpol nimmt Arved Fuchs nicht einmal Hunde mit, 24.10.1979
Welt, Glimpfliches Ende eines Abenteuers, 21.7.1983
Wochenendmagazin des S-H-Zeitungsverlages, Durch eine Hölle aus Eis zu Fuß zum Nordpol, 27.5.1989
Yacht, Symphonie in Holz. Komposition für ein Pop-Idol, 11/1981
Yacht, Im Faltboot auf den Aleuten, 16/1986
Yacht, »Keine Macho-Tour«, 08/1991
Yacht, Die Nordost-Passage, 08/1991
Yacht, Mit »Dagmar Aaen« durch das arktische Eis, 10.4.1991
Yacht, Den Nordpol immer querab, 10.4.1991
Yacht, Arved Fuchs: Überwintern im Polareis, 11.2.1998
Zeit Magazin Nr. 40, Wo Wasser sich zu Bergen türmt, 26.9.1986

Filme

Medien Kontor – DVD, Mit Arved Fuchs durch den Nordatlantik, Folge 1–5
Fuchs, Arved – DVD, Labrador Expedition, 14.7.1977 – 30.8.1977, 1977
Fuchs, Arved – DVD, Film – Grenzen Sprengen, 2012
AG Friedensforschung Peter Strutynski, Von Kopfjägern und Massakern – Worum geht es wirklich in Kalimantan?, 4.5.2010

Sonstige Veröffentlichungen

AG Friedensforschung Peter Strutynski, Von Kopfjägern und Massakern – Worum geht es wirklich in Kalimantan?, 4.5.2010

Buchveröffentlichungen

Fuchs, Arved: Abenteuer Arktis – Polarexpeditionen – Vorbereitung, Training, Ausrüstung, Ernährung, Pietsch-Verlag, Stuttgart 1982

Fuchs, Arved: Im Faltboot um Kap Hoorn – Die erste gelungene Winterumrundung im Serien-Faltboot, Pietsch-Verlag, Stuttgart 1991

Fuchs, Arved: Spuren im Eis – Mit dem Hundeschlitten durch Grönland, Pietsch-Verlag, Stuttgart 1992

Fuchs, Arved: Wettlauf mit dem Eis, Verlag Kiepenheuer & Witsch, Köln 1994

Fuchs, Arved: Der Weg in die weiße Welt – Mit der »Dagmar Aaen« zum 7. Kontinent, Delius Klasing Verlag, Bielefeld 1998

Fuchs, Arved: Abenteuer russische Arktis, Delius Klasing Verlag, Bielefeld 1999

Fuchs, Arved: Im Schatten des Pols – Auf Shackletons Spuren im härtesten Meer der Welt, Delius Klasing Verlag, Bielefeld 2001

Fuchs, Arved: Von Pol zu Pol, Delius Klasing Verlag, Bielefeld 2003

Fuchs, Arved: Kälter als Eis – Die Wiederentdeckung der Nordostpassage, Delius Klasing Verlag, Bielefeld 2003

Fuchs, Arved: Grenzen sprengen – Erfahrungen aus Extremsituationen erfolgreich nutzen, Delius Klasing Verlag, Bielefeld 2004

Fuchs, Arved: Abenteuer zwischen Tropen und ewigem Eis, Delius Klasing Verlag, Bielefeld 2005

Fuchs, Arved: Nordwestpassage – Der Mythos eines Seeweges, Delius Klasing Verlag, Bielefeld 2005

Fuchs, Arved: Die Spur der weißen Wölfe – Mit dem Hundeschlitten in die hohe Arktis, Delius Klasing Verlag, Bielefeld 2007

Fuchs, Arved: South Nahanni – Kanu-Abenteuer im Norden Kanadas, Delius Klasing Verlag, Bielefeld 2008

Fuchs, Arved: Kein Weg ist zu weit – Die Geschichte der Dagmar Aaen, Delius Klasing Verlag, Bielefeld 2009

Fuchs, Arved: Blickpunkt Klimawandel – Gefahren und Chancen – Mit Beiträgen führender Klimaforscher, Delius Klasing Verlag, Bielefeld 2010

Fuchs, Arved und Sandmeyer, Peter: Nordatlantik – Eine Entdeckungsfahrt, Delius Klasing Verlag, Bielefeld 2011

Morrell, Margot; Capparell, Stephanie: Shackletons Führungskunst – Was Manager von dem großen Polarforscher lernen können, Rowohlt Taschenbuch Verlag, Reinbek 2003

Ullrich, Rainer: Skizzen aus der Nordost-Passage – Als Expeditionsmaler mit Arved Fuchs im Polareis, Koehlers Verlagsgesellschaft mbH, Hamburg 2004

Arved Fuchs' Expeditionen von 1977 bis 2013

1. **1977 erste Expedition** – Befahren der Flüsse De Pas und George River in der **kanadischen Provinz Quebec** mit traditionellen indianischen Kanus und einfachsten Mitteln. Dauer zwei Monate – über die Expedition entstand ein erster Film beim NDR.
2. **1978 Borneoexpedition** – Mit Longboats und zu Fuß durchquert Fuchs den indonesischen Teil der Insel bis zur Grenze nach Sarawak und zurück. Erste Erkenntnisse über Holzeinschlag im tropischen Regenwald
3. **1979 Reise an die Westküste Grönlands** mit ausgedehnten Solotouren entlang des Inlandeises
4. **1980 erster Versuch,** den **Nordpol** zu erreichen – Fuchs scheitert und unternimmt Solotouren in der kanadischen Arktis. Er wird im Arctic Survival durch befreundete Inuit unterrichtet.
5. **1981 Soloexpedition** in die **kanadische Arktis** – der Marsch von Resolute Bay nach Grise Fiord wird durch die Begegnung mit einem zornigen Eisbären unterbrochen.
   Weiterhin Touren mit Inuit. Anschließend Atlantiküberquerung mit der 14-Meter-Segelyacht »Golden Goose« von Lake Huron nach Hamburg
6. **1982 verschiedene Touren** im **Nordwesten Kanadas**, Yukon und Ragged Range
7. **1983 Hundeschlittenexpedition** in 70 Tagen über das **grönländische Inlandeis** auf den Spuren der Wegener-Expedition von 1931. Auf teilweise bisher unbegangenen Strecken
8. **1984 erste Winterumrundung Kap Hoorns** mit einem **Faltboot**
9. **1984 Kanufahrt auf dem Nahanni-Fluss** im **Norden Kanadas** von der **Quelle** bis zur **Mündung**
10. **1985 Kajakexpedition** zum **magnetischen Nordpol**, darunter eine zweiwöchige Drift auf einer Eisscholle
11. **1986** mit **Faltbooten** zu der Inselgruppe der **Aleuten** – genannt die »Wiege der Stürme«. Danach Bergtouren durch **Patagonien** und **Feuerland**
12. **1987 Zweite Borneoexpedition** – Bestandsaufnahme und Veröffentlichungen über die Auswirkungen der Brandrodung und des Holzeinschlags
    Versuch der Nordseeüberquerung mit **Faltbooten** von England aus – Versuch wird nach zehn Tagen auf See abgebrochen
13. **1988 Feuerlandexpedition** – mit **Faltbooten** von Punta Arenas bis nach Puerto Williams (Beagle Canal)
14. **1989 Expedition ICEWALK** zum **geografischen Nordpol** – unter Schirmherrschaft der UNO erreicht ein internationales achtköpfiges Team in 56 Tagen den rund 1000 Kilometer entfernten Nordpol.
    Ein **internationales Jugendcamp** verfolgt von der Arktis aus die Expedition

und macht unter wissenschaftlicher Anleitung Schadstoffuntersuchungen.
15. **1989/90 Arved Fuchs** erreicht zusammen mit dem Südtiroler **Reinhold Messner** am **30.12.1989** den **Südpol**. Erstmals gelingt es zwei Menschen, in 92 Tagen den **antarktischen Kontinent** zu Fuß und per Skiern auf 2800 Kilometern Länge zu **durchqueren**. **Fuchs** ist damit der erste Mensch, der zu Fuß und auf Skiern **beide Erdpole** in einem Jahr bezwingt.

Zum Ehrenkapitän der »Rickmer Rickmers« wird Fuchs im Jahre 2000 ernannt.

16. **1991–1994 »ICESAIL«** – Mit seinem Haikutter **»Dagmar Aaen«** versucht Fuchs in zwei Anläufen vergeblich den Nordpol auf der historischen Route zu umrunden. Nach erstem Versuch Überwinterung des Schiffes im eingefrorenen Jenissei »Dagmar Aaen« ist das erste westliche Schiff nach Öffnung des Eisernen Vorhangs, das in die russische Arktis fahren darf. Nach Misslingen des zweiten Versuchs im Jahre
1992 Überwinterung im norwegischen Tromsø
1993 Fuchs bewältigt **Nordwestpassage**.
1994 dritter erfolgloser Versuch, die **Nordostpassage**, diesmal Richtung West, zu durchfahren. Danach Überwinterung in Vancouver »ICESAIL«, bisher längste Expedition, **endet**.
17. **1995/96 SEA, ICE, & MOUNTAINS**-Expedition »Zwischen Tropen und ewigem Eis« vollendet **Roald Amundsens Idee der Umrundung beider Amerikas**.
Nach der Bewältigung der **Nordwestpassage im Jahre 1993** segelt Fuchs mit der »Dagmar Aaen« durch den Pazifik und erreicht Patagonien. **Erstmals** durchquert eine Expedition in 42 Tagen das **patagonische Inlandeis**.
Mit dem Passieren von Kap Hoorn und der Rückkehr nach Hamburg hat Fuchs den amerikanischen Doppelkontinent erfolgreich umrundet
18. **1997/98 Expedition »Arctic Passages«** – Fuchs sucht Routen historischer Expeditionen auf **Spitzbergen** und in **Ostgrönland** auf und dokumentiert sie.
Erster Abschnitt **»ICEFLY«** in Erinnerung an 100-jährige Wiederkehr der **Gasballonfahrt** des schwedischen Forschers Andrée auf **Spitzbergen**
Es folgt **»Greenland Challenge«** – von Spitzbergen aus segelt die »Dagmar Aaen« über **Island** nach **Ostgrönland** und folgt den Spuren der »**2. Deutschen Nordpolexpedition«** von 1869/70. Nach schwieriger Eisfahrt überwintert das Schiff an der unwirtlichen Ostküste Grönlands. Eine **60-tägige Skitour** führt ein vierköpfiges Team bis zum **77. Breitengrad**, wo Überreste der historischen Expedition gefunden werden.

Nach einer ausgedehnten Nordatlantikexpedition erreicht Arved Fuchs im Herbst 2010 den Hafen von Hamburg. Zwischen den Segeln der »Miichel« das Wahrzeichen der Hansestadt.

19. **2000** segelt Fuchs zu viert mit der »**James Caird II**« die **Shackleton-Expedition** von 1916 nach und bewältigt damit die Eishölle Südgeorgiens mit dem Nachbau des kleinen Rettungsbootes. Danach überqueren sie zu fünft, wie Shackleton, die Insel Südgeorgien.
20. **2002** Im **vierten Versuch bezwingt Fuchs die Nordostpassage** entlang der sibirischen Küste.
21. **2003** »**Ring of Fire**« – Vom Winterlager der »Dagmar Aaen« in Dutch Harbor aus segelt Fuchs zur Inselgruppe der **Aleuten** und erkundet sie.
22. **2003** fährt **Fuchs** durch die Bering-Straße in die **Nordwestpassage** ein und muss in Cambridge Bay überwintern.
    2004 gelingt die **Durchquerung der Nordwestpassage** buchstäblich in letzter Sekunde. Damit vollendet Fuchs die **komplette Nordpolumrundung** nach fast zweieinhalb Jahren.
23. **2006 Expedition »Ultima Thule«** – Auf den Spuren Robert Pearys erkundet Fuchs mit dreiköpfigem Team und einem **Hundegespann** den Norden von **Ellesmere Island**.
    Von Eureka aus und erreichen sie in einer 44-tägigen Gewalttour nach 500 Kilometern das Yelverton Inlet. Wegen überraschenden Temperaturanstiegs vorzeitiger Abbruch der Tour
24. **2006 Ostgrönland** – Mit der »Dagmar Aaen« segelt Arved Fuchs zur Ostküste Grönlands nach Ittoqqortoormiit im Scoresby-Sund. Von dort fährt er weiter auf den Spuren der Danmark-Expedition (1906–1908), die mit

einer Tragödie endete, und erreicht knapp den 75. **Breitengrad** bei der kleinen Siedlung Daneborg.

25. **2007 »Svalbard 2007« und 1. »ICE Climate Education«** – Mit seinem Haikutter umrundet Arved Fuchs Spitzbergen und segelt nördlich des 82. Breitengrades, nur 930 Kilometer vom Nordpol entfernt, was bisher nicht möglich war. Er findet Spuren der historischen Schröder-Stranz-Expedition von 1912/13. Gleichzeitig veranstaltet Fuchs das **erste Klimacamp mit 14 Jugendlichen** aus fünf Nationen. Die Jugendlichen, als Botschafter für den Klimaschutz, machen Exkursionen und erarbeiten Referate, die sich mit den Folgen der Klimaerwärmung befassen.
26. **2008 2. »ICE-Climate-Education«** auf Island
27. **2009 »Nordpoldämmerung« und 3. »ICE Climate Education«** auf Island. Mit der »Dagmar Aaen« segelt Fuchs nach Nordwestgrönland und Ellesmere Island auf den Spuren der Greely-Expedition (1881–1884). Gleichzeitig erlebt Fuchs hautnah die dramatischen Veränderungen aufgrund des Klimawandels. Das Schiff bleibt zur Überwinterung im grönländischen Upernavik.
28. **2010 Nordatlantik 4. und »ICE Climate Education«** auf Island. Nach der Überwinterung macht Fuchs eine ausgedehnte Nordatlantikexpedition über Neufundland, Labrador, Irland und England zurück nach Hamburg.
29. **2011 Nordostgrönland und 5. »ICE Climate Education«** (das vierte Mal auf Island). Ein weiteres Mal steuert Arved Fuchs Nordostgrönland an, um die sichtbaren Unterschiede der Klimaveränderung zu dokumentieren. Er setzt ein Zeichen hinsichtlich der anstehenden Klimakonferenz in Durban (Südafrika). Gleichzeitig setzt er eine Flaschenpost aus, die via Internet digital verfolgt wird.
30. **2012 »Avanersuaq« Nordwestgrönland und 6. »ICE Climate Education«** in Norwegen. Seine siebte Expedition auf die größte Insel der Erde absolviert Fuchs mit Brigitte Ellerbrock und zwei Männern sowie zwei Schlittenhundegespannen. Er dokumentiert die Veränderungen der Eis- und Gletschersituation im Nordwesten Grönlands.
31. **2012/13 Auf den Spuren der Lofotfischer.** Zum ersten Mal fährt Fuchs im Winter mit der »Dagmar Aaen« in den stürmischen Nordatlantik. Die Reise führt an der norwegischen Küste entlang zu den Lofoten, in das Fanggebiet der Kabeljauschwärme, die im Januar dort laichen. Zweck der Fahrt ist eine Recherche auf den Spuren und Kursen der historischen Lofotfischer und gleichzeitig eine aktuelle Dokumentation der gegenwärtigen Kabeljaufischerei, die trotz strenger Quotierung und Reglementierung immer noch rund 2000 Fischer pro Saison zu den Inseln im Nordwesten Norwegens lockt.

Crewmitglieder

1. Ian Balmer
2. Matthias Berg
3. Pablo Besser
4. Brent Boddy
5. Jörn Bohlmann
6. Frank Clausen
7. Scott Darsney
8. Ben Dijkema
9. Stefan Dörksen
10. Brigitte Ellerbrock
11. Heike Ernst
12. Wilfried Erdmann
13. Dave Featherby
14. Elise Fleer
15. Kathrin Fleischer
16. Peter Fleischer
17. Egon Fogtmann
18. Ole Fogtmann
19. Petra Freiwald
20. Martin Friederichs
21. Rolf-Dieter Fröhling
22. Raimer Fuhlendorf
23. Volker Gaese
24. Ralf Gemmecke
25. Till Gottbrath
26. Graeme Joy
27. Helmut Hammele
28. Alex aus Ryazan
29. Torsten Heller
30. Rainer Herzberg
31. Thomas Hillebrand
32. Jens Holst
33. Manfred Horender
34. Miroslav Jakes
35. Jan-Peter Jansen
36. Lars Jessen
37. Günther Jüllich
38. Hans-Joachim Karpus
39. Rainer Kerzig
40. Stefan von Kietzell
41. Ragna Koch
42. Raimund Koch
43. Robert Kübel
44. Ute Künstler
45. Martina Kurzer
46. Ursula Latus
47. Peter Lechhart
48. Steffen Lembke
49. Detlev Löll
50. Falk Mahnke
51. Mikhail Malkhov
52. Duri Mayer
53. Jürgen Maier
54. Kai Meibaum
55. Morgan Meinecke
56. Slava Melin
57. Frank Mertens
58. Johannes Meyer-Hamme
59. Nabil Ali Moghib
60. Christian Müller-Ramcke
61. Bernhard Naber
62. Katja Nagel
63. Dagmar Nahnsen
64. Chris Nelson
65. Rainer Neuber
66. Jörg Nickel
67. Birgit Radebold
68. Helmut Radebold
69. Wolfgang Reetz
70. Karl Regenfelder
71. Darryl Roberts
72. Katja Nagel
73. Chris Nelson
74. Rainer Neuber
75. Hermann Nuffer
76. Rafael Peche
77. Michal Podgorny
78. Wolfgang Reetz
79. Darryl E. Roberts
80. Peter Sandmeyer
81. Hartmut Schäfer
82. Roger Schmidt
83. Gunther Scholz
84. Folker Schultheiss
85. Tillman Schulze
86. David Schurman
87. Gerd Schwalenstöcker
88. Jeff Scott
89. Detlef Soitzek
90. Karsten Steinbach
91. Doug Stern
92. Sigridur Ragna Sverrisdóttir
93. Franz Taucher
94. Beke Tietz
95. Rémy Tokoudo
96. Rainer Ullrich
97. Margret Valdimarsdóttir
98. Martin Varga
99. Harm Warnemünde
100. Ulrich Weih
101. Volker Wenzel
102. Armin Wirth
103. Henryk Wolski
104. John Wonnacot
105. Markus Zatrieb
106. Jonathan Zeevj

Danksagungen

Heike Bernetière, Pfarrer Berthold Bonekamp-Kerkhoff, Annette Domberg, Christian Domberg, Dr. Martin Domberg, Brigitte Ellerbrock, Gunther Fleckenstein, Peter Fleischer, Rolf-Dieter Fröhling, Gisela Fuchs, Volker Gaese, Peter Hasenjäger, Maren Hauck, Elke Hoffmann, Hans-Joachim Karpus, Pfarrer i. R. Günter Kochanowski, Prof. Mojib Latif, Petra Lembke-Fuchs, Falk Mahnke, Rüdiger Nehberg, Rainer Neuber, Dr. Dirk Notz, Sven Peters, Utta Rudershausen, Baptista von Salis, Kai Soetje, Arne Steenbock, Uwe Straehler-Pohl, Rainer Ullrich sowie allen ungenannten Freunden und Bekannten, die mir mit Rat und Tat zur Seite gestanden haben.

Eine Schicksalsfahrt

Die Weltumseglung der österreichischen Fregatte SMS Novara gilt bis heute als die ambitionierteste und größte Expedition des damaligen Kaiserreichs.

Gerd Schilddorfer und David G.L. Weiss begaben sich für dieses Buch auf Spurensuche. Als Quellen dienten ihnen die umfassenden Bestände des Österreichischen Staatsarchivs und andere, teils private Sammlungen. Anhand dieses Materials konnten sie Mythen hinterfragen und Widersprüche auflösen. Vor allem die lang unterschätzte politische Dimension der Fahrt dokumentiert die Brisanz des Themas. Zusätzlich wird das Rätsel um die von Bord verschollenen Fotografien der Expedition gelöst.

Gerd Schilddorfer
David G.L. Weiss
Die Novara
318 Seiten, ISBN 978-3-85002-705-2

AMALTHEA   www.amalthea.at

Einrichtungsdecksplan der »Dagmar Aaen« (1991):

1 Obere »Schrank«-Kojen
2 Untere »Schrank«-Kojen
3 Esstisch im Mannschaftslogis
4 Stauraum unter Sitzbänken
5 Wandschränke
6 Toilettenraum mit Pumpklo
7 Kombüse mit Spüle
8 Herd mit Abzugshaube
9 Sitzbänke mit Stauraum
10 Messetisch
11 Maschinenraum
12 Navigationstisch mit Radargerät
13 Kapitänskoje
14 Last (Stauraum)
15 Werkbank

Hauptaufenthaltsraum für die Besatzung ist die Messe mit Kombüse mittschiffs

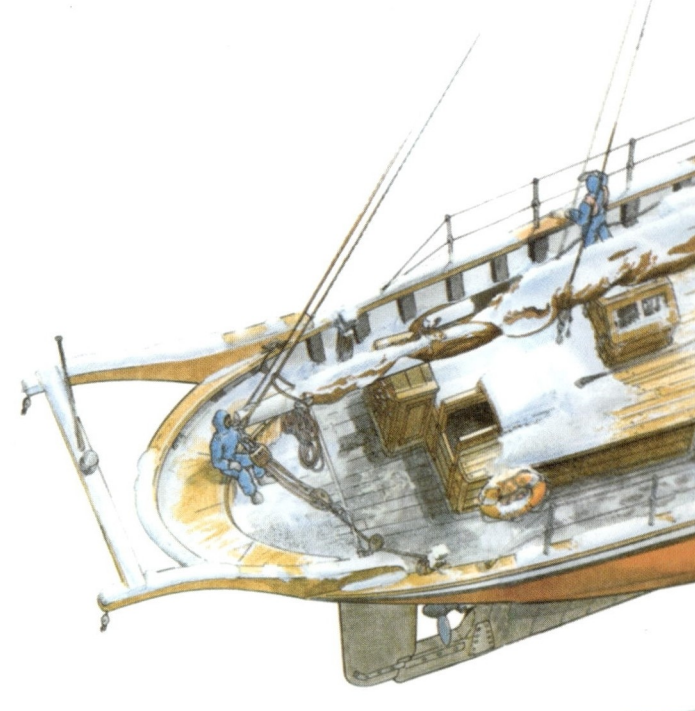

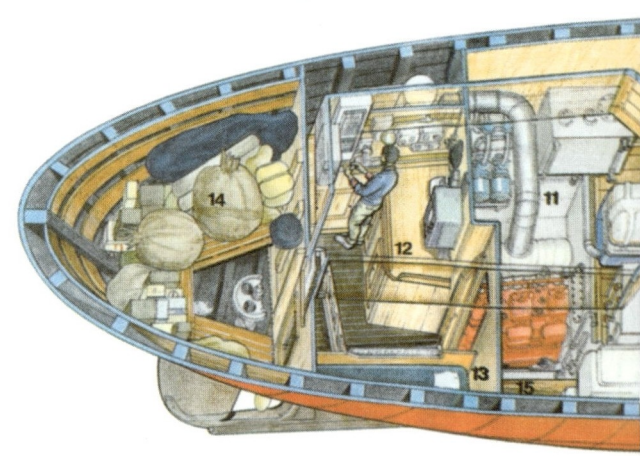